教学关键问题解析丛书

基于核心素养的
高中数学教学关键问题解析

Jiyu Hexin Suyang de Gaozhong Shuxue Jiaoxue Guanjian Wenti Jiexi

黄延林　主编

高等教育出版社·北京

内容提要

本书依据《普通高中数学课程标准（2017 年版 2020 年修订）》，紧密围绕学生核心素养培养编写。全书共分 6 个单元，针对 29 个高中数学教学关键问题进行分析，并提供了解决路径和教学案例。部分教学案例配有数字资源，读者可以扫描二维码观看。本书及配套的数字资源全方位地呈现了基于核心素养的高中数学教学关键问题的课堂实践和教学指导，有助于提升教师教学能力，发展教师专业素养，从而促进学生数学学科核心素养的培养。

本书为高中数学教师的培训教材，可供高中数学教学研修使用，可作为高中数学教师资格考试的参考书，也可作为高等院校相关专业师范生的学习参考书，还可供数学教学研究者参考使用。

图书在版编目（CIP）数据

基于核心素养的高中数学教学关键问题解析／黄延林主编．--北京：高等教育出版社，2023.3（2024.8 重印）
ISBN 978-7-04-059411-9

Ⅰ.①基… Ⅱ.①黄… Ⅲ.①中学数学课-教学研究-高中 Ⅳ.①G633.602

中国版本图书馆 CIP 数据核字（2022）第 170031 号

策划编辑	王文颖	责任编辑	王文颖	封面设计	王 鹏	版式设计	徐艳妮
责任绘图	于 博	责任校对	张 薇	责任印制	张益豪		

出版发行	高等教育出版社	网　　址	http://www.hep.edu.cn
社　　址	北京市西城区德外大街 4 号		http://www.hep.com.cn
邮政编码	100120	网上订购	http://www.hepmall.com.cn
印　　刷	北京鑫海金澳胶印有限公司		http://www.hepmall.com
开　　本	787 mm×1092 mm　1/16		http://www.hepmall.cn
印　　张	22.5		
字　　数	500 千字	版　　次	2023 年 3 月第 1 版
购书热线	010-58581118	印　　次	2024 年 8 月第 2 次印刷
咨询电话	400-810-0598	定　　价	55.00 元

本书如有缺页、倒页、脱页等质量问题，请到所购图书销售部门联系调换
版权所有　侵权必究
物　料　号　59411-00

编委会

主　　编：黄延林

编写人员：邵文武　黄延林　朱浩楠　李劲松
　　　　　薛钟俊　张　鹤　李大永　张晓东
　　　　　关　健　于伟东　刘忠新

序

构建高质量育人体系，培育优秀人才，是国家落实立德树人根本任务的要求，是每个学生生命成长的需求，也是每位教师的责任。在这个日新月异、不断变化的时代，跨界和创新无处不在。教师要主动提升自己的教书育人能力素质，做学生成长的引导者、支持者和陪伴者。教师要让学科教学承载更多的素养功能，在促进学生学习学科知识和技能的基础上，获得价值观念、沟通能力、合作能力、共情能力、坚毅品质和多角度思维等的发展；要重视学生创新能力的形成，用具有挑战性的学习任务、担当社会责任的实践活动，激发学生的好奇心、想象力和创新思维，鼓励学生勤于实践、善于合作、敢于质疑、勇于创新，帮助学生形成未来发展需要的正确价值观、必备品格和关键能力。

进入 21 世纪后，基础教育课程改革已经走过二十余年。随着高中课程改革的深入推进，育人为本的理念深入人心，教师的教学理念发生了显著变化，理论水平和教学实践能力均获提升，教师在教学中积累了丰富的经验，取得了丰硕的成果。2017 年底新版普通高中课程标准颁布，2019 年新教材启用，对培养学生学科核心素养提出了新要求，基于学生学科核心素养发展来观察课堂教学现状，我们发现，教师还难以很好地解决"为什么教""教什么""怎样教""教得怎么样"等教学基本问题，具体表现为：一是难以把握本学科的育人价值，对学科本质和核心素养理解不深；二是在进行教学设计时，难以精准确定教学目标，难以合理选择情境素材，将素材加工成挑战性任务的能力不足；三是在教学组织过程中，引导学生思考的深度不够，教学结构化水平不高，难以设计出高水平、结构合理的作业，难以命制核心素养导向的试题，等等。此外，部分教师还存在教学实施与设计思路相脱离、教学理念和行为相脱节的情况，还存在部分教学改革实践仍停留在理念层面，课堂教学主要凭经验而行之的现象。

为了有效解决上述问题，帮助教师有能力、有信心迎接挑战，开展基于课程标准的教学，2018 年，在"初中学科教学关键问题实践研究"项目的基础上，教师教育资源联盟各成员单位相继开展了核心素养导向的高中新课程、新教材实施的研究及实践，启动了"高中学科教学关键问题提炼与解决"项目。围绕着新课程标准、新教材、新高考方案的要求，各学科教研团队聚焦学生核心素养的发展，遵循高中教师日常教学工作的逻辑，找到影响教学设计与实施质量的关键因素，开展了系统的理论研究和实践探索。特别是开展了一系列案例研究和教学实践，探寻解决问题的思路和策略，并对成果进行了系统梳理，将其转化为教师教育资源。

在过去的四年里，教师教育资源联盟的部分成员单位组建了高中语文、数学、英语、物理、化学、生物学、政治、历史和地理共九个学科团队。在各成员单位的组织和支持下，每个学科团队都由本区域学科教研员牵头形成核心团队，成员均为当地学科骨干教师和学科专家。本着坚持课标导向、素养导向、问题导向、实践导向、需求导向的原则，各学科团队在研究的基础上，走进学校，深入课堂，以具体的课例研究为载体推进项目。教师教育资源联盟秘书处定期组织学科团队开展专题研讨，分享地区和学科经验，解决实际问题，并邀请专家以专题讲座的方式进行高位引领，统筹协调各学科团队按照项目计划有序推进各项工作。

促进核心素养发展的学科教学关键问题是决定课程实施质量的核心问题。本着努力为一线教师提供教学改革方向引领、提供教学改革专业指导、提供教学资源支持的原则，针对教师学科教学能力发展的障碍点、关键点和生长点，涵盖教学设计与实施的重要环节，指向教师专业能力提升，各学科团队从三个维度提炼核心素养导向的教学关键问题：一是课程标准，包括学科核心素养、课程结构、内容要求、学业要求、学业质量等；二是单元教学设计与实施的核心要素，包括确定素养导向的学习目标、凝练引领性学习主题、设计挑战性学习任务和持续性学习评价；三是教师教学专业知识，包括课程知识、教学知识、学科知识、学生知识和评价知识。

为了进一步总结和推广基于核心素养的高中学科教学关键问题项目的成果，促进资源内容更具科学性、系统性和适用性，让资源利用价值实现最大化，在教师教育资源联盟成员单位和高等教育出版社的大力支持下，各学科团队开始进行书稿撰写及配套视频资源整理。

"教学关键问题解析丛书"依据普通高中学科课程标准（2017年版2020年修订），聚焦学生核心素养发展，呈现高中学科教学关键问题及解决方案。各册书对每一个教学关键问题进行问题表现及成因的深入分析；结合典型教学案例呈现教学关键问题的解决过程；提炼教学设计与实施的要点与策略，引导教师从现象思考本质，并为教师提供了具有可操作性的教学途径。

教育大计，教师为本。教师提升学科教学能力的关键在于学习，向专家和学者学习，向经验丰富的教师学习，向本校和其他学校的优秀教师学习。此外，基于自己和同伴教学实践的反思，有针对性地进行教学改进，也是一条重要且有效的道路。本套丛书的出版回应了高中新课程新教材实施过程中教师的实践需求，丛书及配套资源全方位呈现了基于核心素养的高中学科教学关键问题的课堂实践和教学指导，为教师提供教学改进的专业支撑，为各地区教研、培训提供资源支持。本套丛书可用作高中教师的培训教材，供相关培训和教研部门使用，也可作为高中教师资格考试的参考书和高等院校相关专业师范生的学习参考用书，还可供学科教学研究者参考使用。

我相信，这套丛书是一套具有"开放空间"的丛书，一定能帮助各地各学科一线教师打开一扇学生核心素养培养与发展的"门"，探索出一套学科核心素养培养的方法和策略，最终收获更加美好的未来！

让我们共同期待！

北京市海淀区教师进修学校校长 罗滨

2022年4月23日

前言

为了全面深化课程改革，落实立德树人根本任务，教育部于2013年启动了普通高中课程修订工作。随着《普通高中数学课程标准（2017年版）》和《普通高中数学课程标准（2017年版2020年修订）》（以下简称新版课程标准）的颁布，"四基"（基础知识、基本技能、基本思想、基本活动经验）、"四能"（提高从数学角度发现和提出问题的能力、分析和解决问题的能力）、数学学科核心素养（数学抽象、逻辑推理、数学建模、直观想象、数学运算、数据分析）成为高中数学的课程目标。

新版课程标准指出：数学学科核心素养是数学课程目标的集中体现，是在数学学习的过程中逐步形成的。教师要深入理解数学学科核心素养的内涵、价值、表现、水平及其相互联系；在确定教学目标时要充分关注数学学科核心素养的达成；要结合特定教学任务，思考相应的数学学科核心素养在教学中的孕育点、生长点；要注意数学学科核心素养与具体教学内容的关联；要关注数学学科核心素养目标在教学中的可实现性，研究其融入教学内容和教学过程的具体方式及载体。

面对新版课程标准落实学科核心素养的教学新要求，教师遇到了诸多困难：如何理解数学学科核心素养？如何通过数学课程内容培养学生的学科核心素养？教学目标如何突出数学学科核心素养？如何通过情境创设和问题设计发展学生的数学学科核心素养？如何整体把握教学内容，促进数学学科核心素养连续性和阶段性发展？如何既重视教，更重视学，促进学生学会学习？等等。为了研究解决课堂教学面临的诸多问题和困难，教师教育资源联盟于2018年初正式启动了"高中教学关键问题实践研究"项目。高中数学学科项目组以北京市海淀区的教研员及优秀教师组成核心团队，通过对新版课程标准的共同研读、研讨、研究，将新版课程标准的理念融入教学实际，以数学教学关键问题的梳理、提炼与解决为突破口，遵循"自上而下"与"自下而上"相结合的研究理念，既充分发挥项目核心成员的研究力量，也广泛收集来自教学一线的优秀实践案例，充分凝聚来自教学一线的实践智慧，协同攻关、着力解决。此外，在研究过程中，项目团队成员还借鉴了课程教材研究所"深度学习"教学改进项目在海淀实施的经验和成果。

在本书中，我们以新版课程标准提出的6个数学学科核心素养为主要价值取向，以函数、几何与代数、概率与统计、数学建模活动与数学探究活动四条主线的关键内容为载体，以教师教学的关键教学策略为教学实现线索，梳理出29个关键问题，将每个关键问题以问题的提出、问题的分析、问题的解决、教学建议四个板块呈现，还配有教师微课视频、教学反思，以及专家、教研员与教师互动交流的点评等数字资源，供教师进行教学设计时参考，促进教师把基本理念转化为自己的教学行为，运用教学策略，理解和把握好核心内容的教学要求，把培养学生的学科核心素养落实到每节课的教学中。

　　本项目团队核心成员包括7位教研员和4位教师，不仅开展了小组合作研究，还多次开展了交流研讨。本书撰写分工如下：邵文武（1-1、1-4），黄延林（1-2、1-5、2-5）、朱浩楠（1-3、5-1、5-2、5-3）、李劲松（1-6、4-4）、薛钟俊（2-1、2-2、2-4）、张鹤（2-3、3-3、3-4、3-5）、李大永（2-6、5-4、5-5）、张晓东（3-1、3-2）、关健（4-1）、于伟东（4-2、4-3）、刘忠新（6-1、6-2、6-3）。

　　理解课标、梳理提炼、研究解决在新版课程标准实施中的教学关键问题，无疑是一项专业性极强、难度颇高、任务艰巨的研究工作，不是一个团队就能高质量完成的。本书对教学关键问题的提炼和解决，仅代表本项目团队的实践与思考，难免存在偏颇或疏漏之处，欢迎读者提出宝贵的意见和建议，希望通过大家的共同努力能真正推进教学方式变革，促进学生学科核心素养的发展。

黄延林
2022年9月23日

目录

单元 1　数学学科核心素养的培养　/　1

 1-1　如何培养学生的数学抽象素养？　/　2
 1-2　如何培养学生的逻辑推理素养？　/　12
 1-3　如何培养学生的数学建模素养？　/　22
 1-4　如何培养学生的直观想象素养？　/　31
 1-5　如何培养学生的数学运算素养？　/　40
 1-6　如何培养学生的数据分析素养？　/　54

单元 2　素养导向下的函数主题教学　/　65

 2-1　如何通过函数主题教学培养学生的学科核心素养？　/　66
 2-2　如何通过研究基本初等函数促进学生掌握函数的研究方法？　/　74
 2-3　如何引导学生掌握函数的思维特征？　/　83
 2-4　如何认识三角函数的教学？　/　92
 2-5　如何通过数列的教学提升学生函数的观点和应用意识？　/　105
 2-6　如何进行函数单元教学设计？　/　116

单元 3　素养导向下的几何与代数主题教学　/　129

 3-1　如何在立体几何的教学中培养学生的学科核心素养？　/　130
 3-2　如何在空间向量的教学中培养学生的学科核心素养？　/　135
 3-3　如何引导学生掌握平面解析几何的思维特征？　/　143
 3-4　如何引导学生掌握平面解析几何的研究方法？　/　155
 3-5　如何进行几何与代数单元教学设计？　/　168

单元 4　素养导向下的概率与统计主题教学　/　179

 4-1　如何在概率与统计的教学中培养学生的学科核心素养？　/　180
 4-2　如何帮助学生理解条件概率及其与事件独立性之间的关系？　/　193
 4-3　如何引导学生感悟统计思维与确定性思维的差异？　/　206
 4-4　如何进行概率与统计单元教学设计？　/　220

单元5　素养导向下的数学建模与数学探究活动教学　/　233

　　5-1　如何通过函数应用的教学培养学生的数学建模素养？　/　234
　　5-2　如何开发数学建模课题案例？　/　245
　　5-3　如何设计和开展数学建模活动？　/　257
　　5-4　如何开发数学探究活动？　/　270
　　5-5　如何开展数学探究活动？　/　283

单元6　素养导向下的学习评价策略　/　293

　　6-1　如何利用多样化的评价方式激发学生学习的积极性？　/　294
　　6-2　如何进行素养导向的作业设计与实施？　/　307
　　6-3　如何进行素养导向的考试命题？　/　327

单元 1 数学学科核心素养的培养

1-1 如何培养学生的数学抽象素养？

问题的提出

新版课程标准指出：数学抽象是指通过对数量关系与空间形式的抽象，得到数学研究对象的素养。数学抽象素养主要包括：从数量与数量关系、图形与图形关系中抽象出数学概念及概念之间的关系，从事物的具体背景中抽象出一般规律和结构，并用数学语言予以表征。

"抽象"这个词，在现实中有两种常见的含义：第一种是人们从众多的事物中分离出个别非本质的属性和共同的本质属性特征，舍弃非本质特征而抽取出共同的本质属性的过程和方法。这时"抽象"是一个动词。第二种是形容不能被人的感官直接把握的东西，或者形容偏离具体经验较远因而不太容易理解的对象。这时"抽象"是一个形容词。

从数学学科来看，例如，当人们提及数学的特点之一是抽象性时，使用的是作为形容词的"抽象"，即强调数学深刻地反映着现实世界，但在某种程度上是远离实际生活的。又如，当我们说，数学是从实际生活中的各种具体的量抽象出数的概念，从实际生活中的各种图形抽象出点、线、面的概念时，我们使用的是作为动词的"抽象"。

基于以上认识，数学抽象是一种特殊的抽象，具体表现在抽象的内容、程度、方法等方面。为了更好地理解数学抽象，我们从以下几个维度进行分析。

问题的分析

一、数学抽象是数学产生和发展的基本思想之一

新版课程标准指出：数学抽象是数学的基本思想，是形成理性思维的重要基础，反映了数学的本质特征，贯穿数学产生、发展、应用的过程。数学抽象使得数学成为高度概括、表达准确、结论一般、有序多级的系统。

1. 数学抽象贯穿数学发展的整个过程

人们把现实世界中与生活有关的内容抽象成数学内容，形成数学的研究对象，这样才能在数学系统内部加以研究。从某种程度上说，没有数学抽象，就没有数学。数学科学是研究客观世界中空间形式和数量关系的学科，事实上，数学的一切理论都是数学抽象的产物。数学的任务不是单纯地发现已经存在的东西，而是要持续不断地构建新的数学研究对象。

2. 数学抽象在数学教学中的育人价值

数学抽象体现了数学的学科价值，它是在数学长期发展中逐渐形成的，也促进了数学的发展。数学抽象的这种特殊功能是培养学生学科核心素养的价值所在，也是教

学实施的出发点。

数学抽象是数学基本思想方法，也是理性思维的重要形式。学习数学独有的数学抽象，经历数学抽象活动，对学生理解数学相关知识，正确进行数学表述，以及正确运用数学思维方式解决问题是不可或缺的。

二、数学抽象在教学中的具体体现

抽象是抽取事物的本质属性。要得到事物的本质属性，必须对事物进行对比分析，对比的角度不同，得到的属性也会不同。

数学抽象集中在两个角度：一个是事物之间的数量与数量关系，一个是空间图形与图形间的关系。数学不仅要研究单一数学对象的属性，还要研究多个数学对象之间的关系。因此，数学抽象实际上也表明了数学研究的内涵所在。数学概念的产生是从特殊开始的，数学概念的思维也是从直觉开始的。对数学抽象而言，构造出理性知识，或者说，具有结构的理性知识是非常重要的，因为数学最终要形成抽象结构，而这个抽象结构一般包括数学对象及其关系或运算法则。

新版课程标准指出，数学抽象主要表现为：获得数学概念和规则，提出数学命题和模型，形成数学方法与思想，认识数学结构与体系。

通过高中数学课程的学习，学生能在情境中抽象出数学概念、命题、方法和体系，积累从具体到抽象的活动经验；养成在日常生活和实践中一般性思考问题的习惯，把握事物的本质，以简驭繁；运用数学抽象的思维方式思考并解决问题。

课程标准对数学抽象主要表现的描述，实际上为数学抽象素养的培养指明了方向。

三、数学抽象在教学中的特征分析

数学抽象具有以下明显特征。

1. 理性化特征

数学对象来源于现实模型，抽象过程包含对现实客体或现象的必要简化，它强调或夸张了现实模型的某些特征，同时舍弃了另外一些特征。因此，数学抽象一般都具有理想化特征。例如，几何学中的点、线、面都是理想化的产物，在现实中是不存在的，人们只能找到其近似对应物。

2. 模式化特征

通过抽象得到数学对象，它反映的不仅是原型本身的特征，而且是一类事物的共同特征，即它成为一种模式。例如，由切线模型抽象出的导数，不仅适用于曲线上一点处切线的研究，而且适用于具有相同特征的一类问题，如运动的瞬时速度、电流强度等，从而成为一种模式。

3. 形式化特征

现实中任何一个事物或现象都有形式与内容两个方面。对客观事物或现象进行抽象，就是在数量或形式上将其形式与内容分离，舍弃内容，保留形式。所以，数学抽象可以看成是脱离现实内容的纯形式的东西。例如，函数在现实世界中并不存在，它是人们从现实世界数量关系中抽象出来的思想材料。从这个角度来看，数学与自然科学的研究对象是不同的。

4. 符号化特征

在数学研究中，研究对象还会被进一步符号化。尤其在现代数学中，每抽象出一个重要概念，都要赋予其符号表示。符号化给数学理论的表述和论证带来了极大方便，没有合适的数学符号就很难将数学向前推进，没有专门的符号和公式就不可能有现代数学。有了符号以后，内容分析往往让位于形式变换，而形式变换则完全由符号来完成。

问题的解决

一、加强基本概念、法则和定理的过程教学，注重引导学生积累数学抽象经验

前面的分析指出，数学抽象贯穿数学学习的始终。没有数学的抽象，就没有数学的发展，数学抽象是认识数学的基本方法之一。数学概念是数学学习的重要内容，因此在数学概念教学中要注重培养学生数学抽象素养。在数学概念的教学中，要沿着"具体—抽象—具体"的思路展开，这是数学教学应该遵循的基本规律之一。从数学的发展过程来看，多数数学概念都是从实际生活中通过理想化的形式抽象出来的，学习数学概念的有效方式是让学生亲身经历。

在基本概念、法则和定理的教学过程中，要把教学内容的逻辑顺序与学生认知规律相结合，通过挖掘知识产生背景、蕴含在知识内部的思想与方法，创设相应的问题情境，尽可能使学生经历从未知到已知、从直观到抽象的过程，让学生体验学习知识的实践过程。

在教学过程中，教师可以创设情境引发学生的认知冲突，组织学生进行生生之间、师生之间的互动和交流，使学生的思维过程外显，让学生理解、掌握概念、法则和定理。

例如，在研究函数的奇偶性时，可以根据具体函数的对称性，如函数 $f(x)=x^2$，给出大量的关于直线 $x=0$ 对称的点，研究这些点的自变量和因变量的关系，从而发现一般性的结论，然后在此基础之上抽象出其数学表达式，即 $f(-x)=(-x)^2=x^2=f(x)$。为了让学生加深认识和理解，可以在此基础之上，研究其他具体的具有对称性的函数，如 $g(x)=\dfrac{1}{|x|}$，看它是否也具有这种性质，如何用数学表达式表示这一性质。在得到这种性质的一般表达式之后，我们需要给具有这种性质的函数命名，就得到偶函数的概念。通过这个过程可以看到，我们所研究的这类函数具有的属性，在数学上具有一般的意义，因此被我们确定为研究对象。偶函数的内涵是研究函数关于直线 $x=0$ 的对称性，而"偶"这个概念，并不具有一般性意义，只是根据初中所学的函数发现，当自变量的指数 n 为偶数时，相对应的函数 $f(x)=x^n$ 都具有类似的性质，从而为了便于记忆，将其命名为偶函数。

从上述过程可以看出，数学概念的形成要先研究具体数学对象的性质，通过抽象，我们对其进行形式化、符号化，使其演变为数学的具体研究对象。数学对象的性质不能只是单纯地用自然语言描述，必须用具体语言描述，即偶函数的图象关于直线 $x=0$

对称，然后才有相应的抽象符号描述，即 $f(-x)=f(x)$。事实上，从这个例子可以看出，偶函数的对称性是其性质的直观呈现，而符号化则是其性质的代数表示。在研究相关性质时，应把二者有机融合，加深对相关概念的认识和理解。

此外，还可以让学生理解上面学习到的性质抽象是数学抽象的方法之一。即考查数学对象某一方面的具体性质，而研究这个性质的过程包含分离和概括两个步骤。这样随着学习的深入，学生会逐步理解性质抽象是形成概念的重要途径之一。

教学情境是传递知识的载体，对于情境与问题的数学活动，学生从不同程度的情境中抽象出数学问题的能力反映了学生实际的数学抽象素养水平。有研究显示，随着情境难度的提高，学生从情境中抽象出数学问题的能力也逐渐减弱。因此，教师应该创设有效的教学情境，让学生在情境与问题中不断感悟数学抽象的过程，促进学生数学抽象素养的养成。

对于函数的奇偶性，学生已经积累了一定的经验，但是有些概念（如导数）可能距离学生的经验较远，学生理解起来相对困难。下面我们一起来看教学案例。

【案例】

导数的概念（教学设计）

（一）指导思想

导数是微积分的核心内容之一，是现代数学的基本概念，蕴含微积分的基本思想；导数定量地刻画了函数的局部变化，是研究函数性质的基本工具，导数知识的建立为数学的应用开辟了广阔的空间。通过本单元的教学，引导学生深刻体会蕴含在导数中的极限思想和数形结合的思想，重点提升数学抽象素养。

导数概念产生的背景有两个：一个是物理背景，已知物体运动的位移是关于时间的函数，如何求物体的速度与加速度，如何求曲线的切线；另一个是数学背景，即如何准确地刻画函数单调递增或单调递减的快慢程度。因此，研究函数单调性、平均变化率、瞬时速度是导数概念产生的基础，导数概念是在研究这些具体问题的过程中，经过提炼、抽象、概括得到的。

在教学时，可以从平均速度出发，用平均速度逼近瞬时速度，引导学生体会极限思想和运动变化的观点；从具体函数在某个确定时刻的瞬时速度入手，将具体函数在确定时刻的瞬时速度研究清楚，再推广到具体函数在任意时刻的瞬时速度，然后迁移到任意一个函数在任意一点的瞬时变化率。这样由具体到抽象，由特殊到一般，归纳探究导数概念。

（二）学生的认知障碍

1. 学生通过具体运算发现数学规律的经验不足，即通过运算感受无限逼近的能力欠佳。

2. 不理解当 Δx 趋于零时，$\dfrac{\Delta y}{\Delta x}$ 趋于一个定值。

3. 抽象出导数概念的符号表达存在困难。

（三）学习目标

1. 借助物理背景的分析，经历由平均速度过渡到瞬时速度的过程，抽象出导数概念，直观理解导数概念，知道导数是关于瞬时变化率的数学表达，体会导数的内涵与思想，感受数学抽象在概念学习中的重要作用。

2. 在概念的生成过程中，感悟极限思想，知道极限思想是人类深刻认识和表达现实世界应具备的思维品质。

（四）教学流程

环节一：情境创设，提出问题

问题1 已知甲、乙两人百米赛跑路程与时间的关系如图 1-1-1 所示。

（1）求 10 s 内两人各自的平均速度；

（2）如果你是教练员，能用刚才的数据评估和指导两位运动员吗？作为教练员，你希望得到什么数据呢？

环节二：确定方案，探索研究

问题2 如何求运动员在 $t=2$ s 时的瞬时速度？

预设：用 $t=2$ s 附近的平均速度近似代替瞬时速度。

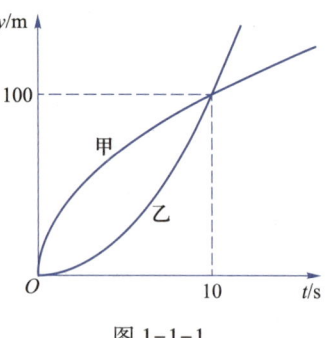

图 1-1-1

追问1：如何表达"$t=2$ s 附近"？

预设：学生选择 $[2,2.1]$，$[1.9,2]$，$[2,2.01]$，$[1.99,2]$ 等区间，利用这些区间内的平均速度近似代替瞬时速度。

追问2：以上求出的平均速度，哪个更接近 $t=2$ s 时的瞬时速度？为什么？

预设：时间段越短，平均速度越接近瞬时速度。

问题3 从直觉上，我们能够感知不断缩小时间间隔，运动员的速度在时间间隔内的变化就会越小，平均速度就会越接近瞬时速度。你能用真实的数据来验证我们的直觉是否正确吗？设乙的路程与时间的函数为 $y(t)=t^2$，请你设计一个用平均速度逼近瞬时速度的方案，根据方案的执行结果，你又能发现什么规律？

预设：（小组活动）小组讨论交流，完成方案设计。由学生交流具体的想法，体会逼近的过程，发现规律，$t=2$ s 时，当 Δt 趋于 0 时，平均速度趋于一个确定值 4。

追问：$t=2$ s 时，当 Δt 以任意方式趋于 0 时，是否都有这样的规律？如何证明这个结论？

预设：引导学生通过化简平均速度的表达式得到 $\bar{v}=\dfrac{y(2)-y(2-\Delta t)}{2-(2-\Delta t)}=\Delta t+4$，或者 $\bar{v}=\dfrac{y(2+\Delta t)-y(2)}{(2+\Delta t)-2}=\Delta t+4$，发现当 Δt 趋于 0 时，平均速度趋于 4。

环节三：抽象概括，生成概念

问题4 根据刚才的分析，我们可以怎样理解 $t=2$ s 时的瞬时速度呢？

预设：当 Δt 趋于 0 时，平均速度无限趋于确定值 4，我们称 4 是 $t=2$ s 时的瞬时速度。

问题5 如何用数学符号表示"$t=2$ s 时，当 Δt 趋于 0 时，平均速度趋于确定值 4"？

预设：由教师给出极限符号，引导学生写出符号表达：

$$\lim_{\Delta t \to 0}\dfrac{y(2+\Delta t)-y(2)}{(2+\Delta t)-2}=4$$

问题6 类比上述的符号表达，你能写出运动员在 t_0 时刻的瞬时速度吗？

预设：运动员在 t_0 时的瞬时速度为 $\lim\limits_{\Delta t \to 0} \dfrac{y(t_0+\Delta t)-y(t_0)}{(t_0+\Delta t)-t_0}$。

问题7 如果我们把上述式子中的位移函数换成一般函数 $y=f(x)$，能得到什么形式？

预设：$\lim\limits_{\Delta x \to 0} \dfrac{f(x_0+\Delta x)-f(x_0)}{(x_0+\Delta x)-x_0}$。其中，$\dfrac{f(x_0+\Delta x)-f(x_0)}{(x_0+\Delta x)-x_0}$ 是函数的平均变化率，当 $\Delta x \to 0$ 时，如果函数的平均变化率无限接近一个常数 k，我们就称常数 k 为函数 $y=f(x)$ 在 $x=x_0$ 的瞬时变化率，也称 $f(x)$ 在 x_0 处可导，并称 k 为 $f(x)$ 在 $x=x_0$ 处的导数，记作 $f'(x_0)=k$。

环节四：小结

1. 如何求某一时刻的瞬时速度？瞬时速度与瞬时变化率有什么关系？瞬时变化率与导数有什么关系？

2. 导数概念的生成经历了哪些过程？其中渗透了哪些数学思想和方法？

3. 结合平均变化率的几何意义思考，导数的几何意义是什么？

案例分析

本案例从学生的认知出发，通过创设学生熟悉的物理背景，得出本节课讨论的核心问题：求物体在某一时刻的瞬时速度，激发学生学习新知的欲望，为利用数学抽象得出导数概念作铺垫。学生实际动手操作，通过数学计算、数值分析求得瞬时速度，体会极限思想，并且能认识到最终结果与逼近的方式无关，只与函数本身及具体时刻有关。在观察、分析、归纳、发现规律的过程中体会瞬时速度的含义，为导数概念的建立奠定基础。教师通过问题设置，引导学生从具体问题抽象出导数定义，由具体到抽象，由特殊到一般，提升学生数学抽象素养。

（案例提供：张程艳，北京市第二十中学）

二、教学中注重对数学抽象的持续渗透

数学抽象是一种数学思想方法。数学思想方法是指在对数学知识的本质认识基础上，对数学规律的理性认识。数学思想方法本身就是数学抽象的产物。

这里要说明的是，数学知识、数学方法、数学思想是数学知识体系中的三个层次，它们之间是相互联系、相互依存的。数学知识是用数学方法、数学思想解决问题所必须依据的材料，同时也是解决问题后得到的结果。数学方法是解决问题的途径和手段，是数学思想的基础，也是数学思想发展的前提。数学思想则是一类数学方法本质特征的反映，数学思想是通过数学方法表现出来的。

数学思想方法是数学知识的进一步抽象与概括，是以数学知识为载体的对其本质的一种认识，是隐性的，因此，学生要通过反复体验才能领悟和运用。从学生的认知来看，数学思想方法的构建有三个阶段——潜意识阶段、明朗和形成阶段、深化阶段，这是一个需要经历多次孕育、初步形成、应用发展的过程。

教师应该充分挖掘教材中的数学思想方法，在教学中有目的、有意识地渗透数学思想方法的相关内容，有步骤、有计划、分阶段地突出数学思想方法的讲解与练

习。这样，才能使学生真正认识数学的本质，把知识结构内化为认知结构，提高思维品质。

三、创设机会，促进学生数学抽象能力形成

在课堂教学中，数学知识需要逐步"去情境化"，剥离情境中的非本质属性，凸显本质属性，最终脱离较低层次的情境的支持，发展为独立的数学知识。学生在经历数学抽象的过程后，常常无法用准确且精练的语言总结概括出数学抽象的结论，此时若教师直接给出结论则不利于学生理解。教师应关注学生在总结概括结论的过程中存在的问题，引导学生辨析和修改后主动概括出数学抽象的结论，这不仅有利于学生加深理解，也有利于教师了解学生现有的认知水平，及时调整教学。抽象概括能力是数学抽象素养的核心能力，培养学生的抽象概括能力可以促进学生数学抽象素养的发展。教师可以在概括概念、命题、规则或总结数学思想方法时，有意识地创设机会培养学生的数学抽象概括能力。

数学抽象活动有难有易，教师在课堂教学中应该设计必要的数学交流与反思活动，如以小组形式展开讨论，促进学生彼此之间抽象思维的交流。数学交流与反思的内容可以是某个概念的知识体系，也可以是某道典型例题的常规解题思路。在交流过程中，教师可引导学生温习必要的活动经验，提炼典型题目的一般解题思路和步骤，鼓励学生表达抽象的数学思维，进而促进学生数学抽象素养的发展。交流与反思是促进数学思维的绝佳活动，学生通过数学交流可以感受彼此认知的差异，及时更正自己的思维误区；通过反思发现自己的不足，从而有针对性地加强学习。数学抽象素养的培养是一个长期的过程，不能只依赖课堂教学的时间，学生要有课后交流与反思的意识，及时查缺补漏，完善相关内容的学习。

数学知识之间存在直接或间接的联系，不是孤立的。学生开始学习新概念时，充满好奇，常专注于对单个概念深层内涵的理解，但随着学习的数学概念越来越多，学生往往会感到概念繁多、理解困难、不知如何运用等。有研究者认为，其主要原因是没有处理好数学概念整体、局部与个体的关系。一方面对数学概念的认识停留在表面，没有深入理解概念的实质；另一方面很少关注概念之间存在的一些抽象关系，缺乏对概念体系的把握，从而造成学生在遇到新问题时不能第一时间提取脑海中的知识去解决问题。在概念教学中，教师除了加深对单个概念的分析讲解外，还应注重概念之间抽象、逻辑关系的引导，帮助学生搭建概念图示，梳理知识体系，及时发现学习中存在的疏漏和问题，养成自我反思的习惯。对数学知识体系的抽象是更高水平的抽象，考验学生更高层次的数学抽象素养水平。在教学过程中，引导学生建构相应的知识体系，有利于促进学生对知识的理解与贯通。在高中阶段，数学课程内容突出函数、几何与代数、概率与统计、数学建模活动与数学探究活动四条主线，每条主线都有其知识体系。教师应该引导学生建立数学知识体系，使知识模块化、系统化，提高学生的数学抽象素养水平。

【案例】

基于数学思想方法的数列单元复习课教学设计

（一）内容分析

数列在高中数学中占有重要的地位，它既是初中数学知识的进一步拓展，又是大学数学课程的基础，同时对高中数学其他章节的学习也有间接的影响。

函数是高中数学的一条重要主线，学生在初中和高中学习的函数模型大多数都是定义在一个或几个连续区间的函数模型。数列是定义在自然数集上的离散函数。通过研究连续型和离散型这两种函数模型，可以渗透连续与离散、整体与局部的数学思想方法。

研究数列具有从一般到特殊再到一般的思维特点，在数列学习的过程中可以渗透归纳与猜想的思想方法；数列是定义域为正整数集或其子集的函数，它与函数及方程有着密切的关系，建立适合的函数及方程的数学模型是解决数列问题的有效方法之一，在这个过程中可以渗透函数与方程的思想方法；在研究数列的性质时也可以渗透数形结合的思想方法；数列中常用的一些求和方法体现了化归的思想；数列求和的过程经常将数列分解重组，这体现了分解与合成的思想方法；在求数列通项公式和前 n 项和的过程中常需要分类讨论，这体现了分类讨论的思想方法；选修学习的微积分是利用离散（差分）的方法研究连续函数的问题，这是离散与连续的统一，可以帮助学生初步理解定积分的离散化的基本思想。

（二）学情分析

知识基础：通过新授课的学习，学生经历了枚举法找规律（不完全归纳法）；通过学习研究等差、等比数列，学生已经掌握研究一般数列的方法。

能力基础：在教师的引导和启发下，学生可以利用所学知识和方法探究一般数列。

学习兴趣：学生通过对一般数列的探究，可以提高复习课兴趣。

学习困难：对抽象符号语言的理解与运用。

发展需求：提高利用数学符号语言表述的能力，提升数学抽象素养。

（三）学习目标

"数列"单元复习有四个层次的教学目标。

第一层次目标：学生通过总结本章知识结构（图），熟悉本章的基本知识、基本方法。

第二层次目标：通过与几何、函数、简易逻辑的综合，体会数列与这些已学知识间的联系，积累解决综合问题的经验，提高解决综合问题的能力。

第三层次目标：通过分析单元知识内容，挖掘其中的数学思想方法，利用这些思想方法去处理一些更一般的问题。

第四层次目标：通过数列在数学发展中的产生与应用，提高对数学的感性认识和学习兴趣；通过实际问题的解决，提高利用数列解决实际问题的能力。

本节数列单元复习课定位在第三层次目标，具体学习目标确定如下。

1. 学习数学思想方法——从一般到特殊，从特殊到一般。

2. 提升研究一般数列的能力。

3. 提高数学抽象素养。

（四）教学流程

环节一：纵观本单元，提炼数学思想方法	
教的活动 1 1. 问题：从知识结构看，本单元体现了哪些数学思想方法？ 将单元知识结构图呈现在黑板上。 2. 学习任务类型：复习旧知。 3. 评价方式：学生可以总结出单元知识结构，观察单元知识结构，能说出本单元所蕴含的数学探究方法，体会其中的数学思想	**学的活动 1** 画：知识结构 ↓ 看：观察结构 ↓ 说：探究方法 ↓ 悟：体会思想
环节二：解决问题，提升运用数学思想方法的能力	
教的活动 2 1. 典型例题分析。 例 1 已知数列 $\{a_n\}$ 满足 $a_1=1$，$a_{n+1}=a_n+2n$，求数列的通项公式 a_n。 创新：请你设计类似的问题。 例 2 已知数列 $\{a_n\}$ 满足 $a_1=1$，且 $a_{n+1}=2a_n+2^n$，求数列的通项公式 a_n。 变式 1：$a_{n+1}=3a_n+2^n$。 变式 2：$a_{n+1}=ka_n+2^n$ （$k\neq 0$）。 例 3 求例 2 中数列的前 n 项和。 思考题：已知 $a_n=n$，$b_n=2n-1$， $c_n=\max\{b_1-a_1n, b_2-a_2n, \cdots, b_n-a_nn\}$（$n\in \mathbf{N}_+$）。 证明 $\{c_n\}$ 是等差数列。 （思考题渗透从特殊到一般的数学思想方法。） 2. 学习任务类型：探究学习，创新学习。 3. 评价方式：学生能运用从特殊到一般的数学思想方法进行探究	**学的活动 2** 看：看数列形式 ↓ 想：想解决方法 ↓ 试：试验叠加法 ↓ 定：定数列名称 ↓ 创：创新 学生在课堂上亲自经历解决陌生问题的方法并进行交流和总结。 通过思考题，实践本节课所学，研究更一般的数列
环节三：总结提升，让思想方法落地生根	
教的活动 3 1. 驱动问题：这节课你收获了什么？ 2. 学习任务类型：总结归纳。 3. 评价方式：学生可以分享对本节课的学习心得	**学的活动 3** 学生谈谈自己的收获，并思考复习课和新授课的主要区别

案例分析

本节课是第三节复习课，重在数学思想方法的落实。本节课引入环节的设计，使学生在掌握基本知识和基本方法的前提下，提炼知识结构中蕴含的数学思想方法，从而提出本节课要研究的问题；让学生经历运用从特殊到一般的数学思想方法解决问题的过程，提升数学思维，提高数学抽象素养。本节课设计合理，符合学情，对学生认识一般数列具有重要意义。教师在分析例题时渗透了数学思想方法，提升了学生逻辑推理和数学运算素养。问题环环相扣，解决方法由学生共同提出，这样的课堂使学生真正经历了数学研究过程。

（案例提供：胡泽军，北京航空航天大学实验学校）

教学建议

第一，创设教学情境，提供数学抽象素养发展平台。教学要基于问题情境展开，注重引导学生主动思考，逐步积累相应的从具体到抽象的活动经验。教学情境的创设、问题的驱动、过程的展开，要充分调动学生的思维，使学生主动进行观察、辨识、类比、抽象，在活动中积累经验。这是发展学生抽象素养的基础。概念形成是培养学生数学抽象素养的重要途径，获取新概念主要依托对问题情境的分类、辨别、概括，其中起主导作用的就是数学抽象能力。可以说，创设合适的教学情境保证了教学内容目标的达成。首先，教学情境的选择要兼顾学生的实际发展水平，做到简明扼要，与实际相吻合，还要有可塑性、发展性，才能引发学生的思维活动。其次，情境创设要有利于问题的提出和分析，能逐步引导学生抽象出一类事物的共同属性。此外，情境创设要基于本节课的学习目标，有梯度地设置问题，使学生经历观察、分析、归纳、总结的完整抽象过程，并在概念、定理的演变和应用中实现对数学概念的第二次抽象，将提高学生的数学抽象素养融入概念教学的全过程。

第二，挖掘数学思想方法，提高抽象思维发展水平。教师要采取多种措施，逐步让学生梳理思考问题的抽象思维方式，引导学生逐渐由从表层、单一角度思考问题，改变为从孤立中看到联系，从表象中看到本质，在此基础上提炼数学思想方法。教学不应只是反复地熟悉数学知识，而应不断提炼、升华，促进学生思维能力的发展。数学知识的魅力不仅在于知识本身，更在于知识背后所蕴含的思想。

第三，课堂教学要注意数学抽象过程的层次性。一节数学课要帮助学生经历数学抽象过程，但这种抽象过程不能仅停留在一个层面，要循序渐进、环环相扣，不同层次的数学抽象过程之间，既要有联系又要有区别，这样才有利于促进学生的数学抽象素养发展。教师要根据相应的知识和学生的发展水平，做出合理科学的评价。

第四，梳理概念体系，增强学生反思意识。帮助学生建构知识体系，明晰数学知识发展脉络，是改善学习方式的关键。新知识学习是建立在原有知识基础之上的，在教学时要对局部知识进行"串联"，在学习每个阶段或章节后要对宏观知识进行整体"并联"，以"串联"延伸，以"并联"拓展，使学生对学过的知识有清楚的认识，遇到问题能快速检索，及时与已有知识发生联系。同时，梳理概念体系也便于学生查漏补缺，养成总结、反思的学习习惯。教师要整体设计和实施教学，处理好局部与整体的关系，促进学生数学抽象素养的持续发展。

1-2　如何培养学生的逻辑推理素养？

问题的提出

自 1963 年我国《全日制中学数学教学大纲（草案）》首次提出培养学生逻辑推理能力以来，逻辑推理一直是高中数学教学的重要目标。进入 21 世纪，数学教育界对逻辑推理的认识更加深入。《普通高中数学课程标准（实验）》将推理论证作为数学课程目标中的五种数学基本能力之一。之后，随着人们对数学基本思想的重视和研究，逻辑推理又作为最重要的数学思想之一引起关注。

新版课程标准指出：逻辑推理是得到数学结论、构建数学体系的重要方式，是数学严谨性的基本保证，是人们在数学活动中进行交流的基本思维品质。这里所说的"重要方式""基本保证"概括了逻辑推理的学科价值。

史宁中教授在《数学基本思想 18 讲》中谈到判断数学基本思想的两个原则：一是数学产生和发展所必须依赖的那些思想；二是学习过数学的人应当具有的基本思维特征。根据这两个原则，我们把数学基本思想归结为三个核心要素：抽象、推理、模型。通过推理，人们从数学研究对象出发，在一些假设条件下，有逻辑地得到研究对象的性质以及描述研究对象之间关系的命题和计算结果，促进数学内部的发展，体现数学的严谨性特征。学生在思维特征上则表现为逻辑推理能力强，也就是学生会用数学的思维思考世界。

由此可见，逻辑推理是培养学生重论据、有条理、合逻辑的思维品质和理性精神的重要途径。

问题的分析

一、逻辑推理素养的内涵

新版课程标准指出：逻辑推理是指从一些事实和命题出发，依据规则推出其他命题的素养。主要包括两类：一类是从特殊到一般的推理，推理形式主要有归纳、类比；另一类是从一般到特殊的推理，推理形式主要有演绎。第一句话是对逻辑推理素养在属性上的定位，这一属性有几个方面：有逻辑起点（从一些事实和命题出发）；要依据规则（确保推理在形式上无误）；要推出其他命题（即要获得结论）。第二句话则是把第一句话落到实处，表面看起来是在表述推理的分类，实质上是从操作和方法的角度对第一句话作了进一步诠释。

可以参考下面的几点说明来理解逻辑推理素养。[①]

[①] 史宁中，王尚志. 普通高中数学课程标准（2017 年版 2020 年修订）解读 [M]. 北京：高等教育出版社，2020：84-85.

1. "逻辑推理素养"与传统所说的"逻辑推理能力"是有一定区别的

首先，要注意逻辑推理的落脚点是素养，即指的是体现在人身上的能力、品格，本质上它是依托逻辑推理所凝练出来的人的一种思维品质。这是我们从素养角度认识逻辑推理必须具备的高度。其次，要注意这一素养是紧紧依附推理这一逻辑思维形式的。所以，要真正认清素养的内涵，必须从数学推理的逻辑属性及要求入手，准确把握其本质特征。这里所说的逻辑推理素养，不仅包括一个人具有的逻辑推理能力，而且包括这个人具备的思维品质。

2. 理解逻辑推理的关键要素是逻辑的起点、推理的形式、结论的表达

逻辑的起点是一些事实和命题，推理的形式主要有演绎、归纳和类比，结论的表达主要是数学命题，得到数学命题主要依赖归纳和类比，证明数学命题主要依赖演绎。

3. 理解一个人具备逻辑推理素养对思维模式和思维品质的影响

尽管归纳推理与类比推理的思维过程有所不同，但在本质上是一致的，都是通过经验过的东西去推断未曾经验过的东西。在运用类比推理时，我们可以把思考的两类对象 A、B 看成一个更大的类 N，在 A、B 有某些相同（类似）属性的基础上，由 A 中已成立的属性去推断 B 中也有类似属性成立，由此拓展这一属性结论的存在范围，使结论在 N 中具有一般性。例如，通过类比二维空间平行线的传递性，得到三维空间平行平面的传递性，我们就得到了一个关于平行传递性质在更大范围成立的一般性结论。归纳推理与类比推理是发现数学结论的重要方式，演绎推理是论证数学结论的重要保证。这些推理形式是得到数学结论、构建数学体系的重要方式，是数学严谨性的基本保证，是人们在数学活动中进行交流的基本思维品质。

二、逻辑推理素养的价值

1. 数学价值

对于得到数学结论、构建数学体系而言，逻辑推理是不可或缺的一种重要方式。数学的产生和发展始于对具体问题或具体素材的观察、实验、归纳与类比等或然推理，但又不限于这些，而是在此基础上进一步通过比较、分析、综合、概括去揭示事物的本质，通过演绎推理得出数学结论。数学学习和研究从不满足于特殊情况下的结果，而是通过归纳、类比等方法去探索、研究各种对象的一般规律，寻求解决问题的一般方法。数学学习和研究也从不满足于局部范围的统一，而是通过拓宽原来的概念和理论去寻求更大范围的统一，发展和构建新的结果和理论。人们在数学发展与数学学习的过程中形成了特定的数学思维方式。简单来说，首先对具体问题或具体素材进行分析，其次找出事物最本质的出发点，然后寻求问题的一般解决方法，最后通过演绎推理形成严格的体系。由此可见，数学内部的发展、数学理论体系的构建都是建立在逻辑推理基础之上的，逻辑推理不仅是一种得到数学结论的重要方式，而且成为数学的基本思想。

2. 育人价值

数学在培养人的思维能力、发展智力方面具有不可替代的突出作用。数学思维不仅有生动活泼的探究过程，如想象、类比、联想、直觉、顿悟等，而且有严谨理性的证明过程。数学学习是培养学生逻辑思维能力的重要途径。学生在学习数学知识及运用数学知识、思想和方法解决问题的过程中，还能树立辩证唯物主义世界观，形成实事求是、严谨认真的科学精神和反思质疑、勇于创新等良好的个性品质。

作为人类认识世界、改造世界的重要工具，数学的基础知识、基本技能、基本思想、基本活动经验，将为学生的终身发展奠定基础。在长期的数学教学的实践中，我们认识到，学生对数学知识和技能的学习不应只是被动接受，也不应只是熟练地操作，还应了解：问题是怎样提出的？概念是怎样形成的？结论是怎样探索和猜测到的？证明的思路和计算的方向是怎样形成的？在得出结论以后，还应理解结论的作用和意义，以及主动思考数学的应用问题，也就是说，要让学生理解"来龙去脉"，学会分析，而这一切都与逻辑推理素养密切相关。

逻辑推理素养在培养学生创造能力方面也有重要的作用。数学高度抽象和严谨推理的特点，更需要学生经历感受、体验和思考的过程。只有当学生通过自己的思考建立起对数学的理解时，才能真正懂得数学、学好数学。

问题的解决

一、全过程进行逻辑推理素养的培养

逻辑推理素养的培养要"渗透、贯穿高中数学学习的全过程"主要体现在下面几个方面。

第一，它应渗透、贯穿高中数学课程的四条内容主线（即函数、几何与代数、概率与统计、数学建模活动与数学探究活动）之中。教师要引导学生主动梳理内容主线，梳理各部分、板块内在的逻辑关系，从整体上把握知识的逻辑结构。这样有利于克服所学内容的"碎片化"倾向，增强学生整体驾驭内容的能力，这一过程本身也有利于学生逻辑推理素养的培养。

第二，它应渗透、贯穿高中数学的各种教学活动过程。比如，在概念课教学中，让学生经历从特定对象的本质属性入手，抽象、概括形成概念的过程，并引导学生有条理地表述概念定义；在命题课教学中，引导学生分清条件、结论，把握条件、结论之间的逻辑关系，通过一些重要命题启发学生探讨其多种变化形式及逻辑关系；在证明课教学中，更要让学生遵循证明规则，通过逻辑推理去证明数学结论，掌握多种证明方法。

第三，它应贯穿高中数学学习的各个环节，如预习、复习、知识小结、课堂提问、自我练习、测验考试等。教师还可以有针对性地开展一些数学学习活动，如问题讨论会、数学辩论赛、逻辑错误专题分析等。在所有的学习环节和活动中，教师都应该要求学生的言语和思维做到"重论据、有条理、合逻辑"。

第四，它应贯穿高中数学学习的各个年级。教师应注意各年级教学特点，根据学生实际，科学安排，循序渐进，使学生逐步学会有逻辑地思考问题，有逻辑地表述、交流问题，使逻辑推理素养得到协调发展。

二、发挥不同推理形式的功能，提高学生的数学思维品质

要充分发挥不同推理形式在数学探究活动中的不同作用，注重它们之间的功能互

补。数学家波利亚在《数学与猜想》中指出：数学有两个侧面，用欧几里得的方式提出来的数学是一门系统的演绎科学；但在创造过程中的数学却像是一门实验性的归纳科学。不同的推理形式有不同的特点和功能，要注意它们之间的有机融合。比如，归纳、类比虽然是或然推理，但能发现结论，做出猜想；而演绎推理是必然性推理，能证明结论。在命题教学、问题解决教学中，教师要善于对教学素材进行"猜想—证明"式的探索过程的加工，引导学生经历猜想和证明的全过程，使学生通过观察、实验、比较、分析、抽象概括、推理证明等多种活动，对学习对象蕴含的数学本质、规律进行思考和做出判断，不断提高数学思维品质。实施高中课程改革以来，尽管"轻归纳、重演绎"的现象发生了一定改变，但在现实中，赶进度、追求"短平快"的教学依然存在，这是不利于学生数学学科核心素养发展的。

【案例】

二项式定理的发现[①]

首先，当 $n=1$，$n=2$，$n=3$ 时，容易知道：

$(a+b)^2 = (a+b)(a+b) = (a+b) \cdot a + (a+b) \cdot b$
$\qquad = a \cdot a + b \cdot a + a \cdot b + b \cdot b$
$\qquad = a^2 + 2ab + b^2$

$(a+b)^3 = (a+b)(a+b)(a+b)$
$\qquad = a \cdot a \cdot a + a \cdot a \cdot b + a \cdot b \cdot a + a \cdot b \cdot b + b \cdot a \cdot a + b \cdot a \cdot b + b \cdot b \cdot a + b \cdot b \cdot b$
$\qquad = a^3 + 3a^2b + 3ab^2 + b^3$

它们都是 $(a+b)^n(n \in \mathbf{N})$ 中的一种情况，需要探索的是它们的展开式具有什么共同的性质：$(a+b)^n(n \in \mathbf{N})$ 的展开式是怎样的呢？

下面再把 $(a+b)^4$ 展开：

$(a+b)^4 = (a+b)^3(a+b)$
$\qquad = (a^3 + 3a^2b + 3ab^2 + b^3)(a+b)$
$\qquad = (a^3 + 3a^2b + 3ab^2 + b^3) \cdot a + (a^3 + 3a^2b + 3ab^2 + b^3) \cdot b$
$\qquad = a^4 + (3+1)a^3b + (3+3)a^2b^2 + (1+3)ab^3 + b^4$
$\qquad = a^4 + 4a^3b + 6a^2b^2 + 4ab^3 + b^4$

由于二项式定理涉及项数、系数、各项中字母及其指数的特点，为了方便观察和发现其中的规律，列出表 1-2-1。

表 1-2-1

n	项数	各项中字母及其指数的特点				系数的规律				
1	2	a			b	1				1
2	3	a^2		ab	b^2	1		2		1
3	4	a^3	a^2b	ab^2	b^3	1	3		3	1
4	5	a^4	a^3b	a^2b^2	ab^3 b^4	1	4	6	4	1

[①] 林玉慈. 高中数学课程中的逻辑推理及教学策略研究 [D]. 长春：东北师范大学，2019：55-56.

表格内容如果排列得好，就会比较容易发现其中的规律。根据表 1-2-1 中呈现的内容，可以做出猜测，列出表 1-2-2。

表 1-2-2

	$(a+b)^{20}$	$(a+b)^n$
项数	共 21 项	共 $n+1$ 项
各项中字母及其指数	$a^{20},a^{19}b,a^{18}b^2,\cdots,a^2b^{18},ab^{19},b^{20}$	$a^n,a^{n-1}b,a^{n-2}b^2,\cdots,a^2b^{n-2},ab^{n-1},b^n$

对各项的系数还不容易看出规律。$(a+b)^n(n\in\mathbf{N})$ 的展开式的形式大致如下：
$$(a+b)^n=a^n+(\ )a^{n-1}b+\cdots+(\ )a^{n-r}b^r+\cdots+b^n$$

接下来就要想办法确定各项系数，探索各项系数有什么共同特性。先把前面各式的系数单独分离出来，尝试作多种排列，从中寻找规律。如果找出的规律对 $n=5$，$n=6$ 时的系数也适用，那么此规律就更可靠了。

```
                        1
  n=1           1   1                        1   1
  n=2          1   2   1                    1   2   1
  n=3        1   3   3   1                1   3   3   1
  n=4      1   4   6   4   1            1   4   6   4   1
              （尝试 I）                     （尝试 II）
```

比如，从尝试 I 可以猜想：

第一列全部为 1，所以 a^n 项的系数是 1；

第二列依次为 1，2，3，…，正好与 $(a+b)^n$ 的指数 n 是一样的，即 $a^{n-1}b$ 项的系数是 n。

反复琢磨尝试 I，或许可以猜测出第三列以后的规律：

　　　　　　某一纵列某数＝前一纵列在此数以前的一列数的和

由此可以猜测 $n=5$ 时的系数：

第 1 项系数 ＝ 1

第 2 项系数 ＝ 5

第 3 项系数 ＝ 1+2+3+4 = 10

第 4 项系数 ＝ 1+3+6 = 10

第 5 项系数 ＝ 1+4 = 5

即 $n=5$ 时的系数为：

　　　　　　　　1　5　10　10　5　1

偶然想到以下对照（这需要经验的积累和教师的适当引导）：

　　　　　　1　2　1　　与　　1　3　3　1
　　　　C_2^0　C_2^1　C_2^2　　　　C_3^0　C_3^1　C_3^2　C_3^3

再继续做一些验证，就可能会猜测：$(a+b)^n$ 的第 $r+1$ 项的系数为 C_n^r。

案例分析

上面的案例通过二项式定理 $(a+b)^n=C_n^0a^n+C_n^1a^{n-1}b+\cdots+C_n^ra^{n-r}b^r+\cdots+C_n^nb^n$ 的发现培

养学生的归纳推理能力。在这一教学片段中，教师为了引导学生探究二项式定理 $(a+b)^n = C_n^0 a^n + C_n^1 a^{n-1} b + \cdots + C_n^r a^{n-r} b^r + \cdots + C_n^n b^n$ 的结构特征，首先从学生熟悉的乘方概念入手，将乘方转化为乘积的形式，如 $(a+b)^2 = (a+b)(a+b)$，$(a+b)^3 = (a+b)(a+b)(a+b)$，$(a+b)^4 = (a+b)^3(a+b)$，然后通过观察项数、次数、系数和指数的关系，猜想出二项式定理。这一过程就是通过从特殊到一般，从具体到抽象进行归纳推理的结果。

从这个例子可以领悟到归纳推理的思维过程。观察材料的合理排列与合适对照是导向逻辑推理的有效途径。一般来说，这需要经验的积累和教师的适当引导。在得到猜想的过程中，总要先对一些特殊情况做尝试，然后设法从中归纳出一般性的规律、公式和结论，最后对得到的命题进行验证。需要注意的是，规律发现的过程不是一蹴而就的，往往需要反复推敲和验证。

【案例】

圆中直线位置关系在椭圆中的类比推广

（一）内容分析

解析几何是中学数学教学的重要内容，本课题的研究对象是几何图形椭圆中直线的位置关系，所用的研究方法主要是代数方法，体现了数与形的统一，为进一步研究高维空间奠定了基础。

本课将圆中直线的位置关系推广到椭圆中（课堂上主要探究圆中直线的垂直关系在椭圆中的推广），体现类比的数学思想；在探究椭圆中直线位置关系的过程中，主要用代数方法研究几何图形，通过圆的伸缩，思考代数表达式背后的几何含义，加深对数形结合数学思想的理解。此外，本课的教学能够提升学生直观想象、数学运算和逻辑推理等素养。

（二）学情分析

学生在初中阶段学过圆中直线的位置关系，对其中直线的垂直关系较为熟练；在高中阶段，学生在直线方程与圆的方程学习中，已有用代数方程刻画几何对象、用代数方法研究几何图形的经验；在本章之前的教学中，学生已初步掌握椭圆的标准方程及几何性质；学生在生活中和数学学习中，有使用类比推理的经验，比如用等差数列的性质类比猜测并进一步探究等比数列的性质等。

（三）学习目标

1. 掌握用代数方程探究椭圆中直线位置关系的方法。
2. 体会类比及数形结合思想的重要性。
3. 提升直观想象、数学运算和逻辑推理等素养。

（四）学习重点难点

重点：用代数方法探究椭圆中直线的位置关系，类比思想。

难点：将圆中直线的位置关系推广到椭圆中，研究相关直线斜率的代数式的几何意义。

（五）教学过程

1. 创设情境，回顾旧知

教师提问：圆与椭圆有哪些类似性？

学生回顾：代数角度——曲线方程；几何角度——几何定义；图形关系角度——

共性（二次曲线、对称性）、联系（图形伸缩）等。

教师提问：圆中什么条件可以得到直线的垂直关系？

学生回顾相关定理并画出图形（图 1-2-1）。

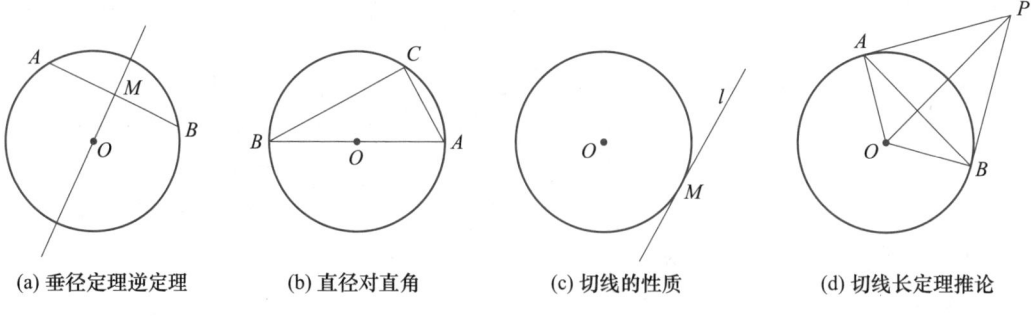

(a) 垂径定理逆定理　　(b) 直径对直角　　(c) 切线的性质　　(d) 切线长定理推论

图 1-2-1　相关定理图形

2. 类比猜想，推理证明

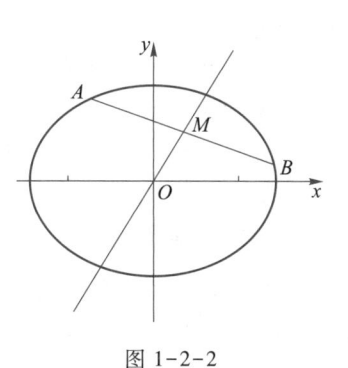

教师提问：在类似条件下，椭圆中相应直线有何位置关系？

如图 1-2-2 所示，过椭圆 $\dfrac{x^2}{a^2}+\dfrac{y^2}{b^2}=1(a>b>0)$ 中心 O 的直线 OM 过椭圆的弦 AB 的中点 M，探究 OM 与 AB 有何关系？

图 1-2-2

方法 1　设 $A(x_A, y_A)$，$B(x_B, y_B)$，由中点公式 $M\left(\dfrac{x_A+x_B}{2}, \dfrac{y_A+y_B}{2}\right)$ 及 $\dfrac{x_A^2}{a^2}+\dfrac{y_A^2}{b^2}=1$，$\dfrac{x_B^2}{a^2}+\dfrac{y_B^2}{b^2}=1$，得

$$\dfrac{x_A^2-x_B^2}{a^2}+\dfrac{y_A^2-y_B^2}{b^2}=0$$

$$k_{AB} \cdot k_{OM} = -\dfrac{b^2}{a^2}$$

方法 2　设 $AB: y=kx+m$，有

$$\dfrac{x^2}{a^2}+\dfrac{(kx+m)^2}{b^2}=1 \quad (\Delta>0)$$

设 $A(x_A, y_A)$，$B(x_B, y_B)$，由韦达定理可知

$$x_A+x_B=-\dfrac{2kma^2}{a^2k^2+b^2}$$

由中点坐标公式得 $M\left(\dfrac{x_A+x_B}{2}, \dfrac{kx_A+m+kx_B+m}{2}\right)$，则

$$k_{OM}=\dfrac{\dfrac{-2k^2ma^2}{a^2k^2+b^2}+2m}{-\dfrac{2kma^2}{a^2k^2+b^2}}=-\dfrac{1}{k}\cdot\dfrac{b^2}{a^2}$$

$$k_{AB} \cdot k_{OM} = -\frac{b^2}{a^2}$$

方法3 设 $A(a\cos\theta, b\sin\theta)$，$B(a\cos\varphi, b\sin\varphi)$，则

$$k_{AB} = \frac{b(\sin\varphi - \sin\theta)}{a(\cos\varphi - \cos\theta)}, \quad k_{OM} = \frac{b(\sin\theta + \sin\varphi)}{a(\cos\theta + \cos\varphi)},$$

$$k_{AB} \cdot k_{OM} = -\frac{b^2}{a^2}$$

方法4   圆 $k_{AB} \cdot k_{OM} = -1 \Rightarrow$ 椭圆 $k_{AB} \cdot k_{OM} = -\frac{b^2}{a^2}$

【设计意图】从几何角度引入问题，用解析法及几何法解决问题，并进一步思考上述问题中两条直线的斜率乘积为 $-\frac{b^2}{a^2}$ 的几何意义，诠释解析几何中解析性和几何性的深刻联系。

3. 深入探索，巩固延伸

教师提问：圆中直径所对的圆周角是直角，椭圆中是怎样的？

学生猜想：已知 AB 为椭圆 $\frac{x^2}{a^2} + \frac{y^2}{b^2} = 1 (a>b>0)$ 的长轴，C 为椭圆上一点，如图1-2-3所示，探究 AC 与 BC 有何关系？

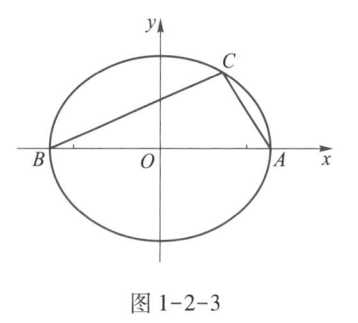

结论：$k_{AC} \cdot k_{BC} = -\frac{b^2}{a^2}$。

图1-2-3

方法1   解析法

$$k_{AC} \cdot k_{BC} = \frac{y_C}{x_C - a} \cdot \frac{y_C}{x_C + a} = \frac{y_C^2}{x_C^2 - a^2} = -\frac{b^2}{a^2}$$

方法2   三角法（三角代换）

设 $C(a\cos\theta, b\sin\theta)$，则

$$k_{AC} \cdot k_{BC} = \frac{b\sin\theta}{a\cos\theta - a} \cdot \frac{b\sin\theta}{a\cos\theta + a} = -\frac{b^2}{a^2}$$

方法3   几何法（圆的伸缩）

$$圆\ k_{AC} \cdot k_{BC} = -1 \Rightarrow 椭圆\ k_{AC} \cdot k_{BC} = -\frac{b^2}{a^2}$$

方法4   几何法（中位线）

取 AC 中点 M，连接 OM（图略），则 $k_{OM} \cdot k_{AC} = -\frac{b^2}{a^2}$，因为 $OM // BC$，$k_{OM} = k_{BC}$，所以结论成立。

教师追问1：若 AB 不是长轴，此结论还成立吗？

教师追问2：上述结果都是斜率乘积为 $-\frac{b^2}{a^2}$！巧合的背后是否隐含着某种几何意义？

学生深入探究，经过类比提出如下猜想，并在课后自主证明。

（1）如图1-2-4所示，已知：直线 l 不与坐标轴平行，与椭圆 $\dfrac{x^2}{a^2}+\dfrac{y^2}{b^2}=1(a>b>0)$ 相切于 M，求证：$k_{OM}\cdot k_l=-\dfrac{b^2}{a^2}$。

（2）如图1-2-5所示，已知：过点 P 的两条直线与椭圆 $\dfrac{x^2}{a^2}+\dfrac{y^2}{b^2}=1(a>b>0)$ 分别相切于 A 和 B，求证：$k_{AB}\cdot k_{OP}=-\dfrac{b^2}{a^2}$。

4. 课堂小结，提炼方法

法国数学家兼天文学家拉普拉斯说："即使在数学里，发现真理的主要工具也是归纳和类比。"比拉普拉斯早两个世纪的德国天文学家和数学家开普勒对类比方法更是情有独钟，推崇备至，他说："我们诊视类比胜于任何别的东西，它是我最可信赖的老师。"康德也深刻地指出："每当理智缺乏可靠论证的思路时，类比这个方法往往能指引我们前进。"因而可以这样讲：类比是发明创造的源泉。

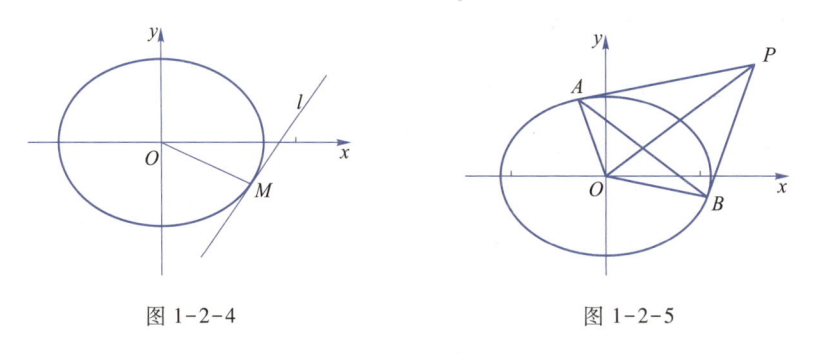

图1-2-4

图1-2-5

（案例提供：王鼎，中国人民大学附属中学）

案例分析

本节课教师用问题作为导入环节，在教学中抓住圆与椭圆两类对象的共性进行类比。类比是或然推理的一种形式，但能发现结论，做出猜想；再通过演绎推理证明猜想，实现了"猜想—证明"的全过程。在这个过程中教师关注了学生学习的不同阶段和不同领域，把初中阶段对直线与圆的研究方法及相关结论、推理过程，与直线与椭圆的问题进行类比，引发学生通过观察、实验、比较、分析、抽象概括、推理证明等多种活动，最终探究出圆中直线的位置关系在椭圆中的规律。这样的教学过程不是为了知道结论，而是为了培养学生发现、提出、分析和解决问题的能力。这样不仅能让学生感受到数学的美妙和思维的乐趣，而且能有效培养学生的逻辑推理素养。

教学建议

第一，逻辑推理素养的培养不应停留在知识、技能层面，而应提升到素养所特有的必备品格、关键能力和价值观层面。因此数学课堂教学重点定位在以下方面：学会有逻辑地思考问题；形成重论据、有条理、合乎逻辑的思维品质和理性精神；有逻辑地表达与交流，增强交流能力。

第二，推理是数学的本质特征之一，不同领域、不同内容、不同课型的教学，都要充分挖掘知识、内容所蕴含的逻辑推理素养，以促进学生核心素养的发展。

事实上，数学问题的解决，归根结底是探求问题的条件和结论之间的联系，其中所经历的数学思维过程本质上是一系列的联想过程。联想是数学学习中的一种重要的心理现象，通过联想而实现的解题"起点灵活""过程灵活""方法灵活"等，就是以推理的灵活性所表现出的思维灵活性。比如在解题课的教学中，更要重视思维能力的培养，教师要给学生时间去思考：如何分析题目？这些题目是如何得到的？题目之间有什么联系？

例如，在三角恒等变换的教学中，教师往往通过各种各样的题型进行教学。但是我们发现，学生在面临一个新问题时，往往乱套公式，漫无目的地进行公式变形，其原因就是题型化教学弱化了学生的逻辑推理能力。

例 已知函数 $f(x)=\cos x-\cos 2x$，则该函数为（　　）。

A．奇函数，最大值为 2　　　　　　B．偶函数，最大值为 2

C．奇函数，最大值为 $\dfrac{9}{8}$　　　　　　D．偶函数，最大值为 $\dfrac{9}{8}$

如果仅求解这道选择题，就可能失去了一次对学生逻辑推理素养培养的良好机会。我们可以把这道数学题改成数学问题："函数 $f(x)=\cos x-\cos 2x$ 具有哪些性质？"对这个数学问题的解决，一方面让学生思考如何分析一个数学对象，另一方面有助于提高学生发现和提出问题的能力。在实际教学中，学生还提出研究"函数 $f(x)=\cos^2 x-\cos 2x$ 具有哪些性质？"等问题。把数学题变成数学问题，更能揭示数学问题之间的联系以及数学问题的本质，有助于让学生感悟到数学推理的乐趣。在教学中，教师还可以运用一题多解、一题多变、同解变形、恒等变形、逆向求解等方式，有效培养学生思维的灵活性。

第三，多给学生留出探索和思考的时间。现在仍有一些课堂采用"满堂灌"或"满堂问"的方式，把数学相关知识理论直接灌输给学生。这种教学方式有较多弊端，教师占据了整个教学活动的主导地位，通过单一的教学方式向学生传递知识内容，没有切实考虑学生的需求。在进行有关数学概念、公式、定理等内容的教学过程中，教师应引导学生从基本概念、基本原理出发，对数学对象以及数学对象之间的关系展开多角度、多层次的探究活动，通过归纳、类比、演绎等多种思维方式发现概念的多元联系，使学生在建立知识的多方联系中深化对数学问题的认识，在探寻问题的不同解决方法中拓宽思路。教师不仅要引导学生掌握这些知识，还要注重引导学生经历发现问题、分析问题、探究解决问题的过程，使学生通过充分思考深入了解这些知识，进而形成良好的数学思维。这样的教学方式才能使学生体会到数学思维的乐趣，有利于增强学生学习数学的主观能动性，使学生积极投入数学学习活动，进而提高学习效率，促进逻辑推理素养的发展。

1-3 如何培养学生的数学建模素养？

问题的提出

新版课程标准将数学建模素养界定为"对现实问题进行数学抽象，用数学语言表达问题、用数学方法构建模型解决问题的素养"，并将数学建模的过程概括为"在实际情境中从数学的视角发现问题、提出问题，分析问题、建立模型、确定参数、计算求解，检验结果、改进模型，最终解决实际问题"。新版课程标准还明确了数学建模活动与数学探究活动的建议课时数：建议在必修课程中为 6 课时，在选择性必修课程中为 4 课时。2019 年 6 月国务院办公厅发布《关于新时代推进普通高中育人方式改革的指导意见》，其中明确强调（到 2022 年）学业水平选择性考试与高等学校招生全国统一考试命题要以普通高中课程标准和高校人才选拔要求为依据，实施普通高中新课程的省份不再制定考试大纲。

不仅如此，数学建模进入数学课程，改变了传统数学课程从概念到概念、从概念到定理的内容呈现模式，回归到知识形成过程，建立了数学世界与外部世界的联系，有助于学生形成对数学正确、完整的认识，更有助于促进学生提升运用知识解决问题的能力。[1] 数学建模甚至被视为新时代的一项社会生活技能。在计算机科学、人工智能迅猛发展的今天，数学不仅是科学技术的重要基础，而且在社会科学领域、艺术领域、人文领域发挥着越来越大的作用。[2]

由此可见，作为数学应用和数学发现的基础，数学建模在立德树人、人才选拔、学科发展和社会发展中都起到至关重要的作用。

问题的分析

一、数学建模素养所包含的关键能力

我们从 2013 年开始进行数学建模教育教学的研究和实践，基于超过 2000 课时的数学建模教学和课程开发经验，将数学建模素养具体解释为如下六方面能力的聚合体。

1. 观察现实世界、发现问题并挖掘问题本质难点的能力

数学是人们对现实世界的抽象以及在此基础上的再抽象，所以一个数学问题的本质难点一定是现实世界中某个本质规律在数学世界里的投射。学生如果无法从现实世界中挖掘出现实问题的本质难点，就很难确定应该使用什么数学结构处理什么问题，这样建立起来的数学模型往往既没有实际效用也没有数学美感，仅仅是自然语言与数

---

[1] 王尚志，胡凤娟. 数学教育的育人价值 [J]. 人民教育，2018 (Z2)：40-44.
[2] 王尚志，吕世虎，张思明. 理解《普通高中数学课程标准（2017 年版）》的八个关键问题 [J]. 人民教育，2018 (9)：54-55.

学语言之间的表面翻译。

2. 对现实问题进行必要的抽象简化，提出适当的基本假设的能力

现实问题是无限条件的集合体，这在数学上是无法建模和分析的，我们需要对现实问题进行适当的抽象，忽略一些不重要的因素。这里的难点在于要同时关注现实世界和数学世界，而并非仅仅关注数学世界，其中对现实世界中的本质难点的提取往往比数学处理更为困难，稍有不慎就会建立出数学上没有问题但是却无法解决现实问题的"废模型"。

例如，小明计划去爬山，假设山路往返总路程为 2 km，小明平时从家去学校在平直街道上步行 1 km 用时 15 min，就建立了一个比例模型，他认为山路往返时间为两个 15 min，即 30 min。但只要是爬过山的人都清楚这一般是做不到的事情，除非小明是运动健将。小明之所以得到了不符合现实的结论，并不是因为他不会计算比例，而是因为他建立模型时做了错误的基本假设，认为"在平直街道上步行的速度和爬山的速度相同"。从这个例子中可以看出，提出适当的基本假设对解决问题的重要意义。

3. 用适切的数学结构归纳或建立模型的能力

在一线教学时，不少初学者总是喜欢使用高等和复杂的数学来建立模型，以为这样可以更好地体现出自己的"数学建模能力"，但实际上这样不仅会模糊问题的数学结构，而且还会为模型求解带来麻烦。哲学上有一个原理叫"奥卡姆剃刀"，即"简单有效原则"，它有三层含义：如果用简单的、容易理解的方法就可以很好地解决问题，就不必使用复杂的、难以理解的方法；只有当简单的、容易理解的方法无法解决问题时，才需要使用更为复杂和抽象的方法来解决问题；在解决问题时，并不是越复杂或越抽象的方法就越好，刚好可以解决问题的最简单方法更好。

4. 将自然语言翻译为形式化数学语言的能力

不少初学者总是能说出很多建立模型的思路，但是却无法将自己的思路表达为形式化的数学式子，也就是人们常说的"眼高手低"。无法完成形式化数学表达的原因主要有两个：一是缺乏对思路中各个量之间逻辑关系的认识；二是缺少对数学结构及其适用性的认识。因此，攻克形式化数学表达的过程，就是提升对现实世界和数学世界认识的过程。

5. 用适切的数学方法演绎并求解数学模型的能力

面对一个已经建立好的数学模型，不同学段和学情应当采用不同的方法去求解。这检验了建模者对不同数学分支之间关系的认识水平。例如，同样是面对一个微分方程模型，高三学生和本科生会直接使用导数作为工具分析其解，甚至直接求出解析解，但是对导数不擅长的学生也完全可以在精度允许的范围下利用瞬时变化率和局部平均变化率之间的近似关系，将微分方程模型变为一个数列递推模型，将问题转化为分析对应递推数列的性质或求解其通项公式。从这个角度来说，数学建模是建立"数学学科概观"的优秀载体。

6. 将所得到的数学结论译回现实世界并审辩其功用的能力

前面提到，将对现实世界的理解转化为形式化的数学语言是一项重要的能力。同样地，将形式化的数学语言译回现实世界也是初学者面临的一个难点，正如艺术评论和艺术创作是两种截然不同的能力一样。一线教学实践发现，不少初学者习惯将建模活动终止于得到数学上的计算结果，而缺少"它们对应怎样的现实""是否符合现实的需求""是否具有一定的稳定性"的分析。这与其说是缺乏意识，不如说是缺乏审辩思维能力。很多数学模型的建构一味地追求形式上的优美，但缺乏对现实的关照，使得其数学结果很难被运用。

二、关注数学建模的育人作用

1. 数学建模教育的开展是时代对数学人才需求的体现

尽管大多数学生未来不会成为数学家，但是数学建模对他们而言同样重要。未来人才不仅要"知其所以然"，而且要"知其若不然"——一个理论或模型不这样建立还能怎样建立？有没有更好的办法？为什么当初建立的时候没有选用这种办法？多种办法的适用性有什么异同？是否可能整合多种办法以获得更好的办法？如果面对这个问题没有更好的办法，是否可能换一个思考角度绕过这个问题？——当我们"知其所以然"时，可以很好地运用已有的研究成果，用已有的方法解决一部分难以解决但别人已经解决了的旧问题；但只有当我们"知其若不然"时，才能跳出已有的"专利壁垒"，形成自主知识产权，甚至能解决全新的问题，占领时代先机。

在传统的数学教育教学中，虽然通过"一题多解"等教学策略，能够实现部分"知其若不然"的培养效果，但依然是建立在标准答案基础上的。而数学建模是培养学生"知其若不然"的天然载体，因为学生在数学建模的每个步骤中都需要思考"不这样还能怎样"，并且不同的学生可能建立出不同的模型，一般的现实问题也并不是只有唯一、最优的数学模型。这就为横向的迁移、比较和创新整合提供了机会。因此，数学建模是学科育人和创新人才培养的有效载体（图 1-3-1）。

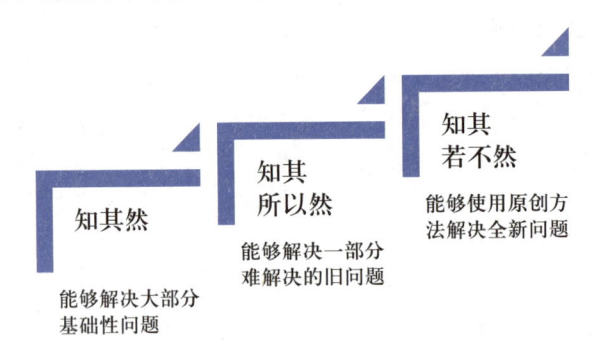

图 1-3-1　数学建模是学科育人和创新人才培养的有效载体

2. 数学建模也是作为新时代人才自身发展的自然需求

当前中国社会处于改革的深水区，处理好新兴行业和传统行业之间的关系，有助于形成良好的社会价值流动局面，加速社会发展。在这个过程中，面向所有学生的数学建模素养的培养具有至关重要的作用，下面用一个例子来说明这一点。

一位人工智能专业的博士毕业后，创立了一家专注于为养老行业提供智能设备解决方案的科技公司，但是他和初创团队没有去养老院体验行业生活、挖掘行业需求，而这些服务行业中的问题往往需要经过长久的职业实践才能挖掘和体会到。在这种情况下，那些受过专业护理职业教育，且具备多年一线工作经验的护工就成为最合适的"问题提出者"。通过合作，这位博士获得了现实需求问题，养老院的护工获得了改善工作环境的机会以及额外的发展空间，养老院的老人也会因护理技术的更新换代而提升了幸福感。在整个过程中多方面获得了共赢的成果。这是一项彼此互相需要下的共赢合作。

这个共赢过程有一个基础，就是除了上面这位博士要具有数学专业技能之外，提出问题的护工也要具备一定的数学建模素养——什么样的问题适合用数学解决？如何以适当的形式提出问题？数学是有很大局限性的，并非所有的问题都能用数学解决，如果提出的问题不是数学善于解决的，就会导致事倍功半。用适当的形式提出合理的问题，是解决问题的最大保障。

数学建模素养有助于学生的未来职业发展。不是所有的学生都喜欢数学，也不是所有喜欢数学的学生将来都以数学为职业。但是，数学以外的行业与数学相结合，往往会迸发出新的活力，开创新的交叉领域和职业。良好的数学建模素养在交叉领域会展现出不可替代的价值。

问题的解决

一、重视问题的发现和提出，尽量使用学生生活中常见话题并使用感性驱动

发现和提出问题是数学建模的第一步，也是尤为关键的一步。传统的高中数学课堂往往以"从概念讲授到定理证明再到做题练习"为主要线索。这不仅造成了学生无法从现实生活或理论世界中发现和提出问题，而且使数学教师也逐渐失去了发现和提出问题的能力。发现和提出问题的重要性在许多权威著作中均有论述，这里不再赘述。但是发现和提出好的问题需要一定的策略和训练，并不是只靠好奇心就能做到的。数学建模是数学学科中提升学生发现和提出问题能力的天然园地。

在高中阶段进行数学建模教学，感性驱动是重要原则，也是调动学生能动性、顺利开展课堂教学活动的基础。所谓感性驱动，这里指的是学生面对日常生活中熟悉的材料时，基于直观感受和生活经验所产生的问题解决灵感或对问题的初步认识。高中生处于青春期发育高峰，心理上渴望对自己有所了解或感兴趣的事物发表观点，但又容易对自己缺乏兴趣的事物产生逆反情绪。针对高中生的这种心理特点，教师在选择数学建模素材时，应尽量选取学生生活中常见和感兴趣的话题。感性驱动能帮助学生快速、高效地寻找建立模型的初始切入点。如果选择的话题能很好地刺激学生的兴趣点，学生就会产生很多奇思妙想，自然地互相讨论和交流，并且对所建模型的合理性有基本的直观感受。即使在纯粹数学的理论研究中，基于内心直观图景的感性驱动，也是推动抽象理性思考的必然先导。

二、重视学生课堂体验，转变教师课堂角色

在传统的数学课堂教学中，教师经过层层铺垫后向学生提问，往往期待学生回答出唯一的正确答案。但是这和学生未来在工作岗位上将要面临的真实状况完全不同——届时学生面对的问题，大多具有复杂性和多样性，很难有唯一的最佳解决策略，也不会总有"导师"专门指导工作思路。

在数学建模的课堂中，为了培养学生创造性地使用已有知识解决问题的能力，不仅要让学生体验正确的过程，还要给他们充分的试错空间，让学生在实践中体会"为什么不是那样"。在这个过程中，教师的角色不应是讲授者，而应是策略指导者——教师不该告诉学生如何做，而应启发学生去尝试，依靠问题串予以适切的方向引导。[①] 表 1-3-1 给出了做传统数学习题和解决数学建模问题时学生思维的区别。

表 1-3-1　学生思维的区别

维　度	做传统数学习题	解决数学建模问题
思考	被动的、靶向的、局限的	主动的、发散的、渐进的
尝试	局部的、暂时的、封闭的	全局的、持续的、开放的
纠错	平面的、二元的、孤立的	立体的、多元的、整体的
检验	迷向的、抽象的、终结的	系统的、实证的、辩证的

三、注重课堂教学、课后作业和课外活动作为整体系统的构建

数学建模活动的特点决定了数学课堂并不是唯一的教育阵地。课堂教学对数学建模来说，只起到问题引领、思路启发和策略指导的作用，学生在课堂上受到有效激发后，完全可以通过课后作业或研究性学习的形式，进行延展性的课题研究活动。数学建模作为新版课程标准中高中数学课程展开的四条主线之一，虽然建议的课时只有 10 课时，但是数学建模的思想和实践活动应当渗透到高中数学教学的全过程，充分利用课堂教学、课后作业和课外活动相结合的立体结构，避免"只有在数学课堂和数学考试时才能想到数学"这一现象。数学建模是帮助学生将数学真正带入生活的有效途径。

【案例】

人口模型（教学设计片段）

（一）教学设计说明

本案例呈现的是一个三课时数学建模单元的第一课时教学设计。第一课时关注问题的发现与提出、基本假设的构建和模型的建立过程。教师在教学设计时关注了如下要点。

要点 1：基本假设是对现实环境的抽象，相当于数学中的公理，基本假设的合理性对模型结果的有效性具有决定性的影响，需要反复尝试和琢磨。

要点 2：不同的基本假设代表观察问题的不同视角，任何视角都具有局限性，不同的视角会对应不同的数学模型。

要点 3：基于基本假设适切地设置变量和参数，并且利用数学的语言将变量和参数之间的关系描述出来，是建立模型的开端。

要点 4：建立数学模型时需要综合使用数学的文字语言、符号语言和图形语言。

---

① GABRIELE KAISER, WERNER BLUM, RITA BORROMEO FERRI, et al. Trends in teaching and learning of mathematical modelling: ICTMA14 [M]. New York: Springer, 2011.

要点 5：数学模型的建立，是将现实问题转化为数学问题的过程。一旦数学模型建立出来，就可以使用丰富的数学工具分析相应的数学结构，往往从模型本身的演绎就能得到一些重要结论。这种模型的分析和求解任务特别适合作为课时作业布置给学生。

（二）人口模型的教学设计片段（问题提出、基本假设和模型建立）

环节一：挖掘影响人口数量的因素（10分钟）

数学建模步骤之一：发现问题

引导学生观察人口数量随时间不断变化的复杂现象，理解研究人口变化规律的现实需求。

情境创设：某国通过人口普查，统计得到常住人口历史数据表（略）。请同学们观察并尝试寻找人口变化的规律，思考这些数据能够产生哪些利用价值。

问题1 研究人口问题有哪些意义？

预期回答：预测未来人口总数、制定国家生育政策等。

备注：学生对这个问题的回答会比较发散，不必进行约束，但教师应注意维持基本的课堂秩序并限制时间（建议给学生的回答时间不超过2分钟）。

数学建模步骤之二：基本假设

引导学生衡量各种因素的权重大小，关注主要因素，忽略次要因素，从而大大简化现实问题。

问题2 大家想一想：影响人口数量的主要因素有哪些？

预期回答：出生率、死亡率、资源、人口迁移、科技、经济、教育、人口结构、战争、疾病等。

备注：这里学生的回答会更加发散，教师应该把学生的所有回答抄录到黑板的某个区域，这样一方面便于后面发言的同学看到前面说过哪些，另一方面也方便教师下一步的筛选。

问题3 简单起见，我们先研究人口总数。建立数学模型时，往往不会从一开始就考虑很多的因素，你能够将这些因素对人口的直接影响程度排一个顺序吗？

预期回答：按照各因素对人口的直接影响程度由大到小排序，出生率、死亡率、资源、人口迁移……

备注：大多数学生会将出生率和死亡率放在最前面，个别学生可能不认同这个顺序，这时候可以让学生之间互相辩论。教师要进行必要的语言引导。

环节二：用数学语言表达这些因素与人口数量的关系，并判断其合理性（30分钟）

数学建模步骤之三：建立模型

引导学生引入参数变量、利用数学语言表达现实问题、初步建立数学模型，并将模型应用于认识和分析人口增长规律、探究人口极限、发现初步模型的不合理性，为引导学生对基本假设和模型的修订奠定基础。

问题4 数学建模是一个寻求"多、快、好、省"地解决问题的办法的过程，当面对很多的因素时，往往需要从最重要的因素开始逐个添加，并尝试建立初步模型。排在最前面的因素大家公认是出生率和死亡率，那么这两个因素是如何影响人口数量的呢？

基本假设1：只考虑出生率和死亡率对人口的影响，并暂将其作为常数。

请你设出必要的变量，并且将它们之间的关系用数学符号语言表达。注意各变量的单位。

预期回答：设出生率为 α，死亡率为 β，其中

$$\alpha = \frac{\text{新增出生人口数}}{\text{总人口数} \times \text{年}} \quad （单位：1/\text{年}）$$

$$\beta = \frac{\text{新增死亡人口数}}{\text{总人口数} \times \text{年}} \quad （单位：1/\text{年}）$$

第 n 年的人口数为 P_n（单位：万人），那么

$$P_{n+1} = P_n \cdot (1+\alpha-\beta)$$

备注：此处学生使用的数学载体会有很多，不用限制。如果有学生提出数列之外的模型，可以给予表扬，鼓励其继续使用自己提出的模型（如微分方程等）尝试后面的步骤，并在课下与老师交流。

思维提升：建立上述递推模型时用到数学建模中非常重要的"平衡原理"——等式两端通过用两种方式表示相同的量，来建立方程或递推模型。这是构建数学模型的常用数学思想。

问题5 这个模型是一个数列递推模型，同学们能够得到这个数列的通项公式吗？

预期回答：
$$P_n = P_1 \cdot (1+\alpha-\beta)^{n-1}, \quad n \in \mathbf{N}^*$$

问题6 这个通项公式中有几个参数？它们之间能进行合并吗？合并后有什么好处呢？

预期回答：参数有 P_1、α、β，其中 α 和 β 一直绑定在一起，所以可以用 $\mu=\alpha-\beta$（单位：1/年）来整体替换。这样参数就会变得更加简洁，即

$$P_n = P_1 \cdot (1+\mu)^{n-1}, \quad n \in \mathbf{N}^*$$

这个参数 μ 的现实意义是人口每年的净增长率。

备注：如果学生没能把 $\alpha-\beta$ 看成一个整体，教师应当给予适当提示。例如，如果我们发现几个参数总是绑定在一起，是不是就可以用整体法将其看作一个新的参数？这个问题中有没有可以绑定在一起的参数呢？

问题7 按照我们刚建立的这个模型，人口数量的变化趋势是怎样的？这个趋势符合现实情况吗？按照目前中国的情况，我们可以假设 $\mu=\alpha-\beta>0$，即净增长率为正。

预期回答：P_n 会趋于正无穷，不合理，不符合现实。

备注：这里的 μ 称为"人口自然增长率"。在人口数量相对较少的时期，自然资源、环境条件对人口增长的限制作用并不显著，基于"人口自然增长率稳定，即 μ 为常数"的假设建立起来的数学模型，可以应用到这些特定阶段，但如果要模拟经历一系列演变和发展之后的人口数量，它的局限性就会凸显出来。

问题8 不合理的原因是什么呢？

预期回答：因为我们只考虑到出生率和死亡率，考虑的因素过少了。

备注：学生一般容易想到人口自然增长率 μ 实际上会不断地受到资源环境的影响，

教师可以顺势引导学生理解为何要将常量 μ 变成随时间变化的变量，为学生修正基本假设、增加考虑因素、完善数学模型提供清晰的思路。

数学建模步骤之四：修正基本假设和基础模型

引导学生对基础模型进行演绎分析，并且根据分析结果所得的矛盾，理解初步模型的不合理性是由基本假设引起的——在过度简化问题时忽略了资源环境对人口自然增长率的限制作用、将 μ 假设为常量。

引导学生将 μ 改成反映资源限制的变量并重新修订基本假设，完善数学模型，使其更加符合实际。

问题 9 那么下面该考虑哪些什么因素？之前的模型又该如何修订呢？

基本假设 2：只考虑出生率和死亡率对人口的影响，但将其视为现有人口的函数，反映资源对人口的限制。

预期回答：考虑资源对人口的影响。随着人口数量的增加，假设资源总数不变，那么净增长率 μ 就不应是一个常数，而是随人口增多而逐渐减少的一个变化的量 μ_n。为简便起见，我们假设人口净增长率 μ_n 是第 n 年的人口数 P_n 的线性减函数，即

$$\mu_n = -kP_n + h \quad (h>0, k>0)$$

(如果有学生认为线性关系不好，教师应该引导：我们可以先从线性关系出发，如果线性关系能够解决问题，我们就没必要用非线性关系。这也是数学建模中非常重要的"简单有效原则"，在哲学上被称为"奥卡姆剃刀"。)

这样模型就变为了

$$P_{n+1} = P_n \cdot (1 + h - kP_n), \quad n \in \mathbf{N}^*$$

此数列在一般情况下难以求通项。

备注：此处学生都会考虑资源限制，但是很多学生会重新构建模型，而非在之前的模型基础上修订。此处需要教师引导：科学就是不断在前人的错误结论上逐步修订而成的，不要总是从头重来。

还有一部分学生会认为资源总数不是有限的，理由是虽然地球资源总数有限，但是随着科技的发展，对资源的利用率再逐步提高，所以相当于资源总量在增多。此处教师可以引导：在短期的历史时期内，我们可以认为资源总量保持不变。鼓励考虑科技提升资料利用率的同学课后按照自己的认识对模型再进行修订。

环节三：第一课时小结（5分钟）

教师结语：恭喜同学们，你们实际上建立了两个模型：第一个模型是 1798 年英国经济学家马尔萨斯在其《人口原理》一书中所建立的"人口指数爆炸模型"，具有历史局限性；第二个模型是后来的科学家们在马尔萨斯模型基础上改进所得的逻辑斯蒂（Logistic）模型，这个模型更加切合实际。

学生作业：以小组为单位（3～4人一组）研究逻辑斯蒂人口模型的递推数列 $\{P_n\}$，$n \in \mathbf{N}^*$ 的性质，尝试给出各参数的实际意义，并撰写研究报告（word 格式或 PPT 格式），下节课进行小组汇报。

（案例提供：朱浩楠，北京市十一学校）

案例分析

环节一侧重挖掘影响人口数量的关键因素及其结构关系，这往往是初步接触数学建模的学生面对的第一个难点。案例中教师通过"感性驱动"（问题1、问题2）激发学生思考，随后在问题3中从方法论的角度指导学生因素分析的方法，引导学生科学地思考问题，挖掘因素之间的结构关系，为下一步建立平衡方程做好准备。

拓展阅读：数学建模对高中生构建数学底层思维的作用及其教学实施建议

环节二主要挖掘现实问题背后的数学结构，这里不仅体现了数学建模素养的培养，还体现了直观想象、数学抽象、逻辑推理和数学运算素养的综合培养。教师首先通过问题串启发学生使用学过的数学知识建立初步的平衡方程，并推导出等比数列模型；接着通过问题7来引发学生对初步模型合理性的批判性思考；最后通过问题8和问题9从方法论的角度启发学生思考、定位模型失效的原因并予以迭代改进。这种从无到有、由简入繁、从初步到迭代的科学思想方法，不仅能够帮助学生解决案例中的问题，而且有助于学生形成解决未来发展问题的思路，是数学建模教育作为面向未来的素养培养方式的突出表现。

环节三是小结环节，教师给出了基于数学史和数学文化的模型解读，并将模型求解作为课后作业。值得注意的是，该模型的数学形式不存在通项公式解。当面对这样的数列递推模型，需要学生综合迁移学过的数列、函数甚至向量等知识来创造性地分析。作业不仅要求求解模型，而且要求给出参数的现实意义，这是通过实践渗透数学模型的一个必然要求——因为等价的数学结构有很多，如果一个模型的参数不具有现实意义，它就不是一个好模型。例如本案例推导出的模型 $P_{n+1}=P_n\cdot(1+h-kP_n)$ 的参数就不具备现实意义，需要做等价的数学变形才能挖掘出真正具有现实意义的参数形式。因此，这项作业蕴含着深刻的育人意图——希望学生能够审视现有的模型成果，并主动去完善它。

除此之外，本案例在接下来的第二课时进入模型求解环节，教师在第二课时后安排了一次数学建模课外活动，并向学生布置"通过查找数据、问卷访谈、翻阅历史典籍等方式检验模型准确性"的任务。这样使学生对模型合理性的思考从课堂延展到生活中，帮助学生通过生活现象理解数学结构的本质，同时提升学生对数学模型及计算结果的运用能力。

教学建议

第一，数学建模活动的课题选择应当贴近学生生活，注意感性驱动在因素分析和寻找建模切入点时的重要作用。

第二，教师在课堂教学时可以使用问题串的形式，启发学生思考，鼓励学生试错，帮助学生建立科学思想问题的策略和方法，不断完善和迭代模型。在这个过程中，要充分重视学生体验，以学生的思考和实践为主体，教师是指导者，而非方案的讲授者。

第三，好的数学建模案例不仅能培养学生的数学建模素养，还能加强学生对已学知识的理解、记忆和使用，同时帮助学生逐步形成数学整体观。

第四，将模型求解作为课后作业，并在下一课时设置学生分组汇报和答辩环节，让数学建模成为学生日常观察和理解世界的一种可选择的思维方式。

1-4　如何培养学生的直观想象素养？

问题的提出

新版课程标准指出：直观想象是指借助几何直观和空间想象感知事物的形态与变化，利用空间形式特别是图形，理解和解决数学问题的素养。

直观想象素养是与几何直观、空间想象密切相关的，是不可分割的。它本质上是对几何直观、空间想象进行了融合，是一种基于图形的直观感知和理解而展开想象的理性思维能力。数学中的几何直观强调，利用几何直观图形把一个数学问题简单化、图形化，这是一个抽象的过程。把数学问题图形化之后，可以借助对图形的分析来解决相应的问题；在图形化的基础上利用空间想象，即以现实世界为背景，基于对图形的特点、变换等的理解，对研究对象进行个性化的加工改造，直至创造新的空间研究对象。

直观想象有赖于几何直观的基础，更有赖于空间观念的形成。学生在直观想象素养的形成过程中，其几何直观和空间想象能得到进一步发展，用数形结合的方法认识事物的本质，在运用直观图形解决问题的过程中形成创新思维。

基于以上认识，我们可以看出，在直观想象中，直观对应具体，而想象对应抽象，两者的有机结合就把具体与抽象集于一体。因此，直观想象实际上超出了几何层面的意义，具有更为普遍的方法论的含义。

问题的分析

为了培养学生的直观想象素养，我们从以下两个维度进行分析。

一、直观想象是解决数学问题的思维基础之一

新版课程标准指出：直观想象是发现和提出问题、分析和解决问题的重要手段，是探索和形成论证思路、进行数学推理、构建抽象结构的思维基础。

在数学学习中，借助直观想象做出猜想，进而发现结论的典型案例比比皆是。此外，在数学学习中，我们强调理解掌握数学思想方法，但是很多数学思想方法是蕴含在数学知识的学习过程中，隐藏在不同数学内容和方法的背后，这样的学习内容对很多学生来说是抽象的，学生感悟数学思想方法的历程也是困难重重。让学生在直观想象中学习数学，利用直观图形有效帮助学生建立数学模型，有助于引发学生的深入思考。

新版课程标准指出：通过高中数学课程的学习，学生能提升数形结合的能力，发展几何直观和空间想象能力；增强运用几何直观和空间想象思考问题的意识；形成数学直观，在具体的情境中感悟事物的本质。

在数学学习中，学生常常对数学的严谨、抽象感到困惑，尤其在解决较复杂的问

题时无从下手。把抽象的文字与符号等转化成直观的图形，可以使原本隐含的对应关系变得清晰可见，通过图形的直观丰富解题思路。直观图形的构建，需要把想象与图形建立联系，将文字形态的信息及数学关系直接反映在图形中，通过数形结合，实现知识形态的转换，然后在构造的图形中寻求问题的解答思路。

直观想象能够将数学的抽象与图形的直观有机结合，支撑学生的数学表达，有助于学生把握问题的本质，促进学生对数学意义的理解。直观想象能够促进思维变通，摆脱习惯思维的束缚，做出转换、假设、化归、运动变化等多种设想，有助于学生把握数学内部的广泛联系，从而应用数学知识巧妙地解决某些实际问题。

二、直观想象是建立数形联系的思维途径

直观想象素养主要包括：借助空间形式认识事物的位置关系、形态变化与运动规律；利用图形描述、分析数学问题；建立形与数的联系，构建数学问题的直观模型，探索解决问题的思路。直观想象主要表现为：建立形与数的联系，利用几何图形描述问题，借助几何直观理解问题，运用空间想象认识事物。

学生如果具有较好的直观想象素养，首先体现在能够建立数与形的联系，即能够主动借助几何图形描述相对复杂的研究对象，同时把数量关系与空间形式结合起来进行思考；其次体现在能够运用空间想象来认识事物，即能够借助空间想象描述对应的几何图形的相关性质。

问题的解决

一、强化学生规范作图的意识，为培养直观想象素养奠定坚实的基础

在数学学习中，学生直观想象素养的培养是非常重要的，需要长期关注。事实上，利用直观进行思考应该成为一种思维习惯。教师要注意在整个高中阶段不断激发学生运用直观图形思考问题，循序渐进地帮助学生发展空间想象能力，有意识地训练学生对数学语言有效理解和转化的能力，深化对数形结合思想方法的认识。

规范作图是正确解题的前提，可以帮助学生将题目信息直观地呈现出来。

首先，使学生掌握规范的作图方法。教师应言传身教，作为学生的榜样，在授课时应规范地利用尺规作图，并在作图时向学生传达规范作图的重要性。因此，建议教师在讲授与图形联系紧密的知识时，减少使用PPT做静态展示，多在黑板上演示，板书时有意识地放慢速度，让学生体会作图的方法。

其次，要重视基本图形的作图。作图时离不开基本图形，几何部分有很多基本图形，如平面几何中的正方形、长方形、等腰三角形、圆，立体几何中的正方体、长方体、球、圆柱、圆锥等，它们是构造其他复杂模型的基础，只有将基本图形的形状和性质了然于胸，才能在遇到复杂图形问题时游刃有余。

教师要注意强化学生对基本图形的认识及规范的作图方法，只有这样才能在基本图形组合起来时更好地剖析题目要义。规范作图方法，重视基本图形，加强语言互译，对提高学生直观想象素养大有裨益。

二、加强操作实践，培养学生直观想象能力

新版课程标准强调，教师要致力于探索能促进学生学会学习的多样化教学方式，不仅限于讲授与练习，也要积极引导学生独立思考、动手实践等。动手操作能够增加课堂趣味性，调动学生学习积极性，提高动手能力。与教师的讲授相比，动手操作能使学生对模型的性质和特征有更深的理解，积累模型特征对学生直观想象能力的提升很有帮助。例如，学习立体几何时，可以引导学生动手制作一些模型，如正四面体、正十二面体、足球模型等。还可以把一些常见的立体图形展开，例如，在学习圆锥曲线时，可以利用圆锥和平面相交，让学生自己观察截面对应的曲线等。直观想象素养要求学生能够建立形与数的联系，构建数学问题的直观模型。直观模型的建立需要教师有意识地引导。教师在几何教学中应注重引导学生发现几何模型。例如，在计算正方体、长方体的外接球的体积时，教师能引导学生发现外接球直径就是正方体、长方体的对角线；在计算直三棱锥外接球时能发现直三棱锥是长方体的一个角，其外接球直径就是长方体对角线；平时对多面体外接球的总结，有助于学生在遇到该类问题时能迅速形成解决方案，形成解题的数学直觉。

三、注重数形结合，激启多元思考

一方面，数形结合可以激发学生挣脱"数"的禁锢，从具体"形"的角度去思考问题，"以形助数"，培养学生直观想象素养，使数学问题形象化、简单化，在直观的图形中找到解题思路；另一方面，数形结合可以激发学生探知图形性质，从"数"的角度去思考问题，"以数助形"，培养学生抽象逻辑思维，有助于学生突破思维定式，通过对图形的剖析得出结果。利用数与形的相互渗透，促进相关问题的解决，培养学生思维的灵活性；利用"数"与"形"的优势互补，实现抽象逻辑思维与直观形象思维的统一。为了培养学生数形结合的意识及能力，教师应适时借助图象展开解题思路，使学生切实体会到利用直观图形解决问题的优势，促使学生自主积累经验，主动提升自身的直观想象素养。运用图象分析和解决问题，不仅要能用"形"化解"数"的难点，也要能用"数"化解"形"的难点，这一过程有助于学生直观想象素养的发展。

四、恰当运用现代信息技术，助力直观想象素养培养

现代信息技术对教学产生的积极影响已得到人们的普遍认同，在教学中适时适量地融入信息技术成为必然趋势。在数学教学中使用现代信息技术能够促进学生对概念的理解，提升学习兴趣和学业表现。因此，建议教师善用信息技术，助力学生直观想象素养的提高。学生由于知识的广度和深度不够，或直观想象素养欠佳，可能想象不到问题中的一些图形和模型，以至于无法解答问题。这时教师可以利用现代信息技术，帮助学生构建模型、绘制图形。如可以采用 Geo Gebra 软件绘制模型，并可以采用录屏的方式将与正方体所有棱所成角都相等的平面的运动过程记录下来，让学生观察在哪个时刻平面与正方体的截面面积最大，从而解决问题。此外，在讲授新课时，可以利用现代信息技术帮助学生探究一些概念、性质或定理。例如，在

讲解"指数函数的性质"一节中,可以利用几何画板来探究指数函数的图象和性质,让学生直观感知指数函数图象的特征。又如,在抛物线一节的讲解中,可以利用几何画板软件,将抛物线的绘制过程动态地呈现出来,在帮助学生了解抛物线的同时,激发学生的学习兴趣。

【案例】

直线（教学设计）

一、单元设计指导思想与理论依据

解析几何是几何学的一个分支,从宏观上看,解析几何把"几何推理"与"代数运算"紧密联系在一起,使"空间形式"与"数量关系"完美结合。在本单元学习中,学生将在平面直角坐标系中建立直线和圆的代数方程,运用代数方法研究它们的几何性质,体会数形结合的基本思想,积累"代数方法研究几何问题"的基本活动经验。在本单元教学过程中,要引导学生体会"代数运算过程的几何意义",并且贯穿始终。

教学案例：直线

二、单元教学背景分析

（一）单元教学内容

1. 单元主题分析

本单元主题为平面解析几何初步中的"直线",需要8课时完成。新版课程标准在选择性必修主题二"几何与代数"的内容中,要求通过建立坐标系,借助直线的几何特征,导出相应方程,用代数方法研究其几何性质,体现形与数的结合。本单元的学习可以帮助学生在平面直角坐标系中认识直线,寻求直线的代数表示——方程,运用代数方法研究直线与直线之间、点与直线之间的位置关系,感悟平面解析几何蕴含的数学思想。

2. 学习内容分析

本单元教学主要围绕代数方法解决几何问题展开,首先明确是什么几何问题,进而寻求代数方法,初步形成代数方法解决几何问题的能力,为将来学习圆锥曲线打下基础。

"直线的方程"是学习平面解析几何的开始,其学习方法将贯穿整个平面解析几何的学习过程。平面解析几何的学习内容结构如图1-4-1所示。

（二）学生情况

1. 学生认知特征分析

（1）高一学生整体认知处于"形式运算阶段",表现出有能力进行抽象思维和纯符号化思维的特征。

（2）学生的人格与自我意识发展处于心理自我的关键时期,正是自我动机、能力、信念形成的重要阶段,表现出渴望证明自己有能力却又对自己不断"反思"的特点。

（3）绝大多数学生擅长依靠具体形象的实例来领悟学习内容,个别层次较高的学生喜欢借助严谨、抽象的数学符号语言分析新内容。

2. 学生已有知识经验分析

（1）初中阶段："列表→描点→连线"的基本作图方法在学生心中深深植根,学生对一次函数图象——直线有根深蒂固的认知,常会自认为对直线很熟悉,对使用全新

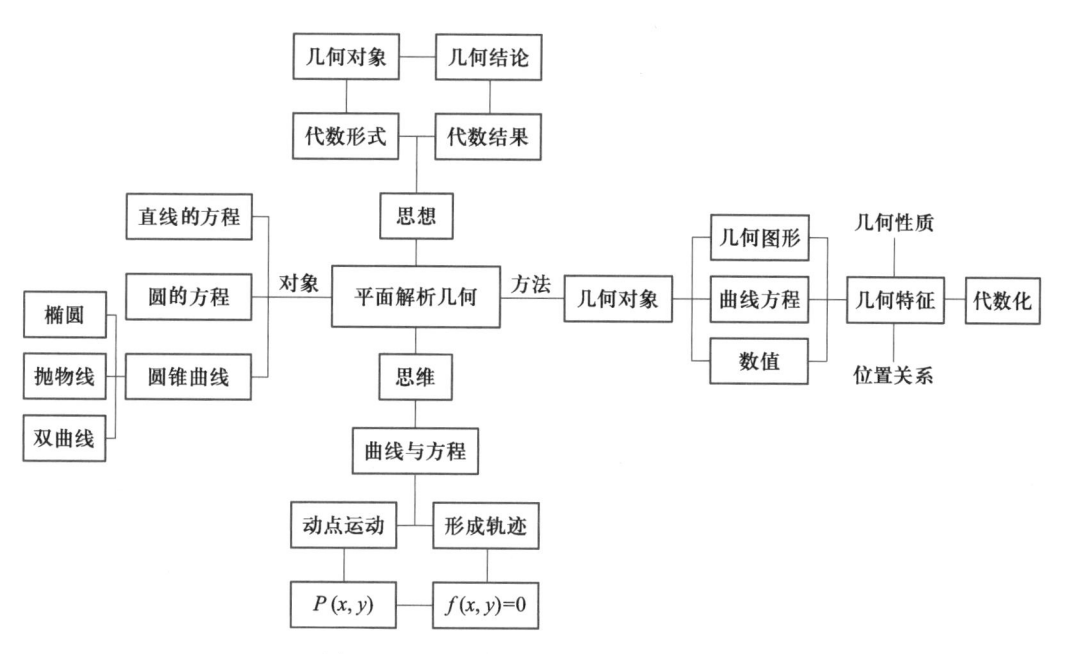

图 1-4-1　平面解析几何的学习内容结构

的方法重新研究直线缺少好奇心，对为什么要再次研究直线产生疑惑。

（2）高一阶段：基本初等函数的研究过程给学生积累了宝贵的学习经验。向量不仅有"数"的运算更有"形"的结合，利用平面向量解决坐标系中的数学问题为学生学习平面解析几何打下基础。

在以往的学习中，学生研究直线大多是从一次函数图象出发，有较成熟的活动经验，在新的教学中既要对以往的经验有继承，又要在继承经验的基础上让学生"走出"经验，体验全新的研究方法。

（三）教学方式选择

教学方式：活动探究式教学法、主题式教学法、讲解法。

教学手段：白板与多媒体相结合。

技术准备：电脑、多媒体。

三、单元教学目标

1. 数学学科核心素养目标

首先，用代数语言描述几何要素，培养用坐标的方法解决几何问题的习惯，提升直观想象和逻辑推理素养；接着，按照统一的学习逻辑，从"概念→代数表示→数学关系"的路径展开对每个几何要素的学习，由特殊到一般提升数学抽象素养；最后，形成平面解析几何的基本活动经验（图 1-4-2），用代数的理论和计算方法研究几何问题，熟练掌握绘图技能，提高数学运算素养和逻辑推理（特别是代数推理）素养，充分体会数形结合的思想。

2. 综合素养目标

学生通过大胆猜想、理性论证、合作分享，感受数学乃至知识不断扩充的"生命力"，以及数学不断发展的自然合理性；通过猜想、探索的过程感受数学的"通情达理"，享受数学"生长"的乐趣；通过一系列数学活动，获得不同的发展。

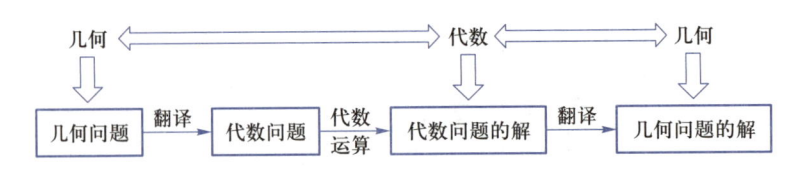

图 1-4-2　平面解析几何的基本活动经验

四、学生活动设计基本思路

为了使学生在学习数学和应用数学的过程中提升数学学科核心素养,教师需要设计能够唤醒学生主体性的数学活动,开展主题式教学。学生活动设计的基本思路如图 1-4-3 所示。

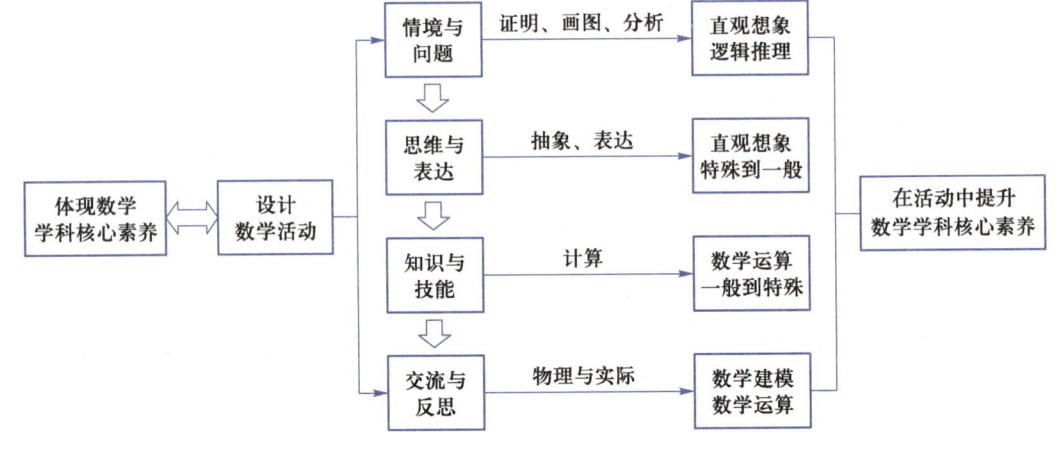

图 1-4-3　学生活动设计的基本思路

五、教学过程

环节一:情境与问题——初识平面解析几何	
教师活动 1 PPT 展示心形线的方程与图象,引出平面解析几何创始人笛卡儿,简要介绍:当几何研究陷入困境时,笛卡儿开创了"用代数方法研究几何问题"的数学新领域——解析几何。	**学生活动 1** 了解相关的数学史,与数学学习建立关联。
问题 1　平面解析几何的核心是用代数方法研究几何问题。那么最简单的几何对象"点"如何用代数方法刻画呢?	明确:点是几何的基本量,坐标这一有序实数对是代数量,二者在平面直角坐标系中一一对应。
问题 2　如果说"点"对应有序实数对"坐标","点动成线",那么动点形成的"轨迹线"对应怎样的代数表示?	大胆猜测直线的代数表示(大部分学生可能想当然地认为直线与一次函数是一一对应的)
点评:教师通过数学家的故事激发学生的学习兴趣,学生通过熟悉的"点对应坐标"体会数形结合的基本形式,从而发现直线的代数表示	

续表

环节二：观察与表达——寻找平面直角坐标系中直线对应的代数表示	
教师活动2 **问题3** 平面直角坐标系中所有的直线都能用一次函数表示吗？ **问题4** 如图 1-4-4，同学们能写出 l_1 和 l_2 这两条直线的代数表示吗？ 图 1-4-4 l_1: $x=1$　l_2: $y=-2$ **问题5** 既然这些式子的几何图象都对应直线，那么这些式子当然也应该有统一的代数形式。 **问题6** 如何用式子表示"A 与 B 不同时为 0"？	**学生活动2** 寻找直线 $y=x-1$，$y=x$ 的代数表示（图 1-4-5）。 图 1-4-5 调整看待这些式子的角度，由 $y=x-1$，$y=x$，$x=1$，$y=-2$ 变为 $x-y-1=0$，$x-y=0$，$x-1=0$，$y-2=0$，得到直线统一的代数形式： $$Ax+By+C=0\,(A^2+B^2\neq 0)$$
点评：借助直观图象引发学生思考，把数形结合的想法自然而然地传递给学生，同时渗透三种语言的自然转化思想。在相互关联的问题情境中借助图象解决问题，抽象出一般的数学结论，提升直观想象与数学抽象素养。笛卡儿在用一般哲学方法说明问题的过程中提出了平面解析几何，数学不仅是工具更是一种思维模式。数与形的结合、代数与几何的内在联系、点的运动变化，让数学处处充满"哲理"	
环节三：抽象与推理——求证直线的方程和方程的直线	
教师活动3 **问题7** 平面直角坐标系中任取一条直线（直线如何确定？）如何寻求直线 AB 的代数表示？（启发提问：已知什么？求什么？如何求动点的轨迹方程？） **问题8** 方程 $x-y-1=0$ 的图象为什么是直线？如何证明（启发提问：已知什么？什么是求证？如何证明点在线上？坐标法怎样证明三点共线？）	**学生活动3** 任取两点 $A(1,0)$ 和 $B(0,-1)$，两点确定一条直线，确定了平面直角坐标系上一条直线。求直线 AB 上的点满足的方程。 证明：（如何求点的代数表示？） 任取直线 AB 上的动点 $P(x,y)$，已知 $A(1,0)$，$B(0,-1)$，则 $$\vec{AB}=(-1,-1)$$ $$\vec{AP}=(x-1,y)$$ 因为 P，A，B 三点共线，故 $\vec{AP}/\!/\vec{AB}$，$\dfrac{x-1}{-1}=\dfrac{y}{-1}$，整理为 $$x-y-1=0$$ 求证：函数 $y=x-1$ 的点都在直线 AB 上。 证明：（如何证明点在线上？） 任取函数的自变量及其对应的函数值，构成坐标 $P(x,x-1)$，已知 $A(1,0)$，$B(0,-1)$，则 $$\vec{AB}=(-1,-1)$$ $$\vec{AP}=(x-1,x-1)$$ 所以　　　$\vec{AP}=(1-x)\vec{AB}$ 因此 $\vec{AP}/\!/\vec{AB}$。又 $\vec{AP}$ 与 $\vec{AB}$ 有公共点 A，故 P，A，B 三点共线

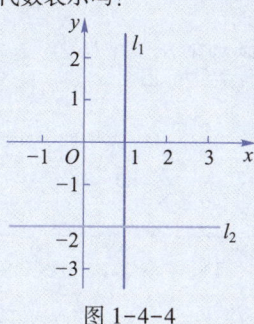

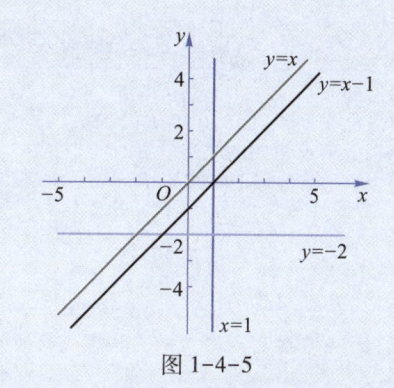

环节三：抽象与推理——求证直线的方程和方程的直线

点评：引导学生借助直观想象，进一步明确已知条件和需要证明的结论，探索论证的思路，选择恰当的证明方法，借助坐标系进行代数推理和几何证明，体会直观想象与数形结合的重要作用

环节四：反思与提升——寻找满足条件的几何对象的代数表示

教师活动 4	学生活动 4
平面内已知两点 $A(1,0)$，$B(3,2)$，求到这两点距离相等的点构成的轨迹。 **问题 9** 你如何知道满足条件的动点轨迹是直线？	任取满足条件的动点 $P(x,y)$，将几何条件 $\|AP\|=\|BP\|$ 代数化可得 $$\sqrt{(x-1)^2+y^2}=\sqrt{(x-3)^2+(y-2)^2}$$ 化简可得 $x+y-3=0$

点评：引导学生感受"代数方法解决几何问题"的便捷，同时回顾并小结本节课所渗透的动点方程思想

案例分析

本教学设计是在深度学习理论指导下的单元教学设计，与以往教学设计相比有以下几个方面的特点。

1. 胸怀全局地处理局部细节

从纵向来看，教学内容的来龙去脉清晰，形成了结构化的系统；从横向来看，知识间相互融通，方法不断迁移。本教学设计一改过去碎片化的单课时设计，立足整个单元。这里的单元不是课本上的某一单元，而是以知识内在的体系为单元。例如，"直线的方程、方程的直线"一课，首先立足整个平面解析几何，打破了高中教材必修与选择性必修的界限，将平面解析几何初步和圆锥曲线统一设计，真正做到胸怀全局地处理局部细节。

2. 逻辑主线一脉相承

从几何全局和解析几何全局思考直线，数学的教学逻辑直接影响着学生的学习逻辑，学生学习新知的过程是建立数学逻辑的关键期，沿着合理的教学脉络展开单元教学，不仅能节约出更多的时间让学生思考，还能帮助学生形成数学的基本素养。教会学生"以不变应万变"，从"概念→代数表示→数学关系"的路径展开，按"点→直线→圆→椭圆→双曲线→抛物线→陌生曲线"的逻辑主线学习与思考，使数学学习仿佛从一粒种子长成参天大树，具有旺盛的生命力。

3. 以学生活动为主体的主题式教学设计

教师通过设计关键性问题唤醒学生主体性活动。教师创设情境，为支持学生合作搭建平台，组织引导学生主动体验问题解决的过程，促使学生不仅成为好的学习者也成为优秀的评价者。

（案例提供：胡芳，北京市海淀实验中学）

教学建议

第一，鼓励学生动手绘图，帮助学生打好直观想象的基础。学生的画图过程是把

数学图形转成直观形象的过程。学生绘图能力的培养是学生直观想象素养形成的必要条件。教师应在课堂中留出时间让学生自主画图，指导并检验学生画图。同时，教师还要锻炼学生图文转化能力，使学生能依据文字描述绘制图形。

第二，利用实物教学，培养学生观察与直观想象能力。数学来源于生活，学生对数学概念的理解和掌握也要贴近生活。学生很难在头脑中凭空产生图形，常需要经过视觉的辅助。教师可以借助教学具帮助学生完成直观想象。因此，教师要引导学生多从数学的角度观察周边的实物，在观察实物的过程中建立丰富的几何模型，进而更好地理解概念；借助实物模型，使学生清楚地感受到描述对象的组成要素和特征。教师展示直观教具，或者给出实物图片，引导学生对模型进行观察和分析，从不同角度认识图形的本质属性，通过对静态图形的观察想象动态的情形，有助于培养学生的直观想象素养。

第三，注重概念与公式的直观化教学，为渗透数形结合思想提供依据。许多数学概念都蕴含着相应的几何意义，但是教材限于篇幅没有对这些内容进行充分描述。如果教师在讲课过程中不进行必要的引导，学生对概念的理解就容易停留在抽象的文字表述上，不能深刻理解。数学概念的几何意义不仅是我们理解概念的一种直观的方法，也能为我们提供解决问题的思路。画出图形，通过呈现概念的几何意义，可以把抽象的概念生动形象地展现出来，帮助学生更好地掌握数学概念的本质和内涵，将数学概念灵活运用到解决实际问题中，从而提高直观想象素养。

第四，将信息技术融入课堂教学。教师在教学过程中应当注重信息技术的应用，例如，可以将静态的数学图形转化为动态的数学图形，引导学生通过观察图形，对问题进行抽象，得到事物的本质。对新概念的学习，可以尝试将知识与逻辑框图相结合，使分散的知识点联系起来，如运用思维导图、结构图或逻辑框图来展示各单元的知识结构，有利于学生对知识的系统掌握。运用信息技术直观地呈现数学抽象概念或动态变化，有助于学生的直观感知。

1-5 如何培养学生的数学运算素养？

问题的提出

数学运算是课程标准（教学大纲）历来关注的核心能力，反映了数学学科的基本特征。随着计算机科学的发展，数学运算已经成为社会科学、科学技术等发展的基础。[1]

从数学运算素养的学科价值来看：数学运算是数学抽象的必备要素，是演绎推理的基本形式，是得到数学结果的重要手段，是解决数学问题的基本方法，是借助计算机解决问题的基础。运算是数学最基本、最主要的研究对象，是代数类课程研究的主要内容，不同的代数类课程研究不同运算对象的代数性质。在数学中，不仅运算本身是重要的，而且运算也是研究和解决数学及其他学科问题的基本方法。例如，在航空、航天、材料、气象、环境、人工智能等领域都需要数学运算来解决相关问题，尤其是在处理大数据的过程中，离开数学运算将寸步难行。

从数学运算素养的教育价值来看：数学运算是小学、初中数学课程学习的主要内容，学生在数学运算方面积累了大量、丰富经验。在高中数学课程的学习中，学生不仅需要进一步发展数、字母（代数式）运算的能力，还需要学习新的运算对象——向量、复数等，感悟运算对象的多样性和数学运算应用的广泛性，感悟运算中所蕴含的逻辑推理，形成一丝不苟、严谨求实的科学精神。

运算能力是解决数学问题的基本能力，是数学应用的基础。在数学运算素养的形成过程中，学生能够进一步发展数学运算能力，能有效借助运算方法解决实际问题，能够通过运算促进数学思维发展。

问题的分析

一、数学运算素养的内涵

新版课程标准指出：数学运算是指在明晰运算对象的基础上，依据运算法则解决数学问题的素养。主要包括：理解运算对象，掌握运算法则，探究运算思路，选择运算方法，设计运算程序，求得运算结果等。

"在明晰运算对象的基础上，依据运算法则解决数学问题"是一种思维过程，体现了思维品质，体现在数学学习过程中，体现在运用数学发现和提出问题的过程中，体现在运用数学分析和解决问题的过程中，这种思维过程包括"理解运算对象，掌握运算法则，探究运算思路，选择运算方法，设计运算程序，求得运算结果等"。

---

[1] 史宁中，王尚志. 普通高中数学课程标准（2017年版2020年修订）解读 [M]. 北京：高等教育出版社，2020：121.

二、数学运算素养的价值

运算对象是体现数学运算素养的载体，运算对象来自各门学科与实际的抽象，深入地理解运算对象，可以不断地开发应用的领域，体现数学应用的广泛性；运算法则能保障运算结果的唯一性，同时有助于产生不同的思想方法，使得数学在广泛的应用中具有独特地位；运算思路的产生是解决数学问题的关键，运算思路是在深入分析运算对象、结合运算对象、灵活使用运算法则的基础上产生的，是体现数学运算素养的精华；运算方法不仅用于解决一个个具体问题，还要不断地发掘这些具体问题的本质，进而拓展到解决一类问题、一大类问题的方法，形成解决这些问题的通性通法；运算程序是运算方法的具体化，是解决一类问题可操作的步骤，也是借助计算机和外界力量解决问题的路线图；运算结果是运算程序实施的结果，可以是一个问题的结果，也可以是一类问题的结果。[1]

问题的解决

一、教师整体把握数学运算

1. 从数学学科把握数学运算

从运算对象的角度看，数是数学中最基本的概念之一。数学的发展始终与数的发展分不开，数的发展促进着整个数学的发展，数学的发展又加深了对数的认识。从数的发展历史来看，数系经历了自然数系、非负有理数系、非负实数系、实数系和复数系等数系的发展和完善过程。对数集而言，有了运算才使得数集成为体系。

数集的每一次扩展，一方面是解决实际问题的需要，另一方面也是数学运算在追求"可逆性"和"封闭性"的过程中的逐渐扩充。数集的每一次扩充，解决了原数集的某些矛盾，使得一些运算更加"通畅"，但有时也会失去一些性质，如实数域中的有序性在复数域中就不存在了。但是要保持算法的合理性，即运算的封闭性和基本运算律成立是新"数"（运算对象）获得承认的主要原因。

从运算法则的角度看，在数学运算中，加法是数学里最基本最简单的运算。减法、乘法、除法、乘方、开方运算都是从加法运算中衍生出来的。减法是加法的逆运算；乘法是对加法运算中加数相同的简化，即相同数的累加简记为乘；除法是乘法的逆运算；乘方是对乘法运算中乘数相同的简化，即相同数的累积简记为乘方；开方又是乘方运算的逆运算。幂、对数、三角运算是在已有运算基础上进一步衍生而成的运算。幂的概念及运算，是在保持由乘方运算意义下获得正整数指数幂的运算性质基础上的形式化扩展与推广，对负整数指数幂、分数指数幂、无理数指数幂的意义进行了合理的规定；对数是表达幂中指数的数学形式，在对数运算上继承了幂的运算性质的特征，因此，由幂的运算性质，依托指数式与对数式的联系可以获得对数运算的性质；三角运算是以比（除法运算）对单位圆的圆周上点的圆周运动的形式化表达，它是以量化圆周上点的两种方式之间建立对应而实现的，前提是把单位圆的圆心放在直角坐标系

---

[1] 史宁中，王尚志. 普通高中数学课程标准（2017年版2020年修订）解读［M］. 北京：高等教育出版社，2020：122.

的原点上，一种量化是以过圆周上点的射线为终边的角，另一种量化是以圆周上点的直角坐标——有序数对。

中学阶段几何学习中还包括几何变换，平移变换、旋转变换、位似变换等都是对图形实施的一种操作程序，它的操作对象是几何图形，结果仍是几何图形，也就是由几何图形到几何图形的一个映射。我们可以认为这种变换是几何运算。

随着数学的发展，数学运算从有限运算发展到无限运算——极限运算，随之而来的是微分与积分运算。

当运算对象扩展为任何数学对象时，如集合、向量、矩阵、命题、函数、级数等。每一种运算对象都构成一个集合。代数就是研究这些集合与运算有关的性质的。从表面上看，这些对象各不相同，它的运算定义也各不相同，但是从集合与对应的角度来看，各种各样的运算本质上是一个映射，即运算是从 $A_1 \times A_2 \times \cdots \times A_n$ 到 C 的映射，人们把它称为 n 元运算。

2. 从数学课程把握数学运算

数学是研究客观世界的数量关系和空间形式的科学。"数量关系""空间形式"都是数学研究的对象和内容，两者通过"数形结合"联系起来。下面从"数量关系""空间形式"的维度梳理中学数学课程内容（图1-5-1）。

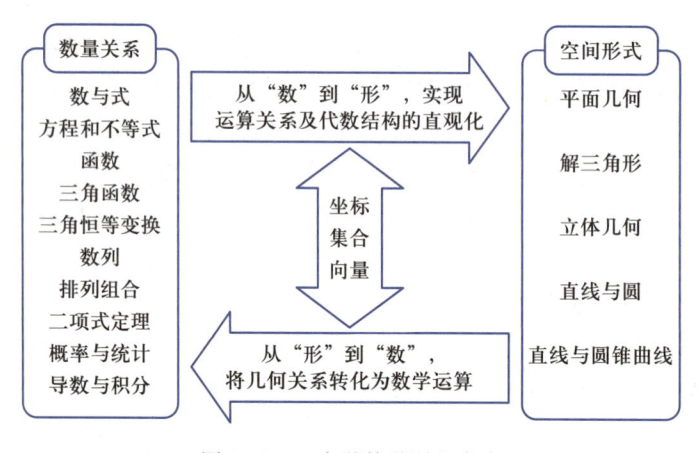

图1-5-1 中学数学课程内容

在数与式的内容中，数的概念和分类、数的运算和运算性质是中小学数学的重要内容。理解数、数量关系和运算，发展数感，培养运算能力，是数系所承载的重要目标。运用字母代替数，代数式成为运算对象，实现了对数与数的运算的推广与一般化，这使得算术过渡到代数。

当研究代数式间的关系时，就有了方程、不等式、函数、数列等内容。方程和不等式是变量间数量关系的直接体现。如果从映射角度理解运算，它们实质上都是用运算建立的数量关系式，只是各自研究内容的侧重点不一样。方程和不等式是突出未知量与已知量的数量关系，研究如何运用运算及运算律求解未知量的具体过程。函数是突出变量与变量间的依赖关系，研究一个变量随着另一个变量的变化而变化的特征。数列实际是特殊的函数，其自变量离散的特殊性决定了数列的研究，不仅要从项与项数的运算关系刻画，还要从相邻项的运算关系特性来把握。中学数学中最基本也是最重要的两个数列模型（等差数列和等比数列）的定义就是用相邻项的运算关系来命名和定义的。

二项式定理是基于排列组合的计数模型深入研究多项式乘法运算规律的结果。排列组合则建立在两个基本的计数原理上，这两个基本计数原理来自加法和乘法这两种基本数学运算。正整数加法和乘法可以被视为数与数求和的简化技巧。

在概率与统计中，概率是对随机事件的度量，统计是对数据的处理，当然都离不开运算。

函数的导数与积分可以用极限运算去定义，但是在中学阶段，强调在实际背景下直观地给出导数与积分的描述，导数与积分概念是数形结合的产物。

向量使得运算对象更彻底地脱离了数，它在几何背景和物理背景下的运算定义相对以往对运算的认识是个飞跃，它使人们对运算的认识更加丰富。向量不仅是代数对象，也是几何对象，从而使向量成为联系代数和几何的一座"天然的桥梁"。

空间形式貌似与运算无关，但是借助坐标法和向量法，可以把几何位置关系的综合演绎推理变成可算的，用运算的变形推导实现完美转身。

数量关系的研究构成了代数系统的知识，一方面代数系统知识成为描述几何的形式化工具，为几何提供算法化的研究工具；另一方面，几何也为高度抽象的、形式化的代数运算与结构提供几何直观描述。

通过对课程内容的简单分析，面对不同的学习内容，我们应该认识到它们在学生数学学科核心素养的培养上的共同目标。从数与式的运算来看，教师在教学中要认识到在研究运算问题上存在基本路径。首先，要理解运算对象，探究运算对象之间的关系，掌握运算法则和运算律，在应用中感悟运算路径的设计，归纳出运算程式；其次，要明确不同运算内容的研究方法的共性。比如，对运算对象的探究，虽然运算对象不同，但都是基于实际问题解决和数学自身发展需要而产生的，每一个新的运算对象的产生又与运算在追求"封闭性"和"可逆性"的过程有着密切的关系。对运算法则和运算律的探究，其共同特点是通过实验、类比、归纳得到，但是要注意与原有运算的"兼容性"。同时，教师也要认识到，由于运算对象的变化，新的运算、运算律、运算法则可能会发生变化或"损耗"。比如，向量的运算，类似的有加法、减法、数乘向量、向量的数量积，但是在向量中除法运算就"损耗"了，并且向量的数量积运算的结果也不再是一个向量；在运算律上，实数系的结合律 $(a \cdot b) \cdot c = a \cdot (b \cdot c)$ 在向量里就不成立了，即 $(a \cdot b) \cdot c \neq a \cdot (b \cdot c)$。

在教学设计的过程中，这就要求教师整体把握学科教学内容以及所承载的育人价值，不仅要注重认清先行组织者和后继研究对象，即知识之间的逻辑关系，还要注重研究问题基本方法的类比和迁移，通过单元主题教学的有效途径，达成以知识为载体促进素养提升的育人目标。

二、"运""算"并举，提升数学运算素养

史宁中教授提出了培养和发展数学核心素养的实施路径，即：把握数学的本质；创设合适的教学情境、提出合适的数学问题；启发学生独立思考、鼓励学生与他人交流；使学生在掌握知识与技能的同时，感悟数学本质；积累数学思维和实践的经验、形

成和发展数学核心素养。[1] 王尚志教授认为，培养并提升核心素养，不能依赖模仿、记忆，而需要理解、感悟，需要主动、自觉。[2] 这就要求在培养数学运算素养的教学中，关注学习过程，引导学生在积极参与知识的"再创造"过程中理解数学；重视实践应用，引导学生在"做数学、用数学"中感悟数学；[3] 既要重视"运"——算理和运算思路，又要重视"算"——算法和运算路径的实施。

1. 理清数学运算对象的概念、运算法则、运算律

学好基础知识是培养运算能力的前提，只有熟练掌握数学概念、公式、定理、法则等，才能灵活运用算法算理进行数学运算。比如，向量的运算法则和运算律较多，且不能完全类比于实数，成为不少学生的学习难点和易错点。如果学生不能熟练掌握公式、运算法则等，就很容易出错。例如，不少学生认为$(\boldsymbol{a}\cdot\boldsymbol{b})\cdot\boldsymbol{c}=\boldsymbol{a}\cdot(\boldsymbol{b}\cdot\boldsymbol{c})$是正确的，不少学生说不出这个式子为什么不成立。这就说明学生没有熟练掌握向量的数量积和数乘运算的概念，基础知识没掌握牢。[4]

又如，求$1+r+r^2+\cdots+r^n$。这是一道数列求和的问题，很多学生运用等比数列的求和公式$S_n=\dfrac{a_1(1-q^n)}{1-q}$，能很快写出结果$\dfrac{1-r^n}{1-r}$，但这是错误的。因为这个求和公式的运用是有条件的，首先数列必须是等比数列；其次数列公比$q\neq1$。还要注意公式中字母n的含义是这个等比数列的项数。因此，本题的正确结果是

$$\begin{cases}1, & r=0\\ n+1, & r=1\\ \dfrac{1-r^{n+1}}{1-r}, & r\neq0\text{且}r\neq1\end{cases}$$

这里的运算对象需要分情况讨论。运用公式时也必须把公式运用的条件、公式中的量的意义搞清楚，而不应简单机械地套用公式。

因此，教师要加强基础知识的教学，引导学生注重基础，才能培养和提升学生的数学运算能力，提高课堂效率。

2. 避免重"运"轻"算"的误区

教师要注意避免只强调解题思维训练的误区，要重视数学运算的算法和运算路径的实施。

由于高中阶段学业重、任务多、压力大，师生普遍感到时间紧，在学习的过程中大都重视和强调解题思维的训练，许多学生认为"想明白"就是会做了，而"算准确"只是顺理成章的事，即使算错也只是归因于粗心。事实上，数学运算是很强的逻辑推理，是数学重要的核心素养之一。因此，教师要先认识到运算能力的综合性和重要性，在日常教学中给学生适度的时间去运算并强调运算的重要性，比如在进行椭圆标准方程推导的教学时，不少教师在建立坐标系后考虑到运算的难度大和抽象性强，

---

[1] 史宁中，林玉慈，陶剑，等. 关于高中数学教育中的数学核心素养[J]. 课程·教材·教法，2017（4）：8-14.

[2] 王尚志. 如何在数学教育中提升学生的数学核心素养[J]. 中国教师，2016（9）：33-38.

[3] 朱德江. 小学生数学素养的构成要素与培养策略[J]. 学科教育，2004（7）：27-31.

[4] 李琳. 数学核心素养背景下高中生运算能力的培养[J]. 福建教育学院学报，2019（5）：61-64.

认为学生很难算出结果，同时又担心不能完成当堂课的教学任务，就直接把椭圆的标准方程告诉学生，这样显然不符合教学目标的要求，更不能培养学生的运算能力。

在日常教学中，教师要强调学生的解题步骤和解题规范，对一些看似简单的公式、运算法则等要细心对待，做到程序化解题，使学生减少运算出错。

3. 避免重"算"轻"运"的误区

在日常学习中，重"算"轻"运"的现象也很突出。有些学生拿起数学题就盲目地算，缺乏对运算条件、运算过程和运算目标的分析，因而陷入"不能自拔"的状态。

例 在等差数列$\{a_n\}$中，$a_1=-9$，$a_5=-1$。记$T_n=a_1a_2\cdots a_n(n=1,2,\cdots)$，则数列$\{T_n\}$（　　）。

（A）有最大项，有最小项　　　　（B）有最大项，无最小项

（C）无最大项，有最小项　　　　（D）无最大项，无最小项

很多学生这样解答：

由题意可知，等差数列的公差$d=\dfrac{a_5-a_1}{5-1}=\dfrac{-1+9}{5-1}=2$，则其通项公式为

$$a_n=a_1+(n-1)d=-9+(n-1)\times 2=2n-11$$
$$T_n=(-9)(-7)(-5)\cdots(2n-11)$$

接着用函数的方法来研究T_n的最大值和最小值。这样就陷入"不能自拔"的状态。其主要的原因是对数列这一运算对象的理解不够深入，对运算目标的达成缺乏分析。

本题正确的解题思路如下：

由题意可知，等差数列的公差$d=\dfrac{a_5-a_1}{5-1}=\dfrac{-1+9}{5-1}=2$，则其通项公式为

$$a_n=a_1+(n-1)d=-9+(n-1)\times 2=2n-11$$

注意到$a_1<a_2<a_3<a_4<a_5<0<a_6=1<a_7<\cdots$，由$T_5<0$可知$T_i<0(i\geqslant 6,i\in\mathbf{N})$，故数列$\{T_n\}$中的正项只有$T_2$和$T_4$两项，其中较大者为数列$\{T_n\}$的最大项。

由$\dfrac{|T_{n+1}|}{|T_n|}=|a_{n+1}|\geqslant 1$，当且仅当$n=5$时取等号，考查数列$\{T_n\}$中的负数项可得

$$0>T_1>T_3>T_5>T_7>\cdots$$

故数列$\{T_n\}$无最小项。

综上可知，数列$\{T_n\}$中存在最大项，且最大项为T_4。

参考答案：B。

重"算"轻"运"是出现这一现象的主要原因，不少学生在做题或学习时总是习惯用自己的思维方式，即便发现自己的方法有诸多弊端甚至很难算出结果也不愿改变，只是一味地计算，而不追求巧妙、简便地解题。教师应引导学生分析自己的运算方法是否合理，再尝试用其他方法运算，从思维方向、解题的切入点、运算量的大小、运算难度、运算时间等角度进行比较。引导学生在比较与反思中提升自己的运算"谋划"能力，克服思维定式。

数学运算是指在明晰运算对象的基础上，依据运算法则解决数学问题的素养。下

面通过案例分别从"明晰运算对象"和"依据运算法则解决数学问题"两个方面探讨如何开展提高学生数学运算素养的教学。

【案例】

对数的概念（教学片段）

（一）探索运算，明确对象

活动1 方程 $2^b=N(b\in \mathbf{R},N>0)$ 中有两个变量 b,N，已知 b 求 N 是指数运算，反之，已知 N 求 b，N 能取哪些特殊值？写一写，解一解你写出的这些指数方程。

例如：

(1) $2^b=8$； (2) $2^b=-5$； (3) $2^b=7$； (4) $2^b=0.3$。

参考答案：

(1) 有唯一解 $b=3$，(2) 无解，(3) (4) 有解。

在确定指数方程 $2^x=7$ 的近似值解时，学生利用指数函数的单调性和指数运算的特殊值画出图象（图1-5-2），估计 $2^x=7$ 解的近似值范围为 $2<x<3$。通过直观感知和数学运算，学生感悟到指数 x 存在且唯一。

【设计意图】借助指数函数，让学生举例列出指数方程求解，从数学运算的角度引入对数的运算对象，明确本节课学习内容和要解决的数学问题。

学生利用指数运算和指数函数的图象与性质，分析指数方程解的存在性和唯一性，体会对数产生的必要性，以及对数的重要数学意义。

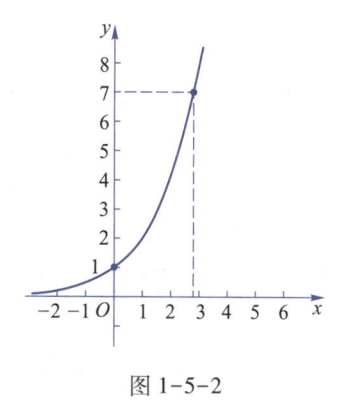

图 1-5-2

（二）数学抽象，形成概念

活动2 请再写几个不同底数的指数方程，根据大家写出的有解指数方程，看看能否用一个一般表达式表示这一类方程？

分析 $\log_2 7$ 的运算（图1-5-3），引导学生类比以前学过的 $\sqrt[3]{3}$ 的运算（图1-5-4），理解对数运算是一种新的运算。

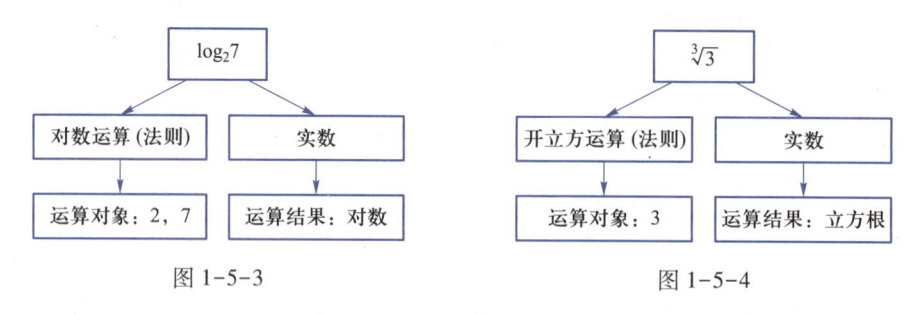

图 1-5-3

图 1-5-4

注意：理解符号 $\log_2 7$ 也有双重含义，从数学运算法则角度来看，它是对数运算；从运算结果来看，它是一个实数的精确值表示形式。学生类比已有的运算加减、乘除、乘方开方，则可以水到渠成地理解这种新运算。

一般地，已知 a，N，求 b。这个关于 b 的指数方程 $a^b=N(b\in \mathbf{R})(a>0,a\neq 1,N>0)$

有唯一实数解。

对数的概念：若方程 $a^b=N(a>0,a\neq 1,N>0)$，引入一种新的符号来表示方程的解 b，这就是对数，记为 $b=\log_a N$，读作"以 a 为底 N 的对数"，其中 a 称为对数的底数，N 称为对数的真数，如图 1-5-5 所示。

注意：对数概念中包含三个部分，$\log$，a，N 三者缺一不可，对数是实数的一种新的表达形式。

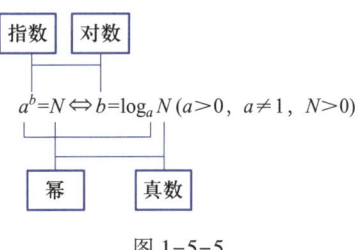

图 1-5-5

【设计意图】 活动 2 让学生学会从特殊到一般的数学抽象思维。

从学生熟悉的指数方程的解来展示对数，体现了对数的数学意义，即对数是实数的一种新的表示形式，从运算的角度来看，它又是一种新的运算。

活动 3 两人一组，每人举例写出几个指数式和对数式，交换进行转化，讲清楚所举例子的运算对象（名称）、运算法则、运算结果（名称）。

例如：$2^{-3}=\dfrac{1}{8} \Leftrightarrow \log_2 \dfrac{1}{8}=-3$。

指数式：指数运算对象是 2（底数）和 -3（指数），运算法则是指数运算，运算结果是 $\dfrac{1}{8}$（幂）。

对数式：对数运算对象是 2（底数）和 $\dfrac{1}{8}$（真数），运算法则是对数运算，运算结果是 -3（对数）。

【设计意图】 活动 3 引导学生通过具体的指数式和对数式进行转化，理解两个式子中对应量的名称及变量之间的变化与统一，感受指数式与对数式之间的运算关系，理解对数符号的双重含义。这个过程既体现了指数、对数一脉相承的概念，又凸显了指数和对数可以相互转化这一重点。

案例分析

本节课教师能够循循善诱，引导学生根据指数运算和指数函数的图象和性质，探究发现对数概念的生成过程，使学生自然而然地理解对数的概念、指数和对数的关系。对数是一个数（实数的一种新的表示形式），也是一种运算。深刻理解对数符号包含的三重含义——运算对象、运算法则、运算结果，把对数知识的本质内涵和外延研究透彻，可以为对数运算性质、对数函数、指数函数与对数函数之间关系的学习打好基础。

此外，教师要重视概念教学，使学生清楚知识生成的来龙去脉，带领学生完成数学抽象的过程，让学生经历从特殊到一般再到特殊的思维过程，理解概念及相关的性质、分类、运算等。教师要注意整体把握教学内容，规划好每节课的教学目标，使学生数学运算素养得到不断提升。

（案例提供：王肖华，北京市第十九中学）

【案例】

椭圆方程标准方程推导[①]

以"平面内与两个定点 F_1、F_2 的距离的和等于常数(大于 $|F_1F_2|$)的点的轨迹称为椭圆"为定义,推出椭圆的标准方程为 $\dfrac{x^2}{a^2}+\dfrac{y^2}{b^2}=1$。

环节一:察形——从形发现量

画椭圆探究:移动的笔尖(动点)满足的几何条件是什么?引导学生探究椭圆的几何特征,从而抽象出椭圆的概念。

环节二:猜想——由形寻求式

结合椭圆的几何特征,学生容易想到把坐标系的原点放在椭圆的"中心",并根据条件得到

$$\sqrt{(x+c)^2+y^2}+\sqrt{(x-c)^2+y^2}=2a \qquad ①$$

观察①式,不难发现,用 $-x$ 代替 x,或用 $-y$ 代替 y,等式都不变,且两个根式和为定值。由此得出①式的结构具有对称性。若对式子进行两边平方,则失去了对称性。那么,为什么要对①式进行化简?化简后能得到形式优美的等式吗?化简仅是为了研究椭圆的对称性、范围、封闭性等性质吗?其中的大多数道理学生是不清楚的,只是被动地跟着老师的思路走。此时,教师不能急于提出化简,应该先由学生猜想椭圆方程。

在建立适当的坐标系后,椭圆方程有怎样的形式?

设计意图:学生依据圆方程的学习经验,猜想出椭圆方程的形式为 $Ax^2+By^2=C^2$,这为等式化简找到了方向。如果没有对椭圆方程的猜测过程,等式变形就没有实际意义,化简就毫无方向。

将①式移项,平方整理得

$$a^2-cx=a\sqrt{(x-c)^2+y^2} \qquad ②$$

所得的②式几何意义不明显,怎样让式子的几何意义更明显呢?因为 $\sqrt{(x-c)^2+y^2}$ 和 x 的系数不是1,给构造图形带来困难,能否将它们的系数化为1?

经过变形,得

$$\dfrac{\sqrt{(x-c)^2+y^2}}{\dfrac{a^2}{c}-x}=\dfrac{c}{a} \qquad ③$$

可以看出③式的几何意义:椭圆上点满足到定点 $F_2(c,0)$ 距离与到定直线 $x=\dfrac{a^2}{c}$ 的距离之比为常数 $e=\dfrac{c}{a}$。

将②式变形得

$$(a^2-c^2)x^2+a^2y^2=a^2(a^2-c^2) \qquad ④$$

④式的几何意义是什么?若令 $x'=\sqrt{(a^2-c^2)}\,x$,$y'=ay$,则④式可以变形为 $x'^2+y'^2=$

[①] 洪昌强. 莫让数形结合能力培养机会流失 [J]. 数学通报,2014(8):51-53.

$a^2(a^2-c^2)$。这就是圆方程上每一点横坐标和纵坐标缩短（或伸长）所得的方程。也就是说，椭圆可以由圆压缩（或伸长）得到。

④式还有没有其他的变换方式？观察发现，④式的每项都是一个平方数，是否与平方差公式有关联？

$$(a^2-c^2)x^2-a^2(a^2-c^2)=-a^2y^2$$

再变形得

$$\frac{y}{x-a}\frac{y}{x+a}=-\frac{b^2}{a^2} \quad ⑤$$

可以看出⑤式的几何意义：椭圆上的点与顶点 $A(-a,0)$、$B(a,0)$ 连线的斜率之积为负常数。此结论可推广到更一般的情形：椭圆上的点与椭圆直径的两个端点连线的斜率之积为负常数。

案例分析

由以上各等式变换产生形式不同的数学式子，不同的等式具有不同的数学内涵，由此具有不同的几何意义，但它们都代表同一个图形——椭圆。学生不仅得到了椭圆的方程，还理解了椭圆的不同描述方式，较完整地认识了椭圆标准方程的意义，为之后对椭圆方程的灵活运用打下了坚实的基础。更重要的是，数形结合活跃了学生的思维，促进了学生形象思维和抽象思维的和谐发展，并让学生明白，在不同的形式下，其本质是不变的。在这一探究过程中，一方面要注意抓住几何特征，分析几何性质进行恰当的代数化；另一方面要注意代数运算，注重代数运算对象的几何特征。二者紧密结合，相得益彰，充分展现了理解数学运算对象、探究数学运算路径的全过程。

【案例】

把握运算对象的特征

运算能力是指主体根据运算概念、法则、公式等进行运算活动时表现出的认知特点。运算能力形成的中心环节是把握运算对象的特征，明确运算目标，学会根据问题特点及条件选择适当的运算途径，形成合理简洁的运算意识和习惯，实现准确运算的目标。

下面我们来看一个解析几何应用的问题。

已知椭圆 $C: \frac{x^2}{4}+y^2=1$，F 为右焦点；圆 $O: x^2+y^2=1$。P 为椭圆 C 上一点，且 P 点位于第一象限，过点 P 作 PT 与圆 O 相切于点 T，使得点 F,T 在 OP 两侧，求四边形 $OFPT$ 面积的最大值。

分析：如图 1-5-6 所示，在四边形 $OFPT$ 中，O, F 是定点，P, T 是动点，其中 P 的运动决定 T 的运动，可以认为 P 的运动决定四边形 $OFPT$ 的形状和大小，也就是说，四边形 $OFPT$ 的面积可以用 P 的坐标表示，这是在整体把握运算对象特征的基础上做出的宏观解决问题的途径设计。

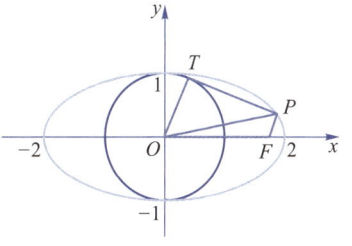

图 1-5-6

解：设 $P(x_0, y_0)$，则 $\frac{x_0^2}{4}+y_0^2=1 (x_0>0, y_0>0)$，四

边形 $OFPT$ 的面积可以分解为两个三角形的面积之和,其中,$\triangle OFP$ 的面积 $S_1=\dfrac{\sqrt{3}}{2}y_0$,$\triangle OPT$ 的面积 $S_2=\dfrac{1}{2}PT$,PT 是圆的切线,其长度计算可以利用直角三角形下勾股定理来解决,于是

$$PT=\sqrt{OP^2-1}=\sqrt{x_0^2+y_0^2-1}$$

$$S_{OFPT}=\dfrac{\sqrt{3}}{2}y_0+\dfrac{1}{2}\sqrt{x_0^2+y_0^2-1}$$

利用 $x_0^2+4y_0^2=4$ 消元整理,可得

$$S_{OFPT}=\dfrac{\sqrt{3}}{2}y_0+\dfrac{1}{2}\sqrt{x_0^2+y_0^2-1}=\dfrac{\sqrt{3}}{2}(y_0+\sqrt{1-y_0^2})$$

问题进一步转化为求函数 $W=y_0+\sqrt{1-y_0^2}$($0<y_0<1$)的最大值,这是本题最大的困难。应如何突破呢?关键是把握运算对象的特征。

运算对象特征分析 1:从数量特征上看,$y_0^2+(\sqrt{1-y_0^2})^2=1$,可以用均值定理的变化形式,即 $\left(\dfrac{a+b}{2}\right)^2 \leqslant \dfrac{a^2+b^2}{2}$,所以

$$W=y_0+\sqrt{1-y_0^2} \leqslant 2\sqrt{\dfrac{(y_0)^2+(\sqrt{1-y_0^2})^2}{2}}=\sqrt{2}$$

运算对象特征分析 2:从结构特征上看,函数 W 含有根式,如何去掉根号成为思考的焦点。

方法 1:将上式平方,得 $W^2=1+2\sqrt{y_0^2(1-y_0^2)}$,虽然形式上没有去掉根号,但本质上根号已经不是障碍,根号内可以视为二次函数或者用均值定理求最值。

方法 2:观察根号内的结构特征,可以用三角换元,设 $y_0=\sin\theta\left(0<\theta<\dfrac{\pi}{2}\right)$,于是 $W=\sin\theta+\cos\theta=\sqrt{2}\sin\left(\theta+\dfrac{\pi}{4}\right)$,容易求得最大值为 $\sqrt{2}$。

运算对象特征分析 3:如果不是熟悉的基本初等函数,仅凭观察不能判断函数的单调性,于是可以考虑用导数研究函数的单调性。

$$W'=1+\dfrac{1}{2}(1-y_0^2)^{-\frac{1}{2}}(-2y_0)=\dfrac{\sqrt{1-y_0^2}-y_0}{\sqrt{1-y_0^2}}$$

令 $W'=0$ 得 $y_0=\dfrac{\sqrt{2}}{2}$,分段研究函数的单调性如表 1-5-1 所示。

表 1-5-1　分段研究函数的单调性

y_0	$\left(0,\dfrac{\sqrt{2}}{2}\right)$	$\dfrac{\sqrt{2}}{2}$	$\left(\dfrac{\sqrt{2}}{2},1\right)$
W'	+	0	−
W	增	最大值	减

当 $y_0 = \dfrac{\sqrt{2}}{2}$ 时，W 有最大值为 $\sqrt{2}$。

案例分析

从上面的案例可以看出，对运算对象特征的分析与把握，是突破运算瓶颈、获得运算思路的关键，而对数学特征的分析，又源于数学基础知识学习中对运算对象特征的理解和把握。当我们看到复杂的、变化的运算对象时，只有能够透过现象观察到运算对象内在的、符合运算法则、适合运算方法的特征，才能采取相应的合适的算法，如运算对象特征分析 1，对数量特征的分析，就源于对均值定理特征的理解与把握，同样运算对象特征分析 2、分析 3 都源于对运算对象的把握和运算经验的积累，从而能选择合适的方法和解决问题的途径。

【案例】

优化运算过程

下面我们来看一个导数应用的问题。

已知函数 $F(x) = mx - \dfrac{m}{x} - 2\ln x - \dfrac{2e}{x}$，若在区间 $[1, e]$ 上至少存在一个 x_0，使得 $F(x_0) > 0$ 成立，求 m 的取值范围。

遇到这种存在性问题，一般我们会将其转化为：在区间 $[1, e]$ 上，$F(x)_{\max} > 0$，于是研究 $F(x)$ 在区间 $[1, e]$ 上的单调性，求最大值。研究其单调性就是判断 $F(x)$ 在区间 $[1, e]$ 上的符号。对 $F(x)$ 求导，$F'(x) = m + \dfrac{m}{x^2} - \dfrac{2}{x} + \dfrac{2e}{x^2} = \dfrac{mx^2 - 2x + m + 2e}{x^2}$，于是就是判断二次型 $mx^2 - 2x + (m + 2e)$ 的符号，可以分类讨论，求根。若有根再判断根与区间的大小关系，从而写出单调性，求出最值。令最大值大于 0，得到 m 的不等式，解得 m 的范围。大家可以按照这样的程式化思路操作一下，看一看这样做是不是非常困难！如果我们明确计算目标，在程序化操作之前做一些分析判断，情况就大不相同了。大家看下面的解题过程。

解：$F(x) = mx - \dfrac{m}{x} - 2\ln x - \dfrac{2e}{x}$。

当 $m \leq 0$ 时，$x \in [1, e]$，$mx - \dfrac{m}{x} \leq 0$，$-2\ln x - \dfrac{2e}{x} < 0$，所以在 $[1, e]$ 上不存在一个 x_0 使得 $F(x_0) > 0$ 成立。

当 $m > 0$ 时，$F'(x) = m + \dfrac{m}{x^2} - \dfrac{2}{x} + \dfrac{2e}{x^2} = \dfrac{mx^2 - 2x + m + 2e}{x^2}$。

因为 $x \in [1, e]$，$2e - 2x \geq 0$，即 $mx^2 + m > 0$，所以 $F'(x) > 0$ 在 $x \in [1, e]$ 恒成立。

故 $F(x)$ 在 $[1, e]$ 上单调递增，$F(x)_{\max} = F(e) = me - \dfrac{m}{e} - 4$，只要 $me - \dfrac{m}{e} - 4 > 0$ 即可，解得 $m > \dfrac{4e}{e^2 - 1}$。

故 m 的取值范围是 $\left(\dfrac{4e}{e^2 - 1}, +\infty \right)$。

案例分析

无论是解析几何还是函数的教学中，对运算过程的反思与比较往往蕴含着数学运算素养培养的契机。教师要注意引导学生比较不同算法，优化运算过程，只有不断理解运算内涵，才能灵活处理运算过程遇到的新问题。对运算过程的比较与优化，是学生独自学习很难做到的，这需要同伴之间不同方法的比较与融合以及教师的适时引导。选择运算公式和确定合理的运算顺序，需要学生对各种运算对象及运算性质的内涵有深刻理解，同时还要有其他相关能力，特别是元认知能力的支持。学生要在运算实践中，不断进行自我反思，积累运算经验，才能形成较高的运算能力。

（案例提供：王晓青，北京市第二十中学）

教学建议

第一，教师要整体把握数学运算主线教学。

教师要把数学运算纳入教学任务，整体把握小学、初中和高中的数学运算主线。在小学阶段，数学学习内容主要是数与运算，对数的理解和认识以及运算的教学完成得比较好。在初中阶段，数与式的运算是一个明确的学习内容，所以教学也完成得比较好。学生由数运算过渡到符号化的式的运算有一定难度，教师要注意加强对运算的学习规律和心理特征的了解，这样有利于提高运算教学效果。在高中阶段，教师应更加关注新课程改革中义务教育阶段对运算教学要求的变化，在数学运算方面做好初高中数学教学的衔接。

第二，关注学生在学习数学运算时出现的问题，寻求有针对性的解决策略。

（1）对新运算对象的理解障碍。比如，学生根据正整数指数幂的意义，把分数指数幂 $3^{\frac{1}{5}}$ 理解成 $\frac{1}{5}$ 个 3 相乘，还有学生把负数指数幂的意义和分数指数幂的意义相混淆，把 $3^{\frac{1}{5}}$ 理解成 5 个 3 相乘的相反数或 3 的 -5 次方等；对 $\log_a N$ 所表示的含义不清楚，在解题过程中无从下手；在向量的学习中，学生不能把向量作为运算对象去认识；对于三角函数 $\sin \alpha$，$\cos \alpha$ 这样的运算对象往往只是靠机械记忆。对新运算对象的理解障碍一般是因为数学符号的抽象性导致的，因此，在教学过程中，教师一方面要注意引导学生理解运算对象的形成过程，另一方面要加强新运算对象与原有运算对象形成过程的类比。

（2）将新运算对象的运算性质与原有运算对象的运算性质混淆。在用字母记号运算的基础上，人们常常不由自主地在更一般的情况下运用一些法则，而不顾及这些法则只是在一些特例下导出的。在运算对象由数变为字母代替数的代数式，在运算法则上的承袭性恰好是对的，这种成功的体验加重了人们在原有认知上的承袭性认知习惯。如果学生在学习运算法则的过程中，受表面形式化的影响，也会犯承袭性错误。实际上，初等代数系统以外的运算对加、减法基本不具有分配律，但是学生最容易出现的就是不加理性判断地承袭原有运算规则 $f(a+b)=f(a)+f(b)$，如错误地认为

$$\log_a(M+N) = \log_a M + \log_a N, \quad \sin(A+B) = \sin A + \sin B, \quad a^m + a^n = a^{m+n}$$

对运算律的应用也往往会出现承袭性错误。比如实数 a，b，c 乘法满足结合律 $(ab)c = a(bc)$，受表面形式的影响，学生对向量的运算也往往会出现承袭性错误，如

认为$(a\cdot b)\cdot c=a\cdot(b\cdot c)$。

这些问题主要是类比之后的负迁移造成的结果。这就要求在数学教学中，加强对数学思维严谨性的培养，关注运算法则的形成过程。

第三，避免重"运"轻"算"或重"算"轻"运"。

数学运算一方面是"运"，另一方面是"算"。"运"是指分析运算目标，理解运算对象，明确运算方向，设计运算程序；"算"是指运用运算法则，执行运算程序，得到准确的运算结果。在日常学习中，一种现象是重"算"轻"运"，把运算理解为简单地"算"，在解决问题的过程中，由于对运算目标把握不准，导致运算缺乏方向性，对运算对象的认识不清，缺乏优化的运算思路，常会陷入烦琐的运算之中；另一种现象是重"运"轻"算"，虽然能"想明白"却不能"算准确"，常常"算不出""算不对"。在解决数学问题时，"运"和"算"要紧密结合，才能提高数学运算素养。

1-6　如何培养学生的数据分析素养？

问题的提出

当今社会，数据无处不在。不论是专业的数据分析师，还是普通的社会公民，人人都要处理堆积如山的数据。英国著名作家赫伯特·乔治·威尔斯曾说过："统计思维总有一天会像读和写一样成为每一个有效率公民的必备能力。"史宁中教授认为，数据是信息的载体，这个载体包括数，也包括言语、信号、图象，凡是能够承载事物信息的东西都能组成数据。数据和信息是不可分离的，数据是信息的表达，信息是数据的内涵。在大数据时代，数据变成了一种生产资料，数据分析正在创造价值和财富，所以数据分析已经成为一种学科核心素养，成为一种适应当代社会的核心能力。因此，数据分析素养是面向未来的公民应具备的关键能力。

要求学生具备处理数据的基本能力是我国数学课程改革所积极倡导的。义务教育阶段要求学生具备统计观念，初中阶段应当培养学生具备数据分析观念，高中阶段应当培养学生的数据分析素养。由此可见，数据分析素养这个概念是沿着课程改革发展的步伐逐渐步入大众视野中的，它的提出是我国中学数学课程改革不断积淀的结果，是数学课程改革背景下学生应具备的数学学科核心素养。在课程改革过程中，我国的统计部分的数学教学经历了很大的变化：在 2000 年之前，统计部分的内容要求只注重计算，对数据分析的过程、数据意识、随机性等都没有要求。2001 年发布的《义务教育数学课程标准（实验稿）》明确将"统计与概率"作为义务教育阶段数学课程的四大板块之一，提出了"统计观念"，并且指出：在统计教学中要注重数据处理、数据的来源、数据推断以及数据质疑。统计教学开始得到重视，对后面有关"数据分析"的研究起到了很大的促进作用。2003 年发布的《普通高中数学课程标准（实验）》提出了数据处理能力，即在具体事例中，具有收集数据、处理数据、从数据中提取信息作为判断的能力，进而具有对数据的感知能力。《义务教育数学课程标准（2011 年版）》提出了"数据分析观念"，并且要求将数据意识放在首位。《普通高中数学课程标准（2017 年版）》提出六大数学学科核心素养，其中之一就是数据分析，对数据分析素养的界定为："数据分析是指针对研究对象获取数据，运用数学方法对数据进行整理、分析和推断，形成关于研究对象知识的素养。数据分析过程主要包括：收集数据，整理数据，提取信息，构建模型，进行推断，获得结论。"数据分析素养极具时代特征，与其他几个数学核心素养相互交织、相互渗透，共同组成一个有机关联的整体。新版课程标准采用主题课程结构，分为必修课程、选择性必修课程、选修课程，而概率与统计作为一个主题渗透在这三类课程之中，较之前其所占的比例进一步加大，充分说明了它在高中数学课程中的重要地位。由此可见，数据分析素养的提出顺应了我国数学课程改革的发展趋势，是新时代学生应具备的数学学科核心素养。

数据分析素养特别强调学生通过数据分析知识的学习和应用，逐步形成运用数据分析解决现实问题的意识和能力，以及在此过程中表现出的品格。数据分析素养作为体现时代特征的学科核心素养，它的出现绝非偶然。从新中国成立之初强调统计初步知识，到后来强调数据处理能力，再到现在强调数据分析素养，不仅符合数学课程从知识立意到能力立意，再到素养立意的发展过程，也反映了时代发展对数学教学内容和学生培养目标的影响。

问题的分析

一、数据分析素养所包含的关键能力

史宁中教授认为，数学学科核心素养是一个人面对问题时表现出来的知识、能力和态度。数据分析素养主要包含五个方面的关键能力：数据收集能力、数据整理能力、数据分析能力、数据表述能力、数据质疑能力。它们之间是紧密联系、相辅相成的，它们与其他数学能力也有紧密的联系。

1. 数据收集能力

数据收集能力就是选择合适的收集方法，并且收集到可以解决问题的数据的能力。

学生应该学习用多种方法收集数据，包括：设计调查问卷收集数据，根据问题的需要设计实验和收集数据。首先，要根据研究对象确定收集什么数据、选择什么方法，才能使收集的数据达到预期的精度。例如，采用问卷调查法时，通常会设计调查问卷，需要考虑发放问卷的对象、数量、题目设计等，这些都是数据收集能力的体现。其次，在抽样的过程中，样本的选择对数据分析结果起决定性作用，选择样本时通常要考虑是否具有足够的条件，方法是否便于操作，数据是否具有准确性等，这些也是数据收集能力的体现。

2. 数据整理能力

数据整理能力就是把收集到的数据进行预处理，转换为图表或者其他形式，将数据变得有规律可循的能力。

收集到的数据通常是杂乱无章的，首先，学生要从大量的数据中剔除无效数据，对数据进行筛选，完成对数据的预处理。例如，按事件发生的频数分布对数据进行排序等。然后，学生要将数据用更加直观的形式表示出来，即选择合适的表格对数据进行归纳，将数据作进一步的组织和简化，以便在后期数据分析时能"看图说话"。这些都是数据整理能力的体现。当然，在原始数据不多的情况下，一般可以通过人工整理；但如果有大量数据，则需要依靠计算机来整理，所以会使用计算机整理数据也是数据整理能力之一。

3. 数据分析能力

数据分析能力指的是通过分析图表、选择合适的统计模型等方法，发现数据中蕴含的信息的能力。

在数据分析的过程中学生需要考虑这些问题：首先，如何用不同的度量从不同的角度去发现数据的特征，即选择与使用合适的统计方法来分析数据。其中包括能根据问题的需要用多种方法揭示所收集的一组数据的特征，能通过度量揭示一组数据的集

中趋势，能用合适的度量表示一组数据的差异特征。其次，通过阅读图表如何分析出图表中蕴含的规律，即通过图表（如直方图、茎叶图和散点图）形象地刻画一组数据的特征，讨论和理解数据集合及其图象之间的对应性。最后，如何用相应的统计模型找到两个或多个变量之间的关系，通过对模型的检验找到最适合的模型描述数据。事实上，数据分析最终的目的是要通过分析形成决策，即在分析过程中进行总结，形成知识，并灵活运用。

4. 数据表述能力

数据表述能力指的是在与他人交流的过程中用统计语言将自己的分析过程、结论、观点清楚地表达出来的能力。

在新版课程标准数据分析素养水平表中，关于表达与交流的水平一到水平三的表述分别是：能够用统计图表解释熟悉的随机现象；用数据呈现的规律解释随机现象；能够辨明随机现象，并运用恰当的语言进行表述。学生需要发展与评价在分析数据的基础上得到的某些推论，并做出预测，包括：从总体选出两个或多个样本，观察其特征差异，根据样本的散点图及其近似直线，对样本中两个变量间的可能关系做出猜想；利用猜想阐述新问题，计划新方案，开展进一步研究。

5. 数据质疑能力

数据质疑能力指的是对统计方法、过程、结论等提出合理质疑，并提出修改方案的能力。

人们每天都要接触大量的信息和数据，但是有些数据会给人误导，从而形成错误的统计决策，这就需要运用相应的统计知识对这些信息做出判断，提出质疑。数据质疑能力不仅要求学生掌握和理解相应的统计知识，还要有分析统计案例的经验，在解决了一个统计问题后，还要对解决问题过程中使用的方法及分析过程进行反思，考虑是否需要改进，这种反思过程也是数据质疑能力的体现。

二、数据分析素养的育人作用

1. 数据分析素养是适应新时代的基本要求，有利于培养学生新的思维方式和数学观

数据分析是研究随机现象的重要科学技术，是"互联网+"相关领域的主要数学方法，也是大数据时代数学应用的主要方法，数据分析已经渗透到科学技术和现代社会生活的各个方面。在大数据时代，信息技术革命与经济社会活动深度融合，大数据成为这个时代的特征，解读与分析大数据成为这个时代的任务，数据分析成为"互联网+"相关领域的主要数学方法。

数据分析过程经常要运用合情推理。比如天气预报就是通过观察、实验、归纳、类比、联想、猜测等合情推理得到的结果。又如工业质量控制、医学实验、现代物理等也都需要合情推理。合情推理与逻辑推理一样重要，是更具创造性的推理。数据分析过程也包含着逻辑推理，如描述样本数据集中趋势的平均数、中位数、众数，描述样本数据离散程度的极差、方差、标准差。在分析"某些公司所公布的职工年收入的合理性"的问题中，以及当根据具体问题选择适当的统计量表示数据的不同特征时，都包含着很多逻辑推理成分。合情推理与逻辑推理相结合，可以同时培养学生的直觉思维能力和逻辑思维能力，使学生的思维结构更合理、更完善。

2. 数据分析素养体现新时代的育人价值和育人方向

新版课程标准认为：通过高中数学课程的学习，学生能提升获取有价值信息并进行定量分析的意识和能力；适应数字化学习的需要，增强基于数据表达现实问题的意识，形成通过数据认知事物的思维品质；积累依据数据分析探索事物本质、关联和规律的活动经验。

数据分析素养是在解决各种实际问题的实践中发展起来的，具有丰富的实际背景，为学生提供了灵活应用数学知识解决实际问题的好机会，更有利于促进学生形成良好的科学品质。

（1）数据分析过程有利于培养学生的探索精神。例如，对学校周围道路交通状况的调查，对学生身高的研究，对体育比赛的研究，等等，这些素材能促使学生认识现实世界，激发学生了解世界的好奇心。

（2）数据分析过程有利于培养学生的创新精神。数据分析所解决的是实际生活中的"活问题"，问题的随机性使问题解决模式具有多样性和不重复性，有益于学生创新精神的培养和创造能力的提高。

（3）数据分析过程有利于培养学生的决策意识。数据分析鼓励学生对一定范围内的事物概括其特征或从一定阶段事物的变化中寻找规律，形成寻找共同特征和规律的意识，从而成为工作中新计划、新思想、新建议的提出者。

（4）数据分析过程有利于培养学生的合作精神。学生合作收集、整理、表示相关的数据，根据统计信息运用概率知识分析数据的过程，是一个探索和交流的过程。在实践过程中，为了找到规律，学生分工协作，相互配合，有利于合作精神的培养。

数据分析体现了育人价值，并将其落实到三个方面的目标上：一是提升学生主动获取信息、定量分析的意识和能力；二是帮助学生积累基于数据分析的活动经验；三是形成通过数据来分析问题的思维品质。

问题的解决

一、重视情境设置，体现数据分析内涵

1. 精选教学素材，合理安排情境

概率与统计的知识与现实世界有着密切联系，学生数据分析素养的培养和发展必须结合实际，脱离实际的教学素材不利于学生数据分析素养的发展。例如，学生在学习随机抽样时，抽样方法的选取要考虑到问题情境，根据所要解决的问题选择最为适合的抽样方法。教师在进行教学设计时，一定要精选生活中的经典案例，针对重点内容开发其应用的背景素材，通过适当地改编设置问题情境。情境化素材使学生一方面感到概率与统计的学习水到渠成，另一方面体会到概率与统计知识的实用价值。

2. 紧扣基础知识，增强统计意蕴

概率与统计的基础知识是学生数据分析素养进一步提升和发展的基石。以往概率与统计教材虽然讲清楚了"是什么"，但在"为什么"和"怎么想"上没有详细解释，导致学生无法理解相关概念的本质，更无法运用相关知识解决问题。教师在教学分析时，不仅要重视基础知识的教学，使学生弄清总体与样本、平均数与标准差等概念，还要通过实际案例向学生传达这些概念的统计意蕴，使学生在其熏陶下感悟数据分析的内涵。

3. 设计探究活动，培养应用意识

统计思维和表达能力是学生数据分析素养发展的桥梁。因此，探究活动的设计一定要考虑到学生思维和表达能力的发展，为学生创造机会和空间，使学生有机会运用概率与统计的知识进行表达和交流，不仅能用统计语言佐证自己的结论，还能运用统计语言和同伴进行交流。同时，数据分析探究活动的设计要紧扣实际，反映数据分析与现实生活的密切联系，从而培养和发展学生数据分析的应用意识。

二、重视案例教学，培养数据分析意识

1. 依托典型案例，重视基础概念教学

统计是为了从数据中提取信息，而非进行数字运算、画图表。因此，教师应把握好该部分的教学重点，结合具体问题向学生解释总体、百分位数等概念及统计意义，并说明如何借助统计知识来描述具体问题，使学生能够根据问题需要选择恰当的方法收集、处理、描述数据。教师要尽可能使用现实生活中的真实案例帮助学生理解概率与统计知识。否则，学生在面对实际问题时将无法选择恰当的数据收集方法，面对杂乱无章的原始数据时也将无从下手。

2. 精心设计活动，紧扣数据分析过程

按照新版课程标准的要求，统计教学不再是零散知识的教学，而是使学生经历完整的数据分析过程，在这个过程中加深对统计知识的理解，建构更为系统的统计知识框架体系。首先，教师要紧紧抓住数据分析过程这一主线，选择恰当的统计案例，在教学前设计好包含活动方案预设、调查收集数据、整理分析数据、交流和解释数据、质疑和反思结论、形成数据分析活动报告在内的完整活动，贯穿学生概率与统计学习的全过程，使学生在参与活动的过程中完成对概率与统计内容的学习。其次，教师要基于统计案例设计数据分析活动，以多种形式的活动提高学生的参与度和体验度，使学生在经历统计活动的过程中逐步提升自身的数据分析素养。

3. 创造交流机会，训练统计表达能力

由于部分教师会以代数的思维方式进行数据分析的教学，学生的数学运算能力虽然得到了提升，但是数据分析素养没有得到应有的发展。教师在教学时应深度挖掘统计知识的育人价值，重视统计方法的传授和统计思维的引导，为学生提供"悟"的过程。例如，在进行平均数、标准差等概念教学时，引导学生借助这些数字特征来描述样本的特征，并运用统计语言进一步表述总体的分布状况。教师在训练学生使用统计语言进行表达的同时，也促进了学生统计思维的发展，进一步培养了学生的数据分析素养。

三、体会应用价值，解决现实生活问题

1. 转变学习观念，积极参与活动

学生在学习过程中，要转变以往对概率与统计的错误观念，进一步提高学习的兴趣和积极性，主动参与数据分析活动。通过切身经历数据分析的全过程，一方面加深对基础知识的理解，训练基本技能，感悟数据分析所蕴含的随机思想，积累数据分析

的基本活动经验；另一方面对概率与统计主线的学习形成更深刻的认识，体会数据分析的实际应用价值，从而进一步提升数据分析素养。

2. 感悟统计意义，善用统计语言

由于学生接触到的统计问题常有一定的解决模式，学生通过"套公式"计算，基于计算结果也能做出相应的判断，但实际上并未真正理解其统计含义。如有关原假设和备择假设、K 值、置信度等的基本原理及其统计含义的问题，在面对经过简化处理、结构良好的问题时，学生能够得出结论，但是面对现实生活中未经处理的问题时，学生常常会产生困惑，无法做出正确判断。因此，学生不仅要用代数方式来学习该部分知识，还要在学习中感悟统计知识背后所蕴含的统计意义，多用统计思维思考问题，多用统计语言表达自己的观点。

3. 提高数据分析意识，促进现实问题解决

学生不仅要积极主动地参与教师提供的数据分析活动，还要用数据分析的眼光观察现实世界，善于发现生活中与数据分析相关的现象与问题，逐步提高数据分析意识。这是数据分析素养发展的首要条件。除此之外，学生还要有意识地用数据分析的思维分析现实问题，用数据分析的语言表达现实问题，在运用数据分析的知识和技能解决现实问题的过程中发展数据分析素养。

四、多元化测评，发挥指导引领作用

数据分析素养的实用价值在于促进现实问题的解决，因此，在测评学生数据分析素养的发展水平时，主要考查学生运用数据分析的知识与技能解决实际问题的能力，以及在此过程中表现出来的思维品质。

新版课程标准不仅从情境与问题、知识与技能两个方面来描述学生的表现，还从思维与表达、交流与反思两个方面进行了阐述。前者属于学生的外在行为，后者则更侧重学生的内在表现。因此，在试题命制时，设计多元化的题型能够更有效地测评学生在数据分析方面的发展水平。

对学生数据分析素养的测评不仅要定性与定量相结合，还要注重过程性评价和结果性评价的结合，更要采用多元化的评价方式，以此来测评学生数据分析素养发展的综合水平，以期充分发挥数据分析素养测评的导向作用，以测评引导教师的教与学生的学。评价者通过测评向教师和学生传达有效的反馈，分析教师概率与统计教学的不足和学生学习的薄弱环节，从而有针对性地促进学生数据分析素养的发展。

【案例】

数据的数字特征（主题教学设计）

（一）教材分析

概率与统计的内容安排在必修"主题四 概率与统计"。新版课程标准指出：概率的研究对象是随机现象，为人们从不确定性的角度认识客观世界提供重要的思维模式和解决问题的方法。统计的研究对象是数据，核心是数据分析。概率为统计的发展提供理论基础。

统计是研究如何合理地收集、整理、分析数据的学科，它可以为人们的决策提供依据。在统计过程中，对数据的整理和分析是必不可少的。数据的数字特征这节内容一方面为后续用样本的数字特征估计总体的数字特征提供基础，另一方面也能加深学生对数字特征的理解。

在小学阶段，学生能计算平均数，体会平均数的作用，能用自己的语言解释其实际意义；在初中阶段，学生能计算中位数、众数、加权平均数和方差，初步理解它们在描述数据和解决现实问题中的作用。因此，本节课所提到的最值、平均数、中位数、方差等概念，学生应该结合具体情境理解数字特征的计算、意义和作用，明白每种数字特征的优势和不足，并能根据现实问题的需要选择恰当的数字特征来表达数据的信息。百分位数是教材新加入的内容。百分位数是用于衡量数据位置的，它提供了有关各项数据如何在最小值与最大值之间分布的信息，从而体现了数据的分布特点。教材从中位数的概念类比出四分位数，从而给出百分位数的概念，继而给出百分位数的计算方法。

（二）教学流程

教学流程如图 1-6-1 所示。

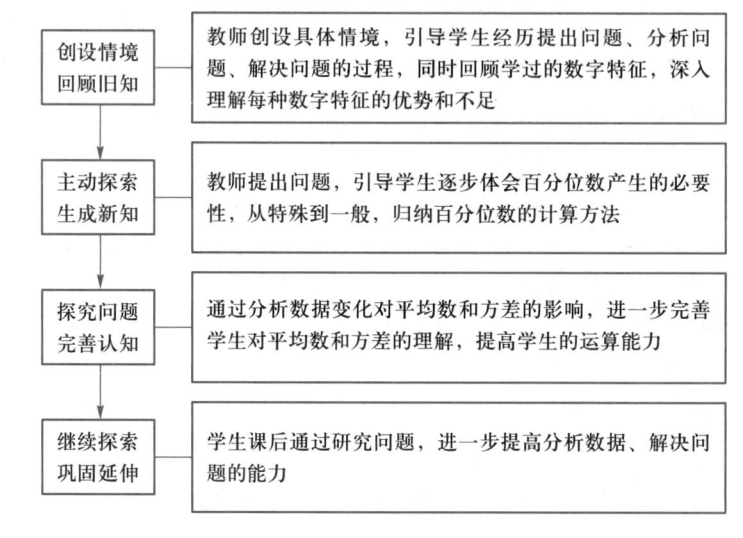

创设情境 回顾旧知	教师创设具体情境，引导学生经历提出问题、分析问题、解决问题的过程，同时回顾学过的数字特征，深入理解每种数字特征的优势和不足
主动探索 生成新知	教师提出问题，引导学生逐步体会百分位数产生的必要性，从特殊到一般，归纳百分位数的计算方法
探究问题 完善认知	通过分析数据变化对平均数和方差的影响，进一步完善学生对平均数和方差的理解，提高学生的运算能力
继续探索 巩固延伸	学生课后通过研究问题，进一步提高分析数据、解决问题的能力

图 1-6-1 教学流程

（三）学情分析

学生在初中已经学习过一些数字特征，初步理解它们在描述数据和解决现实问题中的作用，为本节课的内容打下基础，但在新情境下解决实际问题的能力较弱。

（四）学习重难点

学习重点：数字特征的意义和作用。

学习难点：理解引入百分位数的必要性以及计算百分位数的方法。

难点突破：通过具体实例感受已知的数字特征在描述数据分布特点时的局限性，从而理解引入百分位数的必要性，同时从特殊例子的百分位数计算入手，从特殊到一般，归纳出百分位数的计算方法。

（五）课时学习目标

1. 能从具体的生活情境中提出问题，并利用学过的数据特征分析解决问题（养成性目标：发展数据分析素养）。

2. 能从具体的问题情境中，体会到学过的数字特征在描述数据分布特点时的局限性，从而引出百分位数的概念，并会计算一组数据的百分位数（养成性目标：发展数学抽象、数学运算素养）。

3. 能从具体表达式中理解数据变化对平均数的影响，能直观感受数据变化对方差的影响（养成性目标：发展数学运算、逻辑推理素养）。

（六）教学过程

学习活动	活动过程	设计意图
活动1： 创设情境 回顾旧知	【情境】某金融公司有A和B两个理财经营团队，这两个理财团队分别负责经营12项同类型理财产品，过去一年的收益率如表1-6-1所示。 表1-6-1　两个团队的理财收益率　（单位：%） | A	4.18	4.84	4.99	4.67	4.40	4.60	5.10	5.21	5.15	5.44	4.87	4.91
B	5.77	4.98	7.44	5.89	3.15	4.85	4.64	4.21	4.18	3.02	5.11	5.10 | 教师：根据以上两组数据，我们可以研究哪些问题？ 学生先提出问题，然后分小组讨论，最后解决问题。 教师逐步引导学生完成上述活动，同时在学生回答问题的过程中，帮助学生回顾初中学过的数据的数字特征，分析它们的意义和不足，以及在实际生活中的应用，并引入求和符号 $\sum$ 来表示平均数和方差公式	引导学生经历提出问题、分析问题、解决问题的过程。一方面帮助学生回顾初中有关数字特征的内容，另一方面引导学生体会数据分析的基本方法——用数据说话
活动2： 主动探索 引入百分 位数	【问题2.1】A和B两个理财经营团队的12项产品收益率的折线图如图1-6-2所示。 图1-6-2　产品两个理财经营团队的12项产品收益率的折线图 根据给出的两组数据和折线图，思考如下三个问题： （1）两个团队的收益率范围是什么？主要集中的区域是什么？ （2）两个团队的收益率的分布特点是什么？用什么样的数字特征可以反映出这些分布特点？ 学生思考并回答问题。 教师引导学生发现，用初中所学的数字特征无法描述这两组数据的分布特点，从而引出本节课的主要内容——百分位数。 【教师板书】百分位数定义：一组数的 $p\%$（$p \in (0,100)$）分位数指的是，将这组数按照从小到大的顺序排列后，处于 $p\%$ 位置的数。 教师提问：大家想想在学过的数字特征中有没有特殊的百分位数？ 进一步阐述 $p\%$ 分位数：在这组数据中，至少有 $p\%$ 的数据小于等于该值，且至少有 $(100-p)\%$ 的数据大于等于该值。 教师构造特殊例子，引导学生建立百分位数的计算方法（图1-6-3）。	通过具体问题的分析，引导学生体会学过的数字特征的不足之处，从而引出本节课的重点内容——百分位数。 通过具体的数据，引导学生利用百分位数的定义先得到具体实例的百分位数，再归纳得到百分位数的一般计算方法。

续表

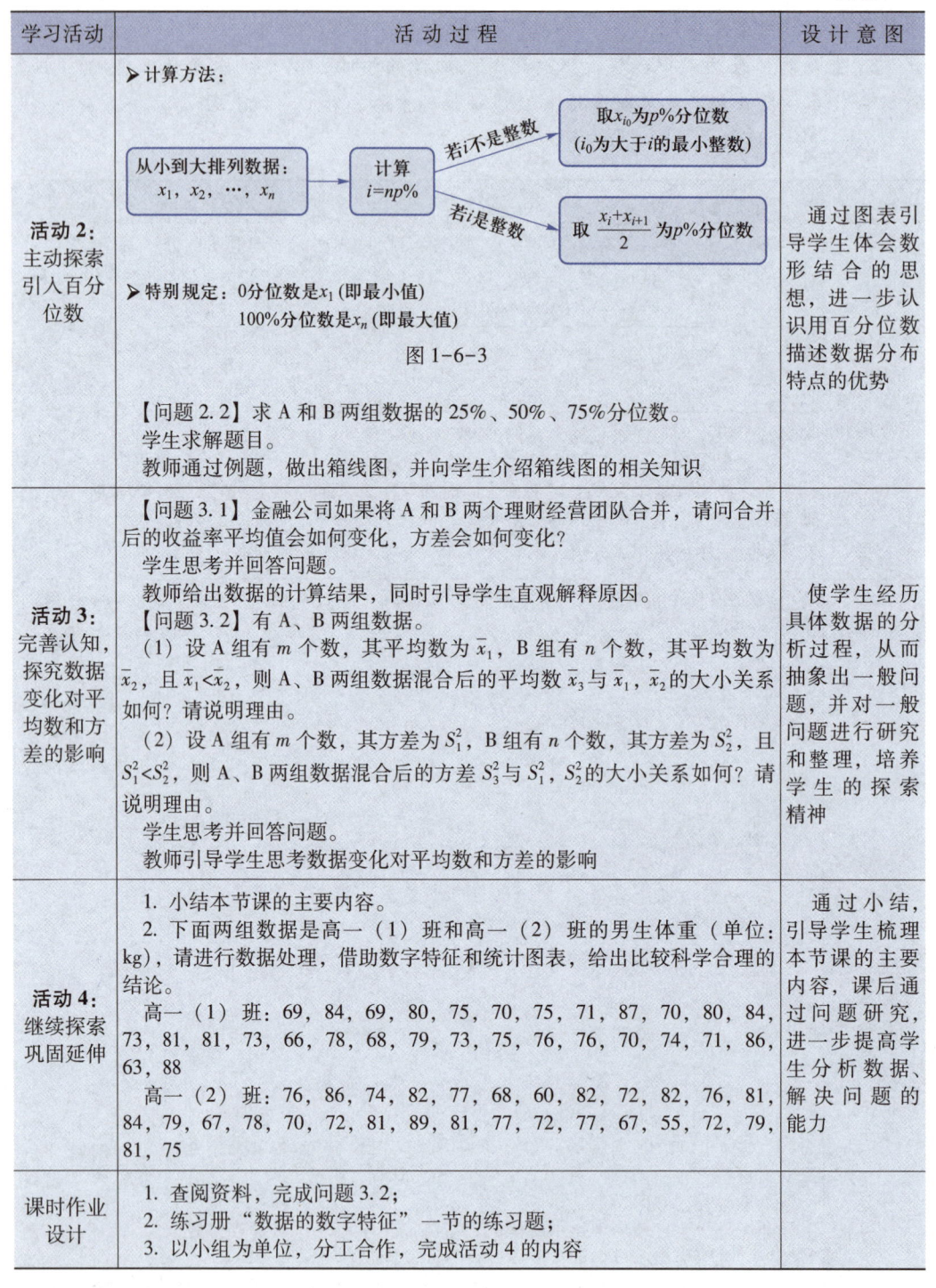

学习活动	活动过程	设计意图
活动2：主动探索引入百分位数	▷计算方法： 从小到大排列数据：$x_1, x_2, \cdots, x_n$ → 计算 $i=np\%$ → 若i不是整数，取x_{i_0}为$p\%$分位数（i_0为大于i的最小整数）；若i是整数，取$\dfrac{x_i+x_{i+1}}{2}$为$p\%$分位数 ▷特别规定：0分位数是x_1（即最小值） 　　　　　　100%分位数是x_n（即最大值） 图1-6-3 【问题2.2】求A和B两组数据的25%、50%、75%分位数。 学生求解题目。 教师通过例题，做出箱线图，并向学生介绍箱线图的相关知识	通过图表引导学生体会数形结合的思想，进一步认识用百分位数描述数据分布特点的优势
活动3：完善认知，探究数据变化对平均数和方差的影响	【问题3.1】金融公司如果将A和B两个理财经营团队合并，请问合并后的收益率平均值会如何变化，方差会如何变化？ 学生思考并回答问题。 教师给出数据的计算结果，同时引导学生直观解释原因。 【问题3.2】有A、B两组数据。 （1）设A组有m个数，其平均数为$\bar{x}_1$，B组有n个数，其平均数为$\bar{x}_2$，且$\bar{x}_1<\bar{x}_2$，则A、B两组数据混合后的平均数$\bar{x}_3$与$\bar{x}_1$，$\bar{x}_2$的大小关系如何？请说明理由。 （2）设A组有m个数，其方差为S_1^2，B组有n个数，其方差为S_2^2，且$S_1^2<S_2^2$，则A、B两组数据混合后的方差S_3^2与S_1^2，S_2^2的大小关系如何？请说明理由。 学生思考并回答问题。 教师引导学生思考数据变化对平均数和方差的影响	使学生经历具体数据的分析过程，从而抽象出一般问题，并对一般问题进行研究和整理，培养学生的探索精神
活动4：继续探索巩固延伸	1. 小结本节课的主要内容。 2. 下面两组数据是高一（1）班和高一（2）班的男生体重（单位：kg），请进行数据处理，借助数字特征和统计图表，给出比较科学合理的结论。 高一（1）班：69，84，69，80，75，70，75，71，87，70，80，84，73，81，81，73，66，78，68，79，73，75，76，76，70，74，71，86，63，88 高一（2）班：76，86，74，82，77，68，60，82，72，82，76，81，84，79，67，78，70，72，81，89，81，77，72，77，67，55，72，79，81，75	通过小结，引导学生梳理本节课的主要内容，课后通过问题研究，进一步提高学生分析数据、解决问题的能力
课时作业设计	1. 查阅资料，完成问题3.2； 2. 练习册"数据的数字特征"一节的练习题； 3. 以小组为单位，分工合作，完成活动4的内容	

案例分析

本节课总体进行顺利，教学任务基本完成，学生能主动探究，主动发表自己的见解，积极参与讨论。在本节课的具体情境给出后，学生能从自己学过的数据的数字特征出发，提出问题并解决问题。当问题2.1呈现后，学生能体会到已经学过的数据的数字在描述数据分布特点时的局限性，并能意识到需要引入新的数据的数字特征来描述。在教师的引导下，学生能运用百分位数的概念来探究百分位数的计算方法，但在引入百分位数的概念时，部分学生对百分位数概念的理解还不够深入。在后续课程中，对百分位数的引入还需要设计更加完善的活动，让学生能更深入地理解概念。

（案例提供：康文洁，清华大学附属中学）

教学建议

第一，以培养高中生数据分析素养作为统计内容教学的核心目标。数学学科核心素养的培养最终都要落实在日常教学中，教材中统计内容的编写要以培养学生的数据分析素养作为核心目标，与时俱进地增加一些大数据案例，以帮助教师更好地展开教学活动。课堂教学是实现数学教学目标、发展学生数学学科核心素养的主要途径。具体到数据分析素养，统计模块内容的教学要以培养学生的数据分析素养为核心目标。

更多案例：数据的数字特征

第二，加强学生对数据分析有关概念和方法的理解。对数据分析有关概念和方法的理解，是数据分析素养的基础。学生在理解的基础上予以应用，才能解决有关问题，提高数据分析素养水平。

第三，以实际情境为背景展开数据分析有关内容的教学。这些数据除了数值大小之外还蕴含着实际情境中的信息，数据分析有关内容的教学应该以实际情境为背景展开，才能使学生基于数据表达现实问题，形成通过数据认识事物的思维品质，学以致用，发展数据分析素养。

第四，开展统计活动让学生亲历数据分析的全过程。数据分析过程包括收集数据、整理数据、提取信息、构建模型、进行推断和获得结论。教师可以采用课题学习的形式，选择真实的案例开展统计活动，给学生创造机会参与统计活动，亲历数据分析的全过程，从而使学生加强数据分析能力，提高数据分析素养。

单元 2　素养导向下的函数主题教学

2-1 如何通过函数主题教学培养学生的学科核心素养？

问题的提出

函数主题贯穿整个高中数学课程，是高中数学学习中最重要的内容之一，它所涉及的数学知识丰富，能力要求较高，解决问题的方法多样，在解决实际问题中发挥重要作用。新版课程标准指出在函数主题里要重点提升学生的数学抽象、数学建模、数学运算、直观想象和逻辑推理素养。这说明通过函数主题的教学培养学生的相关数学学科核心素养是必要和恰当的，教师要给予足够重视。由于篇幅所限，本节主要讨论通过函数主题的教学培养学生的数学抽象素养，为教学提供参考。希望教师进一步迁移和探索通过函数主题教学培养学生各个方面的学科核心素养。

问题的分析

函数主题包括函数的概念和性质、一次函数、二次函数、反比例函数、指数函数、对数函数、幂函数、三角函数及导数等内容。其中大部分内容都是在高中阶段学习的。

一、函数主题是发展学生数学抽象素养的重要知识载体

抽象是数学的本质特征，要提高学生的数学思维水平必须重视数学抽象素养的发展。概念和性质是函数主题学习的核心内容，而概念和性质的形成过程就是数学抽象的过程。

数学概念的形成离不开数学抽象的过程。概念的形成需要两个基本条件：一是学生必须能从许多事物、事件或情境中认识或抽象出它们的共有特征，以便进行概括；二是学生必须能够辨别与概念相关或不相关的标志，以便进行区别归类。换言之，在概念的形成过程中，学生具有通过抽象进行分类和辨别的能力是十分重要的，而这也应成为教师教学的着力点。数学概念的形成通常经历两种不同层次的抽象过程：一种是从数学外部的事物出发，经过数学化，抽象出数学概念；另一种是在数学内部，对已有数学概念进一步抽象出结果。在函数主题的学习中，这两种层次的抽象过程都是经常用到的，函数主题的学习内容中有很多概念、性质、公式（定理），这些都是数学抽象的结果。

二、在函数主题教学中发展学生数学抽象素养的阶段

第一阶段，通过观察和分析，从一些具体的研究对象中发现共同特征，即对特殊情况的研究过程，这是数学抽象的基础。因材施教是教学要遵循的基本原则。在实际教学中，仅使用教材提供的素材可能是不够的，也可能不适合一些班级的学生。教师在教学设计时要根据学生的情况准备足够丰富的素材，供学生使用。

第二阶段，进一步研究所发现的共同特征，聚焦数学属性，去除非本质的属性，保留本质属性。这是一种创造性的工作，体现了数学抽象的思维活动。这个阶段的教学尤其重要，教师要授之以渔，教会学生方法。在课堂观察中发现，很多教师淡化或忽略了这个阶段的教学。例如，在函数单调性的学习中，很多学生对分段函数的单调性认识不清，其根源就是对单调性概念的本质属性研究不透，仅处于表面化的记忆和应用层面。

第三阶段，对得到的本质属性相同的一类研究对象做出数学描述，也就是通常所说的下定义，需要学生将数学抽象的结果用文字和符号准确、严谨、简洁地表述出来，这常常是学习难点。在课堂中常见的现象是教师直接板书或用 PPT 展示数学概念或结论，学生被动接受这些结果，并没有参与到这些表述的形成过程中去。

三、在函数主题教学中发展学生数学抽象素养极具价值

首先，函数主题本身具有非常丰富的数学学习内容，它也是其他数学知识学习的基础，在函数学习中打下坚实的基础对进一步学习有重要作用，所以在函数主题中发展学生的数学学科核心素养是很有必要的；其次，函数主题的内容具有高度抽象性，从函数概念的形成、性质的研究，到函数的应用都具有抽象性，仅靠记忆和简单模仿是不能学好函数主题内容的，所以要着力提高学生的数学抽象素养；最后，良好数学思维的形成是数学学科育人价值的体现，而数学抽象过程正是数学研究中培养抽象思维的重要路径。

问题的解决

一、在函数相关概念的教学中培养学生的数学抽象素养

在初中阶段，函数概念主要是从一些生活情境中抽象出来的，属于第一阶段的抽象，不同版本的教材所给出的案例都体现了两个共同的本质特征：一是在变化的过程中有变化的量 x 与 y，二是对 x 的每一个取值，y 都有唯一确定的值与之对应。高中函数概念是在初中函数概念的基础上建立起来的，所以教师在进行高中函数概念的教学时，要在初中函数概念的基础上实施。

对高中函数概念的抽象过程，教学中要注意以下几点。

（1）高中函数概念建立在初中函数概念和集合知识的基础上，增加了不便用初中函数定义描述的函数，通过概括它们的共同特征，再次进行抽象，这是第二阶段的抽象，尤其是将函数表示为 $y=f(x)$，具有明显的符号化特征。

（2）教师要重视初、高中函数概念的差异，帮助学生在回顾初中函数概念和集合知识的基础上重新归纳出函数的本质特征，从描述函数关系的情境中抽象出建立在集合之上的对应关系。

（3）教学的重心应该是学生抽象出函数概念的过程，而不是得到函数概念这个结果，让学生充分感受用文字和符号表达数学概念的过程，即理解数学语言的抽象性，这也是函数主题教学的一项重要任务。

（4）重视问题情境的设计，注重教学过程中学生的思考和交流，帮助学生感受数

学抽象的过程，积累从具体到抽象的学习经验。

下面的案例给出了高中函数概念的一个教学设计思路。

【案例】

高中函数概念的教学设计思路

（一）回顾初中函数概念，做适当调整和提高

复习初中函数的定义不是仅仅从概念的文本描述上来复习，应该给出一些现实情境，让学生回顾如何从这些情境中抽象出函数概念。这些情境可以是教材上的，也可以是教师创设的，教师不要急于给出高中的函数概念，但可适当采用高中集合的语言进行描述。

创设情境：国家统计局相关课题组公布，如果将2005年中国创新指数记为100，2008—2015年中国创新指数如表2-1-1所示。若以y表示年度值，i表示中国创新指数的取值，则i是y的函数吗？

表2-1-1 2008—2015年中国创新指数

年度	2008	2009	2010	2011	2012	2013	2014	2015
中国创新指数	116.5	125.5	131.8	139.6	148.2	152.6	158.2	171.5

首先引导学生根据初中函数的概念来描述：在这个变化过程中，有两个变量y与i，对于y的每一个取值，i都有唯一确定的值与之对应，所以i是y的函数。这个抽象过程，是将文本、表格描述的情境抽象为数学语言描述的共性特征。教师要注意让学生体会这其中的抽象过程，模仿并学会表达。

然后启发学生改变表述方式：有两个变量y与i，

$$y \in \{2008, 2009, 2010, 2011, 2012, 2013, 2014, 2015\}$$

$$i \in \{116.5, 125.5, 131.8, 139.6, 148.2, 152.6, 158.2, 171.5\}$$

按照表2-1-1中所给的对应方式，对于y的每一个取值，i都有唯一确定的值与其对应。按照初中的函数概念，i是y的函数。这种表述方式改变了什么？不变的是什么？改变的是，不再强调"变化过程"和引入集合表示，不变的是对应关系。

（二）结合初中三个基本函数形成高中函数概念

考查初中所学的三个基本函数以及一些实例，可知它们反映的是一种对应关系，是建立在两个数集之间的一种对应关系，进而抽象出高中函数概念。

重新认识一次函数，对于一次函数$y=kx+b(k\neq 0)$，它反映的是这样的关系：有两个变量x与y，$x\in \mathbf{R}, y\in \mathbf{R}$，按照对应关系$y=kx+b$，每一个$x$都有唯一确定的$y$与其对应。

二次函数和反比例函数也可以进行类似的处理。这是在初中函数概念的基础上进行的第二次抽象，希望获得更加严谨、更加一般化的对函数特征的描述。

学生经过独立思考和交流讨论，初步得出函数的概念，最终在教师的指导下得出比较规范的表述：

> 一般地，给定两个非空实数集 A 与 B，以及对应关系 f，如果对于集合 A 中的每一个实数 x，按照对应关系 f，在集合 B 中都有唯一确定的实数 $y=f(x)$ 与 x 对应，则称 f 为定义在集合 A 上的一个函数，记作
> $$y=f(x), \quad x \in A$$
> 其中 x 称为自变量，y 称为因变量，自变量取值的范围（即数集 A）称为这个函数的定义域，所有函数值组成的集合
> $$\{y \in B \mid y=f(x), \quad x \in A\}$$
> 称为函数的值域。

（三）高中函数概念的应用

利用高中函数概念分析一些变化关系是否具有函数关系，定义域是什么、值域是什么等，以此夯实函数的概念。

除了函数概念，高中阶段重点研究了指数函数、对数函数、幂函数和三角函数这四类具体函数，这些具体函数概念的形成过程也是发展学生数学抽象素养的契机。

例如指数函数的概念教学，许多教师直接给出指数函数的概念，然后通过一些习题来巩固指数函数的概念，这样的教学方式显然忽视了在这部分教学内容中发展学生数学抽象素养的机会，学生学到的仅仅是结论性的知识，没有真正成为课堂教学的主体。教师应该结合学生的生活实际，适当补充一些类似的情境，引导学生从这些情境中抽象出共同特征（对应关系），同时根据函数的概念，首先发现这些对应关系都是函数关系，再发现它们的对应方式是一样的，即底数不变，指数所取的每一个值，都有唯一的一个幂与之对应，最后抽象出它们具有相同的函数表示方式，即均可写成 $y=a^x$（$a>0$，且 $a \neq 1$）的形式。这样得到的指数函数的概念更能促使学生形成抽象思维，对函数有更深刻的认识。

二、在函数性质的教学中培养学生的数学抽象素养

函数的性质是数学教学的重点，也是难点，同时也是培养学生数学抽象素养的契机。探讨函数的性质，一般先通过一些直观的实例观察出一些共同特征，再用数学符号去表达，这个过程也是数学抽象的过程。

例如函数的单调性。学生初中就学过一些简单函数的增减性，通过函数图象的上升、下降了解增减性的含义，所以在高中教学中教师可以基于学生的已有认识，结合一些实例，帮助学生抽象形成"函数值 y 随着自变量 x 的增大而增大（或减小）"的初步认识，但是仅仅完成这一次抽象是不够的，如果不能够用符号表达函数单调性，就不能更好地利用函数单调性研究数学问题，所以还要对函数单调性进行再次抽象，用数学符号严谨地表达出来。那么在教学中，教师就不能只教结论性的知识，而要将时间和精力放在概念形成（即抽象过程）的教学中，让学生感受和实践数学抽象的全过程。

教师在教学中要注意几个教学要点：一是在概念形成的初始阶段，一定要让学生先观察数学对象，讨论数学对象的各种特征，然后发现这些数学对象所具有的共同特征是什么，这是发展学生数学抽象素养非常重要的一个环节，也是观察能力和数学思

维水平的体现；二是要让学生尝试表达所发现的共同特征，开始可以用学生自己的语言表达，然后在教师的指导下进行数学符号化的表达，并弄清其本质，这是对函数单调性进行数学抽象的结果，也是学生数学抽象素养水平的体现；三是利用函数单调性的定义认识已学过的和一些陌生的函数，如重新认识一次函数、二次函数和反比例函数的单调性。

值得注意的是，用函数单调性的定义证明函数的单调性也是发展学生数学抽象素养的契机，要求学生采用符号化的数学语言来表达证明过程，是对数学概念的进一步抽象过程，这与初中阶段学生所熟悉的平面几何中演绎推理不太相同。其他函数性质的教学也有着类似的设计。

【案例】

函数的单调性（教学设计）

（一）教学目标

1. 借助熟悉的函数图象，用数学符号语言表达函数的单调性。
2. 深度参与函数单调性概念的生成过程，充分经历从具体到抽象、从特殊到一般、从感性到理性的认知过程。
3. 理解函数单调性的概念，初步掌握利用单调性定义证明函数单调性的方法。
4. 产生数学学习的兴趣，发展数学抽象素养。

教学案例：函数的单调性（第一课时）

（二）教学重难点

教学重点：函数的单调性概念及其生成过程。

教学难点：从图形语言到符号语言的抽象过程。

教学环节	教师活动	学生活动	设计意图
概念生成	**教师活动1** 基于前测作业，展示学生所画的一次函数及反比例函数的图象，并引导学生给出函数单调性的描述性定义	**学生活动1** 学生结合具体函数，描述函数的单调性。 练习1：判断函数 $f(x)=x^2$ 的单调性	通过熟悉函数单调性的判断，使学生认识到利用图象判断函数单调性的局限性，造成认知冲突，让学生初步认识到引入函数单调性定义的必要性
	教师活动2 问题1：如何用符号语言表达"在区间 $[0,+\infty)$ 上，y 随 x 的增大而增大"？	**学生活动2** 学生思考，提出自己的想法，经过讨论，作图验证。 （1）取无数值，例如： $x_1<x_2<x_3<\cdots<x_n$ $f(x_1)<f(x_2)<f(x_3)<\cdots<f(x_n)$ （2）取任意两个自变量，例如： $\forall x_1<x_2, f(x_1)<f(x_2)$	以陌生函数单调性的判断激发学生从"数"的角度去研究函数单调性的兴趣；让学生经历从自然语言到符号语言的转化，不断引导学生发现自变量的任意性

续表

教学环节	教师活动	学生活动	设计意图
概念生成	**教师活动3** 问题2：如何定义$f(x)=x^2$在$[0,+\infty)$上是增函数？	**学生活动3** 学生思考，回答问题	让学生自己归纳出具体函数的单调性的定义，为函数单调性定义做铺垫
	教师活动4 问题3：试给出增（减）函数的定义	**学生活动4** 学生自主生成定义，并在教师引导下修正和完善定义	教师引导学生自主建构函数单调性的定义，并强调函数单调性的局部性质，发展学生的数学抽象素养
概念理解	**教师活动5** 练习2：证明函数$f(x)=x^2$在$[0,+\infty)$上是增函数	**学生活动5** 结合本节课所学知识完成证明过程	证明过程由学生板演完成后，师生共同分析证明过程，不断完善利用定义证明函数单调性的步骤，以此培养学生的逻辑推理能力和数学运算能力
课堂小结	**教师活动6** 引导学生从两方面进行总结思考： （1）核心知识； （2）核心能力与方法	**学生活动6** 思考并交流想法	通过总结分享，深化对概念的理解和认识

（案例提供：刘颖，北京市第二十中学）

我们再来看一个关于函数的周期性的教学片段。

【案例】

函数的周期性（教学片段）

问题1 正弦函数和以前我们学过的函数相比，函数性质最大的不同是什么？

从正弦线可以看出，终边相同的角正弦值相同，所以正弦值存在周而复始的变化。

师生共同探究：由诱导公式$\sin(2k\pi+x)=\sin x(k\in \mathbf{Z})$可知，自变量每增加或者减少$2\pi$的整数倍时，正弦值重复出现，这种性质称为正弦函数的周期性。正弦函数是一个周期函数，易知$2k\pi(k\in \mathbf{Z}, k\neq 0)$都是它的周期。

教学案例：函数的周期性

问题2 请同学们思考，根据$\sin\frac{\pi}{4}=\sin\frac{3\pi}{4}$，是否可以判断$\frac{\pi}{2}$是正弦函数$f(x)=\sin x$的一个周期？

学生思考并回答：不可以，理由如下。

① $\sin\frac{\pi}{4}=\sin\frac{3\pi}{4}=\sin\frac{9\pi}{4}$（非零常数）；

② $\sin\left(\dfrac{3\pi}{4}+\dfrac{\pi}{2}\right)\neq\sin\dfrac{3\pi}{4}$（对定义域内每一个 x）；

③ 函数 $f(x)=\sin x$ 在 $\dfrac{\pi}{4}$ 与 $\dfrac{3\pi}{4}$ 处变化趋势不相同。

问题 3　如何给出周期性的一般性定义？

一般的，对于函数 $f(x)$，如果存在一个非零常数 T，使得对定义域内任何一个 x，都满足 $f(T+x)=f(x)$，那么就称 $f(x)$ 为周期函数，非零常数 T 称为这个函数的周期。

对于一个周期函数 $f(x)$，如果在它的所有周期中存在一个最小的正数，那么这个最小的正数就称为 $f(x)$ 的最小正周期。正弦函数的最小正周期为 2π。

案例分析

教师提出问题 1 后，学生基本都能想到这种周而复始的变化现象，教师又让学生列举具有类似周期现象的生活现象，加深学生对周期现象的体验。

教师通过问题 2，让学生理解函数 $f(x)=\sin x$ 在 $\dfrac{\pi}{4}$ 与 $\dfrac{3\pi}{4}$ 处变化趋势不相同，使学生进一步理解函数的周期性。

在问题 3 的讨论中，周期性概念的表述是师生共同完成的，由一名学生提出数学语言描述的定义，然后其他同学补充，不断修改完善，这是一个很好的数学抽象过程。

（案例提供：官琪，北京市育英学校）

三、在函数问题的解决中培养学生的数学抽象素养

函数问题的解决是培养学生数学抽象素养的很好机会。

例 1　比较 $2\ln 1.01$ 与 $\sqrt{1.04}-1$ 的大小。

若不借助计算器，通过直接运算来比较大小几乎无法实现。通过使用计算器计算，$2\ln 1.01-(\sqrt{1.04}-1)\approx 0.000097$，得到 $2\ln 1.01>\sqrt{1.04}-1$，但这显然不是我们想要的解决问题的方法。

例 2　比较 2^3 和 2^4 的大小。

直接运算得出 $2^3=8$，$2^4=16$，这样就可以比较大小了，但在实际教学中我们不会满足于这样的解答，而要寻求更具一般性的解法。对 2^3 和 2^4 进行观察比较，二者底数一样而指数不同，可以考虑函数 $f(x)=2^x$，由该函数的单调性即可解决问题。我们将两个特殊值放在更为一般的情境中考虑问题，从特殊到一般，这就是一个数学抽象的过程。

例 3　当 $x\in\left(0,\dfrac{\pi}{2}\right)$ 时，比较 x 和 $\sin x$ 的大小。

我们可以抽象出一个一般性的数学结构，以便利用合适的方法解决问题。构造一个函数 $f(x)=x-\sin x, x\in\left[0,\dfrac{\pi}{2}\right]$，只要比较 $f(x)$ 与 0 的大小即可，结合函数性质，可研究该函数的单调性，求导可知 $f'(x)=1-\cos x\geq 0$，所以 $f(x)$ 在区间 $\left[0,\dfrac{\pi}{2}\right)$ 上单调递增，故当 $x\in\left(0,\dfrac{\pi}{2}\right)$ 时，$f(x)>f(0)=0$，所以当 $x\in\left(0,\dfrac{\pi}{2}\right)$ 时，$x>\sin x$。

例 2 和例 3 在解决思路上的共同点是抽象出更具一般性的数学结构，从而使问题更易解决。再回到例 1，比较 $2\ln 1.01$ 与 $\sqrt{1.04}-1$ 的大小。

我们可以这样来思考，将问题转化为比较 $2\ln 1.01-\sqrt{1.04}+1$ 与 0 的大小，然后构造一个一般性的数学结构，即找到一个函数，使得 $2\ln 1.01-\sqrt{1.04}+1$ 和 0 是这个函数的两个函数值，再利用函数单调性来解决问题。

构造函数 $f(x)=2\ln x-\sqrt{4x-3}+1(1\leq x\leq 2)$，可得

$$f'(x)=\frac{2}{x}-\frac{2}{\sqrt{4x-3}}=\frac{2(\sqrt{4x-3}-x)}{x\sqrt{4x-3}}$$

考虑 $\qquad x^2-(\sqrt{4x-3})^2=x^2-4x+3=(x-3)(x-1)$

因为 $1\leq x\leq 2$，所以 $x^2-(\sqrt{4x-3})^2\leq 0$，即 $f'(x)\geq 0$，函数 $f(x)$ 在区间 $[1,2]$ 上是增函数，所以 $f(1.01)>f(1)=0$。故 $2\ln 1.01-(\sqrt{1.04}-1)>0$，即 $2\ln 1.01>\sqrt{1.04}-1$。

当然也可以将函数构造为 $g(x)=2\ln(1+x)-\sqrt{1+4x}+1(0\leq x\leq 1)$，请读者自行研究。

像这样从具体问题中抽象出一般规律和结构，用数学语言予以表征并利用相应的数学方法解决问题，就属于数学抽象的范畴。由于代数式结构的复杂性，这样的问题对学生抽象思维的要求比较高，这就需要教师重视在日常教学中对学生数学抽象素养的培养。

✏️ 教学建议

第一，在函数相关概念和性质的教学中，要避免"灌输式"教学，即直接给出结论，再用习题训练来巩固知识的方式。核心素养的落实，首先，教师要在认识上做到位，深刻理解核心素养，积极践行素养导向的课堂教学。其次，教师要基于单元主题教学规划好利用哪些主题培养哪些数学素养，设计好落实素养培养的教学方式和步骤。"东一榔头、西一棒子"是不可能成事的，必须要有系统性的规划和设计。它山之石，可以攻玉，教师要积极向同行学习，了解别人在做什么、怎么做，只有这样才能尽快提高自己的教学水平，更好地发展学生的核心素养。

第二，在数学问题解决中，要避免"题海战术"。在"题海战术"中学生往往关注的是解题结果是否正确，对做对的题不再过问，对做错的题改正即可，耗费大量精力却收获甚微，究其原因就是没有能够深入研究问题的本质，浅尝辄止。教师应精心设计数学问题，凸显核心素养，帮助学生梳理出这其中的数学规律和思维特征，真正做到理解数学。

2-2 如何通过研究基本初等函数促进学生掌握函数的研究方法？

问题的提出

函数是高中数学的核心内容，学生要通过函数的学习掌握函数研究的方法，进而学会利用函数解决问题，那么如何研究函数就显得尤为重要。我们先来搞清楚在研究函数时我们要研究什么？新版课程标准指出：教师应把函数主题的内容视为一个整体，引导学生从变量之间的依赖关系、实数集合之间的对应关系、函数图象的几何直观等角度整体认识函数概念；通过梳理函数的单调性、周期性、奇偶性（对称性）、最大（小）值等，认识函数的整体性质。由此可知，我们在函数学习中主要研究函数的概念、性质。学生在初中阶段学习了一次函数、二次函数和反比例函数这三个基本函数，在高中阶段要学习指数函数、对数函数、幂函数、三角函数（含正弦函数、余弦函数和正切函数）等基本初等函数。在这些基本初等函数的学习中，学生要反复经历概念及性质的学习，因此教师要充分利用这些机会促进学生掌握研究函数的方法。

问题的分析

一、函数的概念是函数学习的基础

李邦河院士在一次报告中谈到，数学在根本上是"玩概念"，而不是"玩技巧"。虽然李院士这个说法更多的是指向高等数学，但在中学数学中也是如此。数学教师应该重视概念教学，而不是只专注于技巧训练。概念教学是数学教学的根本，数学概念的形成过程是数学学习的重要环节。学生如果不夯实概念，就难以深刻理解数学，无法形成有效的数学思维，无法建立良好的数学知识与方法体系，当然也就谈不上学好数学，在函数学习中尤其如此。函数主题中数学概念众多且比较抽象，如果学生没有对函数相关概念的深入理解是无法学好函数的。

例1 已知函数 $f(x)$ 的定义域是 **R**，若对于任意两个不相等的实数 x_1, x_2，总有 $\dfrac{f(x_2)-f(x_1)}{x_2-x_1}>0$ 成立，则函数 $f(x)$ 一定是（　　）。

A. 奇函数　　　B. 偶函数　　　C. 增函数　　　D. 减函数

这个题目不难，主要考查函数奇偶性和单调性的概念，但是题目又不是按照相关概念的一般表述来呈现的，这就需要学生能够理解 $\dfrac{f(x_2)-f(x_1)}{x_2-x_1}>0$ 的含义，如果对单调性的概念不甚理解，就会陷入盲目的思考。

对这个题目我们作两个层次的分析。

第一个层次：根据函数单调性的定义，"对于任意两个不相等的实数 x_1, x_2，总有

$\frac{f(x_2)-f(x_1)}{x_2-x_1}>0$ 成立"这句话等价于"对于任意两个不相等的实数 x_1,x_2，当 $x_1<x_2$ 时，总有 $f(x_1)<f(x_2)$ 成立"，这与函数在某区间上单调递增的概念吻合，可以得出答案为 C。

第二个层次：对函数单调性作进一步理解，当自变量的增量 $\Delta x=x_2-x_1$ 与函数值的增量 $\Delta y=f(x_2)-f(x_1)$ 同号时，函数单调递增；当自变量的增量 $\Delta x=x_2-x_1$ 与函数值的增量 $\Delta y=f(x_2)-f(x_1)$ 异号时，函数单调递减。这样从"对于任意两个不相等的实数 x_1,x_2，总有 $\frac{f(x_2)-f(x_1)}{x_2-x_1}>0$ 成立"即可判断函数是单调递增的。这里还要思考：为什么根据条件无法判断函数的奇偶性？从函数奇偶性的概念我们可以知道，函数奇偶性是用等量关系来刻画的，而本题并未涉及等量关系，所以不涉及函数奇偶性，而函数单调性是用不等关系来刻画的，所以自然要往函数单调性上思考。

第一个层次的思考主要以解决问题为目的；第二个层次的思考是反思性的，是为了夯实概念，主要以教学为目的。从这个例子可以看到，深刻理解函数概念对函数学习的重要性。

二、函数的性质及其应用是函数学习的核心任务

函数是两个变量所满足的一种特殊的对应关系，在定义域和对应法则的作用下，函数会呈现出一些特有的根本属性，称为函数的性质。中学阶段主要研究函数的值域（最值）、单调性、奇偶性（对称性）、周期性、极值等性质，深刻理解和掌握这些性质是函数学习的核心任务。研究函数的性质通常有两种途径，一是从函数的解析式出发，通过运算和推理，获得函数的性质；二是从函数的图象出发认识函数的性质。这两种途径并不独立，常常要结合起来使用，无论选择哪一种，最后都是通过数学抽象得出其概念。我们研究函数的性质，是为了利用函数性质解决问题。

例2 已知函数 $f(x)=x^2-\cos x$，对于 $\left[-\frac{\pi}{2},\frac{\pi}{2}\right]$ 上的任意 x_1,x_2，有如下条件：① $x_1>x_2$，② $x_1^2>x_2^2$，③ $|x_1|>x_2$，其中能使 $f(x_1)>f(x_2)$ 恒成立的条件序号是_____。

要解决这个问题，是否可以由函数的解析式得 $f(x_1)>f(x_2) \Leftrightarrow x_1^2-\cos x_1>x_2^2-\cos x_2$，然后解这个不等式？

显然这是不可以的，因为这个不等式没办法处理。那么题目中为什么给出函数的解析式呢？这是考查学生能否根据解析式来研究函数 $f(x)$ 的性质，再利用函数性质解决问题。要研究函数的什么性质呢？结合函数的解析式及定义域，很容易得到函数 $f(x)$ 是偶函数（整体性质），接下来思考函数的什么性质与不等关系比较密切。由于函数是偶函数，所以还想到要研究函数在区间 $\left[0,\frac{\pi}{2}\right]$ 上的单调性（局部性质），通过导函数或者观察函数 $y=x^2$ 和 $y=-\cos x$ 在区间 $\left[0,\frac{\pi}{2}\right]$ 上的单调性，能得到函数 $f(x)$ 在区间 $\left[0,\frac{\pi}{2}\right]$ 上是单调递增的。

一种思路是通过代数推导解决问题，解决过程如下：

对于偶函数，有 $f(x)=f(|x|)$，所以由 $f(x_1)>f(x_2)$ 得 $f(|x_1|)>f(|x_2|)$，因为函数 $f(x)$ 在区间 $\left[0,\dfrac{\pi}{2}\right]$ 上是单调递增的，且 $|x_1|\in\left[0,\dfrac{\pi}{2}\right]$，$|x_2|\in\left[0,\dfrac{\pi}{2}\right]$，所以 $|x_1|>|x_2|$，即 $x_1^2>x_2^2$。

这种思路凸显了数学运算素养和逻辑推理素养，对数学基础要求较高。

另一种思路是数形结合，解决过程如下：

由已经得到的奇偶性和单调性，可画出该函数的示意图（如图 2-2-1 所示），由图可知，与 $f(x_1)>f(x_2)$ 等价的是 $|x_1|>|x_2|$，即 $x_1^2>x_2^2$。

这种思路突出了直观想象素养，是学生普遍采用的方法。

我们看到，对于一个陌生函数，不仅要会研究它的性质，还要会利用性质解决问题。这是在函数学习中学生要形成的能力。函数性质的研究是有一定规律的，我们可以将这些性质分为整体性质和局部性质，函数的值域（最值）、奇偶性（对称性）、周期性是基于函数的整个定义域考虑的，可视为函数的整体性质，函数的单调性、零点、极值等是基于函数定义域的某一个子集考虑的，可视为函数的局部性质。一般来讲，我们研究函数的性质是按先整体再局部的思考顺序，这样会使问题的研究过程简化一些。

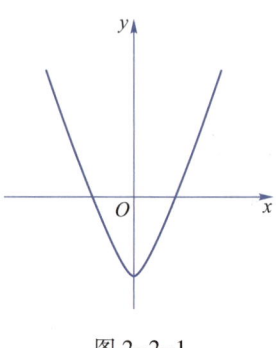

图 2-2-1

问题的解决

一、掌握基本初等函数的概念和性质是研究函数的重要基础

任何一门学科的学习中，基础都是至关重要的，数学也不例外，要想掌握好函数，必须重视函数基础知识的学习，教学中教师要帮助学生做好这一点。函数的定义，具体基本初等函数的概念、图象及基本性质，都是学生要掌握好的。

例如，求函数 $y=\cos 2x+\sin x$ 的最大值。学生面临的第一个问题是如何看待这个函数，将它视为三角函数还是二次函数？如果学生的基础不扎实，很可能想当然地按照三角函数问题来处理，认为当 $\cos 2x$ 和 $\sin x$ 同时为 1 时得到函数的最大值为 2，或者将函数化为 $y=\sqrt{2}\sin\left(x+\dfrac{\pi}{4}\right)$ 从而得到最大值为 $\sqrt{2}$，这些都是概念不清、基础不牢固的表现。数学研究的一般方法告诉我们，要善于将问题化简（或局部化简），对于函数 $y=\cos 2x+\sin x$ 中出现的 $2x$ 和 x，我们应将其统一为 x，可以利用倍角公式将函数化简为 $y=-2\sin^2 x+\sin x+1$。对于这个函数，其一元二次函数的结构特征强于三角函数的结构特征，此时学生的脑海里要有这两个函数知识的对比和关于最值的研究，进而将函数 $y=-2\sin^2 x+\sin x+1$ 视为 $y=-2t^2+t+1,t\in[-1,1]$，再利用二次函数的方法求出最值。

基础知识扎实，不仅要求学生能够表达出这些知识，而且要求学生将这些知识有机地纳入知识系统中，并随时能调用这些知识。每个知识系统都有一些可以被激活的点，越健全、有序的知识系统，可以被激活的点就越多，这意味着解决问题灵活，方法多样，成功率高。而要建立完善的知识系统，具有扎实的基础知识是前提。例如继续上述问题的求解，计算找到 $y=-2t^2+t+1, t\in[-1,1]$ 的最大值。第一个可能被激活的点是：二次函数的结构及配方法。$y=-2t^2+t+1=-2\left(t-\dfrac{1}{4}\right)^2+\dfrac{9}{8}$，因为 $t\in[-1,1]$，所以当 $t=\dfrac{1}{4}$ 时，$y_{\max}=\dfrac{9}{8}$。这样的想法是最基本的，也是最容易被学生掌握的，因为其函数表达式的特征非常明显。第二个可能被激活的点是：二次函数的图象。由如图 2-2-2 所示的函数图象得知，当 $t=\dfrac{1}{4}$ 时，函数取最大值。这种方法也是比较容易被学生掌握的，因为学生在初中阶段就学习了二次函数及其图象，这些知识在其知识系统中比较牢固。又如，求函数 $f(x)=x^2, x\in[-1,2]$ 的值域。有些学生求出 $f(-1)=1, f(2)=4$，所以值域是 $[1,4]$，这是常见的错误。究其原因，主要是学生对知识掌握得不扎实，似是而非地理解数学对象，将一次函数解决问题的方法照搬到二次函数甚至其他函数中，这是一种负迁移。

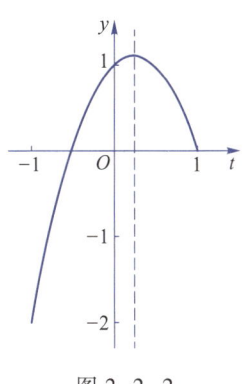

图 2-2-2

【案例】
通过分析函数性质解决问题

已知函数 $f(x)=x^2-2x+a(\mathrm{e}^{x-1}+\mathrm{e}^{-x+1})$ 有唯一零点，则 $a=(\quad)$。

A. $-\dfrac{1}{2}$　　　　B. $\dfrac{1}{3}$　　　　C. $\dfrac{1}{2}$　　　　D. 1

本题要研究的是与函数零点个数有关的问题，基本初等函数学习的经验告诉我们，函数的单调性、对称性、周期性等都会与函数零点个数有关系。通过观察，首先可以判断该函数不具有周期性；继续研究可知 $f(0)=f(2)=a\left(\dfrac{1}{\mathrm{e}}+\mathrm{e}\right)$，所以该函数在定义域上不具有单调性；$f(0)=f(2)$ 能给我们一些启示，函数可能具有对称性。我们对解析式的代数结构进行分析，从整体上看，函数的解析式是比较复杂的，但如果分开看，函数 $y=x^2-2x$ 是二次函数，它的图象是关于直线 $x=1$ 对称的；函数 $y=\mathrm{e}^{x-1}+\mathrm{e}^{-x+1}$ 的图象是由偶函数 $y=\mathrm{e}^x+\mathrm{e}^{-x}$ 向右平移 1 个单位得到的，函数 $y=\mathrm{e}^{x-1}+\mathrm{e}^{-x+1}$ 的图象也是关于直线 $x=1$ 对称的，所以函数 $f(x)=x^2-2x+a(\mathrm{e}^{x-1}+\mathrm{e}^{-x+1})$ 的图象关于直线 $x=1$ 对称。若该函数有唯一零点，则零点对应 $x=1$，所以 $f(1)=0$，解得 $a=\dfrac{1}{2}$。

案例分析

我们来分析一下这道题与基本初等函数学习的关系。第一，零点个数受哪些因素的制约，通过基本函数及其性质的学习，我们知道周期函数的零点个数有无数个，单调函数的零点最多一个，奇函数或偶函数（或具有对称性的函数）的零点个数可能性较多；第二，梳理函数可能具有的性质，这是在基本初等函数的学习中就应该具备的能力；第三，按先易后难的原则，先分析解析式局部的性质，再观察出 $y=x^2-2x$ 的图

象关于直线 $x=1$ 对称，之后自然会去思考函数 $y=e^{x-1}+e^{-x+1}$ 的图象是否也有对称性。学生在数学学习中要养成联系地看问题的习惯。以上的分析说明，函数的教学要立足于基本初等函数，着力发展学生应用函数性质解决问题的能力。

【案例】

函数的单调性（第二课时）教学设计

（一）教学目标

1. 进一步理解函数单调性的概念。
2. 会用函数单调性的定义研究较复杂函数的单调性。
3. 能利用函数单调性解决一些与不等式有关的简单问题。

（二）教学重难点

教学重点：函数单调性概念的理解。

教学难点：会利用函数单调性定义解决与不等式有关的问题。

（三）教学流程

1. 概念回顾

教师提问：上节课我们学习的主要内容是什么？通过上节课的学习，你有哪些收获？为什么要学习用符号语言描述函数的单调性？

【设计意图】复习回顾，在上节课的基础上继续研究函数单调性，提出问题，引入本节课的学习内容。

数学中函数的内容非常丰富，除了初中学过的一次函数、二次函数、反比例函数还有很多函数，我们还可以研究一些较复杂函数，那么遇到一个较复杂的函数，如果想要研究其单调性，该怎样研究呢？以探究函数 $y=x+\dfrac{1}{x}$ 的图象与性质为例。

展示学生作业，强调理解学习函数单调性定义的必要性。

【设计意图】以一个比基本初等函数复杂的函数为例，学习如何用函数单调性的定义研究函数的单调性。

2. 深化理解

问题1：设函数 $y=f(x)$ 的定义域为 D，且 $I\subseteq D$，如果对任意 $x_1,x_2\in I$，当 $x_1<x_2$ 时，都有 $f(x_1)\leqslant f(x_2)$，能判断函数 $f(x)$ 在区间 I 上是增函数吗？

问题2：设函数 $y=f(x)$ 的定义域为 D，且 $I\subseteq D$，如果对任意 $x,x+1\in I$，都有 $f(x+1)>f(x)$，能判断函数 $f(x)$ 在区间 I 上是增函数吗？

问题3："函数 $f(x)$ 在区间 $[1,2]$ 上不是增函数"的一个充要条件是（　　）。

A. 存在 $a\in(1,2)$ 满足 $f(a)\leqslant f(1)$

B. 存在 $a\in(1,2)$ 满足 $f(a)\geqslant f(2)$

C. 存在 $a,b\in[1,2]$ 且 $a<b$ 满足 $f(a)=f(b)$

D. 存在 $a,b\in[1,2]$ 且 $a<b$ 满足 $f(a)\geqslant f(b)$

问题4：

① 如果 $y=f(x)$ 在 I 上是增函数，且任意 $x_1,x_2\in I$，当 $x_1<x_2$ 时，有 $\underline{f(x_1)<f(x_2)}$；

② 如果 $y=f(x)$ 在 I 上是增函数，且任意 $x_1,x_2\in I$，当 $x_1>x_2$ 时，有 $\underline{f(x_1)>f(x_2)}$；

③ 如果 $y=f(x)$ 在 I 上是增函数，且任意 $x_1,x_2\in I$，当 $f(x_1)<f(x_2)$ 时，有 $\underline{x_1<x_2}$；

④ 如果 $y=f(x)$ 在 I 上是增函数，且任意 $x_1,x_2 \in I$，当 $f(x_1)>f(x_2)$ 时，有 $\underline{x_1>x_2}$。

追问1：你能用简洁的形式概括上述4种情况吗？

如果 $y=f(x)$ 在 I 上是增函数，任意 $x_1,x_2 \in I$，有 $(x_1-x_2)[f(x_1)-f(x_2)]>0$。

追问2：你还能用其他形式表达上述关系吗？

如果 $y=f(x)$ 在 I 上是增函数，任意 $x_1,x_2 \in I$，有 $\dfrac{f(x_2)-f(x_1)}{x_2-x_1}>0$。

同理，可以得出减函数满足的特征。

【设计意图】对函数单调性作更深入的研究，通过不同的表述来引发学生对函数单调性的思考，在辨析中提高对知识的理解。

3. 灵活应用

练习1：若函数 $f(x)$ 是区间 $(0,+\infty)$ 上的减函数，请比较 $f(1)$ 与 $f(3)$ 的大小关系。

练习2：若函数 $f(x)$ 是区间 $(0,+\infty)$ 上的减函数，请比较 $f(a^2+2a+2)$ 与 $f(1)$ 的大小关系。

练习3：定义在 $(0,+\infty)$ 上的函数 $f(x)$ 对任意不相等的实数 x_1,x_2，总有 $(x_1-x_2)[f(x_2)-f(x_1)]>0$ 成立，请比较 $f\left(x+\dfrac{1}{x}\right)$ 与 $f(1)$ 的大小关系。

【设计意图】初步涉及函数单调性的简单应用，不在题目技巧上考查学生，而是立足于函数概念的基本应用。

（案例提供：王瑞群，北京第二十中学）

案例分析

这节课的设计分三个阶段，第一阶段是对上一节学习的概念进行简单的回顾和应用，夯实函数单调性的定义，所研究的函数 $y=x+\dfrac{1}{x}$ 是比较简单的，涉及的运算也不复杂。教学的主要目的是落实函数单调性的概念和用定义证明函数单调性，重点落实基础内容。第二阶段是深化对函数单调性的理解，多角度认识和理解函数单调性的概念以及概念的等价形式，以便学生能够更牢固地掌握概念，在这个过程中发展学生的数学抽象素养。第三阶段是函数单调性的灵活应用，主要是与不等式有关的应用，通过几个简单的问题让学生体会函数单调性是联系自变量大小与函数值大小的桥梁，这在函数研究中具有重要意义。本案例围绕学生函数研究的能力水平提升，关注学生能力的逐层进阶，设计的问题都是为教学服务的。教师在教学中始终重视函数的研究方法，引导学生形成良好的学习习惯。

二、通过基本初等函数的教学培养学生的函数研究水平和应用能力

通过初等函数的学习不仅要让学生掌握知识和解决问题的基本方法，还要促进学生函数研究水平的提升，尤其是养成一些良好的学习和研究习惯。函数的研究是具有一定规律的，不同的函数虽然解析式、性质不尽相同，但是研究的方法大同小异，尤其是利用函数性质解决问题时，一般都是先从宏观考虑函数的性质（整体性质），再从局部分析函数的特征（局部性质），这样的分析能够有效地提高学生的数学思维水平。

例 已知函数 $f(x)=\cos x-\cos 2x$，则该函数为（　　）。

A. 奇函数，最大值为 2　　　　　　B. 偶函数，最大值为 2

C. 奇函数，最大值为 $\dfrac{9}{8}$　　　　　　D. 偶函数，最大值为 $\dfrac{9}{8}$

这个题的一个常见想法是将函数整理成二次函数的结构，然后利用配方法或借助图象解决问题。如果从函数的性质来研究该函数，基于选择题的特点，从宏观上考虑，易知这个函数是偶函数，所以排除 A，C 选项，剩下的问题是该函数的最大值是 2 还是 $\dfrac{9}{8}$？还是先从宏观上考虑，函数 $y=\cos x$ 和 $y=\cos 2x$ 的值域都是 $[-1,1]$，如果函数 $f(x)=\cos x-\cos 2x$ 的最大值是 2，那么必然是 $\cos x=1$ 和 $\cos 2x=-1$ 同时成立时取得的最大值 2，显然 $\cos x=1$ 时一定有 $\cos 2x=1$，所以 $\cos x=1$ 和 $\cos 2x=-1$ 不可能同时成立，该函数的最大值不可能是 2，所以排除 B，正确答案是 D。从以上分析，可以看到按先从宏观再到具体的方法去研究函数更加灵活，当然，这里并不是说先从具体层面思考问题就不好，很多时候还是要根据具体问题来考虑。

我们来看看指数函数 $y=a^x$（$a>0$ 且 $a\neq 1$）的性质研究，根据由特殊到一般的研究方法，可以先研究一个特例 $y=2^x$。观察其解析式，我们能了解什么？还想知道什么？一般来说，我们的研究顺序应该是先研究自变量，再研究对应法则。至于是用解析式还是用函数图象研究函数性质，不应该由教师决定，要把主动权交给学生，教师做好指导工作。

第一，关于自变量 x，易知定义域为 **R**，据此可知道什么？要引导学生意识到该函数的图象是分布在 y 轴两侧且连续不间断的。

第二，关于对应法则 2^x，已知 $2^x>0$，所以值域为 $(0,+\infty)$，据此可知什么？同样要引导学生意识到该函数的图象是在 x 轴上方的。

第三，接下来我们要研究其单调性和奇偶性，从解析式入手还是从图象入手？需要学生做一个选择。

（1）若学生选择从图象入手，自然是要完成列表、描点、连线这个过程，得到函数图象，由函数图象不难看出，函数 $y=2^x$ 在其定义域上是单调递增的，不具有奇偶性，当然也没有对称性。

（2）若学生选择从解析式入手，研究奇偶性比较简单，研究单调性就会有一些困难，需要对 x 取一系列值，再通过观察、分析、归纳得出函数的单调性，也就是一个抽象的过程，在没有导数这个工具之前，还不能用函数单调性的定义直接证明指数函数的单调性。但这也说明了我们在研究函数时采用特殊到一般的研究方法的重要性。值得注意的是，我们通过列表、描点、连线这个过程得到函数图象，也是特殊到一般的研究方法。学生掌握这样的研究方法之后就能处理一些函数问题了。

【案例】

利用数形结合研究函数

已知不等式 $e^x(2x-1)-ax+a<0$（$a<1$）的解集中存在唯一的整数 x_0，则 a 的取值范围是_____。

从表面看这是一个不等式的问题，但将不等式的结构改变一下，得 $e^x(2x-1)<ax-a$，

这时可以将不等号两边看成是两个函数$g(x)=e^x(2x-1)$和$h(x)=ax-a$,则原问题可化为:存在唯一的整数x_0,使得$g(x_0)<h(x_0)$,而函数$h(x)=ax-a$的图象是经过点$(1,0)$的一条直线,其斜率小于1,接下来的主要任务就是研究函数$g(x)=e^x(2x-1)$的性质。

显然,函数的定义域为$\mathbf{R}$,令$x=0$,得$y=-1$;令$y=0$,得$x=\dfrac{1}{2}$。说明函数图象经过$(0,-1)$,$\left(\dfrac{1}{2},0\right)$这两个点,为了进一步了解函数的变化情况,对函数求导,得$g'(x)=e^x(2x+1)$,导函数的零点为$-\dfrac{1}{2}$,且当$x>-\dfrac{1}{2}$时$g'(x)>0$,函数$g(x)$在区间$\left(-\dfrac{1}{2},+\infty\right)$上单调递增,当$x<-\dfrac{1}{2}$时$g'(x)<0$,函数$g(x)$在区间$\left(-\infty,-\dfrac{1}{2}\right)$上单调递减,所以$x=-\dfrac{1}{2}$是函数$g(x)$唯一的极小值点,这时可以画出函数$g(x)$的示意图(图2-2-3中的曲线)。再画出函数$h(x)$的图象,结合题意可知,$x_0$只能是0,所以可得不等式组$\begin{cases}g(0)<h(0)\\g(-1)\geqslant h(-1)\end{cases}$,解得$\dfrac{3}{2e}\leqslant a<1$。

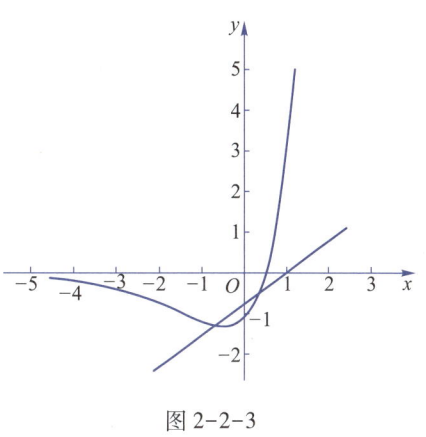

图2-2-3

案例分析

从这个案例可以看到,学会从函数的性质去分析和画出函数图象是很重要的,这种数形结合的研究方法是学生必须掌握的研究函数的方法。同时,在解决问题时,根据代数表达式的特点,要有化繁为简的意识,在这样的问题中将一个较复杂的代数式通过移项化为两个较简单的代数式,问题的难度自然就降低了,这也是函数研究的常用方法。

教学建议

第一,研究思路要清晰,要按一定规律去研究,体现水平的进阶,切不可拔苗助长。教师在做函数单元的教学设计时,首先要有清晰的整体研究思路,对于高中阶段要学习的这些函数,要规划好研究方式,要让学生学会函数研究的方法,并有机会去实践。不同的教材对指数函数、对数函数、幂函数和三角函数的安排顺序可能不一样,以先讲指数函数,接着讲对数函数,再讲幂函数为例,指数函数应该在初中函数学习的基础上,以教师带领研究和讲解为主,学生了解研究的内容和思路,明确要研究什么、如何研究,获得研究的经验和范式。对数函数应该在教师的帮助下由学生进行研究,把在指数函数中获得的经验在对数函数中实践,并调整不合适的地方,确保能够独立完成研究。根据学生的学习水平,对于学习能力较强的学生,教师应该放手让学生去研究幂函数,并完成相应的研究报告。对于学习能力稍弱的学生，教师应该多给他们独立研究和合作交流的机会，不能将三个函数的教学设计为地位均等的关系，更不能都由教师讲给学生听，学生再去做练习，要在三个函数的教学中体现出研究的进阶，保证大部分学生的研究能力得到提高，这样才能真正促进学生掌握研究函数的方法。教师还要促进学生把研究这三个函数获得的能力在三角函数的研究中进行检验，并帮助学生不断改进。反对通过题海战术刷题式的学习方式来学习数学，从函数单元的教学来看，掌握函数性质，并会用函数性质研究和解决问题是核心，学生是否掌握研究函数的方法是检验教学效果的一个重要指标。

第二，研究方法要多样，突出能力培养。以高中阶段的几个基本初等函数为例，在不同教材中，有的是先研究性质再研究函数图象，而有的是先研究函数图象再研究函数性质，也就是说，就研究函数的性质而言，有的教材希望是通过直观的图形感知获得，而有的教材则希望通过抽象的代数演绎获得，这两种处理都是可行的，也体现了研究方法的多样性。但在具体教学中要注意两点，一是要充分考虑学生的学情，对学习能力稍弱的学生来说，采用根据图象来研究函数性质的方法会更易接受，而对学习能力较强的学生来说，采用抽象的代数演绎方式获得函数的性质更有助于培养高阶数学思维能力。二是这两种研究方式本身是相互交融的，体现了数形结合的思想方法，所以切不可简单地否定某一个。要灵活地使用教材，体现教师教学的主导地位。事实上，初中所学的三个基本初等函数，因为其图象比较简单，所以学生通过列表、描点就能得到函数图象的大致形状和趋势，所以先画图再研究其性质会比较简单，也比较自然，高中要学的指数函数和对数函数也一样。但由于幂函数的图象情况比较复杂，通过描点得到其图象就会比较困难，所以在教学设计时，教师就可以在指数函数和对数函数中选择一个先画图象再研究性质，另一个先由代数式研究性质再画图象，到研究幂函数时就可以由学生自行选择研究的方法，以此培养学生的能力。尤其是在研究一些解析式比较复杂的函数时，通过函数性质得到图象是很重要的。

2-3　如何引导学生掌握函数的思维特征？

问题的提出

一、引导学生理解函数概念对学生学会函数思维具有关键作用

与初中阶段相比，高中阶段的函数概念更加抽象化和符号化。可以说，随着学生对函数概念的理解不断深入，学生对函数思维特征的认识更加深刻，对函数的表达也更简洁、更符合数学思维的特点。

函数的语言是函数思维的载体，也是呈现和表达函数思维的主要途径。函数的语言以抽象的数学符号语言为主，理解数学符号语言，就要依据函数概念，用描述性的语言表达出数学符号语言所要表达的函数性质的代数特征；在理解数学符号语言的基础上，将其对应的代数特征反映到几何图形上，说出其几何特征。同样，如果呈现出来的是函数图象，为了能够从函数图象中读出函数性质，就要依据函数概念来理解函数图象，把图象的几何特征转化为函数的自变量与因变量的关系，并在此基础上，用抽象的数学符号语言去表达。因此，引导学生理解函数概念对学生学会函数思维具有关键作用。

二、引导学生掌握函数的思维特征是函数教学的关键

很多学生由于缺乏研究函数性质的思维方法，在函数的学习过程中，函数问题的解决都是通过计算或画图等操作来完成的。这样用操作替代思维方法的方式限制了学生数学思维能力的提高。教师在教学的过程中，应注意引导学生充分挖掘数学思维的形成与发展过程，让学生经历研究函数性质的思维过程，引导学生概括出解决数学问题的一般思维方法。

高中阶段函数性质的学习，难点是如何理解抽象的数学符号语言所表达的函数性质，这也是函数教学中最为重要的一项任务。只有掌握函数的思维特征去分析函数性质，才能准确地运用抽象的数学符号语言来表达函数性质。因此，引导学生掌握函数的思维特征是函数主题教学的关键。

问题的分析

一、理解函数概念是掌握函数思维特征的依据

理解数学问题的思维是可以教的。原因在于这种思维活动是依据数学的基本概念进行的。数学的基本概念反映了学科知识本质，它是数学思维方法最重要的依据。数学思维活动来源于教师和学生对数学基本概念的深刻理解，学生思维逻辑的建立依赖于在教师的指导下遵循数学基本概念所承载的思维特征所进行的思维活动。这种思维活动实际上是一种知识内化的过程，是通过课堂教学活动将符号化、概念化的数学知

识转化为富有逻辑的思维能力。

1. 根据函数概念理解函数问题的思维特征

在理解有关函数问题和理解表达函数性质的数学符号语言时，思维活动的焦点是：谁是函数的自变量？自变量的变化规律是什么？相应的因变量的变化有什么规律？可以看出，理解函数问题的思维活动无疑是有显著特征的，无论面对的是什么样的数学符号语言或函数图象，思维的切入点都是函数的自变量和因变量，这就是根据函数概念理解函数问题的思维特征。

2. 根据函数概念理解函数性质

以奇函数的概念为例。教师提问"函数 $y=f(x)$ 是奇函数"的含义是什么？经常有学生回答"奇函数的图象关于原点对称""奇函数 $y=f(x)$ 满足 $f(-x)=-f(x)$"。可以说，这都不是奇函数概念的本质。无论是奇函数的图象特征，还是奇函数的符号语言都是结论。

对奇函数概念的认识主要有以下三个层次。

（1）代数特征的理解。具有奇函数性质的函数 $y=f(x)$，当两个自变量互为相反数（即和为 0）时，其对应的函数值也互为相反数（和也为 0）。代数特征不是直接写出来的，是通过对数学符号语言的理解而实现的。

（2）数学符号语言的表达。对互为相反数的两个自变量，一般表示为 x、$-x$，但是两个自变量只要满足和为 0，任何一种表达形式都可以，如一个自变量为 $1-x$，另一个自变量为 $x-1$，对应的函数值都是和为 0，即 $f(x)+f(-x)=0$ 或 $f(1-x)+f(x-1)=0$。数学符号语言是在数学问题的表达中最为常见的，奇函数的性质是借助数学符号语言来演绎的，但需要注意的是数学符号语言较为抽象，其内在的数学含义需要学生去理解。

（3）函数图象特征的认识。这里就要从自变量和因变量的几何特征去理解。两个自变量的和为 0 的几何意义是：在 x 轴上，以 0 为中点的两个横坐标所对应的动点；在直角坐标系中，对应的两个函数值就是这两个动点的纵坐标。反过来，如果已知函数 $f(x)$ 的图象关于坐标原点 $(0,0)$ 中心对称，则函数 $f(x)$ 图象上总有关于 0 为中点的两个横坐标的点，这两个点对应的纵坐标也是关于 0 为中点的。因此，可知函数 $f(x)$ 的两个自变量和为 0，其对应的因变量的和也为 0。

3. 运用函数概念理解函数图象

实际上，函数图象可以理解为动点 $P(x,y)$ 运动所形成的轨迹，其横坐标 x 就是函数的自变量，纵坐标 y 就是对应的因变量。对于直观的函数图象，为了引导学生能够从看似不变的函数图象中抽象出两个变量，以及其中一个变量引起另一个变量变化的规律，可以让学生思考"你从这个图象中看到了什么变化？""在这个变化过程中存在几个变量？""谁引起了谁的变化？"等等，将学生的思维活动引向数学思维活动的本质，让学生从中领悟和理解数学问题的思维特征。

二、研究函数性质的教学应关注学生数学思维能力的培养

1. 研究函数性质的代数特征

函数性质是指当函数的自变量 x 按照某种规律变化时引起因变量 y 有规律地变化。

如对函数对称性的理解，学生关注比较多的是函数图象关于直线 $x=a$ 对称或关于点 (a,b) 成中心对称。这实际上只是函数对称性的图象特征，是函数性质的直观表达。函数对称性的本质是它的代数特征，即函数对称性应从函数的自变量的变化特点以及相对应的函数值的变化规律来刻画：具有上述对称性的函数，当取和为 $2a$ 的两个自变量的值时，其对应的两个函数值要么相等，要么其对应的两个函数值的和为 $2b$。这是函数关于直线 $x=a$ 对称或关于点 (a,b) 成中心对称的本质描述，也是在函数教学中要让学生理解的。

只有明确了函数对称性的本质，也就是明确了它的代数特征，学生才能够准确地运用数学符号语言表达函数的对称性。即根据函数的两个自变量的和为常数 $2a$ 的特点，可以将两个自变量表示为 x 和 $2a-x$，再根据其对应的因变量的变化规律，用数学符号语言表达函数的这种对称性，如 $f(x)=f(2a-x)$ 或 $f(x)+f(2a-x)=2b$。

函数对称性的图象特征是根据上述数学符号语言所表达的等式从几何的角度理解而得到的。例如 $f(x)=f(2a-x)$ 表达的是，当取以 a 为中点的两个自变量所对应的点的横坐标为 x 和 $2a-x$ 时，其对应的纵坐标（即函数值）相等。这个特征反映在几何上就是函数图象关于直线 $x=a$ 对称。同样，$f(x)+f(2a-x)=2b$ 意味着，当取以 a 为中点的两个自变量所对应的点的横坐标为 x 和 $2a-x$ 时，其对应的纵坐标（即函数值）的和为 $2b$，也就是说，这两个点的纵坐标是以 b 为中点。因此，满足这个等式的函数图象关于点 (a,b) 成中心对称。

可以看出，函数性质的代数特征是最本质的，它决定了如何用数学符号语言来表达函数的对称性。而函数图象的几何特征是由其代数特征所决定的，是通过理解数学符号语言所表达出来的代数特征而得到的。换句话说，当学生在写出类似 $f(x)=f(2a-x)$ 或 $f(x)+f(2a-x)=2b$ 这样的数学符号语言时，他们首先经历了对函数对称性的代数特征的思考。同样，只有当学生能从用数学符号语言所表达的函数性质中读出其代数特征时，才能够从中得到函数图象的几何特征。

2. 研究函数性质的逻辑顺序

先讲函数的单调性，再讲函数的奇偶性，这种研究函数性质的顺序存在逻辑问题。的确，研究函数的整体变化是非常重要的，但是如果这个函数具有对称性的话，则研究过程可以简化一半。换言之，函数的对称性也是函数变化的一部分，相对每个区间上的函数单调性的变化更具有整体性。因此，先研究函数的对称性，再研究函数的单调性，进而研究它的周期性及函数值的分布等，这种顺序更符合逻辑。当然，函数的周期性与函数的对称性、单调性没有必然的逻辑关系，因此对函数周期性的研究相对独立。

函数教学中，教师在引导学生研究某个具体函数时，总会涉及定义域、值域，如果不先研究函数的单调性，怎么能得到函数的极大（小）值、最大（小）值，从而得到值域呢？如果先研究值域后研究单调性的顺序，显然不符合研究函数性质的一般逻辑。

3. 运用函数性质画函数的示意图

画函数的示意图比用描点法画图具有更普遍的价值。对于基本函数图象，学生更多的是使用描点法，特别是在函数学习的初始阶段，运用描点法画函数图象在教学中很普遍。一是因为描点法可以让学生通过列表、描点的过程感受函数的自变量与因变量之间的对应关系；二是因为学生还没有完全掌握函数性质。而函数的示意图要依据函数性质来画，它不是函数的真实图象，但它能直观地表达函数性质，运用函数的示意图可以帮助学生直观地认识函数的本质。函数示意图的教学价值是它依赖于函数性质的研究，而函数性质的研究又是函数教学最为重要的任务。因此，随着学习的不断深入，教师应引导学生学会研究函数性质，根据函数性质画出函数的示意图，从而提高学生的数学思维能力。

问题的解决

一、教学中要揭示出根据函数概念理解函数问题的思维特征

教师研究教学，要从如何教学生理解知识开始。教师要把自己放在学习知识的角度来研究理解知识，提炼出用数学概念理解知识的思维特征，并进行相应的教学设计，通过不同的知识载体让学生体会具有共性的思维并形成正确的思维方式。

需要明确的是，理解数学问题的思维活动不是随意的，要依据数学问题所处的学科核心概念进行。例如，在理解函数问题时，就是依据函数概念，分析在这个问题中谁是引起变化的自变量，谁是随之变化的因变量，函数的自变量的变化是如何影响因变量的变化的。可以看出，理解函数问题的关键是确定自变量与因变量及其对应关系，这就是理解函数问题的思维特征。

二、要关注思维层次的教学设计

在教学设计时，教师要明确的是：这节课要培养学生哪些方面的思维？或者说要培养的数学思维特征是什么？如果回答不上来，其教学设计往往是定位在操作层面上，而缺乏思维层面的教学设计。教师常常设计很多指令性的操作任务，学生被动配合；课堂缺乏研究问题的氛围，教师期待学生得出正确的结论，学生担心的是自己的表现不符合教师的预期；形式上热热闹闹，运用了现代化教育技术，却缺乏学生的深度思维活动；等等。上述现象是由于教师缺乏对思维层面的教学设计，更是由于教师对学生思维能力培养的意识不足。思维层面的教学设计就是要研究：如何提出有思维含量的问题？如何激发学生的思维活动？如何让课堂教学呈现思维碰撞的火花？

因此，在函数教学中，教师提出的问题要有函数的思维特征，问题要指向两个变量之间的对应关系，要引导学生分析自变量的变化规律，以及相对应的因变量的变化规律。不要提出类似"你发现了什么信息"这种没有思维特征的问题，而要在理解函数问题上进行有针对性的设计。

三、从思维层面进行解题方法的教学

我们常见的数学问题都包含两个要素：一是这个问题中涉及的研究对象，如函数的解析式、曲线方程、空间几何体、数列的通项等，当然，研究对象不一定

只有一个，也许有两个或更多；二是针对研究对象所提出来的需要解决的具体问题。

要解决一个数学问题，先要对数学问题的研究对象进行研究，再对研究对象之间的关系进行分析。从一定意义上来说，这是研究数学问题的一般方法。

【案例】

正弦函数 $y=\sin x$ 的图象与性质（教学片段）

教学过程简述：在教学的引入部分，授课教师结合上节课学习的"正弦函数 $y=\sin x$ 图象"，运用五点法作图在黑板上画出 $[0,2\pi]$ 的正弦函数 $y=\sin x$ 图象，并将这个图象向左或向右平移 $2k\pi$ 个单位得到 $x \in \mathbf{R}$ 时正弦函数 $y=\sin x$ 的图象，如图 2-3-1 所示。之后，教师指出：我们要借助正弦函数解析式和图象研究正弦函数的性质。接下来，教师组织学生分小组进行了约 15 min 的讨论，并要求学生讨论后把自己得到的函数性质写在黑板上，教师结合学生写在黑板上的正弦函数的性质，与学生进行交流，对写在黑板上的正弦函数 $y=\sin x$ 的以下性质进行逐条分析：

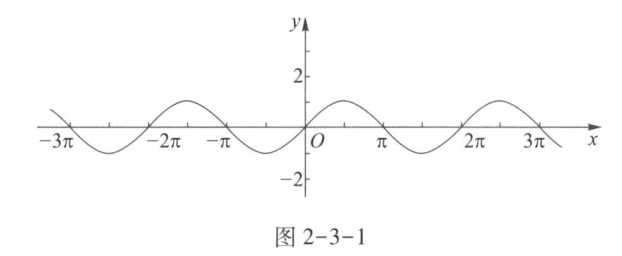

图 2-3-1

（1）定义域 $x \in \mathbf{R}$。

（2）值域 $y \in [-1,1]$。

（3）正弦函数 $y=\sin x$ 奇偶性的研究。

教师提问学生："你是怎么知道正弦函数是奇函数的？"学生回答："结合黑板上的正弦函数图象。"教师肯定了学生的结论之后提出问题："你能否证明这个函数是奇函数？"学生结合诱导公式 $\sin(-x)=-\sin x$ 完成证明。

（4）正弦函数 $y=\sin x$ 周期性的研究。

学生通过正弦函数图象知道它是一个周期函数。教师肯定了学生借助正弦函数图象的"形"重复出现的几何特征得到结论之后，启发学生如何通过"数"来证明正弦函数的周期性，并运用诱导公式 $\sin(x+2k\pi)=\sin x$ 完成证明。

（5）正弦函数 $y=\sin x$ 最值的研究。

根据一个周期内的正弦函数图象，学生不难得出函数的最大值为 1，最小值为 -1。此时教师还就先前讨论的值域 $y \in [1,-1]$ 加以验证。

（6）正弦函数 $y=\sin x$ 单调性的研究。

首先根据一个周期内的正弦函数图象确定函数的单调区间，其次讨论如何表示其单调区间。

（7）正弦函数 $y=\sin x$ 对称性的研究。

从正弦函数图象中可以发现正弦函数有对称中心和对称轴。教师强调这是从"形"的角度得到的，并追问学生从"数"的角度如何证明正弦函数的这种对称性；在证明点$(\pi,0)$为正弦函数的一个对称中心的思路启发下，仍然用$y=\sin x$图象引导学生观察坐标为$\pi+x$与$\pi-x$的两个点所对应的纵坐标是否相反，启发学生只需要证明$\sin(\pi+x)+\sin(\pi-x)=0$即可，运用正弦函数的诱导公式完成证明。

案例分析

首先要肯定的是，以上案例教学目标是明确的，就是教师在画出正弦函数$y=\sin x$图象之后所说的"利用正弦函数的图象和解析式求出（用"研究"这个词代替"求出"更好）函数的性质"。在课堂教学中采取小组讨论的形式，调动了学生参与思维活动的积极性，师生之间的交流也比较多。但是，在教学的实施过程中，出现了一些违背教学逻辑的地方。

授课教师的教学逻辑是先从正弦函数$y=\sin x$的图象中去观察函数性质，再利用正弦函数的诱导公式去证明所发现的性质。如教学中，对正弦函数$y=\sin x$是奇函数、关于点$(\pi,0)$为对称中心的研究和周期性的研究都是如此。看似合情合理，但是对学生数学思维的培养是不利的。这节课教学逻辑主线是用正弦函数的解析式和图象研究其性质，教师必须清楚正弦函数$y=\sin x$的图象与其解析式的逻辑关系。图象的确是能够帮助我们直观地得到函数的一些性质，但是在教学中，为了培养学生通过研究函数解析式来研究函数性质的能力，此时函数图象就要让位给函数解析式。尽管正弦函数$y=\sin x$的解析式很特殊，是一种符号化的解析式，但是根据正弦函数的定义并借助单位圆，还是可以让学生感受自变量x的变化是如何影响到因变量y的变化的，正弦函数$y=\sin x$的性质通过诱导公式也是可以体现的。因此，运用正弦函数的诱导公式研究其性质，就是利用正弦函数的解析式研究其性质，这一点要让学生通过教师的引导感受到。本节课，授课教师把正弦函数解析式用于验证通过观察$y=\sin x$图象得到的函数性质，这是不符合数学教学逻辑的。

对正弦函数$y=\sin x$性质的研究中，教学中呈现出来的知识逻辑是混乱的，直接导致课堂教学中的思维缺乏逻辑。如在教学的引入阶段，引导学生结合函数图象得到函数的值域$y\in[-1,1]$，这个结果的得出过程看似简单，但实际上是有逻辑缺失的。因为随后研究函数最值就显得不合时宜。在最值研究之后，再去研究正弦函数的单调性，知识之间的逻辑关系基本支离破碎了。类似的问题还出现在对正弦函数对称性的研究上。在研究了正弦函数是奇函数之后，就转而去研究其周期性、最值、单调性，最后又回到正弦函数的对称性研究上，即函数图象关于点对称和关于直线对称。如果是学生在小组讨论之后对函数性质的陈述没有逻辑、顺序较凌乱还可以理解，但是教师在分析学生的研究成果时，应能够把数学知识之间缺失的逻辑关系修补好，让学生在教师的指导下感受到知识之间的逻辑关系，以及在此基础上的思维逻辑。

这节课开始，教师引导学生利用五点法画出一个周期内的正弦函数图象，之后通过平移得到函数在定义域 **R** 内的图象。这个过程本质上是利用了正弦函数$y=\sin x$的周期性，先引导学生利用周期性作正弦函数$y=\sin x$的图象，再去研究正弦函数的周期性，这在逻辑上是不成立的。由于研究正弦函数的性质的确需要借助正弦函数图象，因此正弦函数$y=\sin x$的周期性可以提前研究和讨论，毕竟这条性质是三角函数所独有的，与其他函数性质没有必然的联系。

从这节课我们能够体会到：研究函数性质的过程是有逻辑顺序的。教师要明确研究函数性质的一般逻辑顺序是什么,要有意识地教会学生如何研究函数的性质。而缺乏逻辑地呈现函数的性质,实际上还是直接把结论给了学生。从某种角度来说,课堂教学就是教师和学生一起梳理知识的逻辑主线,让学生在理解知识、研究问题、运用学科观点解决问题的过程中,不断明确知识逻辑,并依据知识逻辑所承载的思维逻辑展开思维活动。

【案例】

指数函数(教学设计)

(一)情境设置,形成概念

例1 细胞分裂问题:细胞分裂时,由1个分裂成2个,2个分裂成4个,4个分裂成8个……那么,1个细胞分裂 x 次后,得到的细胞个数 y 该怎样表示?

例2 《庄子·天下篇》中写道:"一尺之棰,日取其半,万世不竭。"请写出取 x 次后,木棰的剩留量 y 与 x 的函数关系式。

(二)研究指数函数的图象性质

师生活动:教师引导学生先从特殊指数函数 $y=2^x$ 入手,分别从定义域、奇偶性、单调性、与坐标轴交点、值域等性质加以研究,在此基础上再通过描点得到函数图象。学生汇报研究结果,教师进行板演。遇到难点时,学生互相讨论,共同解决。对于单调性,本节课不要求证明;对于奇偶性,让学生利用定义尝试证明。最后教师展示学生绘制的图象。

总结出 $y=2^x$ 这个函数具备的性质如下。

(1)定义域:**R**;(2)对称性:不具备;(3)单调性:在 **R** 上是增函数;(4)函数零点:无;(5)与 y 轴交于 $(0,1)$;(6)值域:$\mathbf{R}^+$。

【设计意图】引导学生通过前面学过的实数指数幂,理解此函数的定义域为 **R**;学会从代数角度分析函数的相关性质,结合所分析的性质再描点,绘出较为准确的图象。这也是本节的难点之一,引导学生体会研究函数的一般方法。促使学生由初中的"看图说话"水平,提升到高中的严格推理层面。

师生活动:在认识函数 $y=2^x$ 后,学生继续研究函数 $y=\left(\dfrac{1}{2}\right)^x$ 的性质和图象,对两个函数进行对比,并在同一个坐标纸上绘出图象。教师将学生绘出的图象进行展示。随后,教师让学生再研究 $y=3^x$ 和 $y=\left(\dfrac{1}{3}\right)^x$ 的性质与图象,感受两个函数间的联系与区别,教师个别提问,并展示学生研究成果。最后,教师利用几何画板展示这几个函数在同一个坐标系下的图象。

【设计意图】让学生在一个坐标系下绘制多个指数函数的图象,感受不同指数函数间的区别与联系。通过性质的对比,为后续指数函数性质的归纳做准备。

(三)发现问题,深化概念

形成概念:形如 $y=a^x$ 且 $a>0$,$a\neq 1$ 的函数称为指数函数,定义域为 $x\in \mathbf{R}$。

提出问题:为什么要限制底数 $a>0$,$a\neq 1$?

分 $a<0$,$a=0$,$0<a<1$,$a=1$,$a>1$ 五部分讨论。

师生活动：学生思考讨论，互相补充说明，最后将定义精确化。

【设计意图】培养学生归纳、概括、抽象的数学能力和严谨的数学思维习惯。

第一，让学生在问题情境中发现问题，引导学生在简单的具体问题中抽象出共性，体验从简单到复杂，从特殊到一般的认知规律。通过以上三个例子，试着让学生自己归纳出指数函数的定义，形成对指数函数的第一次认识。

第二，让学生感受我们生活中存在这样的指数函数模型，便于学生接受指数函数的形式。

（四）归纳指数函数性质

师生活动：通过前面研究过的具体的指数函数图象，归纳总结出指数函数的一般性质。教师利用几何画板演示底数 a 取不同的值时函数图象的变化，让学生观察其变化特征，归纳总结 $y=a^x$ 的图象与性质。

案例分析

指数函数是在学生掌握一次函数、二次函数研究方法之后遇到的新函数，这节课的教学价值是什么？通过这一节课要教会学生什么？

指导学生运用指数函数解析式并借助其图象研究函数性质，是本节课的价值所在。通过研究指数函数性质，学生进一步感受研究函数性质的基本方法。

教师与学生进行思维交流的过程中，提出的问题都是在探寻研究性质的逻辑与方法。为什么研究奇偶性？怎样研究奇偶性？怎样研究函数的单调性？这样的问题能促使学生反思自己的操作行为，并上升到思维层面进行概括。

实际上，指数函数不具有对称性，很多教师就直接进入函数单调性的研究，违背了研究函数性质的一般规律，不利于学生理解研究函数性质的一般方法。这节课，教师在指导学生研究指数函数性质时，遵循了研究函数性质的一般思路。

本节课坚持用函数解析式研究函数的性质。虽然学生对解析式 $y=2^x$ 和 $y=\left(\dfrac{1}{2}\right)^x$ 不熟悉，但教师引导学生结合刚刚学过的指数运算，运用解析式 $y=2^x$ 和 $y=\left(\dfrac{1}{2}\right)^x$，让学生经历这样一种研究性质的过程。尽管学生目前还无法通过其解析式证明指数函数的单调性，但在师生的交流中，经历了运用解析式去思考如何任取两个自变量的值去判断其函数值的大小关系。这样的教学价值远大于一上来就画指数函数的图象，由图象得到其单调性。

分析指数函数的图象分布，也是研究函数性质中的一项重要任务，通过几组底数分别大于 1 或大于零小于 1 的指数函数图象特点的研究：一方面是对共性的分析，另一方面是对不同性质的分析。如单调性让学生进一步悟到研究不同函数关系的方法，尤其像 $y=2^x$ 和 $y=\left(\dfrac{1}{2}\right)^x$ 这样底具有某种关系的一组函数图象上的对称性。教师没有满足于结论的得出，而是进一步启发学生从两个函数自变量的关系入手去分析，对培养学生的理性思维具有重要意义。

本节课在教学设计上有所突破。常见的教学设计是：通过实例引出指数函数概念，给出指数函数定义，先引导学生去讨论为什么要对 $y=a^x$ 的底 a 限制范围为 $a>0, a\neq 1$，再结合具体的指数函数 $y=2^x$ 和 $y=\left(\dfrac{1}{2}\right)^x$ 进行研究。这节课也是从实例出发，但是在得到函数 $y=2^x$ 和 $y=\left(\dfrac{1}{2}\right)^x$ 之后，并没有急于给出指数函数的概念，而是以 $y=2^x$ 为研究的载体对性质进行了深入的研究，之后利用 $y=2^x$ 和 $y=\left(\dfrac{1}{2}\right)^x$ 的对称性得到 $y=\left(\dfrac{1}{2}\right)^x$ 的性质，让学生感受到研究函数性质的一般方法。最后通过对 $y=3^x$ 和 $y=\left(\dfrac{1}{3}\right)^x$ 等性质及图象的研究，归纳、提炼出底在不同范围下指数函数性质的差异，在此基础上概括得出指数函数的概念、定义。

以上教学设计突出了研究函数性质的逻辑主线，遵循了从特殊到一般的认知规律，是对课本的知识逻辑深入分析的基础上的一种再创造，教学过程中营造了浓厚的研究氛围，激发了学生积极参与思维活动，可以说，这种设计更符合教学逻辑，也反映出教师具有较强的教学研究能力。

教学建议

第一，引导学生从概念的本质上掌握函数概念。

从初中用两个变量的相互依赖关系来直观形象地描述函数，到高中用实数集合对应的语言来刻画函数，让学生体会到对函数概念的理解有两个层面：一是能用自然语言形象直观地表述出来的，所体现出来的自变量 x 与因变量 y 之间的变化是理解函数问题的思维特征。二是从集合与对应的观点出发，对应关系 f 使数集 A 中的任意一个元素 x 与数集 B 中唯一确定的元素 y 对应起来，记作 $y=f(x)$。这样，如奇函数的代数特征就可以用数学的符号语言来表述，即 $f(x)+f(-x)=0$，并为分析奇函数图象的几何特征提供了研究的依据。

第二，引导学生明确研究函数性质的一般方法。

学生通过对基本初等函数的研究，体会如何通过研究函数解析式得到函数性质。一般方法是：

（1）在明确了函数的定义域的前提下，首先分析函数是否具有奇偶性（或对称性），如果函数具有奇偶性（或对称性），就可以将函数性质研究的范围缩小一半。

（2）研究函数的单调性，包括用导数作为研究的工具。

（3）分析函数解析式，包括函数值在直角坐标系内的分布。

在以上研究的基础上，画出能够反映出函数性质的示意图，示意图为研究函数的具体问题提供了方法和依据。

第三，防止将解决数学问题的思维方法题型化。

这里所说的题型化是指为了能够快速解出数学题，期望通过大量的重复训练，达到不用分析函数性质或函数关系就可以解决具体问题，以满足"应试"的需要。这样的数学教学背离了学科教学的本质，不能提高学生的数学思维能力，给数学教学生态造成了不良影响。

2-4 如何认识三角函数的教学？

问题的提出

新版数学课程标准明确指出，三角函数是一类最典型的周期函数。三角函数单元的学习，可以帮助学生在用锐角三角函数刻画直角三角形中边角关系的基础上，借助单位圆建立一般三角函数的概念，体会引入弧度制的必要性；用几何直观和代数运算的方法研究三角函数的周期性、奇偶性（对称性）、单调性和最大（小）值等性质；探索和研究三角函数之间的一些恒等关系；利用三角函数构建数学模型，解决实际问题。

第一，三角函数是一类重要的函数模型，三角函数是刻画周期性变化的重要函数模型，这是前面所学的基本初等函数所不具备的。不仅如此，三角函数几乎囊括了高中所研究的函数性质，可以说三角函数单元是对中学函数学习的一次总结，也是学生再一次巩固和提高函数学习效果的契机，所以教师应该重视这一单元的教学规划与设计。

第二，三角函数的研究方法也是多种多样的，既可从几何直观的角度认识，也可以通过数学运算、逻辑推理的方式研究。从角的推广到三角函数的重新定义，展示了函数自变量和对应法则的形成过程；再到对各个三角函数的性质与图象的研究，充满了函数研究的氛围，向学生展现了对一个函数模型进行研究的全过程。解三角形部分是与现实生活紧密相连的内容，充分体现了劳动者在长期的生产实践中智慧的结晶，同时展现了数学学科在社会生活中的重要作用。

第三，三角函数内容丰富，具有多样性，是发展学生学科核心素养的好素材。角的推广、三角函数的定义、新的函数性质（周期性）的探讨等都体现了数学抽象素养；函数性质的应用、诱导公式等的应用体现了逻辑推理素养；三角函数作为刻画周期变化的模型，通过解三角形体现数学建模素养；利用单位圆研究三角函数的性质与图象，体现出直观想象在数学研究中的重要意义；三角恒等变换中通过众多公式实现代数式的化简变形，体现了数学运算素养。

第四，三角函数作为一种特殊的数学模型，是研究其他数学知识和其他学科领域的重要数学工具，在教学中需要特别关注。

问题的分析

三角函数是有别于指数函数、对数函数和幂函数的一类函数模型，对现实世界中的周期变化是很有用的数学模型，在现代数学体系中占有重要地位，同时其相关理论的生成与完善过程历史悠久，因此，三角函数单元成为高中必修课程函数主题的重要组成部分。三角函数单元应运用函数一般化的研究方法，体现函数研究的基本思想和全过程：第一阶段，研究函数的概念，先研究自变量，为此作了角的推广，引入弧度制，再重新给出三角函数值的定义（即对应法则），这样就建立了一种新的函数关系；第二阶段，研究函数的性质，可以先研究函数图象再研究函数性质，也可以反过来，先研究函数的性质再研究函数图象；第三阶段，三角函数性质的应用，这是研究的核心，也包括三角恒等变换和解三角形的内容；第四阶段，三角函数在数学建模中的应用，主要是通过周期性的应用来体现的。这一过程与前面的函数研究方法一致。三角恒等变换有丰富的问题背景和广泛的实际应用价值，三角恒等变换的"形变而质不变"特征在培养高中学生数学思维、解决问题能力及理性精神等方面也有着不可替代的作用。

问题的解决

学科知识是学科核心素养形成的主要载体，对三角函数的学习也会促进学生学科核心素养的发展。

一、延续函数研究基本方法进行三角函数性质的研究

三角函数的概念和性质研究中蕴含着数学抽象素养，如正角、负角概念的形成、五点法作图、周期性、图象变换等。在学习高中数学之前，学生对角的认识仅限于研究角的大小，并不研究方向，所以高中学习角的概念时，要重视正角、负角概念的形成过程。一个新概念的产生往往要经过抽象过程，可以让学生观察生活中的物品，如旋转式开关、汽车方向盘，旋转方向不同则产生的效果截然不同，说明不仅要研究角的大小还要研究角的方向，进而抽象出正角、负角的概念。五点法作图是正弦函数与余弦函数教学的一个重点，它也体现了数学抽象的过程。通过对一些具体函数图象特征的研究，上升为更具一般性的图象特征，即用五个关键点刻画函数在一个周期内的变化趋势，这个过程是第二阶段的数学抽象过程，三角函数的图象变换也是类似的一个数学抽象过程。关于三角函数周期性的抽象过程前文已有论述，这里就不再重复。

【案例】

三角函数性质研究的方法

（一）教学内容分析

本节课是数学人教 B 版必修第三册第七章第三节中的内容，是接在正弦函数、余弦函数之后，研究三角函数性质和图象的课。这节课通过研究函数基本性质，利用描点法或平移三角函数曲线得到函数图象，再通过图象得到函数的其他性质，达到通过图象对性质进行再认识的目的，提高学生使用函数图象研究函数性质的能力，加强数形结合能力的培养。正切函数是整个中学阶段研究的最后一个基本初等函数，是正弦、余弦函数的延续，更是中学阶段函数研究方法的总结，为学习后续的知识做了铺垫。本节课根据三角函数定义，以单位圆中的正切线为主要工具，研究正切函数的性质，再通过描点法或平移正切曲线画出正切函数 $y = \tan x, x \in$ $\left(-\dfrac{\pi}{2}, \dfrac{\pi}{2}\right)$ 的图象，最后根据图象系统研究正切函数的性质，进一步掌握三角函数的研

究思路和方法。这节课采用以自主探究为主的学习方式，培养学生类比、观察和数形结合等能力。

（二）学习者分析

本班级学生思维比较活跃，具有一定的动手实践能力（但两极分化的现象较明显，有些学生学习基础薄弱）。本节内容是在学生已经掌握了正切函数定义、正切曲线和有关正切的诱导公式的基础上开设的，这为本节课的学习提供了知识基础；学习本单元之前，学生已经学习了幂函数、指数函数、对数函数，对如何研究函数性质和图象有较为系统和整体的认识；在本单元中，学生学习了正弦函数性质的研究和图象的画法，并通过余弦函数的性质和图象的学习进一步巩固了在正弦函数中用到的研究方法，学生已掌握了进行类比所需要的知识和技能。因此，学生具备类比正弦、余弦函数的研究方法，以及利用三角函数定义、三角函数曲线或三角函数图象研究正切函数性质的基础。其中，在单位圆中正切线更加直观，能够很好地启迪学生思路、帮助学生理解数学问题。

学习三角函数的思维过程又有一些不同于学习其他基本初等函数的地方。比如，开始学习三角函数时，学生对三角函数的定义，借助单位圆归纳公式，以及研究三角函数性质与图象的思维方式较为陌生。三角函数与之前其他初等函数的学习相比，研究函数性质和图象的方法是一致的；不同的是其自变量是角，函数值是比值。

（三）学习目标确定

（1）通过本节课的学习，学生能正确叙述正切函数性质并准确表达；会画出正切函数 $y = \tan x$ 在 $x \in \left(-\dfrac{\pi}{2}, \dfrac{\pi}{2}\right)$ 上的图象。

（2）能用正切函数的性质和图象解决一些与正切函数相关的问题。

（3）研究正切函数性质的过程中，通过独立思考、小组合作和交流展示提升学生直观想象、数学抽象和逻辑推理等素养。

（四）学习重点难点

学习重点：

（1）掌握正切函数 $y = \tan x$ 在 $x \in \left(-\dfrac{\pi}{2}, \dfrac{\pi}{2}\right)$ 上的性质和图象。

（2）掌握正切函数 $y = \tan x$ 在定义域上的性质和图象。

学习难点：

（1）利用正切函数的性质和图象解决相关问题。

（2）掌握（熟练应用）研究函数性质和图象的基本方法。

（五）学习评价设计

（1）在小组合作环节，对学生的表现给予及时的鼓励、引导和评价。

（2）通过小组汇报、成果展示，检测学生是否理解并掌握了本节课的重点内容。

（六）学习活动设计

环节一：新课题引入	
教师活动1 **PPT 展示问题** 师：初中我们学习过一次函数、二次函数、正比例函数和反比例函数，高一学习过指数、对数、幂函数和正弦函数、余弦函数。 思考：如果给你一个新函数，应从哪些方面研究这个函数的性质？如何画出它的简图？ 师：给出一个具体函数，无论这个函数具有所有这些性质还是具有其中部分性质，我们思考的本质都是——观察当自变量变化时函数值怎样变化（特定规律）。 追问：正弦函数的性质是通过什么工具研究的？	**学生活动1** 指数、对数、幂函数性质和图象的研究方法： 1. 根据自变量的变化引起函数值的变化，结合运算的定义得到函数定义域、值域、单调性、奇偶性、零点和渐近线等。 2. 结合函数的性质，通过描点法画出函数简图。 3. 归纳出一类函数的性质及其图象。 回顾：利用正弦函数定义和三角函数曲线得出正弦函数的定义域、值域、奇偶性、周期性和单调性和零点
活动意图说明： (1) 通过复习高中阶段基本初等函数性质和图象的研究方法，进一步强调研究函数的基本思路。 (2) 通过对本单元学习的正弦函数性质和图象研究方法的复习，为学生自主探索正切函数做准备，同时希望学生有意识地对比三角函数的研究方法和其他基本初等函数的研究方法的异同，突出利用三角函数周期性、几何直观和代数运算的方法，研究三角函数性质的特点。 (3) 引入本节课要研究的正切函数	

环节二：利用正切函数解析式探究正切函数性质	
教师活动2 师：今天给出正切函数，请同学们思考从哪些方面研究正切函数的性质？如何画出它的示意图？ 正切函数是三角函数的一种，前面我们研究了正弦、余弦函数的性质和图象，大家可以类比研究正弦函数性质和图象的方法去研究正切函数的性质和方法。 **问题1**：你可以从哪几个角度去思考自变量的变化引起函数值如何变化，进而得到正切函数的性质？ (1) 如果选择三角函数曲线 追问：你会画出给定角的正切线吗？ (2) 如果选择三角函数定义 追问：正切函数的定义是什么？ (3) 如果选择利用正弦、余弦函数图象解决 追问：请在同一直角坐标系下画出正弦、余弦函数图象？ **问题2**：你能用描点法画出正切函数 $y=\tan x$ 的图象吗？	**学生活动2** 先独立思考，再小组合作探究正切函数性质。 (1) 定义域 (2) 值域 (3) 奇偶性 (4) 周期性 (5) 零点 预测：对于函数的对称性和渐近线，学生很可能会研究得不准确；尤其是当 x 从 0 开始增大并越来越接近 $\frac{\pi}{2}$ 时，$\tan x$ 的变化趋势；当 x 从 $\frac{\pi}{2}$ 开始增大到 π 时，$\tan x$ 的变化趋势
活动意图说明： (1) 复习三角函数通过定义或三角函数曲线研究函数的性质。 (2) 引导学生在研究性质的过程中，发现定义域不连续，如何研究函数随着自变量的变化，以及函数值的变化趋势；希望通过小组合作，突破难点——渐近线的发现过程，进而得到函数的值域。	

(3) 引导学生通过函数性质选择合适的区间，研究正切函数图象。

(4) 通过正切函数的学习，促使学生进一步理解研究函数的基本步骤，性质→图象→性质，研究函数性质即揭示自变量变化时函数值有怎样的变化规律，为今后研究新的、较复杂的函数做好铺垫

环节三：小组合作探究正切函数的图象	
教师活动3 1. 带领学生回顾正弦函数图象的画法和区间的选择，开始正切函数图象的探索。 2. 组织学生小组展示成果。 3. 将探究过程通过软件进行直播。 **问题3**：描的点与点之间为什么是光滑曲线，不能有波折吗？ （强调函数单调性的重要性）	**学生活动3** 1. 讨论选择哪个区间研究函数图象。 2. 学生按小组通过类比正弦函数图象研究方法探究正切函数图象（直接描点或根据三角函数曲线平移描点）。 3. 小组展示成果，讲解画图思路和注意事项

活动意图说明：
(1) 以问题引入激发学习热情，同时利用已得到的性质启发学生画图验证，引导学生在讨论作图思路的过程中，体会作图的要点。
(2) 问题引发学生思考，强调先研究性质再研究图象的严谨性

环节四：探究正切函数的性质	
教师活动4 师：根据学生研究的函数性质再结合图象，引导学生进一步发现函数性质。 (1) 定义域：$\left\{x \mid x \neq \dfrac{\pi}{2}+k\pi, k \in \mathbf{Z}\right\}$ (2) 值域：**R** (3) 最小正周期：π (4) 奇偶性：奇函数 (5) 单调性：在每一个开区间$\left(-\dfrac{\pi}{2}+k\pi, \dfrac{\pi}{2}+k\pi\right), k \in \mathbf{Z}$上都是单调递增的；无减区间 (6) 零点：$k\pi, k \in \mathbf{Z}$ (7) 渐近线：$x=\dfrac{\pi}{2}+k\pi, k \in \mathbf{Z}$ (8) 对称中心：$\left(\dfrac{k\pi}{2}, 0\right), k \in \mathbf{Z}$ **问题4**：对称中心一定在函数图象上吗？ $\left(\text{如反比例函数}\ y=\dfrac{1}{x}\right)$	**学生活动4** 通过图象对前边的性质进行再认识，提高使用函数图象研究函数性质的能力，加强数形结合意识。通过小组讨论，补充总结，规范书写。 预测：对于正切函数对称中心，学生可能开始只能得到$(k\pi, 0)$，这里需要教师的引导

活动意图说明：
(1) 通过描点法或三角函数线平移，并利用函数性质，画出函数在选定区间上的图象。
(2) 通过图象再一次认识函数性质并发现新性质，巩固研究函数性质和图象的方法。
(3) 深刻地理解和掌握正切函数的性质和图象，加深对正切函数存在渐近线的认识

续表

环节五：学以致用	
教师活动 5 问题5：不求值，分别比较下列各组正切值的大小： （1）$\tan\left(-\dfrac{\pi}{5}\right)$ 和 $\tan\left(-\dfrac{3\pi}{7}\right)$ （2）$\tan\left(-\dfrac{13\pi}{4}\right)$ 和 $\tan\left(-\dfrac{19\pi}{5}\right)$ 师：总结这类比较大小题的思维流程（图 2-4-1） 观察角 → 在一个单调区间内 → 利用单调性得出结论 观察角 → 不在一个单调区间内 → 利用诱导公式或周期性 图 2-4-1	**学生活动 5** 1. 利用正切函数在每一个单调区间具有递增的性质来比较大小。 2. 对于不在同一单调区间的正切函数，通过周期性或诱导公式将其化为同一单调区间，再比较大小
活动意图说明： 进一步加深学生对函数性质的理解和灵活运用	

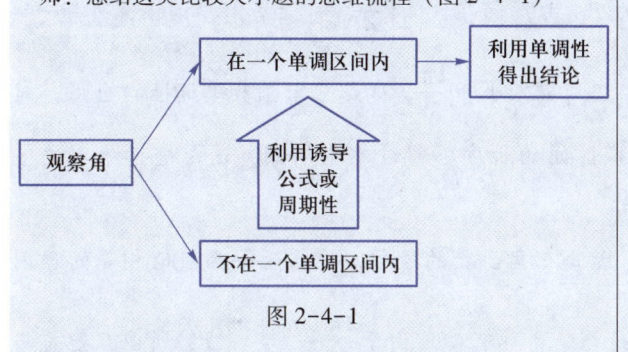

（案例提供：张丽苹，北京市玉渊潭中学）

案例分析

本节课基于三角函数性质与图象的研究，通过学生活动达成教学目标，发展学生数学抽象、直观想象素养。教师充分调动学生的积极性，延续函数研究的基本方法，深入研究了正切函数的基本性质。教师给出指向性较强的提问，如"请同学们思考从哪些方面研究正切函数的性质？""你可以从哪几个角度去思考自变量的变化引起函数值如何变化，进而得到正切函数的性质？"等，这些问题对小组合作研究是很有必要的，正是由于教师的指导，课堂教学效率才得到提高。让学生利用学过的函数研究方法来研究新的函数，重点在于研究方法的掌握，教师对教学难度把握得很好，使学生能顺利地研究出应有的成果，达成学习目标。

二、在三角恒等变换单元的教学中要重视对公式本质的理解

三角函数单元中的公式结论比较多，对这部分内容的教学，一条明线是推导公式，应用公式解决问题；一条暗线是发展学生逻辑推理素养和运算能力，并且发展能力的要求不仅体现在学习公式的过程之中，也体现在建立公式的过程之中。因此，教师要特别注意适时地提出问题，引导学生用对比、联系、化归的方法去分析、处理问题，使他们能依据三角函数式的特点，逐渐明确三角函数公式不仅包括式子的结构形式变换，还包括式子中的角的变换，以及不同三角函数之间的变换；引导学生逐渐拓展公式在变换过程中的作用，强化运用数学思想方法指导变换思路的形成。在教学实践中，教师还要注意这种引导的渐进性和层次性。

【案例】

利用推理解决三角函数问题

设函数 $f(x) = A\sin(\omega x + \varphi)$ （A, ω, φ 是常数，$A>0, \omega>0$）。若 $f(x)$ 在区间 $\left[\dfrac{\pi}{6}, \dfrac{\pi}{2}\right]$ 上具有单调性，且 $f\left(\dfrac{\pi}{2}\right) = f\left(\dfrac{2\pi}{3}\right) = -f\left(\dfrac{\pi}{6}\right)$，则 $f(x)$ 的最小正周期为 _____。

下面我们来分析这个题的解答过程。

第一步，记函数的最小正周期为 T，由 $f(x)$ 在区间 $\left[\dfrac{\pi}{6}, \dfrac{\pi}{2}\right]$ 上具有单调性，可知 $\dfrac{T}{2} = \dfrac{\pi}{\omega} \geq \dfrac{\pi}{2} - \dfrac{\pi}{6} = \dfrac{\pi}{3}$，说明此函数的最小正周期不小于 $\dfrac{2\pi}{3}$。这是三角函数单调性的应用，对于正弦函数和余弦函数，其一个单调区间的长度不超过半个周期，这是进行推理的重要依据。

第二步，已知 $f\left(\dfrac{\pi}{2}\right) = f\left(\dfrac{2\pi}{3}\right)$，结合三角函数的性质，使这两个函数值相等的原因可能有两个，一是与周期有关，二是与轴对称有关。由于 $\dfrac{2\pi}{3} - \dfrac{\pi}{2} = \dfrac{\pi}{6} < T$，所以只能是与轴对称有关，这就说明 $x = \dfrac{1}{2}\left(\dfrac{2\pi}{3} + \dfrac{\pi}{2}\right) = \dfrac{7\pi}{12}$ 是该函数的一条对称轴。

第三步，已知 $f\left(\dfrac{\pi}{2}\right) = -f\left(\dfrac{\pi}{6}\right)$，由于 $\dfrac{\pi}{2} - \dfrac{\pi}{6} = \dfrac{\pi}{3} \leq \dfrac{T}{2}$，所以点 $\left(\dfrac{\pi}{3}, 0\right)$ 是该函数的一个对称中心。

第二步和第三步都是研究三角函数图象的对称性的（如图 2-4-2 所示），这需要学生熟悉三角函数的图象，理解图象中的数学本质特征，能通过数形结合解决问题，发展直观想象素养。

第四步，因为 $\dfrac{7\pi}{12} - \dfrac{\pi}{3} = \dfrac{\pi}{4} \leq \dfrac{T}{2}$，所以 $\dfrac{T}{4} = \dfrac{\pi}{4}$（若正弦函数或余弦函数的一个对称中心与一条对称轴的距离小于 $T/2$，则这个对称中心与这条对称轴一定是相邻的，那么它们之间的距离是 $T/4$），即 $T = \pi$。这一步的解答思路说明，在周期性教学中不能只是教授知识然后用习题训练来巩固知识，而是要在函数中对周期性与其他性质之间的关联作深入透彻的研究，即对函数性质之间的关联要熟悉。

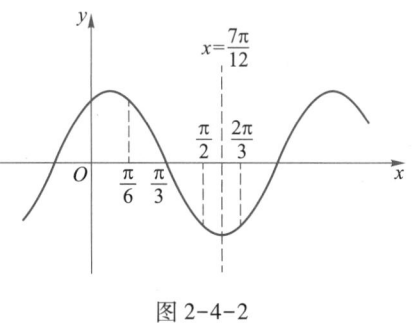

图 2-4-2

案例分析

从这个题的解决过程中能够清晰地看到逻辑推理的过程，这正是学生需要提高的数学素养和数学能力。同时，也能看出牢固掌握基础知识对解决问题的重要性。逻辑推理不仅是数学学科核心素养，也是数学研究基本方法和基本思想，在三角函数的教学中，培养学生逻辑推理的契机很多，教师应该充分利用这些机会提高学生相应的能力。

三、通过本单元的教学培养学生数学建模能力

三角函数作为一种重要的数学模型,有着极其重要的应用价值,三角函数的周期性及其在解三角形中的应用都体现了三角函数独特性。教材中给出了相应的数学建模学习材料和课题,教师还可以再选择一些比较简单的素材融合在教学中,加强学生的应用意识,帮助学生积累理解和解决实际背景数学问题的经验,尤其要重视让学生经历数学建模的过程。

【案例】

三角函数中的数学建模活动

课题 如何测量河对岸两点间的距离?

(一)教学目标

1. 让学生体会从实际情境中发现问题、设计方案、建构数学模型、解决问题的过程。

2. 在数学模型中应用正弦定理、余弦定理等知识解决问题。

(二)教学重难点

重点:实施数学建模的过程。

难点:设计解决问题的方案,应用正弦定理与余弦定理解三角形问题。

(三)教学过程

1. 问题

如图 2-4-3 所示,A,B 是某河岸一侧不方便到达的两点,有一位地形勘测学者在其对岸。由于勘测需要,他想要知道 A,B 两点间的距离,现只有米尺和测量角度的仪器,请你设计一个测量 A,B 两点之间距离的方案。

2. 分析

提示:如果把线段 AB 放到某个三角形中,借助解三角形的知识,试一试能不能完成。

首先构造三角形,在学者所在河岸边,能到达的地方选定位置 C,构造 $\triangle ABC$ (图 2-4-4),可以求 AB 的长吗?

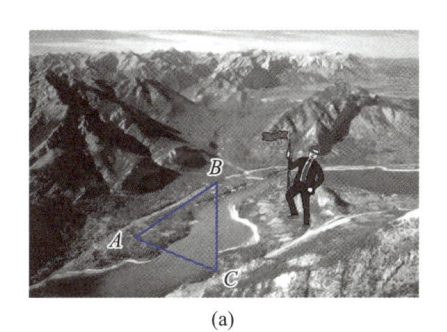

图 2-4-3

图 2-4-4

在△ABC中，可以测量∠ACB=α，但是A，B都不方便到达，所以△ABC的三条边都无法用米尺测量。此时△ABC是不可解的，应该解决什么问题，才能使△ABC可解呢？

在△ABC中，如果能求AC和BC的长，利用余弦定理即可求出AB的长，因此，现在我们把原问题转成如何求AC和BC的长。分析AC和BC相对于河的位置，发现其属性是一样的，都是连接河两岸上两个点的距离。能否找到测量河两岸间的距离呢？

按照前面的分析，我们仍然要把线段AC放到另一个可解的三角形中，点C同侧的河岸边可到达的地方选定一点D，构造△ACD（图2-4-5），可以用米尺测量CD的长m，用测量角度的仪器测量∠ACD=β，∠ADC=γ，在△ACD中利用正线定理即可得出AC的长，同理，在△BCD中，求BC的长，问题即可解决。

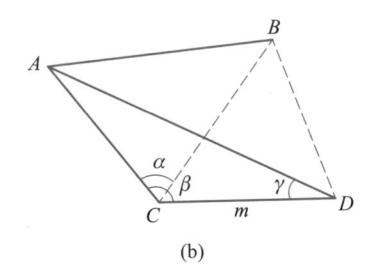

图2-4-5

3. 解决方案

第一步，以线段AB为一条边构造△ABC，用测量角度的仪器测出∠ACB=α；

第二步，求AC和BC的长。

先求AC的长，以线段AC为一条边构造三角形，在点C同侧的河岸边可到达的地方选定一点D，构造△ACD，且A，B，C，D四点都在同一平面内，可以测量CD=m，∠ACD=β，∠ADC=γ。

在△ACD中利用正弦定理即可得出AC的长。

$$\sin\angle CAD = \sin(\pi - \angle ACD - \angle ADC) = \sin(\pi - \beta - \gamma) = \sin(\beta + \gamma)$$

由正弦定理可得

$$\frac{AC}{\sin\angle ADC} = \frac{CD}{\sin\angle CAD}$$

$$\frac{AC}{\sin\gamma} = \frac{m}{\sin(\beta+\gamma)}$$

$$AC = \frac{m\sin\gamma}{\sin(\beta+\gamma)}$$

同理，在△BCD中，可得BC的长。

第三步，求AB的长。

在△ABC中，已知∠ACB和AC、BC，利用余弦定理即可求AB，得

$$AB^2 = AC^2 + BC^2 - 2AC \times BC\cos\angle ACB$$

4. 具体问题

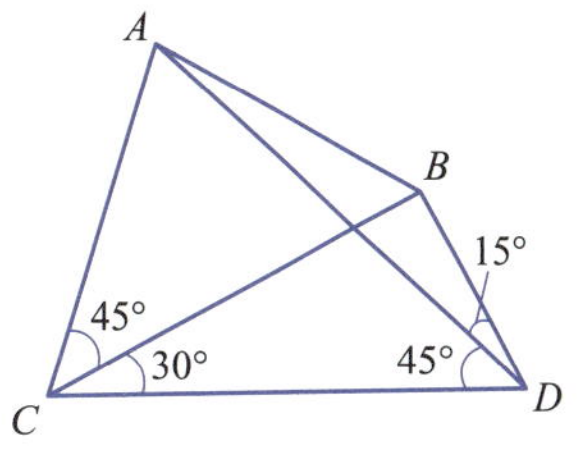

上述问题中若测得 $CD=100$ m，$\angle ACB=45°$，$\angle BCD=30°$，$\angle CDA=45°$，$\angle BDA=15°$，如图 2-4-6 所示，你能求出 AB 的长吗？

解：因为 A,B,C,D 都在同一平面内，所以
$$\angle BDC=\angle BDA+\angle CDA=15°+45°=60°$$
因此
$$\angle CBD=180°-30°-60°=90°$$
在 Rt△BCD 中，
$$BC=100\cos 30°=50\sqrt{3}\,(\text{m})$$
在 △ACD 中，因为 $\angle CAD=180°-45°-30°-45°=60°$，由正弦定理可得
$$\frac{AC}{\sin 45°}=\frac{100}{\sin 60°}$$
因此
$$AC=\frac{100\sqrt{6}}{3}\,(\text{m})$$
在 △ABC 中，由余弦定理可得
$$AB^2=AC^2+BC^2-2AC\times BC\cos\angle ACB$$
$$AB^2=\left(\frac{100\sqrt{6}}{3}\right)^2+(50\sqrt{3})^2-2\times\frac{100\sqrt{6}}{3}\times 50\sqrt{3}\times\frac{\sqrt{2}}{2}=\frac{12\,500}{3}$$
则
$$AB=\frac{50\sqrt{15}}{3}\,(\text{m})$$

5. 归纳小结

解决生活中不能到达的两点距离问题，学会建构三角形，借助三角形存在的边角关系（正弦、余弦定理等），将可测距离（已知量）与目标距离（未知量）联系起来，通过方程来求解。用一个三角形，有时未知量过多，建立的方程个数不够，三角形不可解，可以考虑构造多个三角形，获得多个方程来完成求解。在构造三角形时，先从一个三角形开始，逐一将目标距离不断转化为求新的目标距离。解决问题的思路如图 2-4-7 所示。

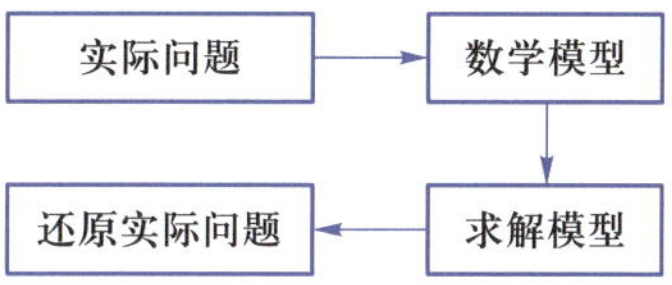

图 2-4-6

图 2-4-7

（案例提供：王瑞群，北京市第二十中学）

案例分析

本节课开始提出的测量问题是较常见的问题，在真实问题的解决情境中，培养学生的数学建模意识，发展学生数学建模素养。教师循循善诱，引导学生通过增加观测点来增加解决问题的条件，感受数学建模的过程，感受解决问题的智慧。

四、重视数形结合在研究三角函数中的作用

三角函数是匀速圆周运动的函数表现，本质上是动态地描述单位圆的圆周上点的运动，它的各种性质和公式都与单位圆的几何性质密切相关。因此，在认识和研究三角函数有关问题时都可以借助单位圆这个工具，这也是发展学生直观想象素养的契机。利用单位圆研究三角函数及其相关性质、运算及函数图象是教学中常用的手段。在解

三角形中图形的作用更是必不可少的，在三角函数的教学中要积极建立数与形的联系，培养学生利用图形描述、分析数学问题的能力。

【案例】

利用数形结合解决三角函数问题

例1 在 $\triangle ABC$ 中，已知 $B=120°$，$AC=\sqrt{19}$，$AB=2$，则 $BC=$（　　）。

A. 1　　　　　　B. $\sqrt{2}$　　　　　　C. $\sqrt{5}$　　　　　　D. 3

此题在解题思路上是多角度发散的，为了获得解题思路，首先要画一个符合题意的示意图（如图2-4-8），这时能比较容易想到利用余弦定理构建方程，解出 BC 即可，依据图形还可以得到另一个想法，作 AD 垂直于 CB 的延长线于点 D（如图2-4-9），构造 $\text{Rt}\triangle ADB$ 和 $\text{Rt}\triangle ADC$，利用勾股定理可解得 BC 的长。

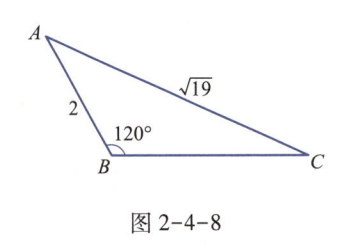

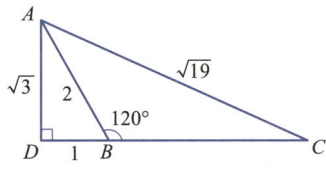

图 2-4-8

图 2-4-9

例2 若点 $P(\cos\theta,\ \sin\theta)$ 与点 $Q\left(\cos\left(\theta+\dfrac{\pi}{6}\right),\sin\left(\theta+\dfrac{\pi}{6}\right)\right)$ 关于 y 轴对称，写出 θ 的一个值_____。

此题如果不借助图形，学生可能会这样想：由题意得

$$\begin{cases} \cos\theta=-\cos\left(\theta+\dfrac{\pi}{6}\right) \\ \sin\theta=\sin\left(\theta+\dfrac{\pi}{6}\right) \end{cases}$$

可得 $\tan\theta=2+\sqrt{3}$

但这不是常见的特殊三角函数值，因此不好解决。而借助单位圆，如图2-4-10所示，显然 $\angle POQ=\dfrac{\pi}{6}$，由于点 P 与点 Q 关于 y 轴对称，所以 y 轴平分 $\angle POQ$，$\angle POB=\dfrac{1}{2}\angle POQ=\dfrac{\pi}{12}$，则 $\angle POA=\dfrac{5\pi}{12}$，$\theta$ 的一个值可以是 $\dfrac{5\pi}{12}$。

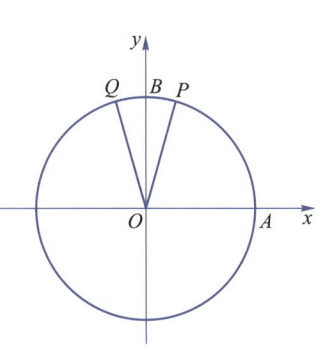

图 2-4-10

案例分析

通过这两个题的解决过程可以看到，在教学中加强学生直观想象素养的培养是很有必要的。人的抽象思维比形象思维更难形成，在解决问题时借助图形能够更好地展开思维活动，教师要重视数形结合解决问题的教学，发展学生直观想象素养。

三角恒等变换及解三角形中有大量的公式，在教学中必然会涉及公式推导，怎样推导公式则主要由学生认知水平来确定，如两角和与差的余弦公式的推导。第一种设计，如果学生数学学习水平稍弱，则可以从平面向量数量积入手得到公式，这样难度不大，但对学生思维的训练有所不足。教师要做好两方面的教学设计，一是在平面向量数量积公式的教学中埋下伏笔，设计一些利用数量积公式求夹角的问题，让学生在认知上形成向量方法是可以解决夹角问题的意识，二是在两角和与差的余弦公式一般形式的推导之前可以设计一些启发性的问题，例如，已知向量 $\boldsymbol{a}=(\cos 45°,\sin 45°)$，向量 $\boldsymbol{b}=(\cos 30°,\sin 30°)$，求 $\cos \langle \boldsymbol{a},\boldsymbol{b}\rangle$。要启发学生想一想角 $\langle \boldsymbol{a},\boldsymbol{b}\rangle$ 是谁？建立起 $\langle \boldsymbol{a},\boldsymbol{b}\rangle$ 与 $45°$，$30°$ 的联系，为公式推导做好准备。第二种设计，如果学生数学学习水平较强，可以稍微放开一些，由学生展开多角度思考，尤其是基于几何图形的思考，这对学生的直观想象和数学运算素养的培养很有好处。

五、通过三角函数的教学提高学生数学运算素养

三角函数中涉及大量的运算，对学生数学运算素养提出较高的要求。事实上，凡是公式较多的单元，都会大量涉及数学运算，也都是发展数学运算素养的机会。掌握运算法则，探究运算思路，选择合理的运算方法，是这部分内容的关键，不能只是按部就班地运算，而是要掌握一些运算技巧，提高运算的效率和准确率。

【案例】

通过探究运算思路提高学生数学运算素养

已知 $\tan\theta=-2$，求 $\dfrac{\sin\theta(1+\sin 2\theta)}{\sin\theta+\cos\theta}$ 的值。

解法一：$\dfrac{\sin\theta(1+\sin 2\theta)}{\sin\theta+\cos\theta}=\dfrac{\sin\theta(\sin\theta+\cos\theta)^2}{\sin\theta+\cos\theta}=\sin\theta(\sin\theta+\cos\theta)=\sin^2\theta+\sin\theta\cos\theta$，由 $\tan\theta=-2$ 可解得 $\sin^2\theta=\dfrac{4}{5}$，$\sin\theta\cos\theta=-\dfrac{2}{5}$，所以 $\sin^2\theta+\sin\theta\cos\theta=\dfrac{2}{5}$。

解法二：$\dfrac{\sin\theta(1+\sin 2\theta)}{\sin\theta+\cos\theta}=\dfrac{\sin\theta(\sin\theta+\cos\theta)^2}{\sin\theta+\cos\theta}=\sin\theta(\sin\theta+\cos\theta)=\sin^2\theta+\sin\theta\cos\theta$

$$=\dfrac{\sin^2\theta+\sin\theta\cos\theta}{1}=\dfrac{\sin^2\theta+\sin\theta\cos\theta}{\sin^2\theta+\cos^2\theta}=\dfrac{\tan^2\theta+\tan\theta}{\tan^2\theta+1}=\dfrac{2}{5}$$

案例分析

对比这两种解法，从思考问题的角度来看，解法一是按部就班的做法，而解法二是在熟练掌握基本公式的基础上具有创造性的做法，将代数式的结构改造为与 $\tan\theta$ 更接近的结构，从而比较简洁地解决问题。

三角函数、解三角形这部分的教学，既要延续之前函数教学的研究方式，进一步夯实学生已获得的知识和经验，又要依据这部分知识的特点发展学生相应的数学素养，将这部分内容与其他相关知识相融合，让学生的知识系统更加完善，以获得更好的解决问题的数学能力。

教学建议

第一，理清三角函数与函数主题的关系，发展学生数学抽象素养。同为函数主题

下的教学内容,三角函数是有别于指数函数、对数函数和幂函数的,对于学生来说,它是新的函数类型。这种"新"一方面体现在三角函数是一类最典型的周期函数,其对现实世界中的周期变化具有很强的刻画能力,特别是电磁学方面,在现代数学体系中也占有重要地位,同时其相关理论的生成与完善过程历史悠久;另一方面体现在三角函数的自变量研究的是角,在高中用弧度制表示角,学生需要一段时间熟悉,这个认识过程也是前面其他函数所不具有的,能为学生提供宝贵的学习经验。因此,三角函数单元成为高中必修课程函数主题的重要组成部分也就成为一种必然。教学中应以函数的一般理论作为行动的基础与指引,体现"一般"与"特殊"相结合的思路,发展学生数学抽象素养,这也是落实课程标准在函数主题"教学提示"中所说的"教师应把本主题的内容视为一个整体"。

第二,注重三角函数公式的推导及其关联,发展学生教学运算和逻辑推理素养。在三角恒等变换的学习中,公式的变换形式较多,学生对公式的推导不是很清楚,就容易记错或者忘记公式,甚至不加分析就乱用公式,导致做出错误的结果或得不出结果。在实际教学过程中,教师要引导学生参与公式的推导,加强对公式结构的认知,建立整章公式之间的内在关联,发展学生数学运算和逻辑推理素养。只有设法使学生卷入其中,强化亲身体验,启发内心感悟,激发心理共鸣。才能真正转化为学生认识客观规律、解决实际问题的有效知识。

第三,通过三角函数的应用和求解,发展学生数学运算和数学建模素养。解三角形的核心是正弦定理和余弦定理及其应用,研究问题的模型主要是三角形。教师要通过正弦定理、余弦定理公式的合理选择和化简运算等,发展学生的数学运算素养,设计好问题,让学生从实际情境与问题出发,建立数学模型,探究三角形的边角关系,从而解决问题,以此发展学生数学建模素养。

2-5 如何通过数列的教学提升学生函数的观点和应用意识？

问题的提出

新版课程标准指出：数列是一类特殊的函数，是数学重要的研究对象，是研究其他类型函数的基本工具，在日常生活中也有着广泛的应用。数列单元的学习，可以帮助学生通过对日常生活中实际问题的分析，了解数列的概念；探索并掌握等差数列和等比数列的变化规律，建立通项公式和前 n 项和公式；能运用等差数列、等比数列解决简单的实际问题和数学问题，感受数学模型的现实意义与应用；了解等差数列与一元一次函数、等比数列与指数函数的联系，感受数列与函数的共性与差异，体会数学的整体性。

从整个高中课程的内容来看，函数是贯穿高中数学课程的主线，函数的概念及其反映的数学思想方法对高中数学的许多内容具有统领作用，是沟通不同内容的纽带。数列是一类特殊的函数——离散型函数，是函数主线下的重要内容，是离散型函数的具体模型。

问题的分析

学习数列模型的主要载体是等差数列和等比数列。数列内容的学习突出了函数思想，了解等差数列与一次函数、等比数列与指数函数的联系，感受数列与函数的共性与差异，以及离散与连续的关系，体会函数本质和数学的整体性；重视在探索等差、等比数列的通项公式与前 n 项和公式的过程中，对学生观察和猜想、归纳和类比、抽象和概括能力的培养；掌握等差数列和等比数列的变化规律，强调应用，能运用等差数列、等比数列解决诸如存款利息、购房贷款、资产折旧等实际问题，体会数列模型的价值。

数列是一种特殊的函数。一方面，数列是函数，要引导学生用函数的观点看待数列问题，用研究函数的方法来研究数列，在数列与函数、等差数列与一次函数、等比数列与指数函数之间进行联系与综合。同时，用函数观点来认识数列的过程中，学生通过对数列的学习，加深对函数的理解，也为函数的研究建立一个新的模型——离散性函数。另一方面，数列作为特殊的函数，也具有其特殊性。例如，在单调性的研究上，对数列单调性的判断就有其特殊性。在证明函数单调性的过程中，我们需要证明 $\forall x_1, x_2 \in D \subseteq M$（$M$ 为函数 $f(x)$ 的定义域）且 $x_1 < x_2$，当 $f(x_1) < f(x_2)$（或 $f(x_1) > f(x_2)$）时，$f(x)$ 在 D 上是单调递增（或单调递减），而在数列单调性的证明中，我们只需要证明 a_n 与 a_{n+1} 之间的大小关系即可。

问题的解决

一、强化用函数的观点呈现数列

数列是特殊的函数，因此，函数概念和研究函数的方法贯穿数列教学的全过程中。

在数列概念教学中，数列是按一定次序排列的一列数。数列中的每一个数都称为这个数列的项。排在第一位的数称为这个数列的第 1 项（通常也叫首项），排在第二位的数称为这个数列的第 2 项……排在第 n 位的数称为这个数列的第 n 项。数列分有限数列和无限数列两种。在对数列概念的理解过程中，引导学生抓住函数概念进行理解：数列可以看作一个定义域为正整数集 $\mathbf{N}^*$ 或其有限子集 $\{1,2,3,\cdots,n\}$ 的函数。有限数列就是定义域为正整数集 $\mathbf{N}^*$ 的有限子集 $\{1,2,3,\cdots,n\}$ 的函数，无限数列则是定义域为正整数集 $\mathbf{N}^*$ 的函数。

一般情况下，函数有三种表示方法，数列也通常也有三种表示方法：列表法、图象法、解析法。其中，解析法包括以通项公式给出数列和以递推公式给出数列。数列 $\{a_n\}$ 的第 n 项与序号 n 之间的关系可以用一个公式来表示，那么它就称为这个数列的通项公式，如 $a_n=f(n)$，就相当于函数的因变量 y 与自变量 x 的关系式。与函数一样，数列的图象在平面直角坐标系中是一系列孤立的点。

在等差数列的教学中，等差数列概念的建立可以类比某类函数概念的建立过程，在实际问题、数学问题中，用归纳的方法提炼等差数列的概念。在得到等差数列的通项公式 $a_n=a_1+(n-1)d$ 之后，教师应引导学生从函数的角度来认识这个通项公式，其中 n 为自变量，a_n 为因变量，再对 $a_n=a_1+(n-1)d$ 的函数类型做出判断，得到结论：$\{a_n\}$ 是等差数列 $\Leftrightarrow a_n=dn+b$。这样，由于公差不为零的等差数列的每一项 a_n 是关于项数 n 的一次函数式，于是可以利用一次函数的性质来认识等差数列。例如，理解为什么等差数列的公差 $d>0$，$\{a_n\}$ 递增；等差数列的公差 $d<0$，$\{a_n\}$ 递减；根据一次函数的图象是一条直线，以及直线由两个点唯一确定的性质，就容易理解为什么已知数列的两项就可以确定一个等差数列。对等比数列的研究也应该如此进行。

在数列前 n 项和的教学中，用函数的观点来认识等差数列的前 n 项和 S_n，也是数列教学中的重要任务。首项为 a_1、公差为 d 的等差数列，前 n 项和的公式可以写为 $S_n=na_1+\dfrac{n(n-1)}{2}d$，即当 $d\neq 0$ 时，$S_n=An^2+Bn\left(\text{其中 } A=\dfrac{d}{2},\ B=a_1-\dfrac{d}{2}\right)$，$S_n$ 是关于 n 的二次函数，于是它可以转化为运用二次函数的观点和方法来认识求等差数列前 n 项和的问题，例如可以根据二次函数的图象了解 S_n 的增减变化、最值等情况。

【案例】

例 1 等差数列 $\{a_n\}$，$a_1>0, S_9>0, S_{10}<0$，则当 $n=$ ___ 时，S_n 最大。

很多学生由 $a_1>0, S_9>0, S_{10}<0$，得

$$\begin{cases} a_1>0 \\ S_9=9a_1+\dfrac{9(9-1)}{2}d>0 \\ S_{10}=10a_1+\dfrac{10(10-1)}{2}d<0 \end{cases}$$

然后研究 $S_n=a_1n+\dfrac{n(n-1)}{2}d$ 取最大值的条件。至此学生几乎束手无策了！

实际上，由于已知都是关于等差数列前9和前10项和的条件，考虑 S_n 与 n 的函数关系 $S_n=\dfrac{1}{2}dn^2+\left(a_1-\dfrac{1}{2}d\right)n$，所以函数 $S_n=f(n)$ 的图象是过原点的抛物线上横坐标为非零自然数的点（如图 2-5-1）。由 $a_1>0, S_9>0, S_{10}<0$ 可知，该等差数列的公差小于0，S_n 对应的抛物线开口向下，与横轴的一个交点横坐标为0，另一个交点的横坐标在区间 $(9,10)$ 内，则抛物线的对称轴在 $(4.5,5)$ 内，故当 $n=5$ 时，S_n 最大。

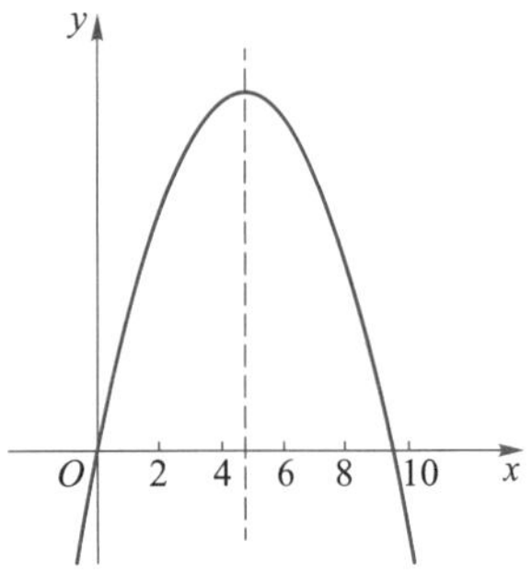

图 2-5-1

例2 已知数列 $\{a_n\}$ 的通项公式为 $a_n=\ln n$。若存在 $p\in\mathbf{R}$，使得 $a_n\leqslant pn$ 对任意的 $n\in\mathbf{N}^*$ 都成立，则 p 的取值范围为_____。

分析 $a_n\leqslant pn$ 对任意的 $n\in\mathbf{N}^*$ 都成立 $\Leftrightarrow p\geqslant\dfrac{\ln n}{n}$ 对任意的 $n\in\mathbf{N}^*$ 都成立

$$\Leftrightarrow p\geqslant\left(\dfrac{\ln n}{n}\right)_{\max}\quad(n\in\mathbf{N}^*)$$

下面研究 $f(x)=\dfrac{\ln x}{x}(x>0)$ 的单调性。

对 $f(x)$ 求导，则 $f'(x)=\dfrac{1-\ln x}{x^2}(x>0)$。令 $f'(x)=\dfrac{1-\ln x}{x^2}=0$，得 $x=\mathrm{e}$。

于是可以得：当 $x\in(0,\mathrm{e})$ 时，$f(x)$ 单调递增；当 $x\in(\mathrm{e},+\infty)$ 时，$f(x)$ 单调递减。

所以 $f(x)_{\max}=f(\mathrm{e})=\dfrac{1}{\mathrm{e}}$。

很多同学都能把问题解决到这一步，直接得出 $p\in\left[\dfrac{1}{\mathrm{e}},+\infty\right)$ 的错误答案，离正确求解只有一步之遥，实在可惜。

实际上，我们研究的函数是特殊的函数——数列 $f(n)=\dfrac{\ln n}{n}(n\in\mathbf{N}^*)$，其中 $n\neq\mathrm{e}$，所以 $f(n)_{\max}\neq\dfrac{1}{\mathrm{e}}$。

根据 $f(x)$ 单调性可以知道，$f(n)_{\max}=\max\{f(2),f(3)\}$。

$$f(3)-f(2)=\dfrac{\ln 3}{3}-\dfrac{\ln 2}{2}=\dfrac{2\ln 3-3\ln 2}{6}=\dfrac{\ln 9-\ln 8}{6}>0$$

或者

$$\dfrac{f(3)}{f(2)}=\dfrac{2\ln 3}{3\ln 2}=\dfrac{\ln 9}{\ln 8}>1$$

所以

$$\dfrac{\ln 3}{3}>\dfrac{\ln 2}{2}$$

得

$$p\in\left[\dfrac{\ln 3}{3},+\infty\right)$$

案例分析

通过例 1 和例 2 中学生出现的问题，我们可以发现，其核心问题是缺乏函数观点。例 1 中，学生在解决问题时，把等差数列通项 a_n，前 n 项和 S_n 仅仅看作一个公式，这个题目在考试中的得分率只有 18%；例 2 中，学生虽然有较强的问题转化能力，并且能够用研究函数的方法来分析数列，但是在认识函数和数列的关系上，学生则忽视了虽然数列是函数，但数列是特殊的函数，其实 "数列 $a_n=f(n)(n\in \mathbf{N}^*)$ 是单调数列" 是 "函数 $y=f(x)$ 在区间 $[1,+\infty)$ 上是单调函数" 的必要不充分条件。例 1 和例 2 所反应的问题是较为普遍的问题，这也启发教师在数列教学中要用函数的观点统领数列的学习。

二、加强数列知识在解决现实问题中的应用

数学是人类文化的重要组成部分，是打开科学大门的钥匙，是思维的工具，是一种思想方法，并充满理性精神，因此，数学对人类文化发展具有特殊意义。在教学中，教师可以选取一些古今中外的与数列有关的学习背景材料，让学生了解数学与人类社会发展之间的关系，体会数学的科学价值、应用价值、人文价值、美学价值，并从优秀文化的熏陶中，提高自身的文化素养和创新意识。例如，斐波那契数列是一个很有意义的数列，教学中可以按以下方式向学生介绍该数列。首先，可以通过兔子的繁殖问题 "引入" 斐波那契数列；其次，简要介绍自然界中的许多现象都与该数列有关，如许多花的花瓣数目都具有斐波那契数列的形式，在植物的叶、枝、茎等排列中也发现了斐波那契数列等。

教会学生从数列的角度观察世界，用数列知识解决实际问题，既体现了数学学科核心素养中数学抽象与数学建模的要求，又体现了数列教学的落脚点。教师还可以将数列中的数学文化渗透其中，让学生感受到数列知识的丰富内涵与数列研究的悠久历史。

在数列教学中，教师还要关注身边的客观世界，引导学生去发现问题、分析问题，并用数列的观点与方法去解决问题。

首先，教师要丰富课堂学习材料，给学生积累数学建模经验提供必要条件。促使学生增加与实际生活中数学问题的接触机会，积累经验，从而更好地运用数学模型解决现实问题。其次，多组织学生开展数学建模活动，丰富培养学生数学能力的手段。促使学生在发现、分析、解决问题过程中，感受数学建模的思想和方法。利用讨论式教学，调动学生的积极性，发挥学生的主体作用。最后，关注常规教学，引导学生学习、思考、应用，能够在复杂问题中提炼出数学信息并建立数学模型，以此来解决实际问题，让数学建模素养真正落到实处。

【案例】

如图 2-5-2，将钢琴上连续的 12 个键依次记为 $a_1,a_2,\cdots,a_{12}$。设 $1\leq i<j<k\leq 12$。若 $k-j=3$ 且 $j-i=4$，则称 a_i，a_j，a_k 为原位大三和弦；若 $k-j=4$ 且 $j-i=3$，则称 a_i，a_j，a_k 为原位小三和弦。用这 12 个键可以构成的原位大三和弦与原位小三和弦的个数之和为（　　）。

A. 5

B. 8
C. 10
D. 15

分析 根据已知条件，从 $i=1$ 开始，利用列举法即可解出。

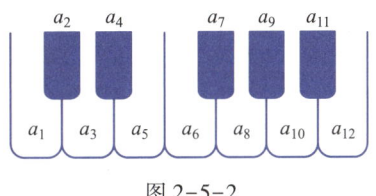

图 2-5-2

根据题意可知，原位大三和弦满足 $k-j=3$，$j-i=4$，则有

$i=1$，$j=5$，$k=8$
$i=2$，$j=6$，$k=9$
$i=3$，$j=7$，$k=10$
$i=4$，$j=8$，$k=11$
$i=5$，$j=9$，$k=12$

原位小三和弦满足 $k-j=4$，$j-i=3$，则有

$i=1$，$j=4$，$k=8$
$i=2$，$j=5$，$k=9$
$i=3$，$j=6$，$k=10$
$i=4$，$j=7$，$k=11$
$i=5$，$j=8$，$k=12$

所求个数之和为 10。故选项 C 正确。

案例分析

本题以钢琴 12 个键的原位大三和弦和原位小三和弦的个数为试题情境，背景新颖，主要考查了研究数列的重要方法——列举法，以及对定义新概念的理解和应用，同时考查了考生的阅读理解能力以及分析问题与解决问题的能力，还考查了考生的运算求解能力和数学应用能力，综合考查了学生的逻辑推理和数学运算素养。

【案例】

北京天坛的圜丘坛为古代祭天的场所（如图 2-5-3），分上、中、下三层，上层中心有一块圆形石板（称为天心石），环绕天心石砌 9 块扇面形石板构成第一环，向外每环依次增加 9 块，下一层的第一环比上一层的最后一环多 9 块，向外每环依次也增加 9 块，已知每层环数相同，且下层比中层多 729 块，则三层共有扇面形石板（不含天心石）（ ）

A. 3 699 块　　　　B. 3 474 块
C. 3 402 块　　　　D. 3 339 块

分析：第 n 环天石心块数为 a_n，第一层共有 n 环，则 $\{a_n\}$ 是首项为 9、公差为 9 的等差数列，设 S_n 为 $\{a_n\}$ 的前 n 项和，由题意可得 $S_{3n}-S_{2n}=S_{2n}-S_n+729$，解方程即可得到 n，进一步得到 S_{3n}。

详解：设第 n 环天石心块数为 a_n，第一层共有 n 环，则 $\{a_n\}$ 是首项为 9、公差为 9 的等差数列，即

$$a_n=9+(n-1)\times 9=9n$$

图 2-5-3

设 S_n 为 $\{a_n\}$ 的前 n 项和，则第一层、第二层、第三层的块数分别为 S_n，$S_{2n}-S_n$，$S_{3n}-S_{2n}$，因为下层比中层多 729 块，所以

$$S_{3n}-S_{2n}=S_{2n}-S_n+729$$

$$\frac{3n(9+27n)}{2}-\frac{2n(9+18n)}{2}=\frac{2n(9+18n)}{2}-\frac{n(9+9n)}{2}+729$$

即 $9n^2=729$，解得 $n=9$，所以

$$S_{3n}=S_{27}=\frac{27(9+9\times27)}{2}=3\,402$$

故选 C。

案例分析

此题以天坛的圜丘坛为问题情境，展现数学文化，形成了数学与中国古代文化相结合的考查形式，有助于学生提升民族自信。学生在认真阅读题干后，可以将问题转化为等差数列的相关数学模型，再运用等差数列的知识进行计算即可。但是在解题过程中，不少学生不能将问题情境抽象成等差数列的相关数学模型，还有一些学生虽能抽象出数列模型，但不能正确选择相关知识解决问题。这也启发教师在数列内容教学的过程中应该注意引导学生从问题中抽象出数列模型，经历数学建模过程；引导学生运用数列模型的相关知识解决问题；引导学生使用多种数学模型解决问题，提高分析和解决问题的能力。

对知识的灵活应用，需要学生对所学知识进行拓展及创新性运用，需要建立数学模型。数学创新性的考查要有创新情境，创新情境包括推演数学命题、数学探究、数据分析、数学实验等，这些情境关注与未来学习的关联以及对数学学科内部更深入的探索，是考查学生数学基础知识和数学抽象素养的重要载体。

三、注重核心概念和知识的形成过程

数学概念具有抽象性、多样性、层次性和系统性等基本特征。教师在教学中应重视如何发挥学生的学习主体作用，同时，还应根据学生认识活动的个体差异，关注每位学生在学习过程中的真实思维活动。为此，教师要利用数学概念表征形式的多样性，灵活地向学生提供可观察的行为或对象，如文字、图形、图表和符号等，通过多种呈现形式，创设出一种多元变化的教学情境，引发数学思考，探索数学规律，发现数学本质，为学生的自主探究学习提供支持。因此，在数列的有关概念、公式教学中，不能仅仅将数列的概念、公式生硬地传授给学生，让学生记住数列的通项公式、求和公式，再进行运算的演练；要根据实际情况尽可能地引导学生充分体验知识的形成过程，从而使他们在学习中能够积极思考，主动建构。例如，从一些实际例子开始，通过引导学生观察与概括其特点，建立相关的概念。

【案例】

数列概念（课堂教学）

下面结合"数列概念"的课堂教学，阐述数学概念的形成过程。[①]

---

① 王炳炳. 基于多元表征理论的"数列概念"教学案例 [J]. 数学教学通讯，2019（3）：10-12.

(一) 创设情境，形成概念

1. 古希腊数学家常用小石子摆成如图 2-5-4 的形状来表示数，自上而下每层的石子数排成的一列数依次为 1，2，3，4，5。

2. 一个受精卵细胞分裂，每次一个细胞分裂成 2 个，则每次分裂后的细胞个数排成的一列数依次是 2，4，8，16，…。

3. 古代有"一尺之棰，日取其半，万世不竭"，若将"一尺之棰"记为 1 份，则每日所取的棰长排成的一列数依次为 1，$\frac{1}{2}$，$\frac{1}{4}$，$\frac{1}{8}$，$\frac{1}{16}$，…。

4. 取无理数 π 的近似值（四舍五入法），按有效数字的个数排成的一列数依次为 3，3.1，3.14，3.142，…。

图 2-5-4

探究问题：上面五组数字有什么共同特征？

归纳概念：按照一定次序排列的一列数称为数列。

(二) 表示数列，深化概念

对于具体数列，仅用记号 $\{a_n\}$ 并不能反映该数列的实际内涵。如何表示第 2 组数列 2，4，8，16，…？

1. 列表法（表 2-5-1）

表 2-5-1 用列表法表示数列

项数 n	1	2	3	4	…
项 a_n	2	4	8	16	…

2. 图象法（图 2-5-5）

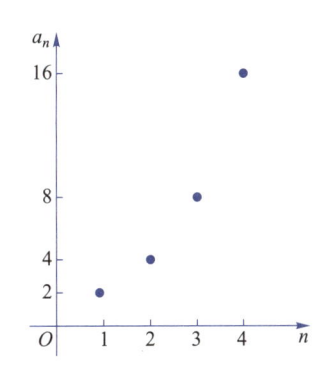

图 2-5-5 用图象法表示数列

3. 公式法

$$a_n = 2^n \quad (n \in \mathbf{N}^*)$$

案例分析

在数列概念形成的教学中，数列概念学习的本质是对概念属性的辨认，而实例则是概念属性的具体化和形象化。从教师提供的四个情境中归纳出共同特征，抓住"次序"和"一列数"等关键词，突出"有规律"（知道面前几个数字，根据规律可以写出后面的一个数字）和"次序"的联系和区别。

概念的掌握应该在概念的体系中完成，数列概念也应纳入概念体系中，揭示其函数本质，只有这样才能形成良好的认知结构。以上案例分别用列表法、图象法、公式法表示了同一数列，提炼这三种表示法所反应同一数列具有共同特征——项与项数的对应关系。类比函数概念，项数 n 相当于自变量，项 a_n 相当于因变量，$a_n=f(n)$ 相当于对应法则。数列的定义域是正整数集 $\mathbf{N}^*$，解析式就是数列的通项公式。数列与函数的关联是本节课的难点，教师引导学生分析项与项数的对应关系，得出数列是特殊的函数。教学设计的关键是使数学知识发生发展的过程与学生数学认识过程相融合。

进行数学概念教学时，要以"理解教学，理解学生，理解数学"作为教学设计的基本点。教师要对学生的数学思维规律有深入的了解，采取相应的教学措施引导学生的思维活动；遵循学生的认知规律和数学教学的特点，提高数学教学的质量和效益。数列概念教学中可以通过符号表征、语言表征、操作表征、情景表征、图形表征等多种不同的表征形式，在教师恰当的引导下帮助学生在表征的不同成分之间建立充分的联系，并能根据需要与情境做出灵活的转换。函数与数列都可以通过列表法、图象法和公式法来表示。这些共性可以将两者从外部形式上联系起来，而自变量与因变量、项数与项对应关系中的存在唯一性特征才是问题的本质。教师可以通过层层深入的教学活动，让学生感受到数列的多元表征，找到函数的本质联系，再让学生用不同的方法表示数列。当学生出现一些欠缺与错误时，教师应及时指导，让学生继续合作交流、主动发现问题所在，引导学生解决问题，从而将数列概念成功纳入函数概念的体系中，在揭示本质的同时实现认识的深化。

【案例】

<h3 style="text-align:center;">等比数列求和公式</h3>

从纯数学推导过程看，等比数列求和公式并不难，难在如何让学生知其所以然。

方法 1 单纯从传授知识的角度推导求和公式推导如下：

一般地，设等比数列 $a_1, a_2, a_3, \cdots, a_n$，它的前 n 项和 $S_n = a_1+a_2+a_3+\cdots+a_n$，得

$$S_n = a_1 + a_1q + a_1q^2 + \cdots + a_1q^{n-2} + a_1q^{n-1} \qquad ①$$

S_n 两边同时乘以公比 q 得

$$qS_n = a_1q + a_1q^2 + a_1q^3 + \cdots + a_1q^{n-1} + a_1q^n \qquad ②$$

①式与②式相减得

$$(1-q)S_n = a_1 - a_1q^n$$

当 $q \neq 1$ 时，$S_n = \dfrac{a_1(1-q^n)}{1-q}$，当 $q=1$ 时，$S_n = na_1$，所以

$$S_n = \begin{cases} na_1, & q=1 \\ \dfrac{a_1 - a_nq}{1-q}, & q \neq 1 \end{cases}$$

有的教师在教学中还介绍了其他的推导方法。

方法 2 围绕基本概念，从等比数列的定义出发，运用等比定理，导出公式。

由等比数列的定义 $\dfrac{a_2}{a_1}=\dfrac{a_3}{a_2}=\cdots=\dfrac{a_n}{a_{n-1}}=q$，根据等比的性质，有

$$\dfrac{a_2+a_3+\cdots+a_n}{a_1+a_2+\cdots+a_{n-1}}=\dfrac{S_n-a_1}{S_n-a_n}=q$$

$$\dfrac{S_n-a_1}{S_n-a_n}=q \Rightarrow (1-q)S_n=a_1-a_nq$$

所以
$$S_n=\begin{cases} na_1, & q=1 \\ \dfrac{a_1-a_nq}{1-q}, & q\neq 1 \end{cases}$$

方法 3
$$\begin{aligned}S_n &= a_1+a_2+a_3+\cdots+a_n = a_1+q(a_1+a_2+a_3+\cdots+a_{n-1}) \\ &= a_1+qS_{n-1}=a_1+q(S_n-a_n) \\ &\Rightarrow (1-q)S_n=a_1-a_nq\end{aligned}$$

所以
$$S_n=\begin{cases} na_1, & q=1 \\ \dfrac{a_1-a_nq}{1-q}, & q\neq 1 \end{cases}$$

案例分析

方程在代数中占有重要的地位，方程思想是应用十分广泛的一种数学思想，利用方程在已知量和未知量之间搭起桥梁，使问题得到解决。

这些推导方法，如果仅仅是为了获取公式，可谓简洁明了，但是过度技巧化的推导方法容易掩盖数列求和公式的本质。其中，为什么会很自然地想到乘以 q 再两式相减？数学家是怎么思考问题的呢？教育的目的之一是"唤醒"和"激发"，而不是去"教授"，教学生用数学家的眼光去观察世界，而不是把数学家思考的结论告诉学生。所以课堂教学不应该停留在让大多数学生知道怎么做，更重要的是让大家知道为什么这么做，这或许也是课程标准强调教育要结合学生实际生活的原因之一。

数学家是如何发现这个公式的？实际上无论是等比数列的概念、通项公式、求和公式，都是先从具体或特殊问题入手，运用不完全归纳的方法获取结论，再用演绎推理的方法去解决。这就是我们常说的从众多的特殊情形中，运用不完全归纳法"发现问题、提出问题"，再用演绎推理的方法"分析问题、解决问题"。为了让学生感悟数学家的发现和证明之旅，我们可以考虑运用从具体或特殊到一般的方法来探究等比数列的求和公式。

下面我们从前面"数列概念"案例的第三个情境入手来设计和分析问题。①

问题 1 古代有"一尺之棰，日取其半，万世不竭"，若将"一尺之棰"记为 1 份，则 n 天一共截取了多少？

分析：若每日截取原来的 $\dfrac{1}{2}$，每天截取的长度如表 2-5-2 所示。

---
① 张蜀青. 数列教学中的数学思想之光 [J]. 数学通报，2021，60（2）：45-48.

表 2-5-2 每天截取的长度

天数	1	2	3	...	n
每天截取的长度	$\frac{1}{2}$	$\frac{1}{4}$	$\frac{1}{8}$	...	$\frac{1}{2^n}$

问题就转化为：求 $\frac{1}{2}+\frac{1}{4}+\frac{1}{8}+\cdots+\frac{1}{2^n}$ 的和。

通过逆向思考，我们可以发现第 n 天截取后剩余的长度为 $\frac{1}{2^n}$，所以截取的长度总和为 $1-\frac{1}{2^n}$，所以 $\frac{1}{2}+\frac{1}{4}+\frac{1}{8}+\cdots+\frac{1}{2^n}=1-\frac{1}{2^n}$。

问题 2 古代有"一尺之棰，日取其 q，万世不竭"（$0<q<1$），若将"一尺之棰"记为 1 份，则 n 天一共截取了多少？

分析：若每天截取原来的 q，每天截取的长度如表 2-5-3 所示。

表 2-5-3 每天截取的长度

天数	1	2	3	...	n
每天截取的长度	q	$(1-q)q$	$(1-q)^2q$	...	$(1-q)^{n-1}q$

这个问题比问题 1 更具有一般性，可以运用逆向思维的方法得到每天截取原来的 $q(0<q<1)$，截取后剩余的长度如表 2-5-4 所示。

表 2-5-4 每天截取后剩余的长度

天数	1	2	3	...	n
每天截取后剩余长度	$1-q$	$(1-q)^2$	$(1-q)^3$	...	$(1-q)^n$

根据上述分析可得

$$q+(1-q)q+(1-q)^2q+\cdots+(1-q)^{n-1}q=1-(1-q)^n$$

显然这个结论适用于任何 $q(0<q<1)$ 值。上述等式的简化对学生来说并不困难。两边同时除以 q 可得

$$1+(1-q)+(1-q)^2+\cdots+(1-q)^{n-1}=\frac{1-(1-q)^n}{q}$$

因为 $0<q<1$，所以 $0<1-q<1$。上式中的 $1-q$ 换成 q 仍然成立，则

$$1+q+q^2+\cdots+q^{n-1}=\frac{1-q^n}{1-q}$$

有了问题 2 做基础，就不难将公比 q 拓展为一般实数的情形了。

问题 3 $1+q+q^2+\cdots+q^{n-1}=\frac{1-q^n}{1-q}$ 式中的 q 是否对任意正实数都成立？

这里唯一需要启发学生的是 $q>1$ 如何转换为 $0<q<1$ 的结论。

当 $q>1$ 时，则 $0<\frac{1}{q}<1$，有

$$1+q+q^2+\cdots+q^{n-1}=q^{n-1}\left(1+\frac{1}{q}+\frac{1}{q^2}+\cdots+\frac{1}{q^{n-1}}\right)$$

$$=q^{n-1}\frac{1-\frac{1}{q^n}}{1-\frac{1}{q}}=\frac{1-q^n}{1-q}\quad(q>1)$$

对于 $q=1$，学生很容易搞清楚。

到问题 3 为止还没有讨论 $q<0$ 的情形。根据问题 3 的启发，若 $q<0$，则 $-q>0$，所以，用 $-q$ 代换即可。

$$S_n=a_1+a_1q+a_1q^2+\cdots+a_1q^{n-2}+a_1q^{n-1}$$
$$=a_1(1+q+q^2+\cdots+q^{n-2}+q^{n-1})$$
$$=\frac{a_1(1-q^n)}{1-q}\quad(q\neq 1)$$

案例分析

与传统的教学方法相比，上述一系列问题的设计是通过学生比较容易理解也方便计算的问题，逐步引导学生发现规律并最终得出求和公式。这里的问题与公式的推导过程是融为一体的，通过特殊的数列帮助学生捕捉到求和公式的信息并逐步得到一般等比数列的求和方法。在公式获取的过程中，除了注重知识之外，更重要的是注重研究问题的方法——由具体逐渐推广到一般的方法。

教学建议

第一，数列教学要用函数的观点来统领。一方面函数概念和研究函数的方法在数列教学的全过程中要贯穿始终；另一方面要突出数列是一种新的模型——离散型函数，也应该突出其研究问题的特殊性。

第二，注重在数列教学中突出数学建模素养的培养。在新的课程理念下，数学建模成为高中数学教学的重点内容之一，围绕数学建模开展探究活动成为重要的教学方式，也是对"学以致用"理念的深入贯彻，同时有利于提升学生的应用意识和学科核心素养。数学建模实质是对现实问题的数学抽象，即使用数学语言、数学方法来构建模型的过程。其中，建模思想对高中数学学习极为重要，有助于学生理解知识本质，掌握解题方法，为后续的深入学习打下基础。在建模教学中，要确立学生的主体地位，充分发挥教师的主导作用，引导学生了解建模的过程，深刻领悟建模的知识与技能。

第三，加强概念和公式的教学。概念是数学的核心，在进行数列相关概念教学的过程中，要注意让学生感悟概念形成的全过程"实际问题—归纳概括—抽象表达"；在公式教学中，要注重公式的发现、提出、分析和解决的全过程，充分展现数学家发现、提出、分析和解决问题的思维特点，激发学生的数学探究乐趣。

2-6 如何进行函数单元教学设计？

问题的提出

新版课程标准指出，整体把握教学内容，促进数学学科核心素养连续性和阶段性发展。教师要以数学学科核心素养为导向，抓住函数、几何与代数、概率与统计、数学建模活动与数学探究活动等内容主线，明晰数学学科核心素养在内容体系形成中表现出的连续性和阶段性，引导学生从整体上把握课程，实现学生数学学科核心素养的形成和发展。

新版课程标准中关于发展数学学科核心素养的上述教学建议表明，落实数学学科核心素养的发展，需要跳出传统的专注于如何上好一节课的课时教学习惯，从整体教学的视角确定教学目标、设计教学情境、把握课程内容、选择教学方法。课时教学在客观上容易造成学生对知识学习的割裂，容易使学生陷入知识和技能的细节之中，对知识背后的基本数学思想和基本数学活动经验关注不够，这不利于形成完整的知识链条和结构体系，难以落实数学学科核心素发展的课程目标。

因此，从整体把握函数主题内容的角度，立足函数主题内容所承载的数学学科核心素养的发展，合理规划函数主题中各单元内容进行单元整体教学设计，就必然成为一个教学关键问题。

问题的分析

一、单元教学设计的内涵

钟启泉指出，单元设计不仅仅只是对知识点与技能训练的课时安排及单元重难点知识的分析，而是教师以学科素养为指导，思考怎样描绘基于一定目标与主题而展开探究教学的活动，目的是创造优质的教学。[1]

吕世虎等认为，数学单元教学设计是在整体思维指导下，从提升学生数学核心素养的角度出发，通过教学团队的合作，对相关教材内容进行统筹重组和优化，并将优化后的教学内容视为一个相对独立的教学单元，以突出数学内容的主线以及知识间的关联性，在此基础上对教学单元整体进行循环改进的动态教学设计。[2]

二、实施单元整体教学的核心价值

单元整体教学主要是解决知识及认知的系统性和整体性与课时教学实施的分散性之间的矛盾。

---

[1] 钟启泉. 学会单元设计 [J]. 新教育，2017 (14)：1.
[2] 吕世虎，杨婷，吴振英. 数学单元教学设计的内涵、特征以及基本操作步骤 [J]. 当代教育与文化，2016，8 (4)：41-46.

学习内容原本是一个整体，学科知识是通过相互关系而联结形成一个系统。因此，学科知识具有系统性和整体性，但是从教学实施的角度来看，课还是需要一节一节地进行，课堂教学具有分散性特征，这决定了它们之间的矛盾是客观存在。在教学实践中，往往非常关注课时教学设计而忽视单元的整体性，这使得知识的系统性和整体性与课时教学实施的分散性之间的矛盾更为突出。而学生数学学科核心素养的形成与发展离不开知识的整体性和系统性理解。康德曾说："知识在本质上是一个整体，正确使用人的理性可以指导主体将支离破碎的、不完整的知识统整、上升到更高原则的整体知识。"[①] 越来越多的现代认知心理学和脑科学的实验研究表明，人脑的认知规律表现出先整体后局部的特征，先从全局入手，了解全局有哪些分区或子类，再进入各个子类，一点点向下细化。因此，在教学上，先从大局出发，然后循序渐进、逐步细化地学习、理解知识。越细致的内容越要留到后面去学，这种做法绝不是舍近求远，而是一种遵从认知规律的科学方法，这样才能理解得更透彻、记得更牢固。上述视角，有助于我们更好地理解函数主线的内容结构：首先是研究对象——函数的概念，其次是函数的性质，再次是一类函数及其性质，最后是函数的应用。在数学内部体现为函数与其他内容的联系，如函数与方程、不等式的联系，在数学外部体现为用函数模型描述变量的关系和规律。

单元整体教学不仅强调知识的整体性，重视教学内容在各内容领域之间、学科内部及学科间的相互联系，使知识形成紧密联系的整体结构；还强调学习的整体性，注意到学习的阶段性和连续性，基于课时的教学在客观上无法解决真正的学习难点和重点。例如，对函数、单调性与导数等重要概念的理解，都不是单一课时内可以解决的，从单元整体教学来考虑则有助于突破难点。单元整体教学有助于促进学生对知识形成整体的理解，使学生"既见树木又见森林"，也有助于教师整体教学观的形成。这种整体的观念强调部分与部分之间、局部与整体之间的相互联系，其实质在于既揭示不同研究对象在某一维度上的内在的同一性，也明晰研究对象各组成部分之间的相异性，使二者相得益彰。

三、函数单元教学设计中的几个关键环节

从单元教学设计的内涵与价值来看，函数单元教学设计要注意如下几个关键环节。

1. 明确核心素养的发展目标

明确函数主线在发展学生数学学科核心素养的哪些方面具有其独特且重要的价值，才能确定单元内容、凝练主题、设计学习活动与评价。这是实施单元教学设计的前提基础。

2. 从核心素养的角度出发规划函数主线的学习单元

数学单元通常由数学教师根据教学需要来决定。教材编写专家已经基于课程标准对函数主线的教学内容进行了规划和设计，教材中的章、节的设计就是一种教材专家给出的参考范本，作为一线教师如何创造性地使用教材，这需要教师因地制宜，从学生的学科核心素养水平现状和发展的角度来思考，对教材做出必要的重组和优化。

---

① 康德. 纯粹理性批判 [M]. 韦卓民, 译. 武汉：华中师范大学出版社, 2000: 524.

3. 确定函数单元学习主题

函数单元学习主题的凝练过程，是教师将单元教学内容结构化和系统化，将其学习价值内化的必要环节，同时也是实现单元教学发挥整体性效果的基础。

4. 设计函数主线各单元的学习活动

单元主题的学习活动是对学生学习行为实现重要影响的主要途径，必须厘清它和基于课时的学习活动设计的区别，掌握单元主题的整体活动规划的特征和策略。

5. 设计函数主线各单元的学习评价

评价对学生的学习行为具有长期而深刻的影响，需要厘清基于单元整体视角的评价和基于课时的评价的差异。

问题的解决

一、多角度理解函数主线内容，把握函数主线的核心素养

首先，要基于对课程标准的解读。新版课程标准对函数主线有如下阐释：函数是现代数学最基本的概念，是描述客观世界中变量关系和规律的最为基本的数学语言和工具，在解决问题中发挥重要作用。函数是贯穿高中数学课程的主线。新版课程标准在函数主线的学业要求中指出，函数主线内容的学习"重点提升数学抽象、数学建模、数学运算、直观想象和逻辑推理素养"。

其次，要基于函数概念发展的历史脉络。函数概念在对变量关系的关注与描述以及研究方法的创新过程中不断得到完善与发展，从早期只限于解析式表达的函数和可见的曲线表达的函数，到后来跳出解析式和图象的束缚，从对应观点去审视函数关系的本质，函数概念不断得到抽象。在研究方法上，从观察感知获得的变化到变量的依存关系，从最初的直观到抽象的运算，从定性研究到定量研究，离不开直观想象、数学运算和逻辑推理等素养。从函数概念发展的历史脉络可以获得如下重要观念：

（1）辩证观念（常量与变量、已知与未知、静态与动态、数与形）；

（2）函数是描述一类变化现象及其规律的基本模式，这一模式具有高度的抽象性，本质上是两个数集间的映射（中学阶段）；

（3）研究解析函数性质的两个基本路径：一是利用图象，二是基于解析式的运算；

（4）基本初等函数是研究函数问题的基础，功能上类似于向量主题中的"基底"，回归基本初等函数是处理函数解析式的基本研究方向。

再次，要基于对教材内容结构的理解。教材作为学生学习的一个重要素材，需要贴合学生的学习历程。因此，基于教学的需要，教材编写者只能依据学科知识发展的历史和当前学生的一般认知状况，从落实数学学科核心素养发展的目标出发，将作为整体的学科知识分解成若干有序的部分，从而便于学生学习。因此，教材的编写结构为教师提供了一个解读函数主线相应内容所承载的数学素养要素的视角，而且不同版本的教材有不同的内容结构呈现方式，体现了对数学学科核心素养发展的不同侧重。例如，北师大版教材必修第一册，函数主线内容分成如下教学单元：变量关系与函数，函数单调性和最值，函数奇偶性与幂函数，指数运算与指数函数，对数运算与对数函

数，函数应用（方程的解，实际中的模型）；而沪教版教材的教学单元设计如下：幂、指数与对数，幂函数、指数函数与对数函数，函数的概念、性质及应用。这反映了不同版本教材对运算素养和直观想象素养发展的不同处理。

最后，要基于学生的学习基础。教学是教与学的互动活动，具体到教师的教学实践层面，学生的学习基础是教学设计的起点，数学内容所主要承载的数学学科核心素养，还需要结合学生各素养发展水平情况进行取舍，确定以哪个为主。

二、深入研读教材，理解教材中函数主线内容的单元规划

实际上，任何一个版本的教材，都是教材编写组基于课程标准的课程内容要求和课程目标，对函数主线内容进行了规划设计，教材中的章与节就是主题内容的单元规划的外在体现，每个版本的教材的内容规划都是自成体系的，在单元主题的划分上不尽相同，所以一个版本的教材只是为教师提供了进行教学内容单元划分的一个参照范本。教师作为教材的使用者，首先要深入研读和理解教材编写者对内容所进行的单元规划的意图，把握其知识内容逻辑和学习认知逻辑。选取不同的内容组织方式，形成不同的函数主线内容的单元规划，对承载数学学科核心素养的不同方面发展的先后顺序与侧重不同，所以体现出以函数为载体发展数学学科核心素养的不同路径。例如，对函数主线中基本初等函数的内容规划，沪教版教材把幂函数、指数函数和对数函数作为一个单元；北师大版教材将幂函数放在函数概念及性质的内容中，与函数奇偶性组成一个学习单元，将指数与指数函数、对数与对数函数分别组成学习单元。前者先学习运算，再以运算为基础学习研究指数函数与对数函数模型，更多地关注了学生对指数函数、对数函数运算学习的困难；后者更突出了指数函数、对数函数是描述现实世界中变化规律的两个重要模型。深刻理解所使用教材对函数主线内容的单元规划思想，是做好函数主线单元整体教学的基础工作。学校数学教研室可以将其作为校本教研的一个重要内容，用集体智慧促进教师个体的理解。

三、结合具体学情与教情，合理确定各单元学习内容并凝练单元主题

单元主题反映了单元学习活动的核心任务，同时也是单元学习目标的高度概括，它使得单元学习活动在目标上更具有整体上的一致性和贯穿性。单元主题的凝练，实际上与单元内容的确定是分不开的，两者需要不断互相关照。学习主题的确定可大可小，例如整个函数主线的内容可以作为一个大的学习主题，在高中数学课程的构建中发挥重要作用，也可以把幂函数、指数函数与对数函数作为一个学习主题，还可以把指数与指数函数作为一个学习主题。

在单元主题的确定上，需要注意以下两个方面。

第一，即使是比较小的单元主题，也要放在函数主线的整体单元规划中进行设计，这样才能更好地发挥单元整体教学的优势，帮助学生构建对函数主线的结构性理解。

第二，考虑到教学实践的可操作性，以所使用教材的单元划分为主要方式，以其他版本教材为参考，研读比较不同版本教材的单元划分方式，结合自己学生的学习情况，还要结合教师的教情（主题太大不易把握，太小又会失去整体性），在具体单元内容上进行局部的适当调整。

四、从单元学习活动的三阶段进行规划设计

对于函数主线内容的单元学习活动，不论主题大小，一般都有一个主要的研究对象，单元知识系统就是围绕这个研究对象的概念、性质及应用来构建的。合乎情理和逻辑的教学应该围绕问题展开，促使学生在问题情境中从事探索活动、归纳概念、发现原理、习得数学思想方法、感受知识的价值和科学的理性精神，发展数学学科核心素养。苏联数学教育家斯托利亚尔指出：数学活动教学中要广泛使用"问题—理论—问题"这个模式。[①] 由问题激发思考，带动情感和态度的体验，关联原有经验和知识，在问题解决过程中生成新经验、发现新知识，在此基础上构建新理论，再用所获得的理论去解决问题，这是单元学习活动的基本结构。基于这样的基本结构，单元学习活动大致分为三个阶段：发现和提出问题，规划研究路径与方案；创建知识，分析与解决问题（创建概念、发现与证明结论）；应用新知识解决问题。因此，单元教学需要处理好三类关键课型：单元起始课，重要概念、原理课，应用与提升课。下面重点谈一下单元起始课，这也是在教学实践中往往不被重视或者缺乏经验的课型。

单元起始课在体现单元教学的整体性上非常关键。成功的单元起始课，可以带领学生对单元整体形成概括性的了解，为后面进入局部学习建立认知框架，这样就实现了在单元起始课中带领学生"看见森林"。试想，走真实的迷宫和走纸面上的迷宫图，哪种简单？前者之所以困难，是因为受困于局部的细节而不见全貌；后者之所以简单，是因为在了解全貌的视角下探寻具体路径。人的学习也是如此，著名心理学家奥苏贝尔从理论上已经论述了这一点。他认为，当人们在接触一个完全不熟悉的知识领域时，从已知的较一般的整体中分化细节，要比从已知的细节中概括整体容易一些。[②] 当然，学习新知与走迷宫是有差异的，那么，对于待学习的未知的新内容，如何实现整体认识呢？实际上任何新知，如果其具备可学习的条件，要么是有可类比参照认知的事物，要么有获得新知的经验材料积累，这反映出认知有横向和纵向两种认知路线。所以，引领学生认识单元全貌，一般有如下策略。

1. 类比策略

当所学新内容在学习方法和策略上已经有可参照的事物时，可以运用类比策略。实际上，绝大部分高中知识的学习方法和策略都是以前接触过的，所以横向类比是一个很重要的学习新内容的策略。例如，指数运算与指数函数，可以类比实数系的扩充经验对幂指数进行扩充，类比初中研究函数的方法来研究指数函数的性质。

2. 还原策略

还原策略就是把内容置于其产生之初的问题情境。例如函数的表示方法，列表法来源于数据的收集与表达；图象法来源于数据的直观化，便于呈现数据的变化趋势；解析式法来源于现象背后数量关系的揭示与表达；指数幂的扩充源自指数变化现象的定量刻画；导数概念源自对运动变化更精细化的定量刻画需求，从定性走向定量。

[①] 斯托利亚尔 A A. 数学教育学 [M]. 丁尔陞，王慧芬，钟善基，等译. 北京：人民教育出版社，1984：114.

[②] 贾豁然. 信息技术环境下中学生数学概念学习的教学策略设计 [D]. 长春：东北师范大学，2006：5-6.

3. 空穴策略

空穴策略就是在温故中梳理脉络，发现认知体系的欠缺部分（即认知空穴），进而使学生产生补全空穴的欲望。例如，引入对应观念下的函数概念，可以运用的空穴是：从变化过程来描述很难解释 $y=1$ 和 $y=\sin^2 x+\cos^2 x$ 是同一个函数；高中引入基于不等关系来定义的函数单调性概念，可以运用的空穴是：从图象直观观察函数的单调性是缺乏数学严谨性的，从逻辑上说不清楚其增减变化。

实际上，在教学实践中，单元起始课的教学往往是综合采用上述策略，例如，导数概念的教学就可以综合采用还原策略和空穴策略。

五、以"经验—探索—表达"的路径来组织和引导学生展开单元主题学习活动

人的思维发展或智慧的增长并不源自众多结论性知识的累积，而是在形成知识和思维方法的过程中逐步实现的。只有那些伴随着学习主体的发现与深入思考、体验与感悟、自己构建出有意义的知识，才能够成为学习主体内化的知识，才可能转化成学习主体的智慧。

在单元教学中，教师是联结学生经验系统和主题知识系统的纽带与桥梁，需要聚焦主题的核心概念理解来凝练主题核心问题，并将其置于适当的情境之中，以"经验—探索—表达"的路径来组织和引导学生展开学习活动（如图 2-6-1）。由此可见单元教学在发展学生思维、增长智慧方面的优势。

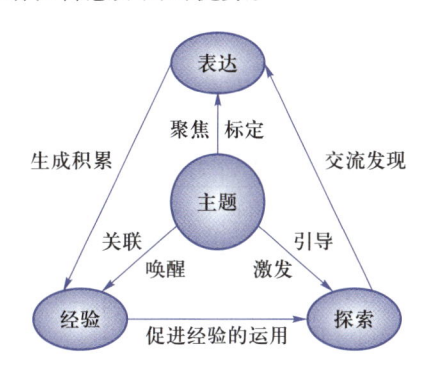

图 2-6-1 单元主题学习活动的展开路径

六、单元学习评价

单元学习评价要突出单元的整体性，在评价指向上，要拓宽单元具体知识与技能的传统视角，增加对单元主题内容所承载的思想方法、精神与观念上的评价；在评价的形式上，不能局限于条件完备、答案唯一的常规练习题，要增加对重要概念、结论、方法的举例、解释类作业，还要创新情境增加对迁移和创造能力的评价作业，增加与其他相关知识的关联和结构梳理的作业。例如，在幂函数、指数函数与对数函数的单元作业中可以设计如下的评价作业。

（1）请写出一个满足下列性质的函数：

① 定义在实数集上，值域为$(0,+\infty)$的递增函数：＿＿＿＿＿＿＿＿＿＿＿＿；

② 定义在实数集上，值域为$(0,+\infty)$的偶函数：_____；

③ 定义在实数集上，值域为$(0,1]$的偶函数：_____；

④ 定义在$(0,+\infty)$上，值域为实数集的递增函数：_____；

⑤ 定义在$[0,+\infty)$上，值域为$[0,+\infty)$的递增函数：_____；

……

（2）请尝试画出函数$y=x+2^x$和$y=x2^x$图象的示意图，并对函数呈现出的变化规律进行解释。

（3）请选择一个函数解决以下问题：

① 若$a+b=1$，求a^2+b^2的取值范围；

② 若$a+b+c=1$，求$a^2+b^2+c^2$的取值范围。

【案例】

以函数性质为单元的整体设计（跨章节统整的单元设计片段）

（一）凝练单元主题及其核心问题

函数研究的核心问题是：当自变量x变化时会带来函数值$f(x)$怎样的变化？函数单调性和其他函数性质都是在研究这个问题过程中所发现的函数变化规律。因此，以"探索函数的变化规律"为主题，以"当自变量x变化时，函数值$f(x)$呈现出哪些变化规律？"为核心问题来构建函数性质的主题课程。

（二）"探索函数的变化规律"单元主题教学的内容结构

"探索函数变化规律"这一单元主题内容可以分解为多个子主题（如图2-6-2）。这样的层级结构有助于学习活动的设计，可以以每一个子主题为单位设计学习活动，但是要注意各子主题在单元主题目标上所承载的任务。

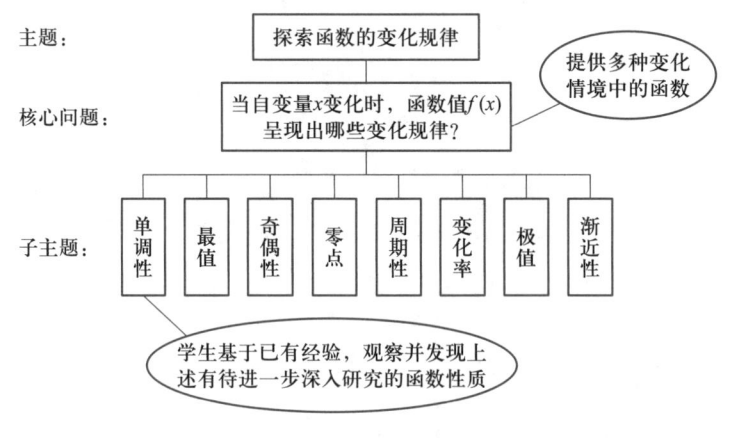

图2-6-2 单元主题的内容结构

案例分析

第一，函数性质的大单元学习有助于学生逐步把握函数性质的本质。

函数概念源于对现实世界变化规律的研究，函数性质本质上就是函数的变化规律，从变量与关系这些基本概念出发可以更清楚地认识函数性质。研究函数变化规律的前提是确定处于函数关系中的变量的属性，从函数关系的确认来看，其前提是弄清楚自变量允许的取值范围（定义域）；从研究函数的变化规律来看，更着眼于自变量取值范围（定义域的某一子集）。所谓的函数变化规律，就是处于函数关系中的两个变量的属性，在函数关系下所呈现出来的对应规律。大小关系是量的最基本关系，对应的函数变化规律就是函数的单调性，这决定了它在函数性质中的核心地位；函数的奇偶性就是函数自变量对称取值（关于原点）时，对应的函数值是相等关系还是互为相反数关系；函数的周期性就是函数自变量按某一步长等距取值时，对应的函数值是否保持恒等关系；函数的连续性反映的是自变量的连续取值对应的函数值是否连续……无论研究函数的哪一种变化规律，都是以明确自变量取值范围为前提的，这是由研究对象的基本属性决定的，实际上这才是研究函数性质必然关注函数定义域的逻辑基础。

第二，函数性质的大单元学习有助于学生逐渐理解"任意性"。

除了函数零点概念，都会涉及自变量取值的"任意性"，所以，对"任意性"理解的难点可以有层次地分解到其他子主题。在不同的性质中，自变量取值的"任意性"的范围有些是局域性的，有些是全局性的，在这些子主题的学习中学生可以渐进地实现深刻理解。实际上，在"函数概念与性质"这一章，只有函数单调性、函数最值和函数奇偶性。其他子主题，一部分分散在必修的部分章节，还有一部分分散在选择性必修内容中，可以看到函数变化规律这一主题贯穿高一、高二相关内容的学习之中，学生有很多与"任意"理解相遇的机会。在函数单调性的子主题学习中，是学生首次遇到"任意"这一理解难点，教师需要对函数单调性这一子主题的两课时进行整体规划，来合理地分散难点。

【案例】

子主题"函数单调性"（活动规划与设计）

（一）教学活动规划与设计

运用"问题—理论—问题"这个模式，基于函数单调性概念的形成与渐进理解的过程，将函数单调性子主题规划为两个课时，如图2-6-3所示。

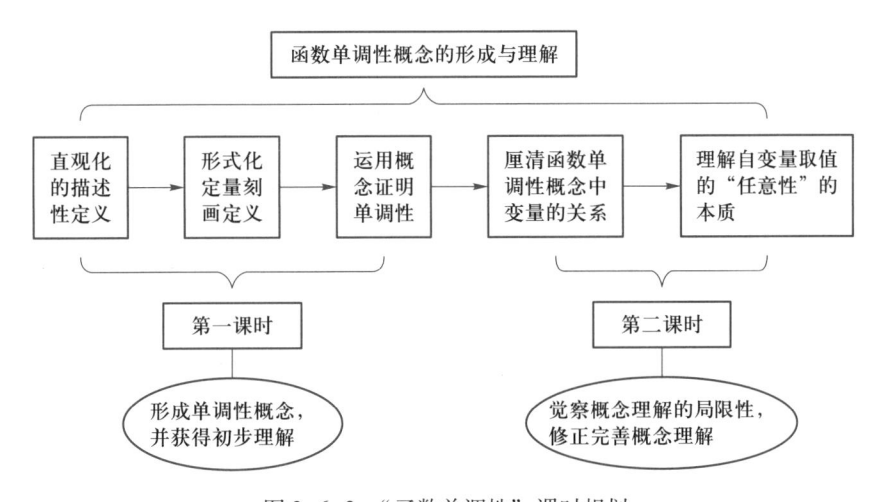

图2-6-3 "函数单调性"课时规划

第一课时教学活动设计如图2-6-4所示。

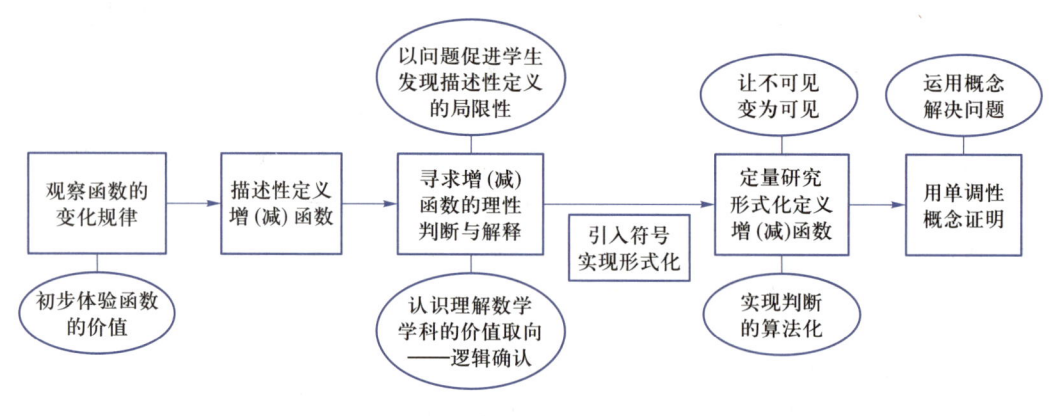

图 2-6-4　第一课时教学活动设计

函数单调性子主题的第一课时也是函数性质主题的第一节，它应该包括"探索函数的变化规律"主题教学的"总—分—总"课时结构中的总括环节，即向学生明确并展开函数性质主题要研究的核心任务（或问题），因此，第一个环节为观察函数的变化规律。第二个环节，聚焦函数单调性子主题，即描述性定义增（减）函数，将初中的经验性认识上升到较明确地定性描述函数单调性。第三个环节，寻求增（减）函数的理性判断与解释，体现了函数单调性子主题课时结构的"总"，明确函数单调性子主题研究的核心问题——如何定量刻画函数单调性？第四个环节，定量研究形式化定义增（减）函数，这是第一课时的核心环节——定量刻画函数单调性，基于直观认识经验对函数进行量化描述，初步认识自变量取值的"任意性"及其"范围"。第五个环节，用单调性概念证明，是以证明一个具体函数单调性为任务，来进一步深化对函数单调性概念中"任意""自变量与因变量的数量关系之间的对应规律"的理解。

第二课时教学活动设计如图 2-6-5 所示。

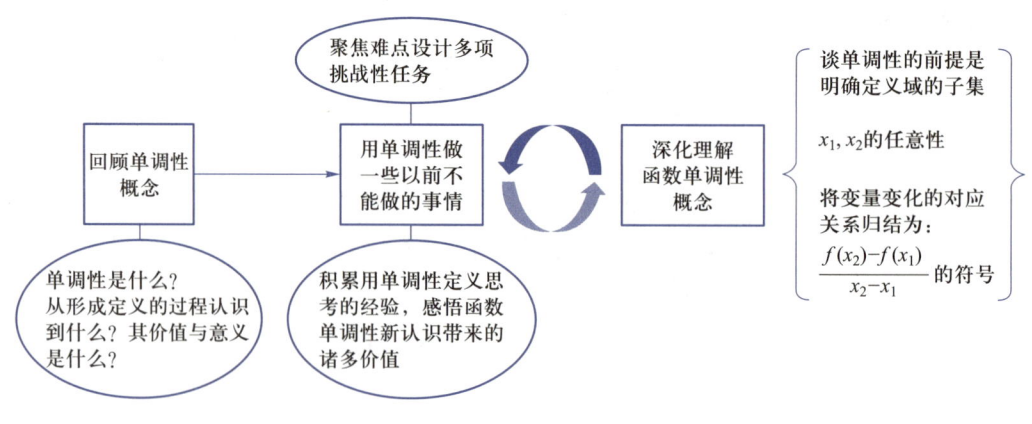

图 2-6-5　第二课时教学活动设计

第一个环节，回顾单调性概念，是对第一课时学习效果的测评，以了解学生在知识、思想和思维经验方面的认识情况，在此基础上可以作进一步解释。第二个环节，利用函数单调性做一些以前不能做的事，深化理解函数单调性概念，它体现了第二课时的基本定位。因此，需要设计一些聚焦概念理解才能完成的问题或任务，例如：

① 判断"若 $\forall x_1 > x_2 > 0$，有 $f(x_1) > f(x_2)$，则函数 $f(x)$ 在 $(0, +\infty)$ 上是增函数"是否正确？② 若定义在 $(0, +\infty)$ 上的 $f(x)$ 是增函数，则满足 $f(x+1) > f(3-x)$ 的 x 取值范围是什么？③ 判断"若 $\forall x > 0$，都有 $f(x+1) > f(x)$，则函数 $f(x)$ 在 $(0, +\infty)$ 上是增函数"是否正确？如果正确，请进行证明，如果不正确，请举出反例。④ 判断"若 $\forall x > 0$，$\forall n \in \mathbf{N}_+$，都有 $f\left(x+\dfrac{1}{n}\right) > f(x)$，则函数 $f(x)$ 在 $(0, +\infty)$ 上是增函数"是否正确？如果正确，请进行证明，如果不正确，请举出反例。显然，③和④两个问题对概念中的"任意性"的理解要求很高，极具挑战性。

（二）学习活动的组织与实施

在本单元学习活动的几个环节的组织与实施方面，要以"经验—探索—表达"的路径来组织、引导学生展开学习活动。下面重点给出三个关键环节的教学片段。

1. 第一课时第一个环节的教学片段：函数性质主题的总括

问题1：大家从如图2-6-6所示的函数图象中观察到哪些函数的变化规律？

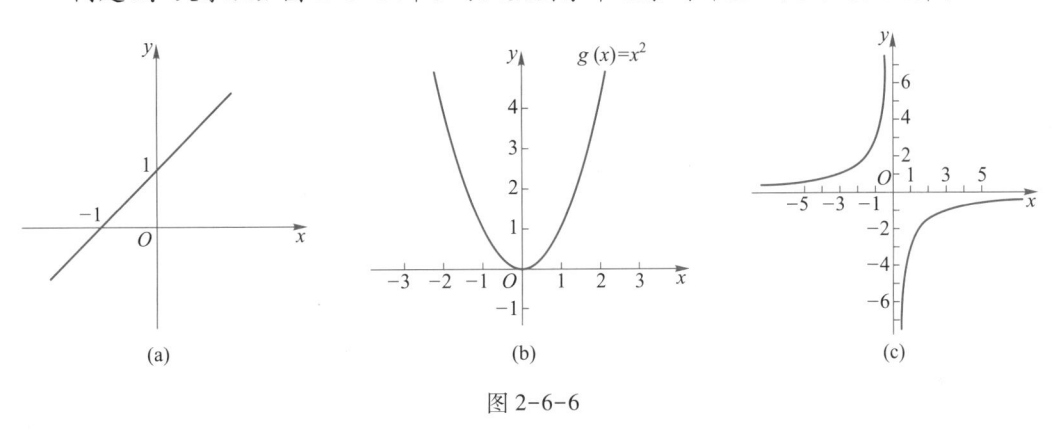

图2-6-6

问题2：大家可否把变化规律归类、概括一下，主要有哪几个方面？在这些变化规律中，你认为知道了哪一个就基本弄清了这个函数的总体形态？

【设计意图】以初中研究过的函数及其图象为素材，让学生通过观察、表达，交流自己发现的函数变化规律。教师和学生一起梳理这些规律，此处仅对学生的表述稍加提炼，没必要指出是奇偶性等性质，实现以下两个目标：首先初步确立函数性质的研究范畴；其次认识到增、减变化规律在函数性质中的核心地位。一旦清楚了函数单调性，也就基本上掌握了函数的总体变化规律。

2. 第一课时第四个环节的教学片段：定量刻画函数单调性

（1）创设情境，引发思辨。

教师：大家从未怀疑过"函数 $y = x^2$ 在 $(0, +\infty)$ 上递增"吗？（略作停顿）但是我却对此有所怀疑，为什么呢？因为这一结论是通过取值描点画图之后，观察图象得到的。实际上，我们仅仅知道自变量所取的那些值（由小到大）对应的函数值是依次变大的（即列表中的数据），并不知道 x 的其他取值情况，比如在两个相邻取值中间的变化情况是未知的。你们对我的质疑怎么看？

（2）追问确认，明确问题。

教师：要想令人信服地解释"函数 $y = x^2$ 在 $(0, +\infty)$ 上递增"，现在面对的主要障碍是什么？怎样解释才能消除我刚才的质疑？

  目的：明确障碍——采取具体的取值比较终归是有限的，而要解决的问题是无法穷尽所有的取值可能。

  （3）关联比较，启发迁移。

  如果学生还有困难，教师可进行如下设问。

  教师：能否找到一种可具体操作进行比较，但获得的不等关系又具有一般性意义呢？我们不妨思考一下以前处理过的如下问题，看看是否能获得一些启示。以前我们是怎样论述二次函数 $f(x)=x^2-2x+2$ 的最小值是 1 的？通过运算整理后的 $y=(x-1)^2+1 \geq 1$ 为什么可以表达任意的实数 x，$f(x)$ 都不小于 1 的含义？你从中能否获得解决问题的经验？

  目的：启发唤醒一个重要的经验——含有字母的关系式具有一般性，即有限的含有字母的关系式可以实现对无限取值情况的表达。促使学生借助该经验探索发现论证"函数 $y=x^2$ 在 $(0,+\infty)$ 上递增"的方法。

  3. 第二课时第二个环节的教学片段：深化对 x_1, x_2 的"任意性"的理解

  问题③判断"若 $\forall x>0$，都有 $f(x+1)>f(x)$，则函数 $f(x)$ 在 $(0,+\infty)$ 上是增函数"是否正确？如果正确，请进行证明，如果不正确，请举出反例。

  学生基本情况：部分同学认为正确，部分同学认为不正确。

  针对思辨活动展开对话要关注两个要点：一要促使学生回到单调性定义去解释与判断，发现漏洞所在——无法比较在 $0<x_2-x_1<1$ 情况下 $f(x_2)$ 和 $f(x_1)$ 的大小；二要进一步确认这是真漏洞还是假漏洞，只有学生自己能够举出反例，才能说明其对这一漏洞形成了真正的理解。

  促进学生表达的设问：谁能直观地解释"$\forall x>0$，都有 $f(x+1)>f(x)$"的意义？

  教学效果：部分学生在解释中发现了问题，并举出反例。

  继续设问：说明这一判断错误的反例是唯一的吗？还可以举出其他的反例吗？

  唤醒直观经验的设问：我们可以采取与单调性定义同样的思维方式，先把 x 当作一个常量来看，如果这样的两个点 $P(x,f(x))$，$P'(x+1,f(x+1))$ 满足右侧点高于左侧点，想象一下，让 x 取变化的值，但是要保持这样的两个点左低右高，能画出怎样的图象？它们一定是递增的吗？

  【设计意图】学生具有想象动点变化的经验，只是不能在问题情境下运用。通过经验唤醒，学生不难发现，当 $x \in [a, a+1)$ 时，点 P 可升、可降、可不升不降，不需要任何限制。为确保 x 在更大范围取值时不破坏函数关系对应的唯一性，可以分段画图，如图 2-6-7（a）所示。

  实际上，举反例说明符合题意但不是增函数，仅需指出存在不符合增函数要求的一组点即可，这样可以画出很多反例，如图 2-6-7（b）和（c）。这种构造反例的过程实际上也就是对函数单调性概念的深入理解过程。

  问题④判断"若 $\forall x>0$，$\forall n \in \mathbf{N}_+$，都有 $f\left(x+\dfrac{1}{n}\right)>f(x)$，则函数 $f(x)$ 在 $(0,+\infty)$ 上是增函数"是否正确？如果正确，请进行证明，如果不正确，请举出反例。

图 2-6-7

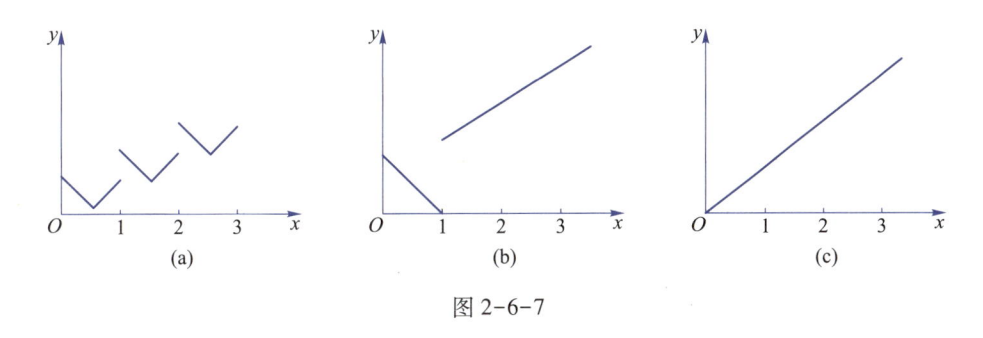

【设计意图】 该问题的思辨可以促使学生打破对"任意性"的非本质理解，完善对"任意"的准确认知。

学生的情况：绝大多数同学都会认为：当 $n\to\infty$ 时，$\dfrac{1}{n}\to 0$，可以说 x_1,x_2 是可以无限接近的，与定义中描述没有本质的差异，暴露出对"任意"理解的偏差。

聚焦单调性定义中的"任意 $x_1,x_2\in(0,+\infty)$"的含义设问：$(0,+\infty)$ 是个什么数集？"任意 $x_1,x_2\in(0,+\infty)$"中的 x_1,x_2 可以各自取什么值？

唤醒经验的设问：从数集分类上讲，这些数集中的数都有哪几类数？问题④中的 x 与 $x+\dfrac{1}{n}$ 能否表达"任意 x_1,x_2"？

【设计意图】 这些问题可以唤醒学生对数的认识经验，促使学生探索发现 $n\in\mathbf{N}_+$，使得 x 与 $x+\dfrac{1}{n}$ 要么同是有理数，要么同是无理数，无法表达 x_1,x_2 分别为有理数和无理数的情况。

促进表达与反思设问：请同学反思问题④的思辨活动，说说你现在对单调性定义的理解。

案例分析

第一，在单元整体教学过程中，教师要聚焦学生学习难点，放在一个更长的阶段逐步加以解决。实际上对于定义中"任意"的理解，在"函数单调性"这一子主题仍是难以达到应有的水平的，还需要在其他子主题中去关注并落实。

第二，在具体学习活动的组织与实施上，教师可坚持以"经验—探索—表达"的路径展开。无论是哪一种学情，选择哪一种情境与问题导入，所谓以"经验—探索—表达"的路径来组织实施教学，都要关注以下几点。

首先，立足学生已有经验。要确保与学生的已有经验建立比较紧密的联系，这样才能促进学生的思维在已有经验基础上有所进展，学生才能有内容可以表达，推进探索走向深入。

其次，促进知识的价值认同。在表达与交流中要促使学生觉察到，为了满足数学对结论的严谨的逻辑论证要求，对单调性的认识停留在描述性层面是不够的，从而催生出定量刻画函数单调性的需求。这有助于学生完成对单调性的量化定义的价值建构。

最后，促进学生自我觉察和相关经验的唤醒。学生是通过自己的经验系统去诠释他所接触到的外在世界的，如果教师的教学不关注学生的经验，即使学生能在教师的强拉硬拽之下完成某些学习任务，也是表面化的，对学生而言并无实质意义。"表达"

既包含学生之间的对话，也包括教师与学生的对话，教师要在对话中促使学生澄清自己的想法，或者认清问题的主要矛盾所在，或者提供可类比、具有启发性的经验资源。

第三，在主题教学过程中，教师要成为高价值学习的引领者。

首先，教师要聚焦学生理解中的认知误区和观点，组织辩论与解释活动。这是一个始终需要关注的教学要点。

其次，教师要组织学生对关键节点问题展开讨论。在数学探索活动中，所有涉及重要价值判断和方向选择之处都属于关键节点。对于这些关键节点问题，教师要给学生机会并提供讨论的空间，而不能都由教师包办解答。实际上，这些关键节点问题恰恰是发展学生思维、促进学生学会思考的重要学习资源。

教学建议

第一，教师要注意从多角度理解函数主线内容，整体把握函数主线教学中要培养的学科核心素养。

第二，教师要深入研读理解教材，理解所使用教材中函数主线内容的单元规划，这是做好函数单元教学的基础性准备工作。

第三，教师要结合具体学情与教情合理确定单元主题和各单元学习内容。

第四，教师要从单元学习活动的三阶段进行规划设计，即在数学活动教学中使用"问题—理论—问题"这个模式。在单元整体教学中，要特别关注并处理好三类关键课型：单元起始课，重要概念、原理课，应用与提升课。尤其是单元起始课，是目前的教学薄弱点，引领学生认识单元全貌，常用的有类比、还原、空穴三种策略。

第五，需要以"经验—探索—表达"的路径来组织、引导学生展开单元主题学习活动。

第六，需要进行多元化的单元学习评价，增加对重要概念、结论、方法的举例、解释类作业，通过创新情境增加对迁移和创造能力的评价作业，增加与其他相关知识的关联和结构梳理的作业。

单元 3　素养导向下的几何与代数主题教学

3-1 如何在立体几何的教学中培养学生的学科核心素养？

问题的提出

现实世界纷繁复杂，为探索事物内在的规律，人们从不同的视角，采用多种手段进行研究。数学是从事物的具体背景中抽象出其中的数量与数量关系、图形与图形关系，并用数学语言表征，形成数学模型，通过数学运算、逻辑推理等数学方式对数学模型进行研究，把握事物的本质，以简驭繁。立体几何是研究现实世界中物体的形状、大小与位置关系的数学分支。学习立体几何有助于人们了解物体的结构特点及其相互关系，进而较好地认识、理解现实世界。

立体几何是对立体图形进行研究，立体图形是对现实世界中空间物体的抽象，是舍弃了空间物体的密度、颜色、质量等性质，仅保留它的形状、大小与位置关系的数学模型。教材对立体图形的研究，一般从几个基本事实出发，利用逻辑推理研究图形的性质以及图形之间的关系。因此，立体几何的学习，有利于学生感悟数学抽象、逻辑推理、数学建模的数学思想方法，积累抽象、推理、直观想象等基本的数学活动经验，发展学生的数学抽象、逻辑推理、数学建模和直观想象等素养。

问题的分析

数学源于对现实世界的抽象，基于抽象结构，通过符号运算、形式推理、模型构建等，理解和表达现实世界中事物的本质、关系和规律。这也是立体几何的研究思路，从这个意义上看，立体几何的学习对学生更好地认识、探索生活的三维空间具有方法论的意义。

数学抽象、逻辑推理、数学建模、直观想象、数学运算、数据分析六大数学学科核心素养根基于学科本质，明确了学生学习数学后应达成的正确价值观、必备品格和关键能力。立体几何在发展学生数学抽象、逻辑推理、数学建模、直观想象、数学运算素养，尤其是数学抽象、逻辑推理、直观想象素养上有其独特的作用，如图 3-1-1 所示。

首先，由现实世界中的物体通过数学抽象得到数学的立体图形（空间几何体），在此基础上，按从整体到局部的认识路径，先从众多的空间图形中找出一些简单的基本立体图形，根据其结构特点分类，认识其形状和大小。其次，以长方体为研究对象抽象出组成立体图形的基本元素——点、线、面，以及基本元素间的位置关系。最后，通过逻辑推理研究空间中点、直线、平面的位置关系。显然，在学生的整个认识过程中，处处都有数学学科核心素养的身影。

直观想象是指借助几何直观和空间想象感知事物的形态与变化，利用空间形式特别是图形，理解和解决数学问题的素养。空间想象能力是对空间形式的观察、分析、抽象的能力。即面对具体事物能够抽象出其几何图形，或根据图形想象出其直观形象，能够分析图形中几何元素之间的相互关系。几何图形的形状，元素间关系具有直观性，如果能将一个数学问题转化为相应的图形问题，那么问题就可能变得简单、明了，直观洞察问题的本质及变化的规律，有助于形成解决问题的思路，猜测出结果。从这个角度来看，直观想象又是一种思维方式，可以帮助人们将复杂的问题简单化，将隐性的规律显性化。因此，直观想象是学生应具备的基本数学素养。

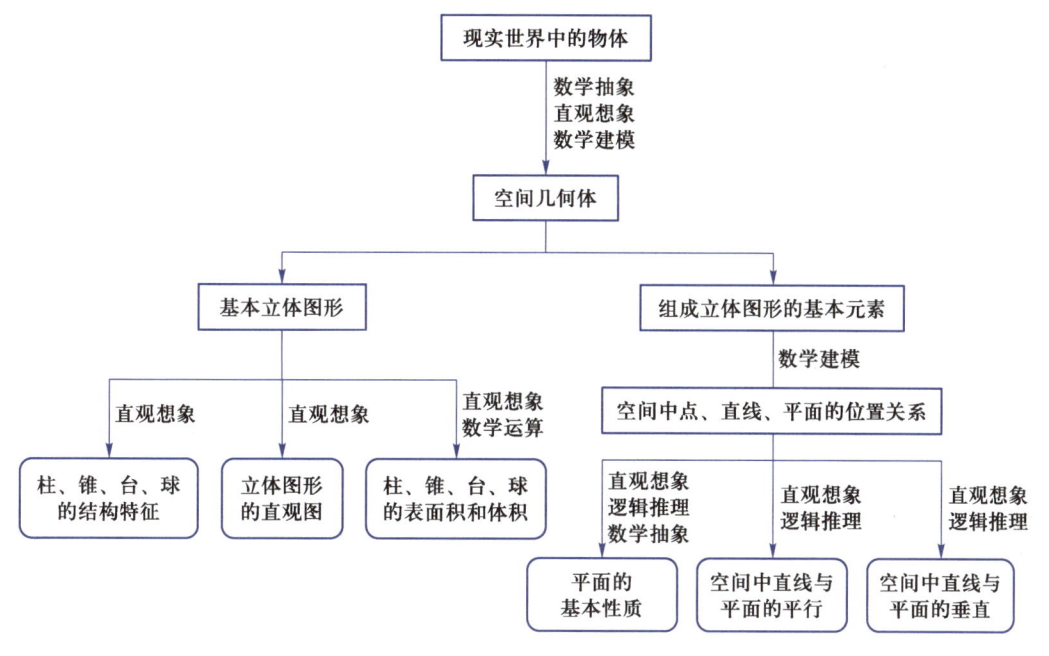

图 3-1-1　立体几何对发展学生数学学科核心素养的作用

在实际教学中往往存在以下几种问题：
（1）学生的实际感知及所具有的数学能力一时难以适应这种由平面到空间的转变。
（2）在教学中缺乏直观的空间模型和实验操作，使学生不能通过观察、分析和动手操作中悟出数学问题的实质。
（3）学生的立体几何学习很快进入逻辑推理环节，也很快陷入困境，很多学生都有这样的感觉，立体几何并没有想象中那么有趣。

问题的解决

一、充分利用现实物体、几何体模型或计算机软件，帮助学生从直观感知到抽象思维的过渡，发展数学抽象、直观想象和数学建模素养

教师在教学过程中创设认知情境，引导学生观察现实世界中的各种物体，展示各种立体几何体的图片、模型教具，或用计算机软件模拟，或指导学生动手制作几何体，或想象几何体的现实模型等，引导学生理解数学研究世界的方法，将各种实物抽象成具有一定结构的几何体（即数学模型），然后对几何图形进行研究，发展学生的数学抽象和数学建模素养。同时，还要促进学生在头脑中建立实物与抽象的几何图形间的对应关系，为后续的学习建立良好的空间感，提升学生的直观想象能力。

例如，在"认识几何体"的教学中，教师选取了一些具有典型几何特征的著名建筑图片，如国家大剧院、天坛的祈年殿、中央电视台总部大楼等，让学生描述它们的形状，从而激活学生的生活和学习经验。通过学生的描述，引导学生感知研究数学问题的方法——对现实物体进行抽象，形成数学模型（此处为立体图形），再对构成模型的元素及元素间的关系进行研究。在此基础上引出几何体的概念，渗透模型化思想，发展学生的数学抽象素养。这些直观感知为学生进一步研究几何体奠定认知基础。

二、以基本立体图形为载体，从整体上认识立体图形，发展学生的直观想象和数学运算素养

第一，从整体上认识柱、锥、台和球及简单组合体的结构特征，直观地感知面的形状及点、线、面的位置关系，在此基础上，绘制几何体的直观图，由直观图想象实物的形象，从而准确把握几何体的结构，发展直观想象素养。

教师可以充分利用实物（如教室、铅笔、书等）、教学模型或计算机软件，引导学生通过观察，归纳并描述各个基本立体图形的结构特点，认识物体的形状，初步认识几何元素的位置关系；引导学生从简单的图形（如线段、长方形等）在不同角度观察到的形状特点，理解用斜二测法绘制几何体的直观图的合理性。学生通过绘制简单几何体的直观图，或根据直观图描述几何体的结构特征（或对应物体的结构），提升空间想象能力，发展直观想象素养。

第二，认识柱、锥、台和球的表面积和体积的计算公式，在用公式解决简单的实际问题中从量的角度感知几何体的大小，发展直观想象和数学运算素养。

在几何体的表面积和体积的学习中，教师可以引导学生从量的角度感知几何体的大小（表面积是几何体表面的大小，体积是几何体占据空间的大小），并在公式的形成和应用过程中进一步把握空间几何体的结构特征。例如，从侧面展开图认识几何体的侧面形状等，发展直观想象能力；在面积和体积的计算过程中，理解高、斜高、棱等的概念，发现它们之间的位置和数量关系，设计运算策略和途径，重在理解算理，发展数学运算素养。

三、在基本元素的位置关系及其相关定理的形成和应用过程中，发展学生的直观想象、数学抽象和逻辑推理素养

第一，借助长方体，在直观认识空间中点、直线、平面及其位置关系的基础上，抽象出空间中点、直线、平面及其位置关系的定义，发展学生的直观想象和数学抽象素养，在基本事实的应用中发展学生的逻辑推理素养。

教师创设问题情境，让学生观察生活中有关平面的一些现象（如用三脚架支撑摄像机，用两个合页和一把锁固定一扇门等），引导学生实践操作，探究确认四个基本事实，这四个基本事实是准确作图、识图及推理的理论基础。在立体几何问题的研究中，经常要将空间问题转化为平面问题，需要确定点、线、面的位置。例如，作立体图形的截面问题，就是要确定截面与立体图形的各面的交线，而交线是由交点确定的，交点又是由平面内的相交直线而确定的。那么，为什么找出两个平面的两个公共点，其连线就是交线？为什么过平面内两个点的直线上的所有点都在此平面内？这四个基本事实给出了转化的理论依据和转化方法。

【案例】

作立体图形的截面

如图 3-1-2，过正方体 AC_1 三条棱上三点 J, E, F 作截面。

要过 J, E, F 三点作截面，关键是作出平面 JEF 与正方体各面的交线，而交线是由两个点确定的，进而转化为确定两个平面的公共点，这只要在平面 JEF 与正方体的一个面内分别找一条相交直线即可。例如，确定平面 JEF 与面 $A_1B_1C_1D_1$ 的交线，一个公共点是点 F，另一个公共点的确定方法是：延长平面 JEF、面 $A_1B_1C_1D_1$ 与平面 ABB_1A_1 的两条交线 JE, A_1B_1 交于点 M（如图 3-1-3 所示）。连接 MF 并延长交 D_1C_1 于 G。同法可得点 H, I，则六边形 $EFGHIJ$ 即为要作的截面。

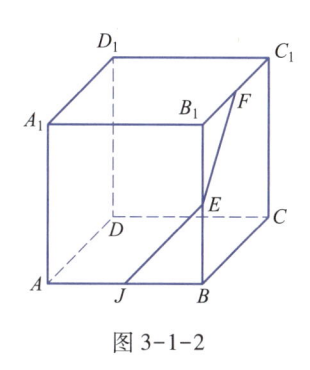

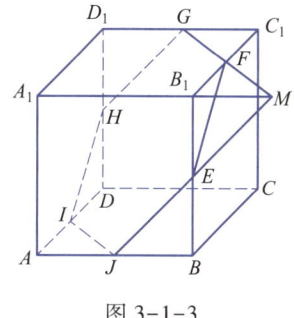

图 3-1-2　　　　图 3-1-3

案例分析

在依托长方体直观感知点、线、面的位置关系及其本质特点，抽象并给出相关定义的学习过程中，教师可以引导学生学会观察、归纳，发展合情推理的能力。

第二，借助长方体，通过直观感知，了解空间中直线与直线、直线与平面、平面与平面的平行和垂直关系，在探究相关定理及定理的应用过程中发展学生的直观想象、数学抽象和逻辑推理素养。

创设实际情境和结合长方体中直线与直线、直线与平面、平面与平面的平行和垂直关系，引导学生直观感知，并归纳、概括出平行和垂直的性质定理和判定定理，发展学生的合情推理能力。在对性质定理的证明中发展学生的演绎推理能力。

【案例】

探究位置关系

已知正方形 $ABCD$ 和正方形 $ABEF$，如图 3-1-4 所示，N、M 分别是对角线 AE、BD 上的点，且 $\dfrac{EN}{AN}=\dfrac{BM}{MD}$。求证：$MN$//平面 EBC。

线线平行、面面平行是证明线面平行的常用方法。用线线平行证明线面平行关键是在平面内找一条线与直线平行，而这条线可根据线面平行的性质定理去找。用面面平行证明线面平行，则要找到与之平行的平面，而这个平面可由面面平行的性质定理去找。例如，由两相交直线 MN 与 AE 确定一个平面，它与平面 BCE 的交线 EG 即为所找的直线，如图 3-1-5 所示。由两平行直线 NG, MH 确定一个平面，可得平面 BCE 上的直线 GH，如图 3-1-6 所示。由面面平行的性质定理可得辅助平面 MNG，如图 3-1-7 所示，即可证明平面 MNG 上的直线 MN 与平面 EBC 平行。

图 3-1-4

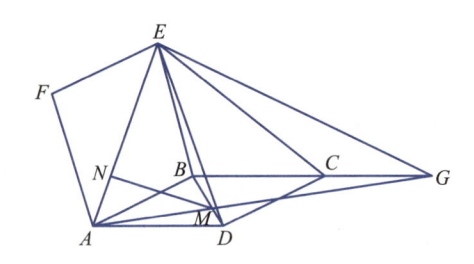

图 3-1-5

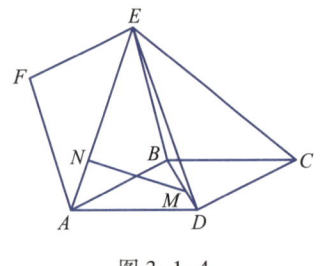

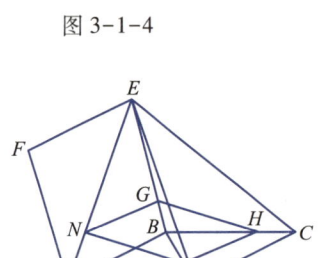

图 3-1-6

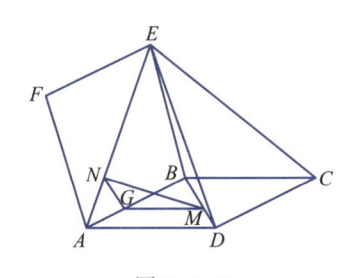

图 3-1-7

案例分析

"平行"和"垂直"是两种重要的位置关系，教师要引导学生理解定理之间的联系，在定理的应用中重在寻求或构造定理的条件。教师要通过例题的剖析向学生展示思维过程，从而发展学生的直观想象和逻辑推理素养。

教学建议

第一，充分联系学生的生活实际，引导学生观察现实世界各种物体，或制作模型，或利用信息技术，使学生经历数学抽象的全过程，理解数学通过数学建模研究世界的方法，同时，在这个过程中学生也能较好地建立现实物体与抽象几何体之间的对应关系，发展学生的直观想象素养，培养学生的空间观念。

第二，引导学生从整体认识几何体的结构到局部认识几何体各元素间的关系，发展学生直观想象、逻辑推理和数学运算的素养。

第三，在基本事实的发现以及基本位置关系的探索中，要改变单纯强调几何的逻辑推理的传统做法，重视从具体情境或前提出发，进行合情推理的探索方法，从而更全面地体现几何的教育价值，特别是几何在发展学生空间观念，以及观察、操作、试验、探索、合情推理和演绎证明等"过程性"方面的教育价值。

因此，在立体几何的教学中，要明确其知识的形成逻辑，就要使学生经历从特殊到一般，从具体到抽象的过程，逐步认识直线与平面、平面与平面的位置关系及数量关系，在知识体系的形成中渗透公理化思想，养成言必有据的理性思维精神，充分发展学生的数学学科核心素养。

3-2　如何在空间向量的教学中培养学生的学科核心素养？

问题的提出

向量是一个具有几何和代数双重属性的概念。向量代数所依附的线性代数是高等数学中一个完整的体系，具有良好的分析方法和完整结构。运用向量分析传统问题，可以帮助学生更好地建立几何与代数的联系，也为中学数学向高等数学过渡奠定了直观的基础。

向量是重要的数学模型，它来源于力、位移、速度等现实原型。向量及其运算构成的数学系统又为群、线性空间、线性赋范空间等抽象数学系统提供了原型。向量的运算使得向量的集合具有特定的数学结构。例如，引入向量的加法后，向量连同其加法运算一起构成群结构；引入数与向量的乘法后，向量连同加法、数乘运算一起构成线性空间结构；引入向量的数量积运算后，向量连同加法、数乘、数量积运算一起构成线性赋范空间结构。群、线性空间结构是典型的代数结构。向量的数量积运算，可以赋予向量长度，从而产生一种拓扑结构。线性赋范空间是代数结构与拓扑结构交叉形成的一种数学结构。正是由于这种数学结构，才使得运用向量的运算刻画几何对象及其位置关系以及几何度量问题成为可能。

立体几何的教学是高中数学的重要组成部分。空间向量的引入，为解决三维空间中图形的位置关系与度量问题提供了一个十分有效的工具，使学生领略到数学家吴文俊谈到的研究几何问题的一种数学机械化的思想方法。

引入空间向量还可以更新学生对空间形式的思维方法，为学生建立一种符合现代数学发展要求的思维方式。同时，向量运算体系与算术、代数运算体系基本相似，学生可以运用其熟悉的代数方法进行推理，来掌握图形的性质，从而提高解决问题的能力。同时，学生初步学习几何的代数化方法，能为以后的学习打下较为坚实的基础。

学生在学习立体几何初步与平面向量的基础上，把平面向量及其运算推广到空间，运用空间向量解决有关点、直线、平面位置关系的问题，并体会向量方法对研究空间中的角与距离的作用，进一步发展直观想象、数学运算和逻辑推理素养。

问题的分析

向量源自现实生活的力、位移、速度等既有方向又有大小的量，是一种数学模型。中学立体几何主要研究立体图形中的位置关系和度量关系，位置关系常与方向有关，而度量关系最基本的就是长度，因此，向量这个既有方向又有大小的量就成为刻画几何关系的有效工具。同时，向量又具有代数属性，可以通过代数运算处理问题，即利用空间向量表示空间中点、直线和平面等基本元素，通过空间向量运算替代综合几何法中从公理、定义和定理等出发，通过逻辑推理解决几何的问题。学生在理解几何与向量的这种联系中发展数学抽象、数学建模、直观想象和数学运算素养。

空间向量的学习，要引导学生类比平面向量，理解相应的概念和处理问题的方法，发展学生的逻辑推理素养。

向量的三种表示法，使数形结合成为可能。向量的加法、减法、实数与向量的乘法、向量的数量积运算的几何意义是实现数形转化的关键。在数形转化中发展学生的直观想象、逻辑推理和数学运算素养。

空间向量基本定理是立体几何问题代数化的基础，有了这个定理，整个向量空间可以用三个不共面的基向量确定，空间结构变得简单明了。它同时也是引入坐标的基础，进而将向量的运算化归为数的运算。教学中要引导学生感悟这种思想方法，领会算理，发展数学运算素养。另外，对向量运算律的理解和应用也是发展逻辑推理和数学运算素养的机会。

平行和垂直是两种重要的位置关系，角和距离是两种主要的度量关系，在这些关系的刻画中主要用到直线的方向向量和平面的法向量。平面的法向量是反映垂直方向的较为直观的表达形式，结合向量投影即可研究距离问题。对距离公式的理解，可以充分借助几何直观把握向量投影的本质。

用空间向量解决立体几何问题，不能认为记住公式、会计算就行。实际上，用向量处理几何问题是一个系统的数学思维过程，从几何转化到向量，由运算得到向量结果，再回到几何问题，都需要较强的空间想象和严谨的逻辑推理能力。例如，在实际学习中，学生由于对直观想象、逻辑推理关注不够而出现错误的现象，也时有发生。

例 如图 3-2-1，在三棱锥 $P\text{-}ABC$ 中，$BC \perp AC$，$BC \perp PC$，$AC = BC = 6$，$PA = PC = 5$，D，E 分别是 AC，PC 的中点。

（1）求证：平面 $PAC \perp$ 平面 ABC；

（2）求二面角 $A\text{-}DE\text{-}B$ 的余弦值。

在第（2）问的解答中，有学生出现以下错误。

第一，建系错误（图 3-2-2）。

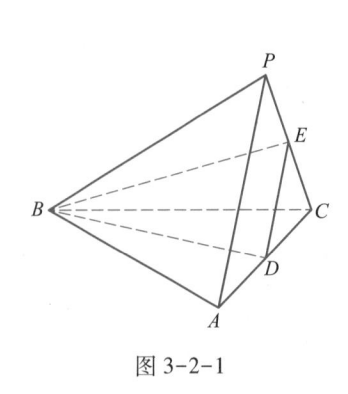

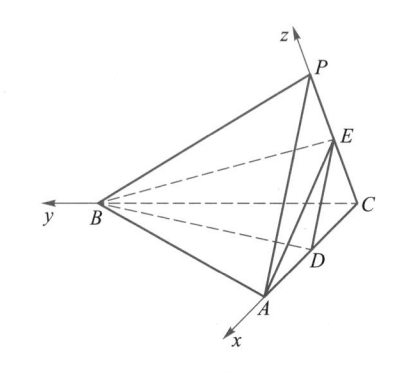

图 3-2-1　　图 3-2-2　错误示例 1

第二，二面角的范围判断错（图 3-2-3）。

第一种错误，以点 C 为坐标原点，分别以 CA，CB，CP 所在直线为 x 轴，y 轴，z

轴建立空间直角坐标系，事实上，CA 不垂直 CP。出现错误的原因是对图形结构没有正确把握，对几何元素间关系的直观想象缺乏严谨的逻辑推理。第二种错误是由于误认为二面角 A-DE-B 是锐角。对二面角大小范围的判断，是解决二面角问题的一个难点，需要学生有较好的空间想象能力。在直观图中，常用平面图形表现立体图形，因此，有时需要结合逻辑推理的理性思考才能准确判断二面角大小的范围。

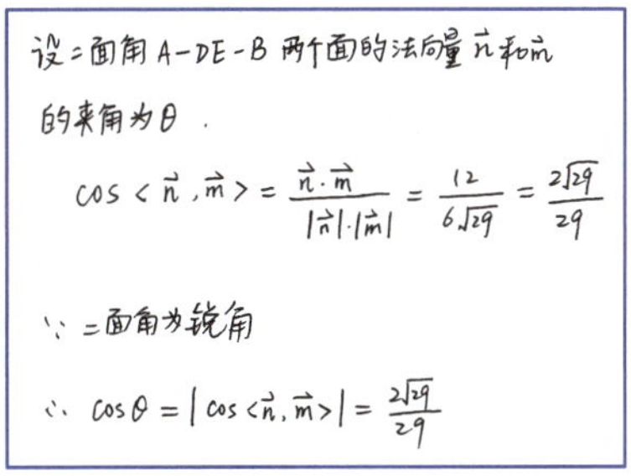

图 3-2-3　错误示例 2

问题的解决

一、正确理解向量的双重属性，发展学生的数学建模、直观想象、逻辑推理和数学运算素养

1. 类比平面向量对空间向量进行探讨，发展学生的数学建模与逻辑推理素养

空间向量是刻画现实世界和立体几何图形的一种重要模型。在教学中，教师要注意引导学生经历抽象的过程，理解模型的作用，感悟模型的思想方法，逐步发展学生的数学抽象和数学模型素养，养成用数学的眼光看世界的良好习惯。在空间向量的教学中，通过概念的形成、向量的表示、向量的运算、向量的坐标运算及向量的应用等，引导学生适时与平面向量类比，提出猜想、论证结论，自主建构相应的知识体系，发展学生的合情推理能力，增强对向量系统而深入的理解。

2. 依托向量理解空间图形的数量关系及位置关系，理解综合法与向量法的内在联系，发展学生的直观想象与逻辑推理素养

向量是既有大小又有方向的量，利用向量的方向属性刻画几何中的位置关系，综合大小属性刻画几何中的数量关系。理解这种联系是用向量法解决几何问题的关键。向量的运算（向量的加法、减法、实数与向量的积、向量的数量积）的几何意义是实现几何与向量转化的通道。引导学生建立向量的基本运算与几何性质之间的关系，实现数形转化，既能从运算的角度解决几何问题，又能加深对几何关系的深入理解。例如，用向量的方法证明直线与平面垂直的判定定理。

直线与平面垂直的判定定理：如果一条直线与一个平面内的两条相交直线垂直，那么该直线与此平面垂直。

如图 3-2-4 所示，用综合几何法证明这个定理不是太容易，要构造一些辅助线，需要较强的空间想象力和逻辑推理能力。鉴于此，课程标准将其证明安排在向量的学习中，利用向量的方法证明。由定义，此问题的关键是要证明已知直线 l 与平面内的任意一条直线 g 均垂直，在综合几何法中，由于直线 g 的任意性，不便与直线 l 建立直接的联系。而在向量中，平面 α 内的直线 g 很容易与直线 a，b 建立联系，从而根据已知条件，通过简单的运算和推理即可得证。其主要思路是：如图 3-2-5 所示，令 $g=\lambda a+\mu b$，由 $l\perp a$，$l\perp b$ 可得 $l\cdot a=0$，$l\cdot b=0$，进而 $l\cdot g=0$，所以 $l\perp g$。从这个证明中，可以深入理解平面的结构，以及定理条件中为什么强调平面内两条相交直线。

图 3-2-4　　　　　　　　　图 3-2-5

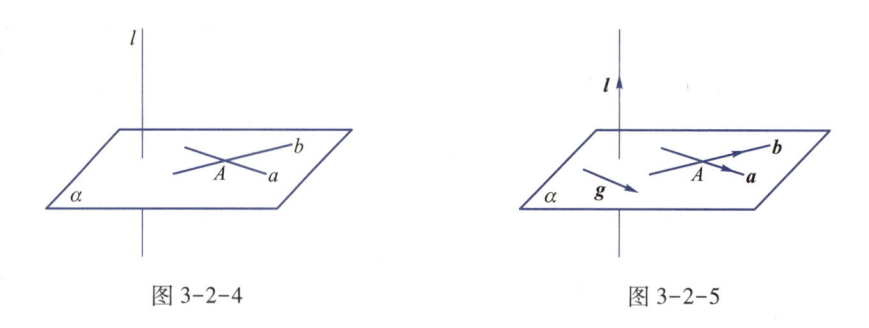

3. 感悟"基"的思想，在向量的运算法则、运算律的应用中，发展学生的数学运算素养

用"基"描述整个向量空间，使空间结构变得简单明了，空间中的位置关系与数量关系的研究转化为基向量的运算。上面用向量证明直线与平面垂直的判定定理，较好地体现了基向量在描述空间中的作用。有了基底，就可以引入坐标，进而把空间向量的运算化归为数的运算。

在向量的运算中，准确把握向量运算与数的运算的联系与区别，尤其是向量的数量积运算没有"结合律"，明白向量运算的算理，并利用运算律简便运算，发展学生的数学运算素养。

二、合理建立直角坐标系或选择适当的基底，实现由形到数的转化，发展学生的直观想象、逻辑推理和数学运算素养

将几何问题代数化，是向量法解决几何问题的核心思想。合理选择基底或适当建立直角坐标系，对于优化运算至关重要，有时因基底选择不当或坐标系的位置不合适，会使计算量倍增。在具体问题中，要根据问题的特点，几何元素的位置合理决策，这个过程常常伴随直观想象和逻辑推理。这也是将几何问题代数化的基础，是正确进行代数运算的关键。

三、通过立体几何问题的解决，发展学生的直观想象、数学运算和逻辑推理素养

1. 掌握平行、垂直的向量化

在平行、垂直关系的向量化表示中，抓住方向向量、法向量的作用，理解原理，发展学生的数学直观、数学运算和逻辑推理素养。

例如，设两条直线 l_1，l_2 的方向向量分别是 $v_1=(x_1,y_1,z_1)$，$v_2=(x_2,y_2,z_2)$，平面 α，β 的法向量分别是 n_1，n_2。

两条直线 l_1，l_2 平行：$l_1 /\!/ l_2 \Leftrightarrow v_1 = \lambda v_2 \Leftrightarrow \begin{cases} x_1 = \lambda x_2 \\ y_1 = \lambda y_2 \\ z_1 = \lambda z_2 \end{cases}$。

两条直线 l_1，l_2 垂直：$l_1 \perp l_2 \Leftrightarrow v_1 \cdot v_2 = 0 \Leftrightarrow x_1 x_2 + y_1 y_2 + z_1 z_2 = 0$。

平面 α 外的直线 l_1 与 α 平行：

① $l_1 /\!/ \alpha \Leftrightarrow v_1 \perp n_1 \Leftrightarrow v_1 \cdot n_1 = 0$。

② 设 a_1，a_2 是平面 α 内两个不共线的向量，则 $l_1 /\!/ \alpha \Leftrightarrow v_1 = \lambda a_1 + \mu a_2$。

直线 l_1 垂直于平面 α：$l_1 \perp \alpha \Leftrightarrow v_1 /\!/ n_1 \Leftrightarrow v_1 = \lambda n_1$。

两个平面 α，β 平行：$\alpha /\!/ \beta \Leftrightarrow n_1 /\!/ n_2 \Leftrightarrow n_1 = \lambda n_2$。

两个平面 α，β 垂直：$\alpha \perp \beta \Leftrightarrow n_1 \perp n_2 \Leftrightarrow n_1 \cdot n_2 = 0$。

2. 掌握角、距离等度量关系的向量化

抓住各种角、距离的概念，建立相应的向量计算公式：

① 异面直线所成的角 α，设此两条直线的方向向量为 v_1，v_2，则

$$\cos \alpha = |\cos \langle v_1, v_2 \rangle| = \left| \frac{v_1 \cdot v_2}{|v_1| \cdot |v_2|} \right|$$

② 斜线与平面所成的角 α，设此斜线的方向向量为 v，平面的法向量为 n，则

$$\sin \alpha = |\cos \langle v, n \rangle| = \left| \frac{v \cdot n}{|v| \cdot |n|} \right|$$

③ 设二面角的两个半平面的法向量分别是 n_1，n_2，当把两个法向量平移到二面角内时，若法向量 n_1，n_2 的方向都是离平面而去或同时指向平面（如图 3-2-6），则向量 n_1，n_2 所成的角与二面角互补；若一个离平面而去，一个指向平面（如图 3-2-7），则向量 n_1，n_2 所成的角与二面角相等：

$$\cos \langle n_1, n_2 \rangle = \frac{n_1 \cdot n_2}{|n_1| \cdot |n_2|}$$

④ 点 A 是平面 α 内一点，n 是平面 α 的一个法向量，则点 P 到平面 α 的距离为 $\left| \dfrac{\overrightarrow{PA} \cdot n}{|n|} \right|$。

在教学中，要结合图形，引导学生理解公式的生成过程，发展学生的直观想象、逻辑推理素养。例如，线面角与相应的向量所成的角的关系，二面角和两个平面的法向量所成的角的关系，利用法向量刻画距离的原理，尤其是二面角与法向量所成角的关系的判断，都需要较强的空间想象能力。同时，可以在公式的应用中发展学生数学运算素养。

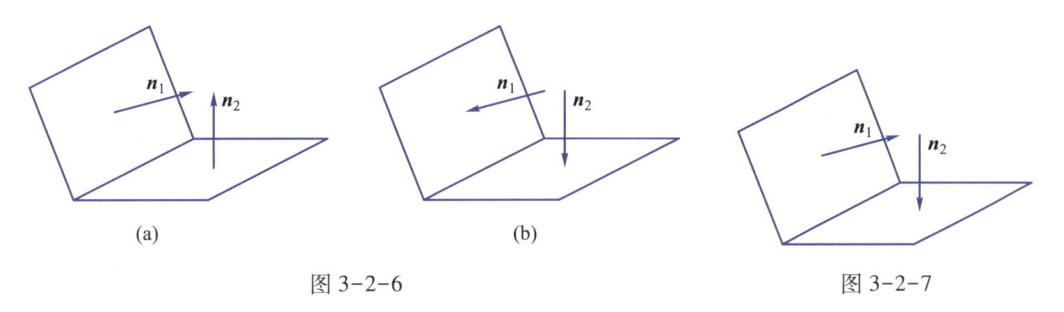

(a)　　　　　　　　(b)

图 3-2-6　　　　　　　　　　　　　图 3-2-7

【案例】

利用向量求直线与平面所成角的方法（教学片段）

如图 3-2-8，在正方体 $ABCD\text{-}A_1B_1C_1D_1$ 中，E 是棱 DD_1 的中点，求棱 BB_1 与平面 A_1BE 所成的角。

教法建议：

（1）让学生思考解决方案，他们会发现用综合法有很大困难，原因是棱 BB_1 在平面 A_1BE 内的射影的位置不易确定，这时教师不宜直接告诉学生借助法向量求解的方案。

（2）若学生没有找到思维突破口，教师可以启发学生把基本图形从正方体中抽取出来，画出棱 BB_1 在平面 A_1BE 内的射影的示意图（图 3-2-9），进行集中研究。受上一节课的启发，有的学生会想到向量法。

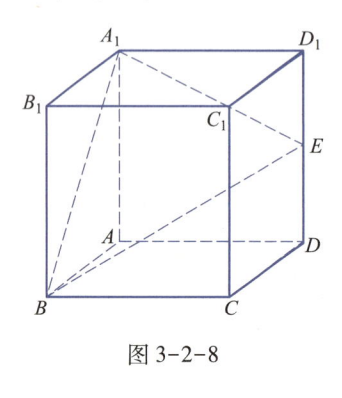

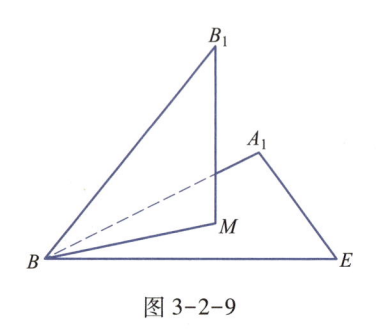

图 3-2-8　　　　　　　图 3-2-9

由于线面角可以转化为线线角，通过建立空间直角坐标系，可以求出 $\overrightarrow{BB_1}$ 的坐标。所以只要求出 $\overrightarrow{BM}$ 的坐标即可，但学生很快就发现这样很难求出，因为垂足 M 的位置不容易确定。

（3）由于 $\angle B_1BM$ 不能直接求出，学生通过直观观察，不难想到去求与之互余的 $\angle BB_1M$，即转化为求另一个线线角，根据上一节课所学，只要设法求出直线 B_1M 的方向向量即可。

（4）学生很快发现直线 B_1M 的方向向量其实就是已知平面 A_1BE 的法向量 $\boldsymbol{n}$，下面的推导可以由学生先自主思考再相互讨论得出：

$$\cos \angle BB_1M = |\cos \langle \overrightarrow{BB_1}, \boldsymbol{n} \rangle| = \left| \frac{\overrightarrow{BB_1} \cdot \boldsymbol{n}}{|\overrightarrow{BB_1}| \cdot |\boldsymbol{n}|} \right|$$

因而　　　　　$\sin \angle B_1BM = \cos \angle BB_1M = |\cos \langle \overrightarrow{BB_1}, \boldsymbol{n} \rangle| = \left| \dfrac{\overrightarrow{BB_1} \cdot \boldsymbol{n}}{|\overrightarrow{BB_1}| \cdot |\boldsymbol{n}|} \right|$

上述推导显然具有一般性，至此，我们可以水到渠成地获得线面角 θ 的计算公式：

$$\sin \theta = |\cos \langle \boldsymbol{v}, \boldsymbol{n} \rangle| = \left| \frac{\boldsymbol{v} \cdot \boldsymbol{n}}{|\boldsymbol{v}| \cdot |\boldsymbol{n}|} \right|$$

案例分析

本教学片段从一个具体的问题出发，提出寻求线面角公式的任务。教师不是简单地给出公式让学生练习，而是让学生在已有认知经验上，结合图形直观，发现斜线的射影位置不易确定，进而将问题转化为求线线角，一条线是已知直线，另一条线为平面的垂线，此时平面的法向量呼之欲出。从整个公式的生成过程看，学生是在直观图形的引领下，将问题不断转化，与已有的线线角建立联系，找到问题的突破口。在问题的转化过程中，学生充分理解公式中向量所成的角和直线与平面所成角的关系，明白算理后，在应用公式时就会减少错误。在此过程中，学生的直观想象、逻辑推理素养得到发展。

3. 问题解决中要灵活选择运用向量法与综合几何法，从多角度解决立体几何问题

用向量的方法解决几何问题，较好地规避了添加辅助线的难点，使问题解决程序化。有些问题用向量的方法虽然可以解决，但可能计算量较大，若用综合几何法可能更简洁，因此，需要因题合理选择用向量的方法或综合几何法。

【案例】

空间向量在位置关系中的应用（教学片段）

如图 3-2-10，在四棱锥 P-$ABCD$ 中，底面 $ABCD$ 为正方形，平面 PAD⊥平面 $ABCD$，点 M 在线段 PB 上，PD∥平面 MAC，$PA=PD=\sqrt{6}$，$AB=4$。

（1）求证：M 为 PB 的中点；

（2）求二面角 B-PD-A 的大小；

（3）求直线 MC 与平面 BDP 所成角的正弦值。

学生独立解决问题。

教师组织学生交流解题思路。

第（1）问，方法 1：如图 3-2-11，设 AC，BD 交点为 E，连接 ME。可以通过 PD∥平面 MAC，证明 PD∥ME，进而得到结论。

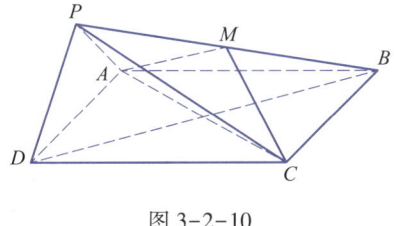

图 3-2-10

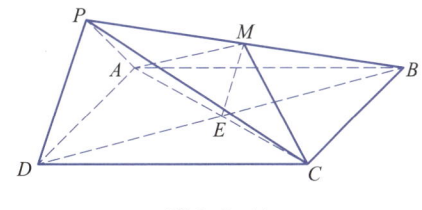

图 3-2-11

方法 2：也可以用向量的方法，取 AD 的中点 O，连接 OP，OE。如图 3-2-12 建立直角坐标系 O-xyz，设 $\overrightarrow{PM}=\lambda\overrightarrow{PB}$，然后，根据 PD∥平面 MAC，得 $\overrightarrow{PD}=x\overrightarrow{AC}+y\overrightarrow{MC}$，再通过向量运算，求出 λ。

方法 3：建立直角坐标系同方法 2，求出平面 MAC 的法向量 $\boldsymbol{m}$，再由 $\boldsymbol{m}\perp\overrightarrow{PD}$ 求出 λ。

第（2）问，方法 1：如图 3-2-13，过点 E 作 $EH\perp AD$，过点 H 作 $HG\perp PD$，连接 EG。可证 $\angle EGH$ 是二面角 B-PD-A 的平面角，然后在 Rt△EGH 中求出 $\angle EGH$ 的大小。

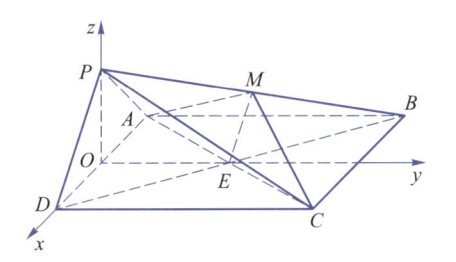

图 3-2-12

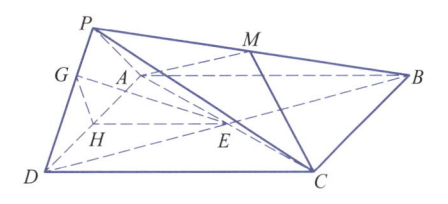

图 3-2-13

方法2：同第（1）问中方法2建立直角坐标系，求出平面 BDP 的法向量 $n=(1,1,\sqrt{2})$，平面 PAD 的法向量为 $p=(0,1,0)$。再求得二面角 B-PD-A 的大小。

第（3）问，方法1：同第（1）问中方法2建立直角坐标系，根据第（2）问求得平面 BDP 的法向量 $n=(1,1,\sqrt{2})$，即可求得直线 MC 与平面 BDP 所成角的正弦值。

方法2：过点 C 作 CR⊥平面 BDP，设交点为 R，连接 RM，则∠CMR 为直线 MC 与平面 BDP 所成角。在 Rt△CRM 中求得∠CMR 的正弦值。其中，需通过两次体积法求出 CR 的长。

案例分析

第（1）问，在三种方法中，方法1要添加辅助线，证明较简洁；方法2，先证明 OP⊥AD，OP⊥OE，OE⊥AD，才能建立直角坐标系，然后通过方程组解决问题，有一定的运算量；方法3同方法2，先建立直角坐标系，再计算法向量，也有一定的运算量。当然，为避免建立直角坐标系时需要证明垂直关系，也可以利用基向量求解，同样也有一定的计算量。相比较而言，单从这一问的解答看，采用综合几何法较为简洁。

第（2）问，比较两种方法，计算量差不多，但辅助线的添加需要一定的空间想象力和思维能力，而向量法更程序化一些。当然，也可以不建立坐标系，利用基向量求解，显然计算量会很大。

第（3）问，比较两种方法，显然方法1更简洁。在方法2中，直线在平面 BDP 内的射影不易找到，为求出 CR 的长，需要一些技巧（两次计算三棱锥 P-CBD 的体积），计算量相对较大。也可以不建坐标系，利用基向量求解，显然计算量会很大。比较而言，本问通过建立直角坐标系，用向量法更显优势。

教学建议

第一，教师要注意创设情境，引导学生认识空间向量也是刻画现实世界和立体几何图形的一种重要模型，发展学生数学抽象和数学建模素养。

第二，通过类比平面向量建立空间向量的有关概念和相关理论，发展学生逻辑推理素养。

第三，引导学生感悟用"基"描述向量空间的思想方法，在此基础上，引入坐标，实现形数转化，发展学生直观想象、数学运算素养。

第四，引导学生依托向量深刻理解空间图形的数量关系及位置关系，理解综合几何法与向量法的内在联系，并在解决立体几何问题中，灵活选择和运用向量法与综合几何法。

3-3　如何引导学生掌握平面解析几何的思维特征？

问题的提出

平面解析几何在中学数学中独具特色，它的基本思想是用代数方法解决几何问题。平面解析几何教学的重要任务就是深刻领会平面解析几何的基本思想，把握平面解析几何的思维特征与研究方法。

学生在解决平面解析几何问题时，常常用操作代替理解问题的思维活动，误以为用代数方法解决几何问题就是计算，只要看到曲线方程，如直线方程和圆锥曲线方程就去联立、代入及消元，转化为关于一个变量的一元二次方程，再计算判别式、根与系数的关系等，一直做到做不下去为止。一些教师在教学中给学生传授的"秘诀"也是"能联立就联立，能算到哪里就算到哪里"，似乎解析几何的教学就是代数运算。这实质上就是没有真正理解平面解析几何问题的思维特征。

如何才能引导学生理解平面解析几何问题呢？其关键在于理解和把握其思维特征，而不能把解析几何的所有问题都归结为计算，用操作代替思维活动。

总之，通过平面解析几何教学，要让学生掌握平面解析几何的基本思想，理解平面解析几何问题的思维特征。只有不断深入地领悟这种思维方法，努力尝试应用这种思维方法去解决问题，才有可能使平面解析几何教学落到实处，让学生有所收获。因此，如何引导学生掌握平面解析几何问题的思维特征是教学关键问题。

问题的分析

一、平面解析几何研究对象的本质是轨迹

如何理解平面解析几何问题与如何认识其研究对象有着密切的关系。平面解析几何的研究对象尽管是平面图形，如直线、圆及圆锥曲线，但是对这些平面图形的理解与平面几何中对其的理解是不一样的。

比如，学生在初中就学习如何研究平面图形，但无论是三角形、四边形还是圆，都是把它们作为一个确定的图形来认识的。但是在平面解析几何的学习中，无论是直线、圆、椭圆、双曲线还是抛物线，都把它们看成轨迹。因此，首先要知道这样的轨迹是如何由动点运动形成的，轨迹的几何特征是什么。之后，在平面直角坐标系下依据动点运动的规律再进行代数化，进而得到对应的曲线方程，用代数的方法去解决问题。因此，在解析几何所研究的问题中，几何对象的出现就会有两种方式：一种是用曲线方程的形式，如椭圆、双曲线、抛物线的标准方程，由其标准方程的代数特征可以知道它是什么样的图形，以及具有什么样的几何性质；另一种是以动点的形式出现的，动点按照某种规律运动就会形成轨迹。实际上，这样的认识就是几何直观感受，

其几何思维活动聚焦于点是"动"还是"不动"的。如果是"动"的，其运动的规律是什么？对不同轨迹之间的位置关系，是"确定"的还是"不确定"？在此基础上的代数化是几何抽象，如曲线方程的建立，运用曲线方程研究曲线的性质以及不同曲线之间的位置关系等。

二、理解平面解析几何问题的思维活动是有特征的

学习平面解析几何与学习函数一样，首先要学会这门学科的思维方法。学生是如何思考一个平面解析几何问题的呢？学生掌握了其思维特征吗？教师可以用下面这个问题来测试学生，看看学生是如何思考解析几何问题的。

问题1 如何理解"直线 $l: \dfrac{x}{a} + \dfrac{y}{b} = 1$ 过点 $M(\cos\alpha, \sin\alpha)$"？

分析 一种理解是：直接将点 $M(\cos\alpha, \sin\alpha)$ 的坐标代入直线方程 $\dfrac{x}{a} + \dfrac{y}{b} = 1$，得 $\dfrac{\cos\alpha}{a} + \dfrac{\sin\alpha}{b} = 1$。尽管这个代数结果是一个等式，但是它含有所有的参数。

另一种理解是：

（1）首先直线 l 不是确定的直线，而是一条动的直线，因为直线方程中含有参数。

（2）直线 l 不能过坐标原点，不能和 x 轴或 y 轴垂直，这是截距式直线方程 $\dfrac{x}{a} + \dfrac{y}{b} = 1$ 的代数特征 $a \neq 0$，$b \neq 0$ 所反映出来的几何特征。

（3）点 $M(\cos\alpha, \sin\alpha)$ 不是一个确定的点，它是"动"的。既然是"动"点，它对应的轨迹是什么呢？因为它的横、纵坐标的代数特征是：$\cos^2\alpha + \sin^2\alpha = 1$，所以，点 $M(\cos\alpha, \sin\alpha)$ 的坐标满足方程 $x^2 + y^2 = 1$，即点 $M(\cos\alpha, \sin\alpha)$ 的轨迹是单位圆。

这样，对这句话的完整理解就是：动直线 l 与单位圆有公共点 M，从几何位置关系的角度看，就是动直线 l 与单位圆相切或相交，如图 3-3-1 所示，对应的代数形式是 $\dfrac{1}{\sqrt{1/a^2 + 1/b^2}} \leq 1$，此不等式仅含参数 a 和 b。

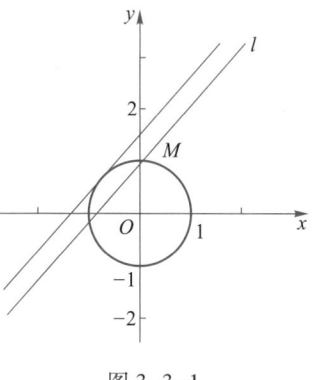

图 3-3-1

两种理解，一种得到等式 $\dfrac{\cos\alpha}{a} + \dfrac{\sin\alpha}{b} = 1$，另一种得到不等式 $\dfrac{1}{\sqrt{1/a^2 + 1/b^2}} \leq 1$，但反映出来的思维水平是不一样的。第一种基本上不符合平面解析几何的思维特征，所谓的"理解"实际上就是一种代入操作；第二种是从直线方程中看到直线 l 的几何特征，从"动"点得到了对应的轨迹，即单位圆 $x^2 + y^2 = 1$，并在此基础上，研究两个几何对象之间的位置关系。可以看出，平面解析几何问题的思维方法具有鲜明的几何特征，是可以引导学生掌握的。

问题的解决

一、"动"是理解平面解析几何问题的切入点

在平面解析几何所研究的问题中，研究对象的出现一般有两种方式。

一种是曲线方程的形式，如椭圆 $\dfrac{x^2}{a^2}+\dfrac{y^2}{b^2}=1$，双曲线 $\dfrac{x^2}{a^2}-\dfrac{y^2}{b^2}=1$，抛物线 $y^2=2px$。可以由方程的代数特征知道它是什么图形。

另一种是以"动"点的形式出现的，"动"点按照某种几何特征运动就会形成轨迹。如"动"点 $M(\cos\alpha,\sin\alpha)$ 对应的几何对象是单位圆 $x^2+y^2=1$。

显然，第二种方式具有隐蔽性。如果学生在理解问题的思维活动中感受不到这是一个"动"点，就可能看不到其对应的轨迹，因此就可能漏掉一个几何图形。

问题 2 如何理解"平面内到点 $A(3,0)$ 的距离为 1 的直线"？

分析 如果学生回答："这样的直线是以点 $A(3,0)$ 为圆心，1 为半径的圆的切线。"教师要继续追问："你是怎么想到这个圆的呢？"目的是要唤醒学生对平面解析几何思维特征的理解。

这句话要分两段理解："平面上到点 $A(3,0)$ 的距离为 1"说的是点，而且这样的点是"动"点，其轨迹是圆。直线与圆有三种位置关系：相离、相切及相交。符合题意的位置关系只能是相切。这样，"平面内到点 $A(3,0)$ 的距离为 1 的直线"就是以 $A(3,0)$ 为圆心，1 为半径的圆的切线。

同样，对于"平面内到点 $A(3,0)$ 的距离为 1，到点 $B(0,4)$ 的距离为 2 的直线"的理解，首先应该能看到的是两个圆：一个圆是以点 $A(3,0)$ 为圆心，半径为 1 的圆；一个圆是以点 $B(0,4)$ 为圆心，半径为 2 的圆，两圆是相离的位置关系。根据题意可知，满足题意的直线是这两个确定位置的圆的公切线。

问题 3 圆 $C：(x-m)^2+(y-2m)^2=4$ 上总存在两点到原点距离为 1，求 m 的取值范围。

分析 如何理解圆 $C：(x-m)^2+(y-2m)^2=4$ 这个条件呢？这是由曲线方程的形式给出的几何对象，思维的关注点应该是曲线方程的代数特征及对应的几何对象的几何特征。从圆 C 方程的代数特征知道，这是以点 $(m,2m)$ 为圆心，半径为 2 的一个圆。但这个圆不是确定的圆，而是圆心在直线 $y=2x$ 上运动的圆，只不过圆的半径不变。

"总存在两点"是表达几何对象之间关系的。我们知道，谈关系一定是两个研究对象的问题，前者是圆 C，而后者是什么呢？

"到原点距离为 1"的含义是平面内到点 $(0,0)$ 距离为 1 的点，而这样的点有无数多个，是"动"点，对应的轨迹是单位圆。这样就能够明白上述表述是圆 C 与单位圆 $x^2+y^2=1$ 有两个公共点，是相交的位置关系。

在解析几何的研究中，如果确定了研究对象的位置关系，就可以用代数的形式表达了。圆 C 与单位圆相交于两点，因此，圆心距大于半径差小于半径和，从而可以求出 m 的取值范围。

问题 4 在平面直角坐标系 xOy 中，点 $A(0,3)$，直线 $l：y=2x-4$。设圆 C 的半径为

1，圆心在 l 上。若圆 C 上存在点 M，使 $MA=2MO$，求圆心 C 的横坐标 a 的取值范围。

分析 由题意知，圆 $C: (x-a)^2+(y-2a+4)^2=1$，是圆心在直线 $l: y=2x-4$ 上的动圆，半径不变。

如何理解"若圆 C 上存在点 M，使 $MA=2MO$"呢？

此时，点 A 与点 O 是定点，点 M 是动点，那么，"动"点 M 的轨迹是什么就是进一步思考问题的切入点了。

设点 $M(x,y)$，由 $MA=2MO$，得 $\sqrt{x^2+(y-3)^2}=2\sqrt{x^2+y^2}$，故 $x^2+(y+1)^2=4$。可知，动点 M 的轨迹是以 $(0,-1)$ 为圆心，半径为 2 的定圆。"若圆 C 上存在点 M，使 $MA=2MO$"的含义也就清楚了：动圆 C 与定圆 $x^2+(y+1)^2=4$ 有公共点，是相交或相切的位置关系，如图 3-3-2 所示。其对应的代数化为 $1 \leqslant \sqrt{a^2+(2a-3)^2} \leqslant 3$，解得 $a \in \left[0, \dfrac{12}{5}\right]$。

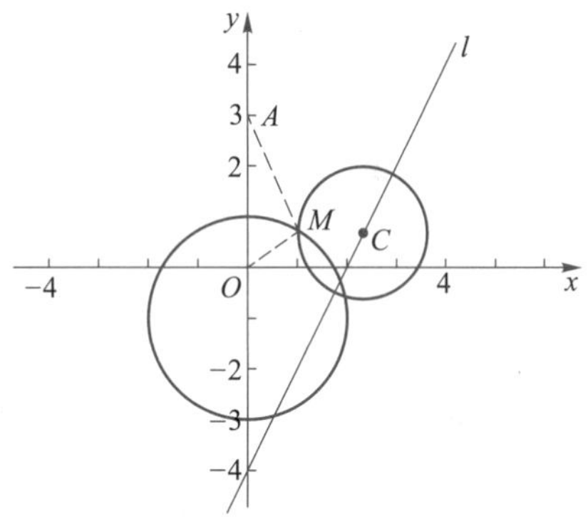

图 3-3-2

通过以上的讨论，引导学生领悟到，运用平面解析几何的思维方法理解数学问题时，首先要思考的就是问题中的几何对象是"确定"的还是"不确定"的。运用"动"与"不动"的思维方法就是从几何对象的几何特征进行分析的方法。

如果是"动"点，就要进一步明确其运动的规律，也就是轨迹，"动"点运动的轨迹一定是一条曲线。如果学生的头脑中没有"动"的思维，就有可能会少一条曲线；如果是含有参数的曲线方程，就要明确这样的曲线方程对应的是一个不确定的曲线，不确定性表现在曲线的类型或曲线的位置上，这都是需要在解决问题的过程中掌握的。简单来说，解决问题的路径之一就是："动"是理解平面解析几何问题的切入点。

二、"不动"是解决平面解析几何问题的落脚点

知道了"动"，也就知道了"不动"。确定的几何对象是解决问题的最佳伙伴，一定要重视它，珍惜它的价值。

问题 5 如图 3-3-3 所示，过点 $M(4,2)$ 任作互相垂直的两条直线 l_1 和 l_2，分别与 x 轴、y 轴交于 A，B 两点，P 为 AB 的中点，求 $|PO|$ 的最小值。

分析 根据题意，直线 l_1 和 l_2 的相互位置关系是确定的，但是位置是不确定的，是两条互相垂直的动直线。点 A，B 是"动"点，线段 AB 的中点 P 为"动"点。因此，要求 $|PO|$ 的最小值就要知道动点 P 的轨迹。

分析点 P 的几何特征要依据它所在的图形，可知线段 AB 是 Rt$\triangle AOB$ 和 Rt$\triangle AMB$ 的公共斜边，连接 PO 和 PM，则 $|PO|=|PM|=\dfrac{1}{2}|AB|$，也就是 $|PO|=|PM|=|PA|=|PB|$，可知点 P 是四边形 $OAMB$ 的外接圆的圆心。在这四个点中，点 A，B 是"动"点，而点 O 与点 M 是确定的点，所以由 $|PO|=|PM|$ 可知，动点 P 的轨迹是线段 OM 的中垂线 l，如图 3-3-4 所示。因此，当 $OP \perp l$ 时，$|PO|$ 最小。此时 $|PO|=\dfrac{1}{2}|OM|=$

$\sqrt{5}$，即 $|PO|$ 的最小值为 $\sqrt{5}$。

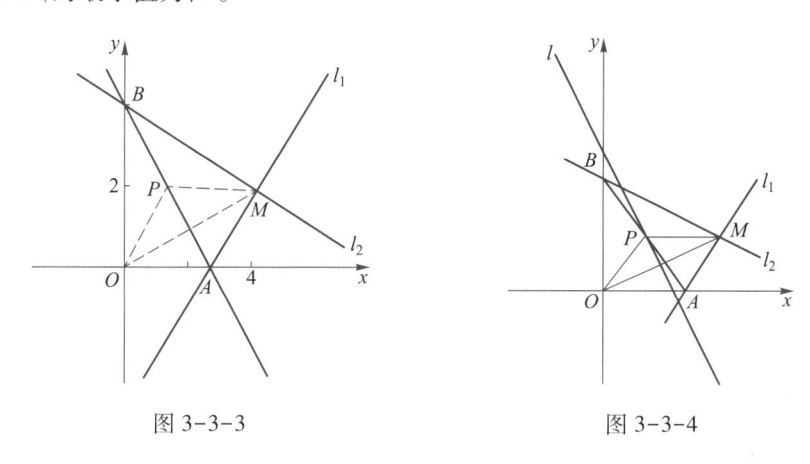

图 3-3-3

图 3-3-4

问题 6 如何理解"直线 $x+my=0$ 与直线 $mx-y-m+3=0$ 交于点 P"？

分析 首先看直线方程 $x+my=0$，这个方程含有参数 m，随着 m 的变化，方程所对应的直线还是一条确定的直线吗？实际上它是"动"的直线，但是由于 $y=0$ 时，$x=0$ 对所有的参数 m 都成立，所以点 $(0,0)$ 的坐标满足这个直线方程，也就是动直线 $x+my=0$ 过定点 $A(0,0)$；同理，动直线 $mx-y-m+3=0$ 过点 $B(1,3)$。

那么，两个方程所对应的直线之间的关系是什么呢？对每一个参数 m 的值，都是两条相交的直线，但是如果从它们的方程的代数特征不难分析出，这是两条互相垂直的直线。这样，"直线 $x+my=0$ 与直线 $mx-y-m+3=0$ 交于点 P"就可以理解为：过点 $A(0,0)$ 与 $B(1,3)$ 的两条互相垂直于点 P 的动直线。如何理解点 P 呢？如果学生的思维意识到这是"动"点 P 的话，就找到了研究问题的切入点，即就会思考"点 P 运动的轨迹是什么"。实际上，点 P 的轨迹是以线段 AB 为直径的圆。

教师可以引导学生继续探索：在前面的条件下，如何求 $|PA|\cdot|PB|$ 的最大值？

由于 $|PA|$ 和 $|PB|$ 都是变量，能不能让一个"变"而另一个"不变"呢？由前面的分析，我们已经知道 $\triangle ABC$ 是直角三角形，直角顶点 P 在圆周上动，$|PA|\cdot|PB|$ 的含义是 $Rt\triangle ABC$ 面积的2倍。因为点 $A(0,0)$ 与 $B(1,3)$ 是确定的，这样我们就可以选线段 AB 为底，点 P 到直线 AB 的距离为高。当高最大时，$Rt\triangle ABC$ 的面积最大，此时最大的高就是圆的半径，即

$$(|PA|\cdot|PB|)_{max}=2\times\frac{1}{2}|AB|\cdot\frac{1}{2}|AB|=\frac{1}{2}|AB|^2=\frac{1}{2}(\sqrt{1+9})^2=5$$

问题 7 已知点 $A(0,2)$，$B(2,0)$。若点 C 在函数 $y=x^2$ 的图象上，则使得 $\triangle ABC$ 的面积为 2 的点 C 的个数为多少？

分析 用"动"与"不动"的思维去认识要解决的研究对象，我们不难发现点 A 和点 B 是确定的点，函数 $y=x^2$ 的图象是确定的，$\triangle ABC$ 的面积是不变的，如图 3-3-5（a），但是点 C 呢？显然，如果以线段 AB 作为 $\triangle ABC$ 的底，确定 $\triangle ABC$ 的面积并不能确定点 C 的位置。因此，点 C 是动点。那么，它是怎么"动"的呢？

设点 C 到直线 AB 的距离为 h，由 $|AB|=2\sqrt{2}$，$\frac{1}{2}\times 2\sqrt{2}h=2$，得 $h=\sqrt{2}$。

由此可知，点 C 的轨迹是到直线 AB 的距离为 $\sqrt{2}$ 的两条平行直线，如图 3-3-5（b），因为坐标原点到直线 AB 的距离为 $\sqrt{2}$，所以其中一条直线是过坐标原点的。

这样，函数 $y=x^2$ 的图象上有几个点能够满足 $\triangle ABC$ 的面积为 2 的问题，就转化为这两条与直线 AB 平行的直线与函数 $y=x^2$ 图象有几个交点的问题，显然是 4 个，如图 3-3-5（c）。

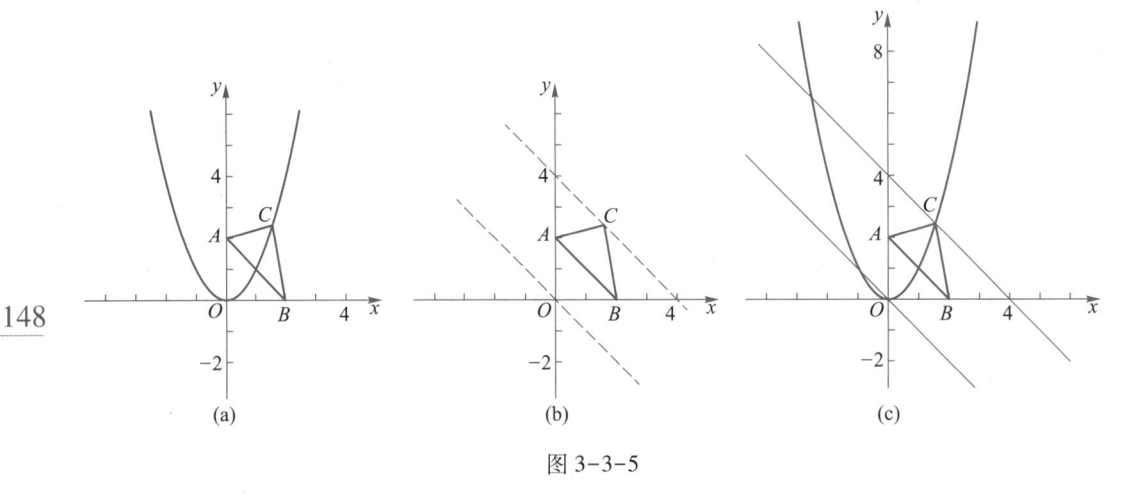

图 3-3-5

知道了"动"，也就知道了"不动"。上述解决问题的路径可以概括为："不动"是解决平面解析几何问题的落脚点。

【案例】

体会"动"是思考问题的切入点（教学片段）

教师提问：如何理解点 $A(-m,0)$，$B(m,0)$，其中 $m>0$？

学生回答：这两个点在 x 轴上且关于原点 O 对称。

教师点评：这样的回答缺少了一点解析几何的"味道"。这种"味道"是什么呢？从两个点的坐标我们可以看出，它们并不是确定的两个点，而是动点。

教师继续问：如果再加一个条件 $\angle APB=90°$，又该如何理解呢？

学生：这里除了点 A,B 是两个动点，点 P 也是动点。

教师引导：请你说一说原因。

学生：为了理解问题的方便，先把点 A,B 看成是不动的点，则动点 P 的轨迹就清楚了，是以线段 AB 为直径的圆（不包含点 A,B）。但由于点 A,B 实际上是动点，因此这个圆是动圆，圆心不变，为坐标原点 O（图 3-3-6），但半径 m 的大小是变化的。

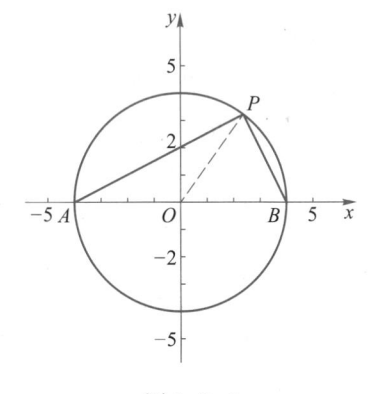

图 3-3-6

教师：如果将上述条件进一步补充，已知圆 $C:(x-3)^2+(y-4)^2=1$ 和点 $A(-m,0)$，$B(m,0)$，若圆 C 上存在点 P，满足 $\angle APB=90°$。如何理解这段话呢？

学生：圆 C 是一个圆心为 $(3,4)$，半径为 1 的定圆，因为它是用圆的标准方程的形式给出的。

教师:"若圆 C 上存在点 P"这句话说的是关系,谈关系就至少是两个对象,除了圆 C,其他的研究对象是谁呢?

学生:根据前面的分析,我知道研究对象还有以原点为圆心,半径为 m 的动圆;条件"若圆 C 上存在点 P"说明这两个圆有公共点,从位置关系的角度看,这两个圆由外切到相交两个点,再到内切(图3-3-7)。

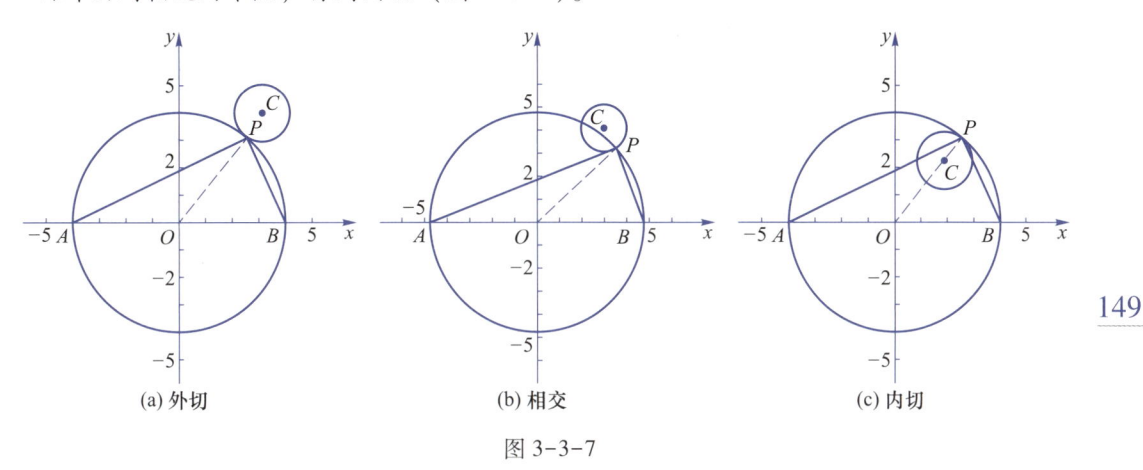

(a) 外切　　　　　　(b) 相交　　　　　　(c) 内切

图 3-3-7

教师:如果要解决的问题是"求 m 的最大值",在前面分析的基础上我们知道,点 P 实际上是定圆 C 上的动点、任一点,之前的动圆就可以像参数一样消掉了。这样,问题的本质是求在定圆 C 上的动点 P 到坐标原点 O 距离的最大值,这时点 P 就是坐标原点 O 与圆心 $C(3,4)$ 的连线并延长与圆 C 的交点(图3-3-8),答案是6。

案例分析

上述教学过程中,借助定圆 C 解决了问题,但是

图 3-3-8

如果没有前面的动圆做铺垫,也就不可能将问题转化到定圆 C 上。

因此,在理解平面解析几何问题时,首先要思考研究对象的几何特征,"动"是思维活动的切入点。"动"的研究对象能够帮助学生理解问题的情境,思考"动"点是怎么"动"的,其轨迹是什么。

很多时候,学生的思维活动容易被固化,也许之前对结论做过思考和研究,但是一旦熟悉了、记住了,就以结论的形式固化了,固化的知识往往被不加思考地"套用",就不能通过知识实现思维训练的功能了,这也正是在进行数学知识的教学过程中,教师始终要引导学生思考问题,坚持用数学的思维方法思考问题和解决问题的原因。

【案例】

"动"中取"静"(教学片段)

教师:有些时候,本来是"动"的几何对象,但是为了研究问题的方便,我们要把它理解成是"不动"的,目的是什么呢?我们来看下面的例子。

例1 在平面直角坐标系中，记 d 为点 $P(\cos\theta, \sin\theta)$ 到直线 $x-my-2=0$ 的距离。当 θ，m 变化时，d 的最大值为_____。

教师引导学生思考：如何理解"点 $P(\cos\theta, \sin\theta)$ 和直线 $x-my-2=0$"？

学生：点 $P(\cos\theta, \sin\theta)$ 是动点，其轨迹是单位圆；直线 $x-my-2=0$ 是过定点 $A(2,0)$ 的动直线。

教师：这样问题就转化为求单位圆上的动点 P 到动直线距离的最大值。如何寻找解决这个问题的方法呢？

学生：需要先让这条动直线"不动"，也就是在某一个位置确定下的直线，如图 3-3-9（a）。我们不难得出，在单位圆上的动点 P 到这条直线的所有垂线中，只有过圆心的那条垂线段 PB 到这条直线 $x-my-2=0$ 的距离是最长的，如图 3-3-9（b）。

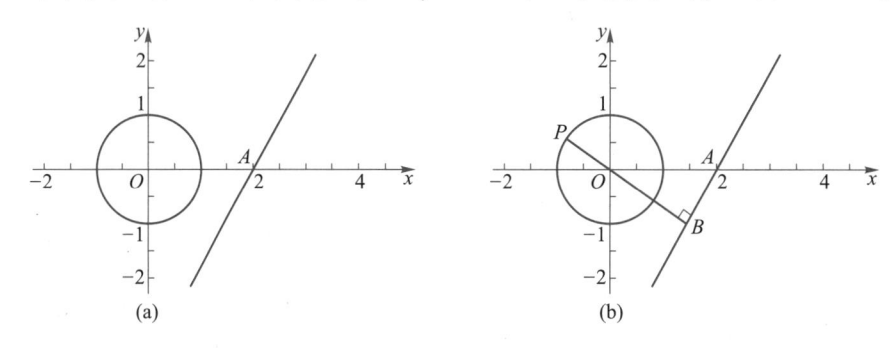

图 3-3-9

教师引导：在前面假设它是确定直线的前提下，大家找到了动点 P 在单位圆上的相对位置。但是，直线 $x-my-2=0$ 是过定点 $A(2,0)$ 的动直线，又该怎么确定哪条垂线段是最短的呢？

学生：过点 $A(2,0)$ 的直线动起来的话，对每一个确定的直线的位置，都是这样的点 P 符合题意；由于所有这样的垂线段中，都包含了一段圆的半径 OP，因此只需要关注线段 OB 何时是最长的，如图 3-3-10（a）。显然，$|OB| \leqslant |OA|$，若以线段 OA 为垂线段的一部分的话，此时是点 P 到直线 $x-my-2=0$ 的距离最长，如图 3-3-10（b）。由此也就确定了这条直线的位置，即过 $A(2,0)$ 且垂直于 x 轴的直线。这样，得出 PB 的最大值为 3。

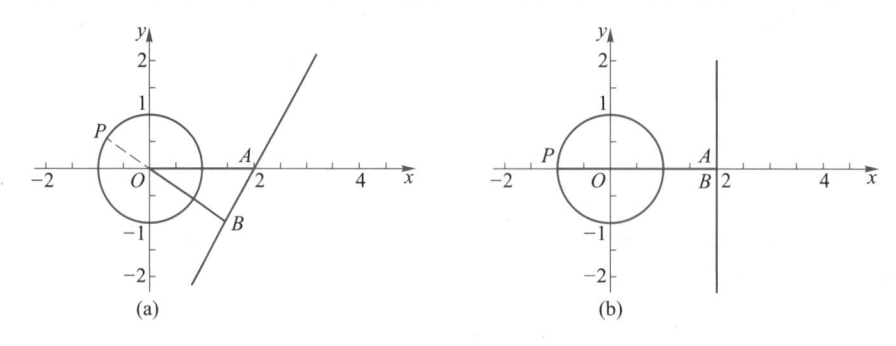

图 3-3-10

教师：在上述思维过程中，你是不是能够体会到动与不动的奇妙之处呢？我们再看一个例子。

例 2 已知双曲线 $\dfrac{x^2}{a^2}-\dfrac{y^2}{b^2}=1$ 的右支上恰好有两点到 O（坐标原点）、F（右焦点）的距离相等，则双曲线的离心率 e 的取值范围是多少？

教师：你是如何理解这个问题的？

学生：离心率 $e=\dfrac{c}{a}$，在双曲线 $\dfrac{x^2}{a^2}-\dfrac{y^2}{b^2}=1$ 形状不确定的情况下，e 变也就是 a 和 c 都在变。为了研究问题的方便，可以把 c 看成是不变的。这样，右焦点 F 就是确定的点了，在这样理解的前提下，条件"到 O（坐标原点）、F（右焦点）的距离相等"就可以理解为到线段 OF 的两个端点的距离相等的"动"点，其轨迹是线段 OF 的中垂线，方程是 $x=\dfrac{c}{2}$。

教师：题目中"双曲线 $\dfrac{x^2}{a^2}-\dfrac{y^2}{b^2}=1$ 的右支上恰好有两点到 O（坐标原点）、F（右焦点）的距离相等"的含义是什么呢？

学生：实际上就是该双曲线的右支与直线 $x=\dfrac{c}{2}$ 相交于两点。

教师：由于 a 变，对应的就是双曲线右支的顶点 A 在动，它动的范围是什么呢？

学生：显然，点 A 在坐标原点的右边。如果点 A 向右动，相对于点 M 来说，点 A 要么在点 M 的左边，要么与点 M 重合或在点 M 的右边（图 3-3-11）；而只有点 A 在点 M 的左边符合题意，故点 A 的位置就确定了，在坐标原点 O 与点 M 之间，对应 $0<a<\dfrac{c}{2}$，也就是 $\dfrac{c}{a}>2$，故离心率 e 的取值范围是 $(2,+\infty)$。

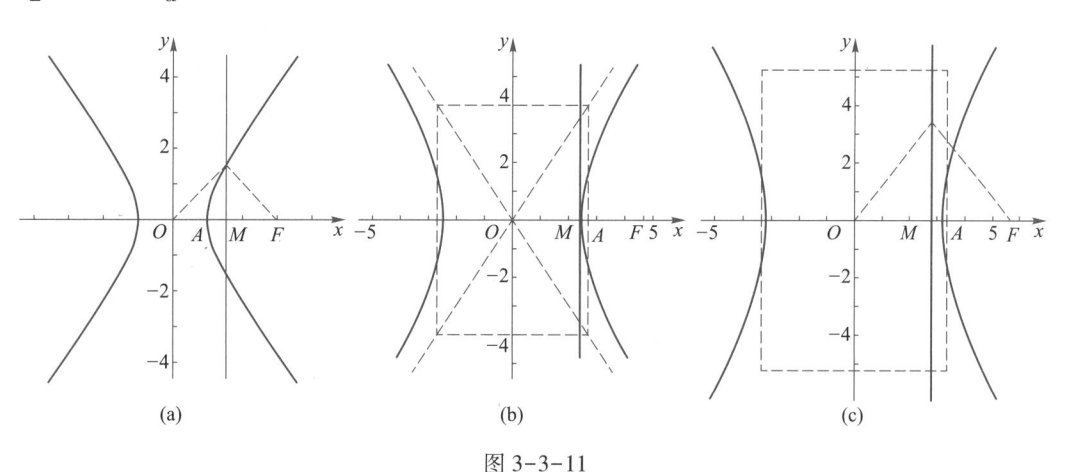

图 3-3-11

例 3 已知线段 $AB=8$，点 C 是线段 AB 上一定点，且 $AC=2$，P 为 CB 上一动点，设点 A 绕点 C 旋转后与点 B 绕点 P 旋转后交于点 D，如图 3-3-12，记 $CP=x$，$\triangle CPD$ 的面积为 $f(x)$。则 $f(x)$ 的定义域为多少？$f'(x)$ 的零点是多少？

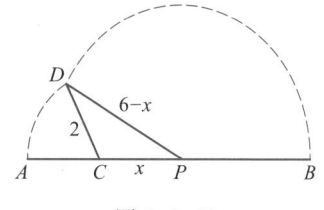

图 3-3-12

教师：你能表达一下对题意的理解吗？

学生：根据题意，△CPD的三条边分别是2，x和$6-x$。根据"两边之和大于第三边"求得$f(x)$的定义域为$(2,4)$。

教师：导函数$f'(x)$的零点的含义是什么呢？

学生：是函数$f(x)$取极大值或极小值时的自变量，也就是△CPD的面积取极大值或极小值时的自变量。

教师：你能从几何的角度来理解这个问题吗？

学生：△CPD的形状是变化的，具体来说就是点D与点P在动。研究对象如果有两个是变量，是不好解决的。由于要解决△CPD的面积的极值问题，而$|CD|=2$，就可以把线段CD作为三角形的底，这样点D就可以理解为是"不动"的了。

教师：如此，我们就聚焦在P点上，它是如何运动的，对应的轨迹是什么？

学生：谁引起了点P的运动呢？是x和$6-x$的变化引起了点P的运动，而x和$6-x$的和为6，又$|CD|=2$，如果不考虑$x\in(2,4)$的话，点P的轨迹就是以C和D为焦点的椭圆，在标准位置时，如图3-3-13，我们可以写出其椭圆方程。这样我们对问题的理解就是：一个形状相同的椭圆，绕着焦点C旋转，在直线AB上划过了一段，形成了区间$(2,4)$。

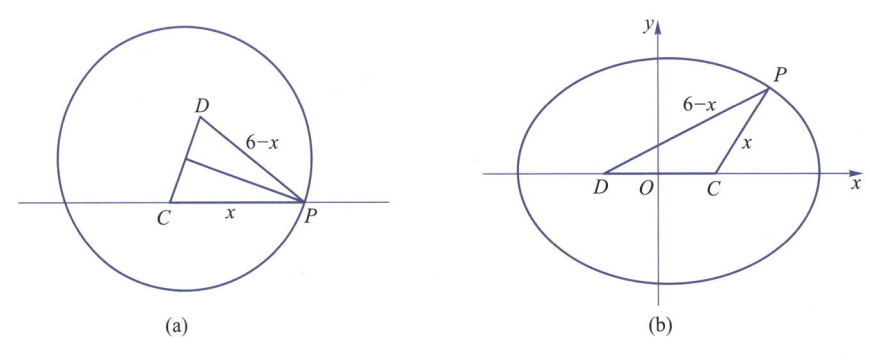

图3-3-13

教师：如何求△CPD面积的极值（或最值）呢？

学生：按理说，$|PC|=2$或$|PC|=4$时，△CPD的底边CD上的高最小，面积应该有极小值（也就是最小值），但是由于是开区间$(2,4)$，$|PC|$取不到2或4，因此，没有极小值；但是在$x\in(2,4)$的过程中，一定能够取到最大的高，即点P在椭圆的短轴时，$x=6-x$，即$x=3$，△CPD面积取极大值（也就是最大值）。故$f'(x)$的零点是$x=3$。

教师：在上述分析的过程中，本来点D是"动"点，但是我们有充分的理由可以把它理解为不"动"的；本来椭圆不是标准位置的椭圆，但是在解决问题的过程中，可以把歪着的椭圆理解成我们早已经习惯的标准位置的椭圆。同学们，你们是不是体会到了"动中取静"的方法呢？

案例分析

在平面解析几何的教学中，"曲线与方程"的学科思想要贯穿始终。让学生能够深刻地体会到用代数方法研究几何问题的思维过程是这样的：在几何上，"动"点运动形成轨迹。这个轨迹是什么样的呢？这就需要将"动"点放在直角坐标系的背景中，去研究"动"点运动规律的代数形式，即把"动"点运动所形成的轨迹转化为"动"点坐标(x,y)所满足的方程$f(x,y)=0$。通过研究这个方程$f(x,y)=0$，我们判断出"动"点(x,y)运动的几何规律。这就是平面解析几何的思考问题和解决问题的过程，是"曲线与方程"的学科思想内化到平面解析几何的思维活动的过程。

【案例】
从几何直观到几何抽象（教学片段）

问题 已知椭圆$C: \dfrac{x^2}{4} + \dfrac{y^2}{3} = 1$，确定$m$的取值范围，使得对于直线$y=4x+m$，曲线$C$上有两个不同的点关于该直线对称。

分析 根据题意画出几何图形，如图3-3-14，设椭圆上关于直线$y=4x+m$对称的两个点为A点和点B。那么，对这个看似静态的几何图形的理解是动态的，那就是几何直观在发挥着作用。

直线$y=4x+m$与椭圆相交是曲线C上有两个不同的点关于该直线对称的必要条件，但由于直线方程中含有参数m，因此，这条与椭圆相交的直线是"动"的，这个"动"就是几何直观中的原始感受。只有感受到直线$y=4x+m$的"动"，看着自己画出来的静态几何图形，学生的思维才能真正"动"起来，也就理解了：不是这条直线与椭圆一相交，其上就一定有两个不同的点关于它对称。学生可以在几何直观的思维活动中，让这条直线向左或向右移动无限靠近椭圆的一侧，当其上只有一个点时，这个点关于直线$y=4x+m$的对称点就要落在椭圆内了。这样的分析就是可视化的，其几何直观不是直线与椭圆相交，而是这条与椭圆相交的直线方向不变，而位置是运动变化的，用数学的语言来表达就是：这条直线与椭圆的位置关系没有确定下来。那么，哪条直线与椭圆的位置关系是确定的呢？换一个角度看，弦AB所在的直线斜率为$-\dfrac{1}{4}$，直线AB只要和椭圆相交于A、B两点，则弦AB就有对称轴，其方程就是$y=4x+m$，因此，直线AB与椭圆的位置是确定的。

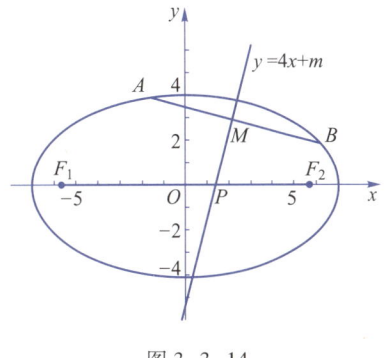

图3-3-14

案例分析

上述分析就是从几何直观去感受几何抽象的思维活动过程，用教师对学生常说的话就是"把题看明白"。学生如果没有把题目看懂，不理解题意，一个重要原因是：学生没有感受到直线$y=4x+m$的"动"，也体会不到直线AB与椭圆C位置的"确定"，从本质上说就是几何直观的缺失。

教学建议

第一，几何直观在理解问题环节发挥着重要的作用。

几何图形是培养学生几何思维能力的载体，几何直观是对几何图形的直观感受，是理解几何图形的原创性思维活动。学生如何能从直观的几何图形中"看到"并不直观的几何特征呢？平面解析几何是以几何图形作为主要载体的，学生理解解析几何问题，就要能够以直观的轨迹或抽象的曲线方程为载体进行演绎，其中，对轨迹的理解就是几何直观能力的体现。

第二，在教学中要揭示出平面解析几何的思维特征。

在课堂教学中，教师要有意识地培养学生好的思维习惯，让学生感悟到解决一个数学问题不应上来就去算、就去操作，而应理解问题，明确研究对象。每个研究对象的性质是什么？不同研究对象之间的关系是什么？等等。在理解这些问题时进行的思维活动，本质上就是对数学问题的研究对象进行研究。为了防止学生用操作替代思维活动，教师在设计问题时，可以把数学题目改成数学问题，以此拓展学生思维活动的空间。

例如，已知半径为1的圆经过点（3,4），其圆心到原点的距离的最小值为多少？这个研究对象是一个半径为1的圆和两个点。其中，点（3,4）和原点是确定的点，圆过点（3,4）表达了两者之间的位置关系，但是圆是确定的还是不确定的？显然，圆的大小是不变的，但是圆的位置并没有确定下来，因为圆心是动的。也正因为如此，才有了求"圆心到原点的距离的最小值"的问题。

理解数学问题的过程是教师引导学生必须经历的思维活动，如果忽视这种思维活动，教师就会更期待学生回答解决问题的方法是什么，会向学生提出类似"你如何做这道题目"的问题。如此，也就抹杀了理解数学问题的思维活动，因为学生讲出来的做法已经是思考后的结果了，思维活动其实并没有展开。

通过理解数学问题的思维活动，已经知道圆心是"动"的，掌握平面解析几何问题的思维特征，进一步的思维活动就是要探究"动"的圆心的轨迹。因为圆的半径为1且过点（3,4），作为动点的圆心到点（3,4）的距离始终为1，所以，圆心的轨迹是以点（3,4）为圆心，半径为1的圆。这个圆上的点与原点的距离的最小值就是点（3,4）到原点的距离减去其半径1，答案为4。

理解数学问题是学生解决数学问题的第一步，这一步走得好不好，直接关系到问题能否解决。由于考试有时间限制，在无形中会影响教师教学和学生做题的心态，忽视思维过程、重视解题套路的教学在一些课堂上就有了"市场"，甚至被视为提高分数的"秘诀"。但这样做有可能会牺牲学生理解问题的意识和能力，提高学生的思维水平也就会成为空谈。

3-4 如何引导学生掌握平面解析几何的研究方法？

问题的提出

尽管平面解析几何是用代数方法来研究几何问题的，但并不是说几何问题只要通过计算都能有效地解决。平面解析几何毕竟是研究几何对象的，我们绝不能忽视对几何对象的几何特征的认识与理解。要用代数方法来解决几何问题，就要善于将几何对象的几何性质通过代数形式表达出来。

但目前的平面解析几何教学存在着一种倾向，教师在教学生研究平面解析几何问题时，解题方法的题型化、套路化比较严重，还不能够在思维层面上概括出研究问题的一般思路，对几何对象的几何特征的研究还比较缺乏，导致学生解决解析几何问题时经常会陷入繁难的代数运算中。因此，如何引导学生掌握研究平面解析几何问题的方法，就成为教学中亟待解决的关键问题。

问题的分析

一、明确用代数方法解决几何问题的真正含义

在平面解析几何教学中，教师要帮助学生经历解决问题的如下过程：首先将几何问题代数化，用代数语言描述几何元素或图形的性质及其相互的位置关系，进而将几何问题转化为代数问题、处理代数问题、分析代数结果的几何含义，最终解决几何问题。在教学中，教师要让学生感受到：平面解析几何研究的是几何问题，要得到的也是几何结论，但它使用的方法却不是几何问题中常用的演绎推理的思维方法，而是代数方法。这种思想贯穿平面解析几何教学的始终。

要用代数方法去研究几何图形，第一步，需要把和几何对象相关的问题转化成代数形式；第二步，用代数方法研究几何对象的性质及其位置关系；第三步，把研究出来的代数结果转化成几何形式（也就是给出几何解释）。这两次转化是解决解析几何问题的关键，也是教学重点和难点。这两次转化的桥梁就是法国数学家、哲学家笛卡儿提出的两个基本观点：用坐标表示点；用方程表示曲线。据此，研究平面解析几何问题主要体现在两个方面：一是根据曲线的几何特征，把它的代数形式表示出来；二是通过曲线方程来讨论它的几何性质。

但是要注意到，不能直接把几何对象代数化，而是要经历对几何对象的几何特征的研究，这个研究是实现几何问题代数化的基础和落脚点。也就是说，要能够根据问题给出的条件，研究出几何对象的几何特征。为此，需要从两个方面去分析：对单个几何对象，要研究它的几何性质；对不同的几何对象，不仅要研究各自的几何性质，还要关注它们之间的位置关系。在此基础上做出图形，直观地表达、分析出几何对象的几何特征，再进行合理的代数化。

二、渗透"曲线与方程"的概念是把握解析几何学科本质的依据

在以直线方程与圆的方程为载体的平面解析几何初步的教学中，教师不仅要让学生掌握直线与圆的方程的建立和简单的应用，而且要让学生从"曲线与方程"的高度去认识直线方程与圆的方程内在的逻辑关系，真正体会用代数方法解决几何问题的思维过程。在教学过程中，教师可以从"几何"与"代数"两个方面渗透"曲线与方程"的概念。

从几何的角度看，在直线的方程的建立过程中，首先让学生思考：如何理解直线 l 的几何特征？过定点 P 的直线 l，直线 l 上的任意不同于点 P 的一点 M，点 M 与定点 P 所确定的斜率是确定的值，即 k；同样，平面上的任意一点 M（不同于点 P）与点 P 所确定的斜率如果是 k，则点 P 一定在直线 l 上。

从代数的角度看，直线 l 上的任意一点 M 的坐标 x,y 满足直线方程；直线方程的任意一个解为坐标的点，由于它与定点 P 的坐标所确定的斜率为 k，所以点 M 在直线 l 上。

在圆的方程的建立过程中，同样首先要让学生理解：圆的几何特征是什么？实际上也要从两个方面去阐述，一方面，圆上的点到圆心的距离等于圆的半径；另一方面，平面上的任一点如果到圆心的距离等于半径 r，这个点也一定在圆上。只有从几何的角度如此理解圆的几何特征，学生才能够更好地从代数角度去理解"曲线的方程"和"方程的曲线"的真正意义。

三、从代数条件中得到有关几何对象的几何特征

一些学生缺乏从代数形式中分析几何性质的意识和能力。例如，对直线 $ax+by+b-a=0$ 的理解，很多学生没有分析过方程中的参数含义，一看到这个方程，就认为这个方程表示的是一条直线。在教学中，教师要设计问题让学生思考：方程中为什么有不确定的参数，其含义是什么？在学生明确这不是一条确定的直线之后，教师可以追问：为什么这么多条直线都可以用一个方程来表示？在这个问题上，很多教师介绍了多种证明直线过定点的方法。这些方法的确很重要，但更为重要的是要让学生意识到，这些直线之所以能用同一个代数形式表达出来，是因为它们具有共同的几何特征，也就是要教给学生提出问题、思考问题的方法。如果没有从方程中分析曲线几何特征的意识，学生在面对问题如"判断直线 $ax+by+b-a=0$ 与圆 $x^2+y^2-x-2=0$ 的位置关系"时，往往会采取通过计算圆心 $\left(\dfrac{1}{2},0\right)$ 到直线 $ax+by+b-a=0$ 的距离与圆的半径 $\dfrac{3}{2}$ 的比较来行判断，或者是将直线方程与圆的方程联立，希望能够通过判别式的符号做出判断，而这又是行不通的。学生可能会感到困惑：这些方法不都是老师教给的一般方法吗？实际上，在没有理解问题的前提下随意套用"方法"往往不能解决问题。就如前面分析的那样，正是由于直线 $ax+by+b-a=0$ 不是一条确定的直线，因此，上述一般方法并不适用。如果在审题的过程中能够分析得出直线 $ax+by+b-a=0$ 是过定点 $(1,-1)$ 的所有直线的话，再判断点 $(1,-1)$ 与圆 $x^2+y^2-x-2=0$ 的位置关系即可。

问题的解决

一、通过研究几何对象的几何性质，找到代数化的方法

在平面解析几何的研究中，当我们面对一个几何对象（如直线、圆、椭圆、双曲线或抛物线等）时，一般通过这个几何对象的代数形式，结合它的几何图形、有关的代数数值等来研究这个几何对象的几何性质；借助这个几何对象的几何性质，就可以找到恰当的代数化方法。这个过程如图 3-4-1 所示。

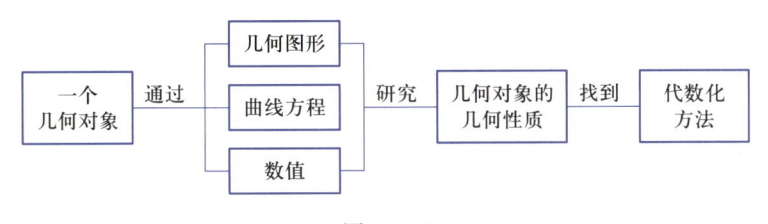

图 3-4-1

例1 如图 3-4-2 所示，已知双曲线 C：$\dfrac{x^2}{3}-y^2=1$，O 为坐标原点，F 为 C 的右焦点，过 F 的直线与 C 的两条渐近线的交点分别为 M，N。若 $\triangle OMN$ 为直角三角形，则 $|MN|=$（　　）。

A. $\dfrac{3}{2}$ 　　B. 3 　　C. $2\sqrt{3}$ 　　D. 4

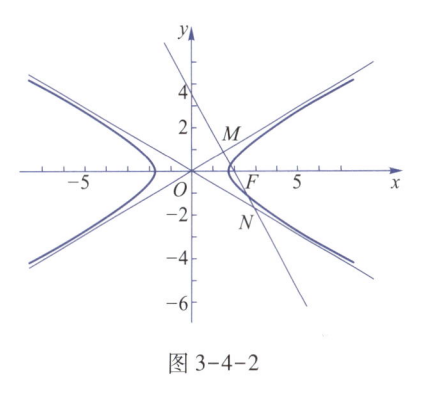

图 3-4-2

分析 （1）研究几何性质。

双曲线 $C:\dfrac{x^2}{3}-y^2=1$ 的渐近线为 $y=\pm\dfrac{\sqrt{3}}{3}x$，它们的夹角（含焦点 F）为 $60°$；过右焦点 F 的直线与 C 的两条渐近线的交点分别为 M，N，若 $\triangle OMN$ 为直角三角形，哪一个角是直角呢？由于渐近线夹角为 $60°$，可知直线 MN 与渐近线是垂直的。

（2）寻找代数化方法。

设直线 MN 与渐近线 $y=\dfrac{\sqrt{3}}{3}x$ 垂直，则可以把直线 MN 代数化，其斜率为 $-\sqrt{3}$，过 $F(2,0)$，方程为 $y=-\sqrt{3}(x-2)$；由于 $Rt\triangle OMN$ 中，$\angle ONM=30°$，欲求 $|MN|$，只要求 $|OM|$。

联立方程 $y=\dfrac{\sqrt{3}}{3}x$ 与 $y=-\sqrt{3}(x-2)$，得点 $M\left(\dfrac{3}{2},\dfrac{\sqrt{3}}{2}\right)$，故 $|OM|=\sqrt{\dfrac{9}{4}+\dfrac{3}{4}}=\sqrt{3}$。$Rt\triangle OMN$ 中，$|MN|=|OM|\tan 60°=\sqrt{3}\times\sqrt{3}=3$。故答案为 B。

在平面解析几何问题的分析中，思维的切入点是分析几何对象的几何特征。例如，本题中分析双曲线 $C:\dfrac{x^2}{3}-y^2=1$ 的几何特征；在 $Rt\triangle OMN$ 条件下，分析直线 MN 的几何

特征，分析Rt△OMN的几何特征。在此基础上，再进行代数化和代数运算。

例2 如图3-4-3所示，已知F_1，F_2是椭圆$C: \dfrac{x^2}{a^2}+\dfrac{y^2}{b^2}=1 (a>b>0)$的左、右焦点，$A$是$C$的左顶点，点$P$在过$A$点且斜率为$\dfrac{\sqrt{3}}{6}$的直线上，△$PF_1F_2$为等腰三角形，$\angle F_1F_2P=120°$，则$C$的离心率为（　　）。

A. $\dfrac{2}{3}$　　B. $\dfrac{1}{2}$　　C. $\dfrac{1}{3}$　　D. $\dfrac{1}{4}$

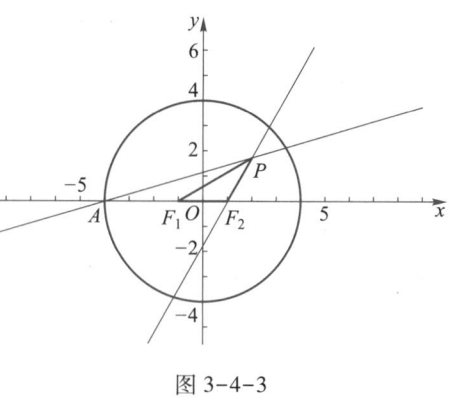

分析 根据条件可知，椭圆$C: \dfrac{x^2}{a^2}+\dfrac{y^2}{b^2}=1$的左顶点$A(-a,0)$，则点$P$所在的直线几何性质是过$A$且斜率为$\dfrac{\sqrt{3}}{6}$，因而其代数化的直线方程为：$y=\dfrac{\sqrt{3}}{6}(x+a)$。

图3-4-3

"△PF_1F_2为等腰三角形，$\angle F_1F_2P=120°$"这个条件是对图形的表述，要能够转化为相关几何对象的几何性质，再进行有针对性的代数化。

直线F_2P的倾斜角为60°，斜率为$k=\sqrt{3}$，故直线F_2P方程为$y=\sqrt{3}(x-c)$。

联立方程$y=\dfrac{\sqrt{3}}{6}(x+a)$与$y=\sqrt{3}(x-c)$，可得$P\left(\dfrac{1}{5}(a+6c),\dfrac{\sqrt{3}}{5}(a+c)\right)$。

最后，由条件"△PF_1F_2为等腰三角形，$\angle F_1F_2P=120°$"可知$|F_1F_2|=|F_2P|$，其对应的代数化为

$$2c=\sqrt{\left[\dfrac{1}{5}(a+6c)-c\right]^2+\left[\dfrac{\sqrt{3}}{5}(a+c)\right]^2}$$

化简得$a=4c$，故离心率为$\dfrac{1}{4}$。故答案为D。

本题思维的切入点还是分析几何性质，椭圆$C: \dfrac{x^2}{a^2}+\dfrac{y^2}{b^2}=1$是问题的载体，也是首先要研究的；从其标准方程可知左顶点$A(-a,0)$和右焦点$F_2(c,0)$，从而将最基本的几何元素代数化；在此基础上，围绕等腰△PF_1F_2的几何特征分析，即两腰相等，建立关于a,c的等量关系，从而求得椭圆的离心率。

例3 如图3-4-4所示，设F_1，F_2是双曲线$C: \dfrac{x^2}{a^2}-\dfrac{y^2}{b^2}=1 (a>0,b>0)$的左、右焦点，$O$是坐标原点。过$F_2$作$C$的一条渐近线的垂线，垂足为$P$。若

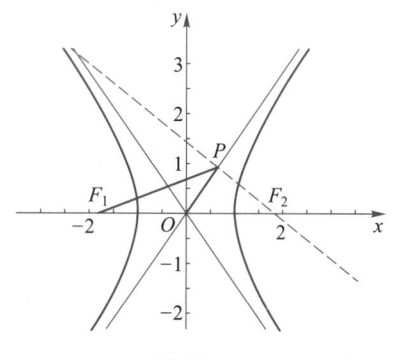

图3-4-4

$|PF_1|=\sqrt{6}|OP|$，则 C 的离心率为（　　）。

A. $\sqrt{5}$　　B. 2　　C. $\sqrt{3}$　　D. $\sqrt{2}$

分析　在本题中，核心的几何对象是线段 PF_1 与 PO，根据双曲线方程 $C: \dfrac{x^2}{a^2}-\dfrac{y^2}{b^2}=1$ 可知点 $F_1(-c,0)$，因此需要对点 P 进行代数化，也就是求出其坐标。

从几何的角度看，点 P 是双曲线的渐近线与过 F_2 的与其垂直的直线的交点，将其代数化，渐近线方程：$y=\dfrac{b}{a}x$，直线 PF_2：$y=-\dfrac{a}{b}(x-c)$，联立求得 $P\left(\dfrac{a^2}{c},\dfrac{ab}{c}\right)$，则

$$|OP|=\sqrt{\dfrac{a^4}{c^2}+\dfrac{a^2b^2}{c^2}}=\sqrt{\dfrac{a^2(a^2+b^2)}{c^2}}=\sqrt{\dfrac{a^2c^2}{c^2}}=a$$

又

$$|PF_1|=\sqrt{\left(\dfrac{a^2}{c}+c\right)^2+\dfrac{a^2b^2}{c^2}}=\sqrt{\dfrac{(a^2+c^2)^2+a^2(c^2-a^2)}{c^2}}=\sqrt{3a^2+c^2}$$

依据已知条件 $|PF_1|=\sqrt{6}|OP|$，得

$$\sqrt{3a^2+c^2}=\sqrt{6}a$$

故

$$e=\sqrt{3}$$

此题也可以做如下分析：

如图 3-4-5 所示，渐近线方程：$y=\dfrac{b}{a}x$，在 Rt$\triangle OPF_2$ 中，$\tan\angle POF_2=\dfrac{b}{a}$，即 $\dfrac{|PF_2|}{|PO|}=\dfrac{b}{a}$，$|PF_2|^2+|PO|^2=c^2$。

双曲线 $C: \dfrac{x^2}{a^2}-\dfrac{y^2}{b^2}=1$，知 $b^2+a^2=c^2$，故 $|PF_2|=b$，$|OP|=a$，$|PF_1|=\sqrt{6}|OP|=\sqrt{6}a$，$\cos\angle F_2=\dfrac{b}{c}$。

图 3-4-5

在 $\triangle PF_1F_2$ 中，由余弦定理

$$|PF_1|^2=|PF_2|^2+|F_1F_2|^2-2|PF_2||F_1F_2|\cos\angle F_2$$
$$6a^2=b^2+4c^2-2b\cdot 2c\cdot\dfrac{b}{c}$$

得

$$3a^2=c^2,\quad e=\sqrt{3}$$

故答案为 C。

本题思维的切入点是：分析 Rt$\triangle OPF_2$ 和 $\triangle PF_1F_2$ 的几何特征，从双曲线的渐近线方程得到有关角的信息，为研究三角形提供了必要的条件。

例 4　已知椭圆 C 的焦点为 $F_1(-1,0)$，$F_2(1,0)$，过 F_2 的直线与 C 交于 A，B 两点。若 $|AF_2|=2|F_2B|$，$|AB|=|BF_1|$，则 C 的方程为（　　）。

A. $\dfrac{x^2}{2}+y^2=1$　　B. $\dfrac{x^2}{3}+\dfrac{y^2}{2}=1$　　C. $\dfrac{x^2}{4}+\dfrac{y^2}{3}=1$　　D. $\dfrac{x^2}{5}+\dfrac{y^2}{4}=1$

分析 根据题目的条件,从几何的角度来初步理解问题并画出图形,如图3-4-6所示。由于给出的条件更多的是数量关系,所以需要从代数角度进一步明确几何特征,也就是确定过F_2的直线与椭圆C的位置关系。

设$|BF_2|=x$,则$|AF_2|=2|F_2B|=2x$,$|BF_1|=|AB|=3x$。因为点B在椭圆C上,有$|BF_1|+|BF_2|=2a$,所以$3x+x=2a$,即$x=\frac{1}{2}a$。这样$|AF_2|=a$,因为点A在椭圆C上,所以$|AF_1|+|AF_2|=2a$,即$|AF_1|=a$。

思考:对以上的代数结果有没有几何上的理解呢?实际上,根据计算得到的代数的结果,$|AF_1|=a$,$|AF_2|=a$,而点A在椭圆C上,可以判断出点A实际上是在椭圆的上顶点处,即$A(0,b)$,如图3-4-7所示。

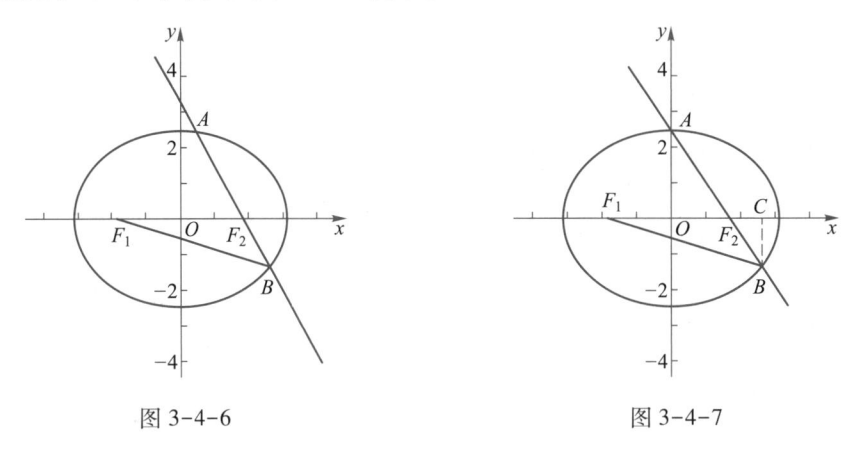

图 3-4-6   图 3-4-7

以下需要借助数量关系进一步将点B代数化。过点B作$BC\perp x$轴于点C。

由 Rt$\triangle AOF_2$ 与 Rt$\triangle BCF_2$ 相似且相似比为2:1,得$|OF_2|:|F_2C|=2:1$,因此,由$|OF_2|=1$,得$|F_2C|=\frac{1}{2}$,所以$|OC|=\frac{3}{2}$。

同理,$|OA|:|BC|=2:1$,$|BC|=\frac{1}{2}b$,于是$B\left(\frac{3}{2},-\frac{b}{2}\right)$,因为点$B$在椭圆$C$上,满足$\frac{x^2}{a^2}+\frac{y^2}{b^2}=1$,代入计算得$a^2=3$,$b^2=a^2-1=2$,因此椭圆$C$:$\frac{x^2}{3}+\frac{y^2}{2}=1$。

通过以上问题的解决过程,我们可以进一步体会到运用代数方法研究一个几何对象的一般思路是:借助这个几何对象的方程或与之相关的图形、数值研究其几何性质,并运用所得到的几何性质将几何问题代数化,通过代数运算的结果,得到研究对象的几何结论。

二、通过研究多个几何对象的几何位置关系,找到代数化的方法

如果是多个几何对象,我们不仅要研究每一个几何对象的几何性质,还要研究不同几何对象之间的位置关系。在此基础上,对几何对象的几何性质进行代数化和代数运算,从代数运算的结论中分析得出几何结论。这个过程如图3-4-8所示。

例5 直线$y=kx+1$与圆$x^2+y^2+kx+my-4=0$交于M,N两点,且M,N关于直线$x+y=0$对称,求$m+k$的值。

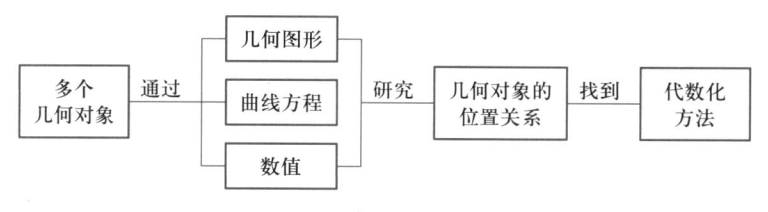

图 3-4-8

分析 如果学生上来就想通过代数运算解决问题，反而欲速不达，原因何在呢？在这个问题中出现了三个几何对象：一个是方程 $y=kx+1$ 对应的一组动直线，二是不确定的圆，三是确定的直线 $x+y=0$。我们除了要研究这三个几何对象的几何性质之外，更为重要的就是研究它们之间的位置关系。

题目的条件中已经告诉我们两组位置关系：

(1) 直线 $y=kx+1$ 与圆 $x^2+y^2+kx+my-4=0$ 的位置关系；

(2) 直线 $y=kx+1$ 与直线 $x+y=0$ 的位置关系。

但是还没有明确直线 $x+y=0$ 与圆 $x^2+y^2+kx+my-4=0$ 的位置关系。如果不研究其位置关系，就会直接影响整个问题的解决。换句话说，如果研究了直线与圆的位置关系，也就找到了解决具体问题的方法。

实际上，我们容易判断出直线 $x+y=0$ 是圆 $x^2+y^2+kx+my-4=0$ 的对称轴，因而它过圆的圆心，即圆心 $\left(-\dfrac{k}{2},-\dfrac{m}{2}\right)$ 在直线 $x+y=0$ 上，由 $\left(-\dfrac{k}{2}\right)+\left(-\dfrac{m}{2}\right)=0$ 得 $k+m=0$。

例 6 点 P 在抛物线 $y^2=x$ 上，点 Q 在圆 $(x-3)^2+y^2=1$ 上，求 $|PQ|$ 的最小值。

分析 如果不分析点 P 与点 Q 的几何性质，上来就进行代数化，如图 3-4-9 所示，设 $P(x_1,y_1)$，$Q(x_2,y_2)$，则 $|PQ|=\sqrt{(x_1-y_1)^2+(x_2-y_2)^2}$，那么，再往下的代数运算就进行不下去了。

研究点 P 与点 Q 的几何性质必须要借助它们所在的图形，不能孤立地研究。因为点 P 在抛物线 $y^2=x$ 上，但和抛物线相关的性质在这个问题中并没有起到什么作用。我们转而去思考点 Q 所在的圆 $(x-3)^2+y^2=1$，圆上任一点到圆心 $C(3,0)$ 的距离都相等。这样，就可以将求 $|PQ|$ 最小值转化为求 $|PQ|$ 加上圆的半径的最小值；从几何上看，此时是折线，如图 3-4-10（a）所示。这样，求 $|PQ|$ 最小值转化为求 $|PQ|+|QC|$ 最小值，此时，点 P,Q,C 三点共线，如图 3-4-10（b）所示。$|PQ|$ 的最小值问题就转化为求 $|PC|$ 的最小值，最后减去圆的半径 1 就可以了。

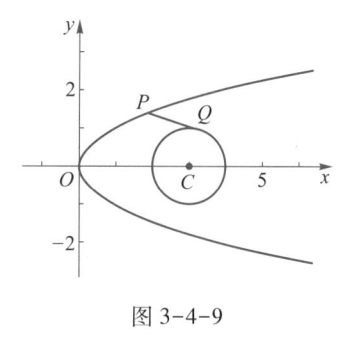

图 3-4-9

如此，大家试想一下，圆 $(x-3)^2+y^2=1$ 上的点 Q 是不是就没用了？可以像消参一样将它消去，直接求抛物线 $y^2=x$ 上的点 $P(x,y)$ 到点 $C(3,0)$ 的距离最小值，如图 3-4-10（c）所示，之后再减 1 即可。

$|PC|=\sqrt{(x-3)^2+y^2}$，因为点 $P(x,y)$ 在抛物线 $y^2=x$ 上，所以

$$|PC|=\sqrt{(x-3)^2+y^2}=\sqrt{(x-3)^2+x}=\sqrt{x^2-5x+9}=\sqrt{\left(x-\dfrac{5}{2}\right)^2+\dfrac{11}{4}}$$

因为 $x \in [0, +\infty)$，所以，当 $x = \dfrac{5}{2}$ 时，$|PC|_{\min} = \dfrac{\sqrt{11}}{2}$，故 $|PQ|_{\min} = \dfrac{\sqrt{11}}{2} - 1$。

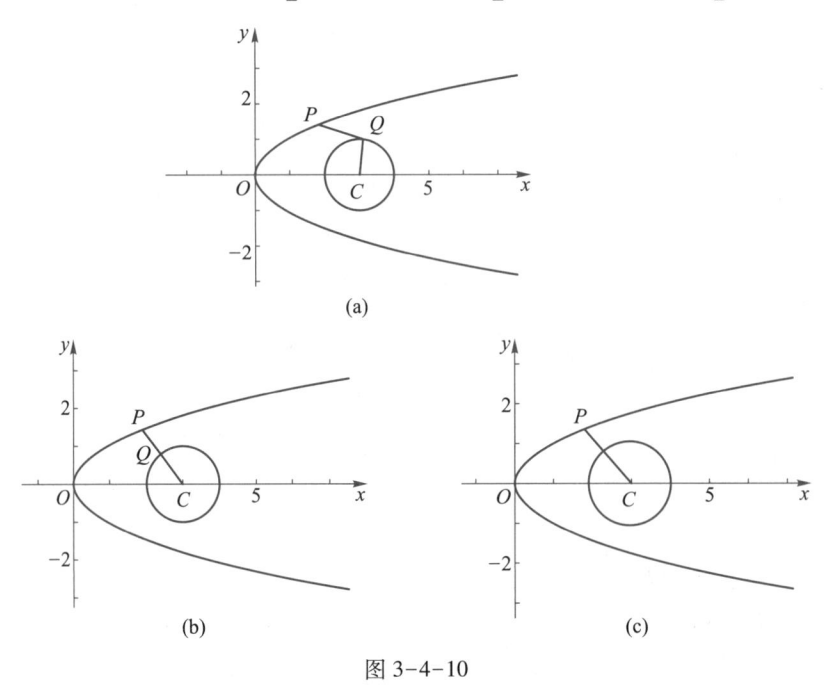

图 3-4-10

通过对上述问题的思考、分析及研究，我们可以概括出研究平面解析几何的一般方法，如图 3-4-11 所示。

首先，分析几何对象的几何特征：几何对象如直线、圆、椭圆、抛物线、双曲线等一般都有其代数形式的曲线方程，我们要从它们的方程中分析得到其几何性质，同时也要找出不同几何对象之间的位置关系；这些几何对象的几何特征也可以结合图形或相关的表示数量

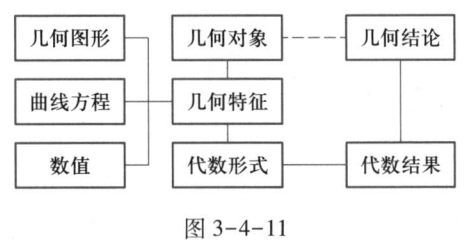

图 3-4-11

关系的数值得到。其次，将几何对象的几何特征进行代数化，得到相对应的代数性质。最后进行代数运算，从代数结果中分析出几何对象的几何特征，得出几何结论。

【案例】

椭圆的几何性质（教学片段）

在这节课的引入部分，教师让学生在投影背投上展示自己在家庭作业中画的椭圆 $\dfrac{x^2}{25} + \dfrac{y^2}{16} = 1$。学生画的椭圆比较粗糙，不够对称。教师简单点评之后用计算机展示椭圆 $\dfrac{x^2}{25} + \dfrac{y^2}{16} = 1$ 的标准图形，并指出：要想画出标准的椭圆就要研究椭圆的几何性质。

课堂教学的引入看似新颖，有学生的展示及教师的点评，但问题恰恰出在了这个引入环节上。教师用 PPT 展示标准的椭圆图形，让学生观察椭圆图形并提出问题："请同学们观察椭圆，你能得到椭圆的哪些几何性质呢？"教师围绕着椭圆的图形提出了一系列问题，展开教学活动。

关于椭圆$\dfrac{x^2}{25}+\dfrac{y^2}{16}=1$对称性的研究，教师启发学生思考问题："请同学们观察，这个椭圆在x轴的上方、下方、y轴的左侧、右侧有怎样的几何特征呢？"

关于椭圆$\dfrac{x^2}{25}+\dfrac{y^2}{16}=1$顶点的研究，教师通过大屏幕展示椭圆图形："请同学们观察，这个椭圆与坐标轴有几个交点？你能根据椭圆方程求得交点的坐标吗？"

关于椭圆$\dfrac{x^2}{25}+\dfrac{y^2}{16}=1$范围的研究，教师启发学生思考问题："如果过椭圆顶点A_1,A_2分别做y轴的平行线，过椭圆顶点B_1,B_2分别做x轴的平行线，则这四条直线将构成矩形，这说明了什么？"教师希望通过这个问题指出椭圆是有范围的，并要求学生根据前面所求的椭圆与x轴和y轴的交点坐标说出椭圆$\dfrac{x^2}{25}+\dfrac{y^2}{16}=1$上动点坐标$(x,y)$的范围。

案例分析

上述教学不符合平面解析几何的"用代数方法解决几何问题"基本思想。符合逻辑的教学应该是用椭圆方程$\dfrac{x^2}{25}+\dfrac{y^2}{16}=1$来研究椭圆的几何性质。要观察的不应该是椭圆的图形，而应该是椭圆的方程。要完成本节课的教学任务，落实本节课的教学目标，教师应引导学生从椭圆方程的角度研究椭圆的几何性质，引导学生从椭圆方程的代数特征去分析椭圆的几何特征。

教师首先要引导学生观察椭圆方程$\dfrac{x^2}{25}+\dfrac{y^2}{16}=1$的代数特征。因为椭圆标准方程的左端是两个完全平方和的形式，所以体现出来的代数性质是：将$-x,-y$代入椭圆方程的左端，等式仍然成立。对应的几何特征是：坐标平面上点(x,y)，$(-x,y)$，$(x,-y)$，$(-x,-y)$的坐标都满足椭圆标准方程。这种代数上的特点反映出的椭圆几何特征是：椭圆关于y轴、x轴和坐标原点对称。椭圆顶点坐标的研究是在明确了顶点概念的基础上，通过联立椭圆的标准方程$\dfrac{x^2}{25}+\dfrac{y^2}{16}=1$与椭圆的对称轴方程$y=0$或$x=0$之后计算得出的，这个过程解决了最简单的直线与椭圆相交问题，对今后直线与椭圆位置关系的研究具有示范作用。由椭圆标准方程左端x与y的完全平方的非负性，可以得出x与y的取值范围，也就是椭圆上动点(x,y)的横、纵坐标的范围。

实际上，因为$\dfrac{y^2}{16}=1-\dfrac{x^2}{25}\geqslant 0$，所以得$-5\leqslant x\leqslant 5$；因为$\dfrac{x^2}{25}=1-\dfrac{y^2}{16}\geqslant 0$，所以$-4\leqslant y\leqslant 4$，而满足椭圆方程$\dfrac{x^2}{25}+\dfrac{y^2}{16}=1$前提下的$-5\leqslant x\leqslant 5$与$-4\leqslant y\leqslant 4$的几何意义就是如图3-4-12所示的矩形内的椭圆上的点。

如果按上述案例的课堂教学先从几何作图开始，再去解释其代数的含义，这样的教学不符合平面解析几何的知识逻辑。在教学中，教师应引导学

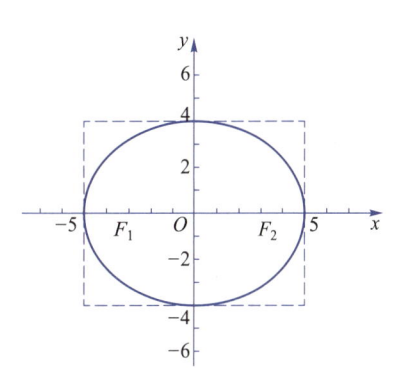

图3-4-12

生通过椭圆方程而不是椭圆图形研究椭圆的几何性质,才是符合学科思维特点、具有知识逻辑的平面解析几何教学。

【案例】

抛物线的几何性质(教学片段)

片段1 在课堂教学的引入阶段,教师让学生依据抛物线的定义在黑板上画出抛物线的图象,这个图象不太标准,但却正是这位教师所"需要"的。因为教师需要引导学生用抛物线的方程去研究抛物线的几何性质。但为什么要用抛物线的方程去研究其几何性质呢?这位教师的依据是:如果用抛物线的图象去研究它的几何性质不准确,因为其图象不标准,不足以作为研究抛物线性质的载体。这种解释显然是牵强的,反映出这位教师对平面解析几何学科特点的认识还不够深刻。如果学生问:黑板上画出的抛物线图象不准确的话,那么,改用计算机软件画出的抛物线图象去研究其性质又如何呢?这样,真不知上课教师该如何作答了。

点评 在平面解析几何的教学中,教师最容易出现的问题是用曲线图形去研究曲线的几何性质,误以为这种教学行为体现了数形结合的数学思想,但其实不符合平面解析几何的知识逻辑。

片段2 再说"抛物线的几何性质"这节课,随着教学的展开,教师和学生一起通过分析抛物线方程,得到抛物线的几何性质,如对称性、顶点、焦参数的意义等。但出乎意料的是,在分析"抛物线的几何性质"的最后,教师和学生一起分析抛物线的单调性(当然是处理过的抛物线:开口向右图象在第一象限的抛物线),并把单调性作为抛物线的一条性质列在黑板上。

点评 解析几何的教学是要研究两个变量之间的依赖关系吗?这是函数教学的任务。这位教师研究"抛物线的单调性"是因为学生提出了这条性质,才临时进行讨论的。这种教学过程中研究问题的随意性是违背知识逻辑的。在探索问题的过程中,学生的思维活跃,提出的问题纷繁复杂,教师要在课堂教学中发挥主导作用,处理好课堂生成和教学目标的关系,及时引导学生的思维方向,保证课堂上学生思维活动的有效性和针对性。

片段3 在这节课最后阶段的例题教学中,教师所选用的例题是在抛物线背景下的含参二次函数求最值的问题。

点评 这显然脱离了本节课的逻辑主线。如何突出课堂教学的逻辑主线?在教学实践中的确是每个教师需要在上课前好好思考的问题。就像本节课的例题选取,符合教学逻辑的做法应该是:通过例题教学进一步地让学生去体会如何用方程去研究曲线的几何性质,这才是符合逻辑的教学。

【案例】

圆锥曲线习题课(教学片段)

问题1 如图3-4-13所示,设 A,B 分别为椭圆 $\dfrac{x^2}{4}+\dfrac{y^2}{3}=1$ 的左、右顶点,设 P 为直线 $x=4$ 上不同于点 $(4,0)$ 的任意一点,若直线 AP,BP 分别与椭圆相交于异于 A,B 的点 M,N,证明点 B 在以 MN 为直径的圆内。

分析 如果想先建立以 MN 为直径的圆的方程,再去验证点 $B(2,0)$ 在这个圆内,在短时间内这几乎是不可能完成的。因为建立以 MN 为直径的圆的方程要设 $M(x_1,y_1)$,

$N(x_2,y_2)$，涉及的参数太多。类似的方法，如将点 B 到线段 MN 中点的距离与圆的半径去比较，也就是与 MN 长度的一半去比较，面临的困难是一样的。

上述问题源于在解决问题时上来就想代数化，忽视了对几何对象的几何特征的分析。

实际上，点 B 在以 MN 为直径的圆内的几何特征是 $\angle MBN$ 是钝角，但此时代数化会很麻烦，因为如果用向量的数量积表示，涉及的参数还是 4

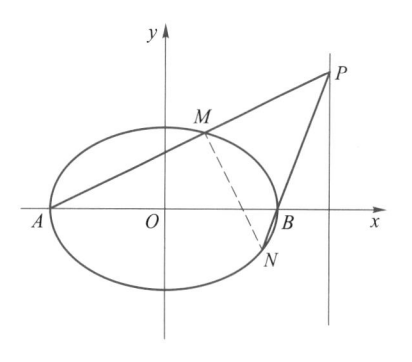

图 3-4-13

个。我们进一步分析几何特征，结合图形发现，如果 $\angle MBN$ 是钝角，那么 $\angle MBP$ 就一定是锐角了，将这个几何特征代数化应该是最恰当的，因为涉及的参数只有 3 个了。

设 $M(x_0,y_0)$，因为点 M 在椭圆上，所以

$$y_0^2 = \frac{3}{4}(4-x_0^2) \qquad ①$$

又点 $M(x_0,y_0)$ 异于顶点 A,B，所以 $-2<x_0<2$，由 P,A,M 三点共线可以得 $P\left(4,\dfrac{6y_0}{x_0+2}\right)$，从而 $\overrightarrow{BM}=(x_0-2,y_0)$，$\overrightarrow{BP}=\left(2,\dfrac{6y_0}{x_0+2}\right)$，所以

$$\overrightarrow{BM}\cdot\overrightarrow{BP}=2x_0-4+\frac{6y_0^2}{x_0+2}=\frac{2}{x_0+2}(x_0^2-4+3y_0^2) \qquad ②$$

将①式代入②式，化简得

$$\overrightarrow{BM}\cdot\overrightarrow{BP}=\frac{5}{2}(2-x_0)$$

因为 $2-x_0>0$，得 $\overrightarrow{BM}\cdot\overrightarrow{BP}>0$，则 $\angle MBP$ 为锐角，从而 $\angle MBN$ 为钝角，故点 B 在以 MN 为直径的圆内。

点评 可以看出，对几何问题的几何特征的分析越深入、到位，代数化的方法就越恰当、合适；对几何特征的分析不深入，其代数化相对来说就比较困难。

问题 2 如图 3-4-14 所示，已知椭圆 $C: x^2+2y^2=9$，点 $P(2,0)$，过点 $(1,0)$ 的直线 l 与椭圆 C 相交于 M,N 两点，设 MN 的中点为 T，判断 $|TP|$ 与 $|TM|$ 的大小，并证明你的结论。

分析 选择什么样的代数形式来判断 $|TP|$ 与 $|TM|$ 的大小是这个题目要认真思考的问题。

方法 1：结论是 $|TP|<|TM|$。

当直线 l 斜率不存在时，$l: x=1$，$|TP|=1<|TM|=2$；

当直线 l 斜率存在时，设直线 $l: y=k(x-1)$，$M(x_1,y_1)$，$N(x_2,y_2)$，$T(x_T,y_T)$，则

$$\begin{cases} x^2+2y^2=9 \\ y=k(x-1) \end{cases}$$

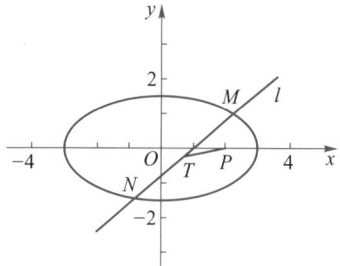

图 3-4-14

整理得
$$(2k^2+1)x^2-4k^2x+2k^2-9=0$$
$$\Delta=(4k^2)^2-4(2k^2+1)(2k^2-9)=64k^2+36>0$$

故 $x_1+x_2=\dfrac{4k^2}{2k^2+1}$, $x_1x_2=\dfrac{2k^2-9}{2k^2+1}$, 得

$$x_T=\frac{1}{2}(x_1+x_2)=\frac{2k^2}{2k^2+1}, \quad y_T=k(x_T-1)=-\frac{k}{2k^2+1}$$

$$|TP|^2=(x_T-2)^2+y_T^2=\left(\frac{2k^2}{2k^2+1}-2\right)^2+\left(-\frac{k}{2k^2+1}\right)^2=\frac{(2k^2+2)^2+k^2}{(2k^2+1)^2}=\frac{4k^4+9k^2+4}{(2k^2+1)^2}$$

$$|TM|^2=\left(\frac{1}{2}|MN|\right)^2=\frac{1}{4}(k^2+1)(x_1-x_2)^2=\frac{1}{4}(k^2+1)[(x_1+x_2)^2-4x_1x_2]$$

$$=\frac{1}{4}(k^2+1)\left[\left(\frac{4k^2}{2k^2+1}\right)^2-4\cdot\frac{2k^2-9}{2k^2+1}\right]=\frac{(k^2+1)(16k^2+9)}{(2k^2+1)^2}=\frac{16k^4+25k^2+9}{(2k^2+1)^2}$$

此时 $|TM|^2-|TP|^2=\dfrac{16k^4+25k^2+9}{(2k^2+1)^2}-\dfrac{4k^4+9k^2+4}{(2k^2+1)^2}=\dfrac{12k^4+16k^2+5}{(2k^2+1)^2}>0$

故 $|TM|>|TP|$

点评 选择直接将$|TM|$和$|TP|$进行代数化,再做差比较,思路简单但计算量大。

方法2:结论是$|TP|<|TM|$。

当直线l斜率不存在时,$l:x=1$,$|TP|=1<|TM|=2$。

当直线l斜率存在时,设直线l:$y=k(x-1)$,$M(x_1,y_1)$,$N(x_2,y_2)$,则

$$\begin{cases}x^2+2y^2=9\\y=k(x-1)\end{cases}$$

整理得
$$(2k^2+1)x^2-4k^2x+2k^2-9=0$$
$$\Delta=(4k^2)^2-4(2k^2+1)(2k^2-9)=64k^2+36>0$$

故 $x_1+x_2=\dfrac{4k^2}{2k^2+1}$, $x_1x_2=\dfrac{2k^2-9}{2k^2+1}$, 得

$$\overrightarrow{PM}\cdot\overrightarrow{PN}=(x_1-2)(x_2-2)+y_1y_2$$
$$=(x_1-2)(x_2-2)+k^2(x_1-1)(x_2-1)$$
$$=(k^2+1)x_1x_2-(k^2+2)(x_1+x_2)+k^2+4$$
$$=(k^2+1)\cdot\frac{2k^2-9}{2k^2+1}-(k^2+2)\cdot\frac{4k^2}{2k^2+1}+k^2+4$$
$$=-\frac{6k^2+5}{2k^2+1}<0$$

故$\angle MPN>90°$,即点P在以MN为直径的圆内,$|TP|<|TM|$。

点评 将判断$|TP|$与$|TM|$的大小问题转化为点P与以MN为直径的圆的位置关系,从而简化了代数化的计算量。

教学建议

第一，要选择恰当的代数化方法。

在解决平面解析几何问题时代数化方法的选择是非常重要的，如果选择不当，就会带来计算量的增加，甚至影响到问题的最终解决。而选择合理的代数化方法则需要对问题有比较深刻的认识和理解，其途径更多是来自对几何对象的几何特征的分析与运用。

第二，要明确"位置确定了，才能代数化"的观点。

当研究两个几何图形的时候，除了要研究这两个几何图形的几何特征之外，还要研究两个几何图形之间的位置关系。有没有"位置"的观念是培养学生研究位置关系能力首先要解决的问题。

例如，设在坐标平面内有圆 $x^2+y^2=1$，如果问学生：你能想到什么？很多学生想到的就是圆心为 (0,0)，半径为 1 的单位圆。如果追问学生：这里有什么位置关系？学生会很茫然：这不就是一个圆吗？哪里有什么位置关系呢？这说明学生没有把平面看成是一个几何对象，因此想不到这个单位圆实际上把平面分成了三部分：圆外、圆上及圆内。这三部分除了圆本身可以用圆的方程 $x^2+y^2=1$ 来刻画外，圆外、圆内可以分别用不等式 $x^2+y^2>1$，$x^2+y^2<1$ 来刻画。可以看出，只有确定了位置关系，才能用代数的形式表达，即进行代数化。这一观点对学生解决解析几何问题非常重要。

3-5 如何进行几何与代数单元教学设计？

问题的提出

新版课程标准提出，课程结构设计要依据数学学科特点，关注数学逻辑体系、内容主线、知识间的关联；在教学建议中提倡教师要整体把握教学内容，促进数学学科核心素养的连续性和阶段性发展，提出教师要关注主题教学、单元教学，关注单元目标对实现核心素养的贡献，同时要关注单元目标和课时目标的统一。

在进行单元教学设计时容易出现的问题是：单元教学设计缺乏整体性，单元内不同课时的教学内容之间缺少逻辑线索。这样的单元设计就只是一节课一节课的教学设计简单连在一起而已。

实际上，在进行单元教学设计时，教师要研究单元教学的整体内容，找出单元背景下的数学知识发生、发展的合理逻辑线索，并落实到每一课时的教学活动中，让学生去感受其内在的逻辑关系。如果教师没有在这种逻辑关系上做深刻的思考与研究，就很容易产生缺乏逻辑的单元教学设计，教学效果就会打折扣，也就不能很好地实现教学目标。

那么，怎样才能使课堂教学体现出学科的内在逻辑关系，引导学生把握学科教学的知识逻辑和思维逻辑呢？下面分析如何进行几何与代数单元教学设计。

问题的分析

一、单元教学设计要体现出教学的完整过程

单元教学设计要研究本单元的不同课时教学内容之间的内在逻辑关系。先要将本单元的知识梳理出一条清晰的逻辑主线，明确本单元的知识所承载的思维特征与研究问题的方法；再通过单元教学设计呈现出教师的"教"和学生的"学"的一个相对完整的过程，单元教学设计能体现出教师对教学内容及教学活动的理性思考。

数学是一门逻辑性很强的学科，知识体系具有十分严谨的系统性。数学教科书是学生学习数学知识体系的基本载体，按照一定的逻辑顺序和学生的心理发展规律，将学生所要学习的数学知识分布在不同单元和不同年级。教师在进行具体内容的教学时，深刻理解这些知识在中学数学知识体系的地位和教育价值是非常重要的，这也是教师研究教学的重要内容。

以几何与代数主题下的"立体几何初步"这一单元为例，其研究对象是空间几何体，知识逻辑的主线是研究构成空间几何体的点、直线、平面及其位置关系，在此基础上研究空间几何体的性质，以及不同空间几何元素的位置关系。在进行单元教学设计时，要通过线线、线面、面面之间的位置关系及空间几何体的研究，让学生把握知识逻辑主线，在义务教育阶段平面几何学习的基础上，进一步体会几何的研究内容与研究方法。

"立体几何初步"这一单元首先是研究空间几何体,其课程目标就是使学生认识、了解、掌握一个空间几何体的结构特征,通过对空间几何体的整体把握去培养和发展学生空间想象能力。在教学设计时,可以从空间几何体的结构特征、画图方法和度量计算三个角度展开,帮助学生认识空间几何体。这一部分要加强几何直观的教学,适当进行思辨论证,引入合情推理。以往的立体几何教学对学生空间想象能力的培养仅依赖逻辑推理,培养途径比较单一。新课程理念的教学培养学生空间想象能力的途径是:运用直观感知、操作确认、推理论证、度量计算等认识和探索空间图形的性质,建立空间观念。培养途径多元化,符合学生的认知规律。

对空间几何体的表面积和体积公式的教学设计,不仅是为了应用公式解决有关计算问题,更重要的是通过寻求公式的推导思路(如侧面展开图)和分析各种几何体计算公式的联系,帮助学生从计算的角度认识空间几何体,更加准确地把握空间几何体的结构特征。

空间几何问题经常要转化为平面图形问题来解决。"确定平面"是将空间图形问题转化为平面图形问题来解决的重要条件,而这种转化又是空间图形中解决相当一部分问题的一种重要的思想方法。

"平行"和"垂直"概念在定义和描述直线和直线、直线和平面、平面和平面的位置关系中起着重要作用。它集中体现在:空间中的平行关系之间的转化,空间中的垂直关系之间的转化,以及空间中垂直与平行关系之间的转化。

二、单元教学设计要重视单元内部及单元外部的逻辑关系

单元教学设计中的课时设计与以往对一节课的教学设计的区别在于,它是立足单元教学来设计一节课,这节课能否体现出本单元教学的目标是这节课的教学设计要重点思考、研究的问题。这样,也就梳理和明确了本单元不同课时教学设计的逻辑关系。

同时,单元教学设计还要找到本单元与学科的逻辑关系。单元教学设计不能局限于一个教学单元,要立足本单元看其与本学科的关系。

选择性必修课程中,学生在平面向量的基础上,将进一步利用类比的方法学习空间向量,运用空间向量研究空间几何图形的位置关系和数量关系,体会向量方法和综合几何方法的共性和差异,运用向量方法解决简单的数学问题和实际问题,体会向量方法在研究几何问题中的作用。因此,"立体几何初步"这个单元的教学设计要依托立体几何这门学科的知识逻辑展开。

单元教学设计的实践,为推动教师研究教学、阐述自己的教学观点提供了一个新的角度,对教师从整体上把握知识逻辑与思维逻辑,使课堂教学更富有逻辑性起到了积极的推动作用。

🖨 问题的解决

一、单元教学设计要挖掘核心概念的本质,关注思维规律的形成

教学过程应促进学生的思维活动,使学生不断发现问题、思考问题、解决问题,在这个过程中,思维规律的形成是数学学习最本质的环节之一。

例如，平面向量的教学常常会陷入概念辨析与各种法则下的计算求值中，许多教师对平面向量的思维特征和思维层次的挖掘感到力不从心。

平面向量既是一个代数概念，又是一个几何概念，它具有代数和几何的双重属性。如何凸显它的这两种属性，就成为教学中应该思考并不断研究的核心问题。

怎样理解平面向量呢？平面向量的代数属性源于平面向量是可以度量的。在定义了平面向量的"模"之后，就产生了零向量、单位向量、相等向量的概念，然后就出现了向量的加法、减法和数乘运算。尽管向量的加法、减法的运算法则与实数的运算法则不同，然而这毕竟是一种量的运算规定。不同方向的向量可以首尾相接，直接做加法、减法运算，而且运算结果仍旧是向量。这些说明平面向量应当从属于代数。尽管向量有不同的方向，然而在同一方向上，向量的规定和运算又都与（这个方向上的）实数完全一致。与此有关的名词，如共线向量、平行向量、相反向量、实数与向量的乘积，以及实数与向量乘积的运算律，都说明同一方向的向量的代数特征就如同这个方向上的实数的代数特征。特别值得一提的是，规定零向量和任何向量都平行（共线），使同一方向上的向量系统具有完整性。平行向量与共线向量之所以是同一个概念，是因为同一方向上只有一个"实数系统"。直线上的向量的坐标是一个实数，平面中的向量的坐标是实数对 (x,y)，而空间向量的坐标是实数组 (x,y,z)。在这个意义上，向量可以看作实数的一种推广。

平面向量的几何属性源于它既有大小又有方向。因此，平面向量的平行、平面向量的共线、平面向量的夹角、平面向量的垂直都是平面向量几何属性的反映，是在描述几何对象的位置关系。从平面向量的表示方法来看，它是一种图形，具有直观形象的优点，便于用来描述客观世界。平面向量的几何属性还表现在：当我们陈述向量加法的交换率、结合律时，或说明三角形法则和平行四边形法则的一致性时，我们所根据的都是平面几何的推理。

平面向量的教学存在的问题类似于平面解析几何教学所面临的困境。在平面解析几何的教学和学习中，用代数方法解决几何问题常常被误解为就是单纯的计算，以为平面解析几何就是联立方程组；同样，如果把平面向量的学习也简单地归结为计算的话，必然会导致学生对平面向量这一具有双重属性的工具认识的表面化，以及应用这一工具的片面化。

因此，挖掘每个单元核心概念的本质，并依据核心概念理解数学问题、解决问题，这样的思维活动是符合思维逻辑的，是有规律的，单元教学设计应关注思维规律的形成。

二、单元教学设计要具有整体性和系统性，重视学生观念的形成

在平面向量加减法的基础上，有这样两个基本定理：一是"共线向量基本定理"，二是"平面向量基本定理"。为什么要将这两个定理称之为基本定理呢？这两个定理在向量中的地位和作用值得教师去思考和研究。

我们先来认识一下同一方向的向量系统与实数系统之间的关系。

共线向量基本定理的大意是：如果向量 a 与向量 b 满足 $b=\lambda a$，（λ 为实数），那么向量 a，b 一定是平行向量；如果非零向量 a 与向量 b 平行，则一定存在实数 λ，使得 $b=\lambda a$。可以看出，这个定理描述的就是两个共线向量（或称平行向量）与实数 λ 之间

的关系，非常清楚地阐述了这两个系统的等价性，这也说明了为什么可以把同一方向上的两个向量看作实数。如果规定共线向量的单位向量 e，那么，这个体系中的任何向量 a 就可以和它的一维坐标（实数）一一对应了。

同样，由平面向量基本定理可知，两个非零向量 e_1，e_2 确定的平面上的向量系统称为"二维向量空间"，它是由两个不共线的基底确定的。在这个二维向量空间中，任何向量都可以用这一对基底唯一地线性表示。如果这两个基底是模长为1的正交基底，用它们线性表示的任一向量 a 都和一对有序实数 (x, y) 一一对应，这对实数就是向量 a 的坐标。在平面向量的坐标表示下，向量的加、减及数乘运算就很容易用坐标表示，从而使得平面向量的运算变得简单起来。

尽管向量的坐标表示法只是由向量的特殊基底得到的一种特殊表示方法，但是坐标表示法对于向量而言，能够反映出它的本质特征。向量具有代数的属性，它是一个能够度量的量，而这种度量就是通过向量的线性表示、通过它的坐标表示的。其理论依据就是向量的两个基本定理。

共线向量基本定理与平面向量基本定理尽管都是由向量的加、减及数乘运算法则派生出来的，但它不仅继承了向量加、减及数乘运算中既有代数特征又有几何特征的双重属性，也承担了代数与几何属性相互转化的桥梁作用，因而能够反映平面向量的本质特征。

总之，平面向量的单元教学设计要避免成为计算公式的学习和套用，而应该在平面向量的概念教学中，建立一个表达形式与运算统一的完整系统，使平面向量的教学具有整体性和系统性，使学生形成一种数学观念。

三、单元教学设计要解决如何"教思维"和"教方法"的问题

单元教学设计要关注数学知识所承载的数学思维和方法，使学生从知识的整体结构把握章节知识，理解知识的本质，让学生学会用数学概念去思考问题。可以看出，"教思维"不仅要让学生掌握知识，还要让学生把知识转化为思维能力；"教方法"就是通过知识这一载体教学生解决问题的方法，这种方法不是套路化的，而是指向学生的思维能力。

在"立体几何初步"这一单元的教学设计中，要关注学生理解立体几何问题的思维方法与研究方法。我们常说"点动成线、线动成面，面围成几何体"，这句话的含义，一方面，它是从动态的角度描述直线、平面和空间几何体的形成过程，是理解空间几何元素及空间几何体的思维方法；另一方面，它为我们研究问题提供了方法，即确定点需要直线（两条相交直线），确定直线需要两个相交平面，研究空间直线要依托平面，寻找平面要借助空间几何体。

总之，"立体几何初步"的单元教学设计要让学生在学习知识的同时，能够深刻领悟到立体几何的思维和方法。

【案例】

复数的概念（第二课时）教学设计

（一）教学目标

从解方程的角度了解虚数单位 i 产生的过程，了解数集运算的封闭性；抽象概括出

复数的概念，理解复数的概念，会对复数进行分类，理解两个复数相等的原理，初步认识复数是二元量。

（二）教学重点

认识复数概念定义的合理性，理解复数概念、两个复数相等的原理。

（三）学情分析

学生理解数集运算的封闭性会有困难，由于复数是二元量，学生初次接触复数，对虚数单位 i 的引入，特别是虚数单位参与实数的运算，会感到不易接受。

教学难点：复数概念定义的合理性，复数相等的原理。

突破难点关键：注重由特殊到一般进行归纳推理，类比实数 $2-3\sqrt{2}$ 的表示形式。

（四）教学过程

1. 从解方程角度认识数系的扩充

两个自然数总能进行加法、乘法运算，而且运算结果一定也是自然数；但是进行减法、除法运算，则不一定是自然数。

问题 1　方程 $a+x=b$ 的根是否都是自然数？

为解决这个问题，引入负整数和零，并且规定 $b-a=-(a-b)$。则自然数集 **N** 推广到整数集 **Z**，且加法和乘法的交换律、结合律、分配律保持不变。任意两个整数的和、差、乘积仍是整数，我们称整数对于加法、减法、乘法运算是封闭的。

问题 2　方程 $ax=b$ 的解是否都是整数？

整数集 **Z** 推广到有理数集 **Q**，且加法和乘法的交换律、结合律、分配律保持不变。任意两个有理数的和、差、乘积、商仍是有理数，我们称有理数对于加法、减法、乘法、除运算是封闭的。

问题 3　研究方程 $x^2-2=0$ 的解。

有理数集 **Q** 推广到实数集 **R**，且加法和乘法的交换律、结合律、分配律保持不变。任意两个实数的和、差、乘积、商、乘方仍是实数，我们称实数对于加法、减法、乘法、除法、乘方运算是封闭的。

问题 4　说出一元二次方程 $ax^2+bx+c=0(a,b,c\in \mathbf{R}, a\neq 0)$ 的根的情况。

问题 5　方程 $x^2+1=0$ 在实数范围内无解，类比自然数扩充到实数的过程，你能给出一种方法，适当扩充数集使方程 $x^2+1=0$ 有解吗？

沿着这种思想，为解决这个问题，引入一个新的数 i，使得 $i^2=-1$，则 i 是方程 $x^2+1=0$ 的根，即 $i^2+1=0$，i 称为**虚数单位**。

引入虚数单位 i，解决负数开方的问题，数的范围就推广到复数。

实数集 **R** 推广到复数集 **C**，且保持实数的加法和乘法的交换律、结合律、分配律不变。任意两个复数的和、差、乘积、商、乘方、开方仍是复数，我们称复数对于加法、减法、乘法、除法、乘方、开方运算是封闭的，复数集是扩充后的最大数集。

什么是复数？虚数单位 i 能和实数一起运算吗？复数运算有哪些运算律？引入复数后除了解一元二次方程还有什么应用？我们在本章展开研究。

简单展示复数概念产生的历史（略）。

【设计意图】渗透数学文化，让学生明确数学概念的来源，体会数学发展的曲折过程。

2. 生成复数概念

问题6 引进虚数单位i后，我们期望i和实数之间仍能像实数那样进行加法和乘法运算，并期望加法、乘法的交换律、结合律、乘法对加法的分配律仍旧成立，你会写出怎样的数？

预设：学生能写出以下复数的类似形式：

2i，-3i，2+i，6+7i，-9-8i，$\sqrt{2}+2i$，$3-2\sqrt{2}i$，$\frac{1}{3}+2i$，$\frac{1}{3}-\frac{2}{9}i$，…

若学生只给出实部、虚部是整数，则进一步启发学生写出实部、虚部是分数、无理数类型。

追问1：你能概括出一种更为普遍的形式，包括大家刚才写出的所有数吗？

预设：学生能写出 $a+bi(a,b\in\mathbf{R})$ 的结构形式。

追问2：在数 $a+bi(a,b\in\mathbf{R})$ 中，a,b 取什么数？

追问3：你能举出类似于 $a+bi(a,b\in\mathbf{R})$ 结构的数吗？

预设：学生能写出 $3-2\sqrt{2}$ 的类似结构。

追问4：你能写出新的数的集合吗？

预设：学生能写出 $\{a+bi|a,b\in\mathbf{R}\}$ 的形式。

【设计意图】 让学生亲自经历虚数单位与实数的运算能够产生新数的过程，从特殊到一般，逐步抽象概括出复数的一般形式，完成对复数概念的建构。培养学生数学符号化、形式化意识，提高学生归纳思维、抽象概括素养。

3. 辨析概念

问题7 阅读教材，回答以下问题：

(1) 什么叫复数，什么叫虚数单位？什么是复数的实部与虚部？

(2) 从复数的形式 $a+bi(a,b\in\mathbf{R})$ 出发，说明什么是实数、虚数、纯虚数，并举例说明。

复数 $a+bi(a,b\in\mathbf{R})$ 由一对实数来确定。

$$z=a+bi \quad (a,b\in\mathbf{R})\begin{cases}b=0,\text{实数}(a=0,\text{实数}0)\\b\neq0,\text{虚数}\begin{cases}a=0,\text{纯虚数}\\a\neq0,\text{非纯虚数}\end{cases}\end{cases}$$

问题8 复数集 $\mathbf{C}$ 与实数集 $\mathbf{R}$ 之间什么关系？你能用韦恩图画出自然数集、整数集、有理数集、实数集、虚数集间的关系吗？

常见数集的关系如图 3-5-1 所示。

4. 复数相等

问题9 既然复数集是集合，就一定符合集合中元素的确定性和互异性，你能给出两个复数 $a+bi(a,b\in\mathbf{R})$ 和 $c+di(c,d\in\mathbf{R})$ 相等的条件吗？

预设：学生回答出 $a+bi=c+di\Leftrightarrow a=b$ 且 $c=d$。

【设计意图】 从集合元素性质角度发

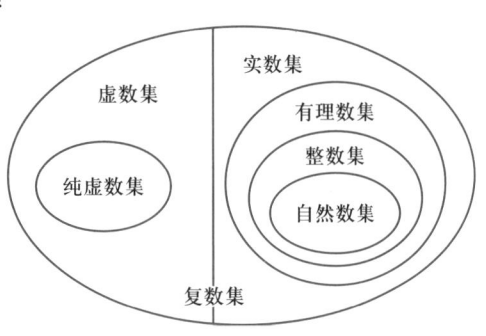

图 3-5-1 常见数集的关系

现复数相等的条件。

问题10 复数是二元量，由实部和虚部这对有序实数对唯一确定，你还学过哪些量是二元量？

预设：学生想到学过的二元量：点的坐标、向量等。

【设计意图】加深学生对复数概念的理解，为下一节学习复数的几何意义做铺垫。

5. 巩固概念

问题11 指出下列复数的实部与虚部：

2i，-3i，2+i，7i，-9-8i，$\sqrt{2}+2i$，$3-2\sqrt{2}i$

$\frac{1}{3}+2i$，$\frac{1}{3}-\frac{2}{9}i$，0，$(m-1)+(2+m)i$ （$m \in \mathbf{R}$）

【设计意图】加深对复数概念的理解，特别是0，$(m-1)+(2+m)i(m \in \mathbf{R})$结构形式。

问题12 当实数m取何值时，$z=m+1+(m-1)i$是：(1) 实数；(2) 虚数；(3) 纯虚数。

设计要求：教师示范步骤，或让学生在黑板上演示步骤。

6. 小结，布置作业

请同学们回忆本节内容：

(1) 了解虚数单位的由来。

(2) 从运算规则的不变性出发，产生复数的形式。

(3) 明确复数的概念、复数与实数间的关系，复数相等的充要条件。

(4) 明确复数是二元量。

案例分析

本节课的教学基于复数概念产生的背景，通过回顾数系的发展历史对学生进行数学文化的渗透，增加学生学习数学的兴趣。教学设计注重问题之间的联系，温故知新—生成概念—辨析概念—巩固概念；注重问题提出的逻辑基础，比如从数集的运算规则不变性引入复数概念，从集合中元素的性质引入复数的相等。教师通过问题串和不断追问，引导学生通过观察、操作、思考等活动获得数学结论，注重发展学生的归纳推理、抽象概括能力，培养学生的数学运算素养。

（案例提供：夏繁军，首都师范大学附属中学）

【案例】

平面与平面平行（第一课时）教学设计

（一）课时教学目标（服务于单元目标）

1. 借助直观感知、操作确认，归纳出平面与平面平行的判定定理，会用符号语言、图形语言、文字语言表示定理；在此过程中感悟从整体到局部、从一般到特殊的研究方法。

2. 会用反证法证明平面与平面平行的判定定理，理解反证法的原因和逻辑；会用判定定理证明几何问题；在此过程中发展逻辑推理能力和空间想象力。

（二）教学重点与难点

教学重点：平面与平面平行的判定定理的证明及其应用。

教学难点：平面与平面平行的判定定理的证明。

（三）教学过程设计

环节一：明确空间平面与平面间的位置关系

问题1 在第一单元研究直线与平面位置关系时，把直线和平面看作点的集合，我们已经了解的空间中两个平面的位置关系有哪些？

预设：学生回答平面与平面的位置关系有两种——相交、平行。

追问：请大家填写表3-5-1中的平面与平面位置关系的表示形式。

表3-5-1 平面与平面位置关系的表示形式

平面与平面的位置关系	公共点个数	图形语言	符号语言
相交	无数个		$\alpha \cap \beta = l$
平行	0个		$\alpha // \beta$

师生活动：学生在练习本上做，教师巡视，发现学生问题及时指导。

【设计意图】① 平面与平面的位置关系比较清晰，用图形和数学符号表示是学生的学习难点，要抓住让学生说图、想图、识图、画图、用图的机会，发展学生空间想象力；② 明确平面平行的概念，为线面平行的判定定理描述和反证法的证明做好铺垫；③ 从公共点角度看平面与平面的位置关系，是为了让学生联系学过的平面基本性质3，$A \in \alpha, A \in \beta$，则 $\alpha \cap \beta = l$，也为判定定理和性质定理证明中突出用两个平面有无公共点打下基础。

环节二：直观感知—操作确认—发现面面平行的判定定理

问题2 要证明面面平行，和判定线面平行类似，需要面面平行的判定定理。类似线面平行是用线线平行来判断的，请你思考，可以通过研究哪些关系来判定面面平行？

学生思考并回答，教师及时捕捉学生回答中的切入点进行追问。

预设：学生会类比用线面或线线的关系来判断面面平行。

追问1：平面 α 内有多少条直线满足与平面 β 平行，我们就能判断两个平面平行？

预设：无数条、两条、所有、任意等。

追问2：若不能判断，请画图或举例说明。

明确：平面 α 内有无数条直线或者两条直线平行于平面 β，都不能判断两个平面平行，画图举反例，或举生活中例子，如图3-5-2（a）和（b），而平面 α 内所有、任意一条直线都平行于平面 β，才说明 $\alpha // \beta$。

追问3：任意、所有，这些都不好确认，我们把直线条数最少能减到多少条？为什么？

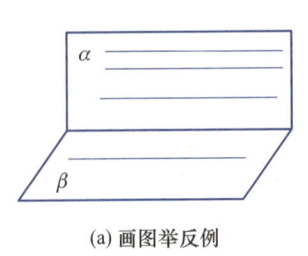

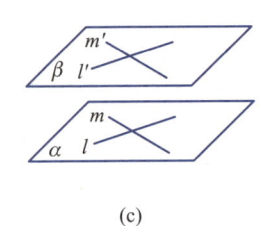

(a) 画图举反例　　　(b) 生活中的例子　　　(c)

图 3-5-2

预设：两条直线且相交。回到平面基本性质1的推论：两条相交直线确定一个平面。

追问4：观察图3-5-2（c），将平面α内两条相交直线l,m平移到平面α外，记作l',m'，由它们确定的新平面记为β，观察两个平面的关系，然后把这个关系用数学语言表述出来。

【设计意图】类比线面平行的判定，让学生从面面平行转化成判断线面平行或线线平行，实现空间到平面的转化。由直观感知到操作确认，让学生从多角度建立几何直观。

环节三：表征面面平行的判定定理

问题3 通过观察图形和实际操作，我们直观感知到：若一个平面内有两条相交直线分别平行于另一个平面，则这两个平面平行。我们把这个结论称为面面平行的判定定理。

为了证明这个结论，我们先用数学语言把定理表示出来，如表3-5-2所示。

表 3-5-2 面面平行的判定定理

文字语言	图形语言	符号语言
若一个平面内有两条相交直线分别平行于另一个平面，则这两个平面平行		$\left. \begin{array}{l} l \subset \alpha \\ m \subset \alpha \\ l \cap m = P \\ l // \beta \\ m // \beta \end{array} \right\} \Rightarrow \alpha // \beta$

注意判定定理条件的完整性：① 这两条直线在一个平面内，② 这两条直线相交，③ 这两条直线同时平行于另一个平面。

环节四：证明面面平行的判定定理

问题4 当正面证明遇到困难时，可以考虑用反证法，类比线面平行判定定理的证明。反证法第一步是否定结论，即平面α与平面β不平行，则只能推出两个平面相交，设$\alpha \cap \beta = k$，如图3-5-3。

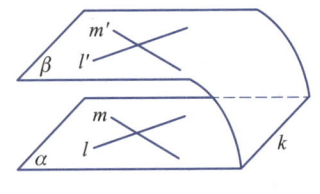

图 3-5-3

追问1：梳理位置关系，再加上假设，结合所学定理能推出什么？

预设1：学生找到已知条件，由$l' // l$可以推出$l' // \alpha$，结合假设发现符合线面平行性质定理的条件：$\left.\begin{array}{l}l'/\!/\alpha\\l'\subset\beta\\\alpha\cap\beta=k\end{array}\right\}\Rightarrow l'/\!/k$，同时 $m'/\!/k$，由此推出 $l'/\!/m'$，与已知 $l'\cap m'=P$ 矛盾。

预设2：若没有同学能继续往下证明，教师引导学生一起发现应用线面平行的性质定理的条件。

最后要求学生把证明过程写出来，让思维外显出来，这也是培养学生逻辑推理、数学表达的途径。

环节五：解构面面平行的判定定理

（1）从充要条件角度分析，定理给出的是面面平行的充分条件。

（2）定理的作用是证明平面与平面平行。应用定理的关键是在平面 α 内找到两条相交直线与平面 β 平行，"在平面内""两条相交直线""都平行于另一个平面"三个条件缺一不可。

（3）定理是用线与面的平行关系来判断面与面的平行关系，是用低维位置关系判断高维位置关系，体现空间与平面的相互转化。

（4）定理也解释了画两个平行平面时，为什么要把表示两个平面的平行四边形的两条边画成相互平行。

【设计意图】对定理的解构能让学生认清定理的构成和平时画图的依据，有利于学生建立正确的空间观念。

环节六：应用面面平行的判定定理

问题5 如图3-5-4所示，已知三棱锥 $P-ABC$ 中，D，E，F 分别是 PA,PB,PC 的中点，求证：面 $DEF/\!/$ 面 ABC。

处理方式：教师展示题目但不给出图，让学生提取题目中的文字和符号信息，构建图形信息，然后自己画出图示。要证面面平行，只须在平面 DEF 内找到两条相交直线与平面 ABC 平行即可；要证线面平行，须证线线平行，找到线线平行的依据是三角形的中位线定理。让学生学会根据要证—只须证—须证，已知—可知—新可知，先分析再综合，最后板演规范的书写步骤。

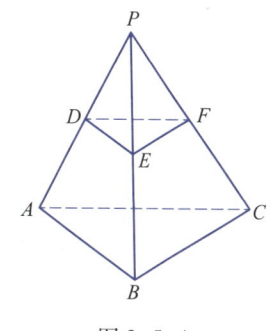

图3-5-4

【设计意图】以上设计展示了判定定理从发现到证明再到应用的整个过程：发现定理—表征定理—证明定理—解构定理—应用定理，称为"五环节法"。其中，发现定理环节包括：问题引导—直观感知—操作确认—归纳猜想。通过类比线面平行的判定定理，把证明面面平行的问题引向先证明线面平行，提出问题：平面 α 内有多少条直线与平面 β 平行，我们就能判断两个平面平行？让学生在辨别中发现定理、操作确认，通过多情境从多角度加深学生对定理形成过程的理解，引导学生学会从直观到抽象、从一般到特殊的研究方法，体验从合情推理到演绎推理的过程；定理证明和定理应用让学生养成先分析再综合，用数学符号规范表达的习惯。通过空间问题平面化、逻辑推理可视化、思维表达规范化，发展学生直观想象、推理证明、抽象概括的素养。

案例分析

（1）准确诊断学生的认知基础。这是基于教师和学生无数次面对面交流得到的最直接材料上的总结。学生认知基础一般分为知识基础和思维准备。比如在本单元的学习中，如果学生缺乏空间想象力，我们可以从研究对象的复杂程度、空间元素之间关系的明显程度、思维链条的长短、数学语言表达的难易几个角度进行对比，找到学生学习的困难点在哪里。教学最重要的就是清楚学生学习的起点在哪里、终点在哪里，根据起点和终点之间的差距选择合适的路径。

（2）设计适切的问题串和学习情境，引导学生有逻辑地思考。问题设计和情境创设需要教师准确把握教学内容，精准分析学情，并结合教师个人的教学特点。问题提出的目的是引导学生有逻辑地思考，如面面平行的性质定理的发现和证明。面面平行的性质是在面面平行的条件下，研究直线与平面、直线与直线位置关系的不变性。为此提出问题：类比线面平行来研究面面平行的性质定理，首先要清楚面面平行的性质定理是在面面平行的条件下研究哪些位置关系的规律性或不变性。

（3）教师要有系统化思维。从单元整体到每一课时的教学设计，需要教师具有系统化思维，关注事物之间反馈循环的关系，而不是简单的线性因果关系。强调从整体和动态的视角看问题，全面把握局部和整体、静态与动态、近期与远期的关系，并将问题放到整个系统中，逐级分析各结构层次，探索事件发生的深层次原因，帮助人们理解复杂的系统，从而做出正确的决策，并解决现实社会中复杂的真实问题。

从单元整体到每一课时的教学设计对促进数学教师专业发展具以下作用：有助于提升教师整体把握数学课程与教学的能力；有助于提升教师的数学素养；有助于提高教师的数学教学实践能力；有助于培养教师的反思意识和团队协作能力。

（案例提供：夏繁军，首都师范大学附属中学）

教学建议

第一，关注思维规律的形成在"几何与代数"单元教学设计中占有突出位置。

几何思维是理解几何图形、研究几何问题的数学思维活动。几何思维的载体是几何图形及几何符号语言；几何思维特征是从几何直观感受到几何抽象演绎；几何思维规律是从几何对象出发，研究其几何特征（包括几何对象的几何性质和不同几何对象的位置关系），再进行代数化。在单元教学设计中，几何思维规律是什么？几何思维特征如何教？这些问题需要教师给出明确的回答。

同样，代数思维在单元教学设计中，也需要教师把握代数研究对象的思维特征和解决函数问题的思维规律。这是"几何与代数"单元教学设计的核心内容。

第二，重视数学思想在单元教学设计中的价值。

数学思想、数学观点要比单元知识所承载的思维特征更上位，它可以超越单元知识的局限，实现跨学段延伸。如公理化思想，小学、初中、高中阶段某些数学知识的学习过程中都渗透着公理化思想，甚至到大学的数学学习仍体现出公理化思想的力量。因此，几何与代数单元教学设计不仅要让学生掌握理解数学问题的思维特征，掌握研究问题的方法，还要上升到数学思想、数学观点的层面，使学生能够运用数学思想、数学观点认识世界、理解世界。数学思想、数学观点对培养学生数学学科核心素养具有重要作用。

单元 4　素养导向下的概率与统计主题教学

4-1　如何在概率与统计的教学中培养学生的学科核心素养？

问题的提出

新版课程标准明确提出高中数学学科核心素养，分别为数学抽象、逻辑推理、数学建模、直观想象、数学运算和数据分析。概率与统计部分与数据分析、数学建模素养有紧密的联系。数据分析是指针对研究对象获取数据，运用数学方法对数据进行整理、分析和推断，形成关于研究对象知识的素养。数据分析过程主要包括：收集数据，整理数据，提取信息，构建模型，进行推断，获得结论。数学建模是对现实问题进行数学抽象，用数学语言表达问题，用数学方法构建模型解决问题的素养。数学模型搭建了数学与外部世界联系的桥梁，是数学应用的重要形式。数学建模是应用数学解决实际问题的基本手段，也是推动数学发展的动力。学生通过高中数学课程学习，学会用数学模型解决实际问题，积累数学实践的经验；认识数学模型在科学、社会、工程技术诸多领域的作用，提升实践能力，增强创新意识和科学精神。

目前教学实践中主要的问题是：概率统计教学的重点被放在用排列组合计算古典概率上，放在概率、均值、方差等的数值计算上，而忽略了对概率等概念本身的理解。事实上，数据分析素养的建立需要学生对随机现象、对统计问题中的样本与总体有较明晰的认识。中学引入概率的内容，是希望学生能对随机现象有一个初步的认识，使他们在今后的学习和工作中，能正确分析有关随机现象的一些问题。

我们希望得到的数据能正确反映实际状况，通常采用随机抽样。在抽样的过程中，样本的随机性十分重要，这是建立随机思想的重要载体。不同的抽样方法得到的是不同的数学模型（样本的分布不同）。随机抽样的样本能很好地反映总体的状况，也就是样本分布尽可能与总体分布相同，具体说来，样本的数字特征能较好地反映总体的数字特征，从而通过样本对总体进行估计，并在此基础上解决最初的统计问题。通过对整个统计问题的解决，培养学生具备数据分析素养。目前，中学开设的统计课程，从内容上看好像并不困难，但教师讲起来却不得法。比如，把统计讲成了数据的计算，讲成了如何画图表。之所以出现这些问题，是因为教师只关注个别知识点，而缺乏对统计这一学科的整体把握，不清楚统计这门学科是做什么的。事实上，统计学最关心的是：我们的数据能提供哪些信息。根据这些信息构建数学模型，再对数据进行分析，也就是说，看看这些数据能告诉我们一些什么情况。当面对一个实际问题时，我们关心的是：如何抽取数据，如何从数据中提取信息，以及如何判断我们所得结论的可靠性。

问题的分析

数据分析是研究随机现象的重要数学技术，是大数据时代数学应用的主要方法，也是"互联网+"相关领域的主要数学方法，数据分析已经深入科学、技术、工程和现代社会生活的各个方面。数据分析主要表现为：收集和整理数据，理解和处理数据，获得和解释结论，概括和形成知识。通过高中数学课程的学习，学生能提升获取有价值的信息，并进行定量分析的意识和能力；适应数字化学习的需要，增强基于数据表达现实问题的意识，形成通过数据认识事物的思维品质，积累依托数据探索事物本质、关联和规律的活动经验。在概率环节，要明确概率的研究对象以及随机现象；在统计环节，要明确总体与样本的关系，明确抽样对统计的重要性。

一、概率

1. 概率的研究对象

概率的研究对象是随机现象，为人们从不确定性的角度认识客观世界提供了重要的思维模式和解决问题的方法。其思维方法独特，教学中应注意讲清、讲透概念，积极引导学生思考、探索，培养学生的思维方法，提高学生的思维能力。

概率与统计密切相关，统计的研究对象是数据，核心是数据分析。概率为统计的发展提供理论基础。概率是关于随机现象演绎性的研究，是从总体到样本的推理，是在总体被假定已知的情况下，研究从总体中抽取有关样本的问题；统计是关于随机现象规律性的研究，是从样本到总体的推理，是在样本可获得的前提下，研究由样本推断总体的问题。

2. 随机现象

在自然界和人类社会中，普遍存在着两种现象。一种是在一定条件下必然出现的现象，称为确定性现象。例如，太阳从东方升起；在标准大气压下，水在100℃时会沸腾；同性电荷相互排斥；抛掷一颗石子，石子最终下落；在不受外力的条件下，物体保持静止或匀速直线运动状态；等等。另一种是在一定条件下我们事先无法预知其结果的现象，称为随机现象。例如，在相同条件下抛掷同一枚硬币，其结果是哪面朝上？明天是否刮风下雨？某商品下个月在线销售的件数是多少？某种股票的价格半年后会是多少？这些都是不确定的，这些现象就是随机现象。人们常说的"天有不测风云""机遇与风险并存""可遇而不可求"就是指这种不确定性。

以往，人们认为大千世界中发生的各种随机现象很难把握，它们的发生完全是偶然的、随机的、难以琢磨、不可预料的，更别说如何科学地加以度量。但是，随着实践的深入和认知的发展，人们逐渐认识到随机现象的发生虽然具有偶然性，但并非毫无规律可言，在很多偶然现象的背后是隐藏着规律的。尤其是随着概率论的诞生，人们对随机现象的认识也有了新的思路。

现实世界中有一些现象，如果在相同的条件下，重复同样的实验，则该现象有时发生，有时不发生。就个别现象来看，发生与否是没有规律、不可预测的，但是通过大量的试验和观察以后，就其整体来看，却表现出一种非偶然的规律性，我们称这些现象为随机现象。规律是指事物发展过程中的本质联系和必然趋势，随机事件的发生与否是有规律可循的，其规律性就表现在个别实验中的不确定性和大量重复实验中的统计规律。频率的稳定性就是这种规律性的体现。而频率的稳定性是由大量统计得来的，称为统计规律性。在这个基础上给出的概率定义就称为统计定义。在现实生活经验的基础上，学生仅靠平时的一些零散经验，往往难以理解不确定性的背后是有规律可循的，难以想象为何重复实验有利于发现规律，且重复多次比重复少次获得的规律更可靠。因此，在学习概率与统计定义的过程中，重点是如何揭示随机事件发生的统计规律，从而更有效地促进学生对概率意义的理解。

概率教学最核心的内容是概率的概念。学生如果不能弄懂概率的核心意义是什么，就容易形成认识的误区。例如，许多学生常把概率和随机两个概念弄混，认为概率和随机都是既可能会出现的事情又可能不会出现的事情。教师必须引导学生弄懂这两者之间的差异，强调大量重复试验这个前提，在引入概率的概念之后要强调概率是频率的稳定值，这也是许多学生没有理解而出错的根源。

二、统计

1. 总体与样本

统计中"总体"和"样本"的概念，对学生来说，直观上不难理解，但要深究起来却并不简单。比如在检查某厂的产品时，"总体"通常不仅包括现在在工厂中堆放的所有产品，还包括过去按同样方法生产出的所有产品，以及将来按同样方法可能生产出来的产品。这是一个抽象的概念。因此，"总体"在现代统计学中被定义为一个分布。"样本"也同样不好理解。样本是远比总体更重要的概念，它和抽样方法紧密相连，决定了我们构建的数学模型。但是，这些都不是在中学要讨论的内容。在中学教学中，教师不应该也没有必要引导学生去探究这些概念的确切定义，只需要通过案例给出直观的说明，利用案例帮助学生理解。其中更重要的是要让学生认识到，样本是总体的一部分。因此，由样本得到的平均数、方差等，都不是总体的平均数、方差等。这个区别十分重要，因此就十分有必要让学生认识到样本的随机性、数据的数字特征的随机性。也就是说，两个人用同样的方法处理同一个问题时，他们抽样的结果一般是不同的（同一个人做两次，抽样的结果也不会完全一样）。因此，由不同样本得到的结果也不会相同。换句话说，结果有随机性，进而下结论就有可能会犯错误。在具体的教学中，教师应通过具体例子让学生认识到，尽管结果可能犯错误，但统计的推断还是有意义的。教师应该清楚，样本随机性产生的误差是可以估计的，也可以估计由此犯错误的概率，这和样本抽取不当而产生的错误是完全不同的。

2. 抽样

抽样讲的是如何搜集数据。由于我们希望得到的数据能正确反映实际的状况，所以采用随机抽样。这是关键所在，应该让学生很好地理解这一点。比如，要了解某地区 18 岁男生的身高。若这些男生中 1.9 m 以上的有 0.1%，随机抽样使每个男生被等可能抽到，因此，抽到 1.9 m 以上男生的可能性也是 0.1%。若这些男生在 1.6～1.8 m 的占 70%，那么抽到男生身高在 1.6～1.8 m 的可能性也有 70%。另外，由于抽签与顺序无关，若抽取第一个男生，身高在 1.9 m 以上的概率是 0.1%，那么抽取第二个男生、第三个男生等，其身高在 1.9 m 以上的概率也是 0.1%。随机抽样能使得样本中不同身高男生的百分比和总体中的百分比近似相同。换句话说，随机抽样的样本能很好地反映总体的状况。因此，在教学过程中，教师应强调抽样的样本要尽可能反应总体的分布。

问题的解决

一、明确随机现象特征

我们所讨论的现象是可以做"重复试验"的。"重复试验"是指条件相同下的试验,严格说来,在现实中两次试验条件完全相同是不可能的,这里给出的是数学模型。换句话说,并非所有不确定现象都是概率论研究的对象。例如,某人今天脸色不好是不是不高兴,这类问题没有重复试验的意义,属于人们的主观猜测与愿望。尽管人们有时也说"十有八九他不高兴",但这属于主观概率。对主观概率的研究并非没有意义,但它不是概率论研究的对象,概率论描述的是可以重复试验的模型。

频率反映了事件发生频繁的程度,从而可以用来度量事件发生的可能性大小。但频率是随机的,是这 n 次试验中的频率;换另外 n 次试验,一般频率会不同。而概率是一个客观的常数。因此,人们用概率来度量事件发生的可能性。不过,在现实中,概率往往是不知道的,通常用频率来估计概率。

概率反映的是多次试验中频率的稳定性。有人往往错误地以为,掷一个均匀硬币,正面出现的概率等于1/2,就应该两次试验中出现一次正面。掷一个均匀骰子,每掷六次,各点都应该出现一次,否则就是不均匀。事实上,频率的稳定性反映的是大量试验中出现的性质,其稳定性要在试验次数很多时才体现出来。对个别的几次试验,由于其随机性,结果是无法预料的。

出现频率偏离概率较大的情形是可能的,这是随机现象的特性。在概率的教学中,对一些学生容易产生误解的地方,有人建议用试验的办法帮助学生理解,这当然是很好的。例如,在讨论抽签与抽取顺序无关时,就可以用试验来模拟,但必须注意到频率偏离概率大的情形。例如,扔100个均匀硬币,正面出现41个,反面出现59个,是不奇怪的,对此教师应有充分的认识。另外,结果的随机性不同于结果未知。例如,至今人们还不知道哥德巴赫猜想是否成立,但这个命题没有任何随机性。

【案例】

掷硬币试验与彩票中奖试验

例1 (掷硬币问题) 把一个均匀硬币掷100次,出现50次正面的概率有多大?

解 出现50次正面的概率为 $C_{100}^{50} 0.5^{50}(1-0.5)^{100-50} \approx 0.08$。

在教学中,不仅要给出上式的左边,也要算出其数值。因为我们在学习概率时,如果不能了解我们讨论的事件发生概率的大小,是很难真正理解随机现象的。近似的数值解常常比抽象的公式解更说明问题。我们知道,掷一个均匀硬币,出现正面的概率是0.5。有人以为,掷100次应该出现50次正面。为什么这件事发生的概率只有0.08,和想象相差甚远。好像均匀硬币不应该有这样的结果。结合概率的统计定义,该如何解释这一结果呢?

事实上,一个事件的概率是0.5,是指在大量重复试验中,该事件出现的频率"稳定"在0.5(即在0.5附近,偏离0.5很大的可能性极小),并非每两次试验中出现一次。那么,掷100次均匀硬币出现50次正面的概率,也应该理解为,做大量重复试验,即掷100次硬币,"出现50次正面"的频率"稳定"在0.08。

做了100次试验（在这里，我们把"掷100次均匀硬币"看成是一次试验），各次试验出现正面次数如下：

```
54  46  53  55  46  54  41  48  51  53
48  46  40  53  49  49  48  54  53  45
43  52  58  51  51  50  52  50  53  49
58  60  54  55  50  48  47  57  52  55
48  51  51  49  44  52  50  46  53  41
49  50  45  52  52  48  47  47  47  51
43  47  41  51  49  59  50  55  53  50
53  52  46  52  44  51  48  51  46  54
43  47  46  52  47  48  59  57  45  48
47  41  51  48  59  51  52  55  39  41
```

我们看到，掷100次均匀硬币不一定出现50次正面。可能出现54次正面，也可能出现46次正面，等等。在上述100次试验中，出现50次正面的有7次试验。即掷100次均匀硬币出现50次正面的频率是0.07，和理论上的值0.08相差不大。应该看到，对一个均匀硬币来说，掷100次"出现50次正面"的概率0.08虽然不大，但比正面出现的其他次数，例如出现49次、53次等的概率还是大的。

在上述的模拟试验中，一共掷了10000次硬币，其中正面出现了4979（只需把上表中的100个数据求和）次。即正面出现的频率为0.4979，近似等于0.5，说明我们的硬币是均匀的。

例2 （彩票中奖问题）设发行的彩票中奖率是千分之一。假定发行的彩票数量巨大，以至于不论别人买多少彩票都不会改变你抽奖时的中奖率。求买 n 张彩票时中奖的概率 p_n。特别地，由于中奖率是千分之一，买1000张彩票中奖概率是否接近100%。

有人认为中奖率是千分之一的彩票，买1000张就应该中奖，并提出问题：如果买1000张不中奖，那么怎么解释"中奖率是千分之一"呢？

解 令 X 为 n 张彩票中中奖的彩票数。由题设，可认为 X 的分布为
$$P(X=k)=C_n^k 0.001^k(1-0.001)^{n-k}, \quad k=0,1,\cdots,n$$
此时，买 n 张彩票中奖的概率为
$$p_n=P(X \geq 1)=1-P(X=0)=1-0.999^n$$

同样，我们不应该只停留在该问题的公式解上。利用公式可以得到数值结果，如表4-1-1所示。

表 4-1-1

n	1000	2000	3000	4000	5000
p_n	0.632	0.865	0.950	0.982	0.993

从表4-1-1可以看到，中奖率为千分之一的彩票，买1000张中奖的概率为0.632（即63.2%），而不是接近100%。

式子 $1-0.999^n$ 和表4-1-1中的数值结果相比，后者更容易说明问题。比如，这个数值表还告诉我们，买3000张彩票中奖率已到达95%，再多买2000张（共5000张）

中奖率只增加了 4.3%。这无疑对如何购买彩票有参考价值。

那么，中奖率千分之一的彩票，买 1000 张中奖的概率只有 63.2%，而不是接近 100%，又该如何解释呢？

和例 1 的讨论一样。在那里我们说明了，尽管硬币是均匀的，但掷 100 次不一定出现 50 次正面，其概率只有 0.08。这里要说明的是，在发行彩票中，当中奖彩票张数占发行彩票张数的 0.001（即中奖率为 0.001）时，如果许多人都买 1000 张彩票，那么，有的人可能买到一张中奖的彩票，有的人可能买到两张中奖的彩票，等等，也有人一张中奖的彩票也没买到。其中约有 63% 的人买到了中奖的彩票。换句话说，在买 1000 张彩票的人中，中奖的频率应稳定在 63% 左右。

案例分析

以上的例子是想强调，在学习概率论时，不应简单地套公式，而应理解问题的背景和意义，希望学生能更好地理解概率的统计定义。学生通过讨论彩票中奖率的问题，能深刻理解中奖率的含义，用一种理性、平和的心态对待现实生活中的各种摸奖活动，从而形成健康的心理，并能激发学习数学的兴趣，提高解决实际问题的能力。

概率意识的形成是学好本部分内容的基础。在教学过程中，教师可以引导学生通过做抛掷硬币的大量重复试验，来丰富对等可能事件的体验，增加对概率背景的认识，积累活动经验，体会概率的思想方法，形成概率意识。教师不宜以加快教学进度为由，把"做试验"变为"讲试验"。同时，为了加强学生对概率的理解，教师还必须引导学生弄清概率的统计定义与极限的区别：概率的统计定义表明，随机事件在大量重复试验中存在一种客观规律性——频率的稳定性，但这里的"频率稳定于概率"不能用数学中的极限概念来理解。这个定义是指随着试验次数的增大，频率围绕概率的平均幅度将越来越小，频率与概率之间出现较大的偏差也越来越罕见，但绝不是不可能出现，故不能误认为频率的极限是概率。教师必须指出，实践中有很多事件的概率是未知的，概率的统计定义给出的是近似计算随机事件概率的方法；当试验大量重复时，就可以把随机事件 A 的频率作为概率 $P(A)$ 的近似值。

二、设置开放性情境

数学与生活密切关系，在高中数学教学中，教师应注意结合生活实际设计课堂教学，引导学生运用合情推理能力分析和解决生活中的问题，培养学生的数学知识应用意识和能力。选择具有丰富现实背景的学习材料，从具体、可操作的实物模型和图象发展到图形、语言和形象化的符号，是概率统计教学的一个重点。在教学中，教师可以引导学生关注生活，从现实生活中寻找素材，增强学生用概率解决实际问题的兴趣，从而促使他们更好地认识现实世界。在"随机事件的概率"的教学中，教师可以根据教学内容利用生活中的情境开展教学。例如，教师可以让学生观看"天气预报"，提出问题：天气预报中说某地区有雨，就一定会下雨吗？通过问题引导学生思考，使他们初步理解随机事件的概念，并结合实际问题深入理解随机事件。引用生活中的实例作为"学材"，不仅能增强学生对概率的应用意识，而且能从概率角度科学地解释生活中的某些现象，使学生感受到概率的无穷魅力。

"学以致用"是新课程的一大特征，由于概率与现实生活有着千丝万缕的联系，教师应该积极引导学生开展与概率相关的课题研究，增强学生学概率、用概率的创新意识与能力。例如，学校周围交通堵塞情况调查，对体育比赛的研究，从概率角度看赌博与摸彩的异同点，等等，这些都可以为学生创设独立思考与合作交流相结合的探究情境。作为学生学习活动的引导者和帮助者，教师应尽可能采用"质疑—猜测—交流—验证"的教学路径，让学生主动发现问题、解决问题，加强用概率解决实际问题的意识，并以此培养学生的探索精神和创新精神。

通过教学实践可以发现，教师设计一个好的实验情境，能够引发学生对问题的兴趣，从而调动学习的积极性。与此同时，将深奥的理论知识转变成形象、生动的实验情境，能够让学生在感性认识的基础上，更好地掌握理论知识，提高理解和运用知识的能力。尤其在学生遇到学习难点时，教师应恰当地利用学生的生活经验或数学背景，设计实验情境，让学生有机会经历科学探究的活动过程，培养他们探究科学的精神和能力。因此，教师在教学中要积极创设有利于学生参与的实验情境。

总之，教学情境的形式多种多样，从其表现形式上看，有故事情境、问题情境、生活情境、实验情境等。无论教学情境形式怎样变化，其共性都是激发学生兴趣，调动学生学习动机，从而使学生产生良好的心理体验，以积极的心态投入课堂学习中。形式是为内容服务的，所以教师在创设教学情境时，不要离开教学内容一味追求形式，重要的是要从学生的兴趣和接受程度出发，从教材实际内容出发，选择恰如其分的情境形式，不能牵强附会、不分主次。创设恰当的开放性教学情境，有助于实现课堂互动，激活学习潜能。对高中数学情境教学的思考和探索还有很大空间，数学教学工作者任重而道远。如何创设基于数学问题又能吸引学生探索的教学情境，是值得我们深入探索和实践的。

【案例】

不同情境下的成绩分析

例1 有甲、乙两名射击运动员，10次射击运动成绩（单位：环）如表4-1-2所示。

表 4-1-2

| 甲 | 7 | 7 | 8 | 9 | 8 | 9 | 10 | 9 | 9 | 9 |
| 乙 | 8 | 9 | 7 | 8 | 10 | 7 | 10 | 10 | 7 | 10 |

现要从两名运动员中选拔一名参加比赛，根据两名运动员的运动成绩，如何进行选拔？

分析 要从两名运动员中选拔一名参加比赛，首先应确定选拔标准，根据标准看运动员的运动成绩，才能进行决策。

当标准不同时，人们的决策会随之发生改变，通常会根据不同的要求和具体情况，提出不同的标准。

情境1：如果10次射击成绩中，前9次都是个人独自进行训练的成绩，最后一次是教练在场的射击成绩。作为教练，你最有可能根据什么成绩作为选拔的标准？

在情境1中，教练员可能会制定这样的标准，即标准1：以两名运动员的最后一次射击成绩作为评价标准，选择成绩较高者参赛。

那么，根据两名运动员的成绩，显然会选择乙参加比赛。

情境2：如果这10次射击成绩是两名运动员在大型比赛选拔赛中的射击成绩，作为教练，你怎样分析运动员的10次成绩，用什么作为选拔标准？

在情境2中，教练员可能会制定这样的标准，即标准2：以两名运动员10次射击成绩的众数作为评价标准，选择众数较高者参赛。

由于甲射击成绩的众数是9环，乙射击成绩的众数是10环，因此，选择乙参加比赛。

教练员也可以制定标准3：以两名运动员10次射击成绩的中位数作为评价标准，选择中位数较高者参赛。

由于甲射击成绩的中位数是9环，乙射击成绩的中位数是8.5环，因此，选择甲参加比赛。

教练员还可以制定标准4：以两名运动员10次射击成绩的平均数作为评价标准，选择平均数较高者参赛。

由于甲射击成绩的平均数是8.5环，乙射击成绩的平均数是8.6环，因此，选择乙参加比赛。

情境3：教练发现，按照上面的标准，甲、乙两名选手相差不大。此时，该运动队的成绩已经超过其他同类水平运动队，只要维持目前状态就能取得冠军。因此，教练需要选择一名运动水平相对稳定的队员参赛。此时通常会提出其他要求（即使选手的成就相差很大，也可以提出新的要求）。例如，分别按照数据的极差、标准差的大小给出标准。

教练员再制定标准5：可以用两名运动员10次射击成绩的标准差作为评价标准，标准差越小成绩越稳定。甲射击成绩的标准差为0.92环，乙射击成绩的标准差为1.28环。甲的稳定性更好，因此，选择甲参加比赛。

例如，甲、乙两个选手，后者发挥不稳定，有时成绩很好，有冲击金牌的能力，但有时又会很差，根本拿不到名次。选手甲，没有冲击金牌的能力，但他成绩极其稳定，如果让他参加比赛，保证能拿到一块铜牌。在上述前提下，如果运动队现在一块奖牌都没有，无论如何也想能得到一块奖牌。就应该让甲去参加比赛。反之，如果运动队已经得到了不少的奖牌，唯独缺少金牌，对他们来说，多一块或少一块奖牌不是主要的，最想要的是金牌。这时，可能就应该让乙参加比赛。

例2 诚信是立身之本，道德之基。某校学生会创设了"诚信水站"，既便于学生用水，又推进诚信教育，并用"$\dfrac{\text{周实际回收水费}}{\text{周投入成本}}$"表示每周"水站诚信度"。为了便于数据分析，以4周为1个周期，表4-1-3为该水站连续12周（共3个周期）的诚信度数据统计。

表4-1-3 水站的诚信度数据统计

时间	第一周 水站诚信度	第二周 水站诚信度	第三周 水站诚信度	第四周 水站诚信度
第一个周期	95%	98%	92%	88%
第二个周期	94%	94%	83%	80%
第三个周期	85%	92%	95%	96%

(1) 计算表中 12 周"水站诚信度"的平均数 $\bar{x}$；

(2) 分别从每个周期的 4 个数据中随机抽取 1 个数据，设随机变量 X 表示取出的 3 个数据中"水站诚信度"超过 91% 的数据的个数，求随机变量 X 的分布列和期望；

(3) 已知学生会分别在第一个周期的第四周末和第二个周期的第四周末各举行了一次"以诚信为本"的主题教育活动。根据已有数据，说明两次主题教育活动的宣传效果，并根据已有数据陈述理由。

分析 题目中的第（3）问，希望学生通过对已有数据的分析得出结论，从而培养学生的数据分析素养。学生对数据观测后，可能得出下面几种不同的结论。

结论 1：两次主题活动效果均好。

理由：活动举办后，"水站诚信度"由 88% 提高到 94%、由 80% 提高到 85%，从中可以看出，后继一周都有提升。

结论 2：两次主题活动效果都不好。

理由：三个周期的"水站诚信度"平均数分别为 93.25%，87.75%，92%，主题活动进行后，后继计算周期的"水站诚信度"平均数和第一周期比较均有下降。

结论 3：第一次主题活动效果好于第二次主题活动。

理由：第一次主题活动举办的后继一周"水站诚信度"提升百分点（94%-88%=6%）高于第二次主题活动举办的后继一周"水站诚信度"提升百分点（85%-80%=5%）。

结论 4：第二次主题活动效果好于第一次主题活动。

理由：第一次活动后"水站诚信度"虽有上升，但两周后又有下滑，第二次活动后，"水站诚信度"数据连续四周呈上升趋势。

结论 5：两次主题活动累加效果好。

理由：两次主题活动"水站诚信度"均有提高，且第二次主题活动后数据提升状态持续周期好。

案例分析

从这个例子可以看出数据的数字特征在人们决策中所起的作用。

值得注意的是，不同的标准没有对和错的问题，也不存在所谓唯一解的问题，而是根据需要来选择"好"的决策。决策的好坏是根据我们提出的标准而判断的。

统计学科的特点决定了学生能否对统计结论进行合理的解释，成为是否具备数据分析素养的重要表现。由于媒体呈现的统计信息通常会受到其宣传目的的影响，而采用了特定的数据收集和呈现方式，以使得到的统计结果能说明自己的观点。因此，对相关的统计结论进行批判性思维是数据分析素养的一个重要组成部分。引导学生对其统计结论进行反思：你能对统计结论进行解释吗？调查结果和预想的结论一致吗？不一致的原因是什么？这是研究设计的问题，是统计方法的问题，还是数据处理的问题？通过这种方式，让学生认识到：统计思维不同于其他数学思维，统计调查是一个逐渐改进和完善的过程，是逐渐靠近真理的过程。在这个过程中，教师应注意逐步培养学生对统计结论进行批判性思维的能力。

【案例】

抽签与顺序无关

口袋里共有 4 根签，其中 2 根彩签（代表中奖），4 个人按顺序依次从中摸出一根签。试计算第二个人摸到彩签（中奖）的概率。

不妨用摸球代替抽签，可将问题转化为：设口袋中有 2 个白球和 2 个黑球，这 4 个球除颜色外完全相同，4 个人按顺序依次从中摸出一个球。试计算第二个人摸到白球的概率。

下面，我们利用古典概型给出四种不同的解法。

解法 1 试验 E_1：4 个人按顺序依次从中摸出一个球，记录摸球的所有可能结果。

用 A 表示"第二个人摸到白球"。把两个白球编上序号 1，2，记摸到 1，2 号白球的结果分别为 w_1，w_2；把两个黑球也编上序号 1，2，记摸到 1，2 号黑球的结果分别为 b_1，b_2。

4 个人按顺序依次从袋中摸出 1 个球的所有结果，用树状图直观地表示出来（图 4-1-1）。

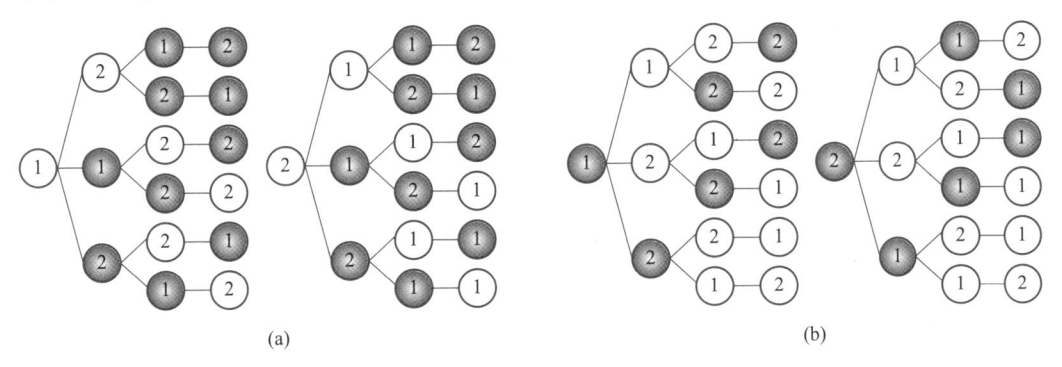

图 4-1-1 试验 E_1 结果树状图

从上面的树状图可以看出，试验 E_1 的所有可能结果数为 24，样本空间 $\Omega_1 = \{w_1w_2b_1b_2,$ $w_1w_2b_2b_1, w_1b_1w_2b_2, w_1b_1b_2w_2, w_1b_2w_2b_1, w_1b_2b_1w_2, w_2w_1b_1b_2, w_2w_1b_2b_1, w_2b_1w_1b_2, w_2b_1b_2w_1,$ $w_2b_2w_1b_1, w_2b_2b_1w_1, b_1w_1w_2b_2, b_1w_1b_2w_2, b_1w_2w_1b_2, b_1w_2b_2w_1, b_1b_2w_2w_1, b_1b_2w_1w_2, b_2w_1w_2b_1,$ $b_2w_1b_1w_2, b_2w_2w_1b_1, b_2w_2b_1w_1, b_2b_1w_2w_1, b_2b_1w_1w_2\}$，共有 24 个样本点。由于口袋内的 4 个球除颜色外完全相同，因此，可以认为这 24 个样本点出现的可能性是相同的，从而用古典概型来计算概率，事件 $A = \{w_1w_2b_1b_2, ww_2b_2b_1, w_2w_1b_1b_2, w_2w_1b_2b_1, b_1w_1w_2b_2, b_1w_1b_2w_2,$ $b_1w_2w_1b_2, b_1w_2b_2w_1, b_2w_1b_1w_2, b_2w_1w_2b_1, b_2w_2w_1b_1, b_2w_2b_1w_1\}$，包含 12 个样本点，因此"第二个人摸到白球"的概率为

$$P(A) = \frac{12}{24} = \frac{1}{2}$$

解法 2 因为要计算"第二个人摸到白球"的概率，所以只考虑前两个人摸球的情况。

试验 E_2：前两个人按顺序依次从中摸出一个球，记录摸球的所有可能结果。

前两个人按顺序依次从袋中摸出 1 个球的所有结果，用树状图直观地表示出来（图 4-1-2）。

从图 4-1-2 所示的树状图可以看出，试验 E_2 的所有可能结果数为 12，样本空间 $\Omega_2 = \{w_1w_2, w_1b_1, w_1b_2, w_2w_1, w_2b_1, w_2b_2, b_1w_1, b_1w_2, b_1b_2, b_2w_1, b_2w_2, b_2b_1\}$，共有 12 个样本点。由于口袋内的 4 个球除颜色外完全相同，因此，可以认为这 12 个样本点出现的可能性也是相同的，从而用古典概型来计算概率，事件 $A = \{w_1w_2, w_2w_1, b_1w_1, b_1w_2, b_2w_1, b_2w_2\}$，包含 6 个样本点，因此"第二个人摸到白球"的概率为

$$P(A) = \frac{6}{12} = \frac{1}{2}$$

这里，我们根据事件"第二个人摸到白球"的特点，只考虑前两个人摸球的情况，从而简化了模型。

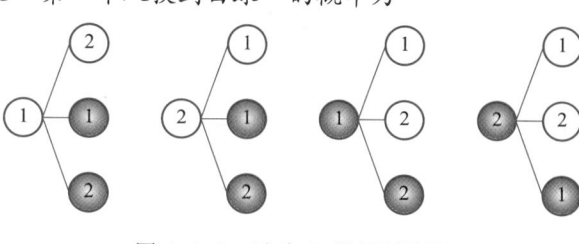

图 4-1-2 试验 E_2 结果树状图

解法 3 从另外一个角度来考虑这个问题。由于口袋里的 4 个球除颜色外完全相同，因此，可以对 2 个白球不加区别，对 2 个黑球也不加区别，这样建立的模型对应的样本空间的样本点的个数就会更少，由此得到另外一种解法。

试验 E_3：4 个人按顺序依次从中摸出一个球，只记录摸出球的颜色，所有可能结果用树状图直观地表示出来（图 4-1-3）。

记摸到白球、黑球的结果分别为 w，b，试验 E_3 的所有可能结果数为 6，样本空间 $\Omega_3 = \{wwbb, wbwb, wbbw, bbww, bwwb, bwbw\}$，共有 6 个样本点。可以认为这 6 个样本点出现的可能性也是相同

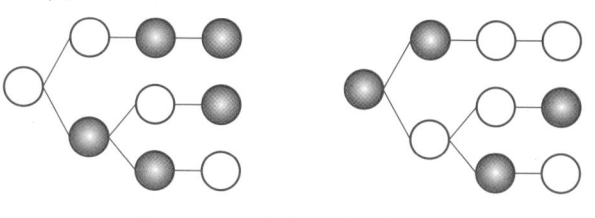

图 4-1-3 试验 E_3 结果树状图

的，从而用古典概型来计算概率，事件 $A = \{wwbb, bwwb, bwbw\}$，包含 3 个样本点，因此"第二个人摸到白球"的概率为

$$P(A) = \frac{3}{6} = \frac{1}{2}$$

解法 4 进一步简化，只考虑第二个人摸球的情况。

试验 E_4：4 个人按顺序依次从中摸出一个球，只记录第二个人摸出球的情况。

把 2 个白球、2 个黑球分别编上序号 1，2，记摸到 1，2 号白球的结果分别为 w_1，w_2；记摸到 1，2 号黑球的结果分别为 b_1，b_2。试验 E_4 的所有可能结果数为 4，样本空间 $\Omega_4 = \{w_1, w_2, b_1, b_2\}$，共有 4 个样本点。可以认为这 4 个样本点出现的可能性也是相同的，从而用古典概型来计算概率，事件 $A = \{w_1, w_2\}$，包含 2 个样本点，因此"第二个人摸到白球"的概率为

$$P(A) = \frac{2}{4} = \frac{1}{2}$$

以上四种解法中，我们分别从不同的角度切入，选择了不同的古典概型。

对实际问题来说，如果每次试验只有有限个结果，而且每个结果发生的可能性可以认为是相同的，就可以用古典概型来解决。

这个问题的解答表明：不论第几次摸球，摸到白球的概率都是 $\frac{1}{2}$，实际上，这也是许多实际问题的一个模型。例如，抽签问题中，抽中彩签（中奖）的可能性大小是与顺序无关的。

案例分析

我们希望通过这样的例子让学生很好地体会古典概型及其意义。目前古典概型的教学常常忽视对概率思想的理解，而把精力用于计数，在排列组合上"玩花样"、做难题，好像不讲排列组合就无法讲清楚古典概型，而且不把最后的结果给出数值的形式，就只是一个排列组合的公式。学生不知道所求事件发生概率的大小，很难体会随机的思想和问题的意义。这是应该纠正的。需要明确的是，古典概型是一类数学模型，并非现实生活的确切描述。掷一个硬币，可以看成只有两个结果，即"正面向上"和"正面向下"。每个结果出现的可能性相同，从而符合古典概率的模型。但现实情况是，硬币可能只是近似均匀，也可能被卡在一个缝中，出现正面既不向上也不向下的情况。

同一个现实对象可以用不同的模型来描述。例如在物理学中，地球有时被看作一个质点（在研究天体运动时），有时被看成椭球（飞机的航程），有时被看作平面（人在地面行走时）。在这里同样如此，同一个问题可以用不同的模型来解决。比如，掷一个均匀的骰子，求"出现偶数点"的概率，可以认为试验有六个结果，其中有三个结果的发生出现偶数点。因此，该事件的概率是3/6，即 1/2。但也可以认为试验只有两个结果（如可以想象把三个偶数点的面涂成黑色，把三个奇数点的面涂成红色）。因此，该事件的概率是 1/2。两个不同的模型解决了同一个问题。后一个模型更简单，但用它无法求出"扔出三点"的概率。两个模型各有优劣，有些人对此不太清楚。比如，从5个黑球、4个白球中任取3个，求"取到2个黑球，1个白球"的概率。对此问题，我们既可以有顺序地抽取，也可以在抽取时不考虑顺序，两个不同的模型都能解决这一问题。但如果要求的结果和顺序有关，比如，求"第二次取到黑球"的概率，则后一个模型就不能用了。

解决这类问题关键是要选择正确的模型，一题多解体现的正是多种模型的运用。

教学建议

第一，感悟数学应用。教师应注意引导学生灵活运用概率知识和概率模型解释现实中的随机现象，促使学生更加自觉地运用概率工具进行分析、预测和决策，让学生更好地感受数学的应用价值。

第二，理解核心概念。教师应注重学生对核心概念的理解，关注学生对条件概率、随机变量及其分布列的概念、两个事件相互独立的概念、随机变量的均值与方差的含义是否理解，关注学生能否利用概念对生活中的随机现象进行辨析，澄清生活中的一些错误认识。

第三，渗透随机观念。教师应引导学生加强概率的思维方式，用随机的眼光，透过表面上的偶然，去寻找内部蕴藏着的必然，并在此基础上做出客观、理性的分析、推断和决策，同时对出现的各种结果、后果都有充分的思想准备和应对策略。

第四，提升核心素养。教师应不断使学生感悟概率与现实之间的关联，学会用数学模型解决实际问题，进一步深化问题模型、概率模型、分布模型的构建和应用，提升学生数据分析和数学建模素养。

在高中阶段，我们主张通过大量的实际案例来开展统计教学，希望学生通过实际问题的解决来理解统计的思想，而不是死背公式和概念。在统计教学中不应该单纯地讲授图表的制作、数字特征的计算，机械地套用公式，而应该从提取信息的角度比较各种方法的优劣，了解它们的适用范围，让学生体会并初步掌握用统计方法处理问题的全过程（抽样、整理数据、提取数字特征做出估计、给出统计结论、对结论进行分析和讨论）。

4-2 如何帮助学生理解条件概率及其与事件独立性之间的关系？

问题的提出

在教材中事件的独立性是通过条件概率的概念给出的，这使得学生理解独立性较为困难，如何理解条件概率及其与事件独立性之间的关系成为这部分教学的关键问题。在实际问题中，事件的独立性不能通过计算概率进行判断，需要通过实际情境来判断，这对学生的能力有更高的要求。只有更好地理解条件概率才能通过实际情境判断事件是否独立，这就对条件概率的教学提出了更高的要求。

问题的分析

条件概率的教学要从知识理解、知识迁移、知识创新三级水平进行教学设计。

知识理解的基本含义是指对知识的要素、本质、类属及与其他知识的联系的理解，包括"是什么"和"为什么"两个层面。知识理解既是一个过程，即利用已有经验和已学知识同化或顺应新知识的过程；又是一种结果，即对新知识的把握和领悟。

知识迁移是指把理解的知识迁移到不同情境中去，促进新知识的学习或不同情境中问题的解决。这些情境包括现实情境、学科内部问题情境、跨学科问题情境。在学生基本理解了条件概率的概念和公式后，教师要让学生把它应用到各种问题情境中，引导学生提炼运用条件，提升知识的迁移运用和问题解决能力。

知识创新是指能够运用数学眼光和思维看待和处理一些现实生活中的问题。同时，条件概率的学习还可以帮助学生进一步理解全概率公式和贝叶斯公式。如果能理解条件概率的计算方法，学生就可以很好地理解和掌握这两个看起来很复杂的公式，并应用这些公式解决实际问题。

新版课程标准要求掌握全概率公式，在选择性必修中，了解贝叶斯公式为选学内容，不作为考试要求，但在一些试题中也会通过台阶式设问考查贝叶斯公式，所以条件概率的教学成为概率教学中的关键问题。

问题的解决

用数学符号形式化地表示的数学概念往往令学生费解。如果将丰富的实际例子作为载体，遵循"由具体到抽象，由特殊到一般"的认识方式来设计教学，就能使此内容浅显易懂，因此，巧妙合理地引入概念对学生突破学习难点尤为重要。由实际例子引入概念后，用一个更具普遍意义的古典概率公式推导条件概率公式，可以使条件概率更具普遍性，也使概念的形成过程更具合理性，同时符合学生的认知过程。在条件概率概念以不同方式呈现的过程中，也加深了学生对条件概率概念的理解，既生动形象，又有理有据，使概念的形成过程由知道到理解再到掌握，使学生初步形成用随机观念观察分析问题的意识,并使学生的随机观念得到进一步提升。

一、数学概念的形成要自然流畅,由浅入深

在高中数学课堂中,学生对概念的学习要借助对已有知识的同化,而教师要为学习过程创设条件,在营造认知冲突的同时使概念的形成自然而然、水到渠成。条件概率的内容在高中数学中起着承上启下的作用,它设置在古典概型之后,是古典概型的延伸,也为之后学习的内容做铺垫。教师可以将条件概率与古典概型有机结合,以习题或习题变式的形式提出问题,使条件的引入自然流畅、由浅入深。例如,让学生通过熟悉的抛掷红蓝骰子试验,结合古典概型发现和理解条件概率的概念。

情境1 在抛掷红蓝骰子试验中,记事件 $A=$ 蓝色骰子的点数为 3 或 6,事件 $B=$ 两颗骰子点数之和大于 8,当蓝色骰子的点数为 3 或 6 时,两颗骰子的点数之和大于 8 的概率是多少?

(1) 事件 $A=$ 蓝色骰子的点数为 3 或 6,则 $P(A)=$ _____;

(2) 事件 $B=$ 两颗骰子的点数之和大于 8,则 $P(B)=$ _____;

(3) 事件 A 和 B 同时发生的概率 $P(AB)=$ _____;

(4) 事件 $C=$ 已知蓝色骰子的点数为 3 或 6 的前提下,两颗骰子的点数之和大于 8,则 $P(C)=$ _____。

如图 4-2-1 所示,用 x 轴表示红色骰子的点数,y 轴表示蓝色骰子的点数,学生可以直观地得出:

$$P(A)=\frac{12}{36}=\frac{1}{3}, \quad P(B)=\frac{10}{36}=\frac{5}{18}, \quad P(AB)=\frac{5}{36}, \quad P(C)=\frac{5}{12}$$

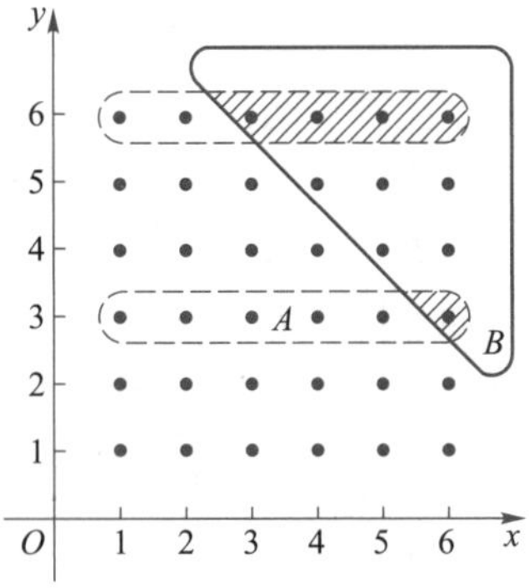

事件 C 是条件概率,是在事件 A 的条件下事件 B 发生的概率。事件 C 发生的概率可以通过古典概型求得:观察事件 A 所包含的样本点的个数共 12 个,其中符合点数之和大于 8 的样本点共 5 个,所以事件 C 发生的概率为 $P(C)=\dfrac{5}{12}$。设 A、B 是两个事件,且 $P(A)>0$,称 $P(B|A)$ 为在事件 A 发生的条件下事件 B 发生的条件概率。

图 4-2-1

$P(B|A)$ 是度量一类新的事件的量。引进一个量就要研究它的运算和应该满足的运算律。那么,怎样计算 $P(B|A)$ 呢?直觉告诉我们,它应该与 $P(A)$,$P(B)$,$P(AB)$ 有关系!因此,我们可以从特殊情形开始探索(归纳法:从特殊到一般,从具体到抽象)。

让学生观察下面这个结果和我们计算的概率之间有什么关系:

$$P(C)=\frac{5}{12}=\frac{\frac{5}{36}}{\frac{12}{36}}=\frac{P(AB)}{P(A)}$$

引导学生发现条件概率公式:

$$P(B \mid A) = \frac{P(AB)}{P(A)}$$

把这个结论一般化，然后根据古典概率公式加深学生对条件概率概念的理解，根据古典概型的计算公式，有

$$P(AB) = \frac{n(AB)}{n(\Omega)}, \quad P(A) = \frac{n(A)}{n(\Omega)}$$

所以 $$P(B \mid A) = \frac{n(AB)}{n(A)} = \frac{\frac{n(AB)}{n(\Omega)}}{\frac{n(A)}{n(\Omega)}} = \frac{P(AB)}{P(A)}$$

在用古典概型理解了条件概率公式的基础上，在下面的情境2中进一步理解条件概率公式。

情境2 假定男女出生率一样，则一个家庭有两个孩子的男女情况可能为：（女，女）、（女，男）、（男，女）、（男，男）。现在，如果我们知道一个家庭有两个孩子，那么这个家庭有一个男孩和一个女孩的概率（记作事件B）就是 $\frac{1}{2}$。但是，如果我们已经知道这个家庭至少有一个女孩（记作事件A），那么上述事件的概率就应该是 $\frac{2}{3}$。

两种情况下得到的概率不同。这很容易理解，在第二种情况下，我们多知道了一个条件：这个家庭至少有一个女孩。因此，我们得到的概率事实上是"已知事件A发生的条件下，事件B的概率"。

在上述情境中，

$$P(A) = \frac{3}{4}, \quad P(B) = \frac{1}{2}, \quad P(AB) = \frac{1}{2}, \quad P(B \mid A) = \frac{2}{3}$$

有 $P(B \mid A) = \frac{P(AB)}{P(A)}$。通过这个情境，可以让学生在具体情境中加深对条件概率公式的理解，也使学生在此基础上进一步理解事件的独立性的定义。

情境3 从1、2、3、4、5中任取两个不同的数，求：（1）取到的两个数都为奇数且其中有3的概率；（2）已知取到的两个数都为奇数，则其中有3的概率。最后开展学生间的合作探究：如何利用维恩图来表示条件之间的关系？

条件概率的实质是对样本空间进行缩小，在引导学生对其发现的过程中要善用纸笔，让学生自己动手，画出与要求相对应的维恩图。

由条件概率的公式 $P(B \mid A) = \frac{P(AB)}{P(A)}$，则 $P(AB) = P(B \mid A)P(A)$，同理 $P(AB) = P(A \mid B)P(B)$。回顾事件的独立性的定义，我们知道，如果事件A（或B）是否发生，对事件B（或A）发生的概率没有影响，这样的两个事件就称为相互独立事件。结合乘法公式，我们可以得出：两个相互独立事件同时发生的概率等于每个事件发生的概率的积。于是，得到事件独立性的充要条件：事件A与事件B相互独立$\Leftrightarrow P(AB) = P(B)P(A)$。

这个公式表现事件的独立性，突出了两个事件之间互相不影响的特点。

通过不同的方式推导（诠释）条件概率公式，能更加深入地理解条件概率。条件

概率公式的推导（诠释）可以从形和数两个角度展开。学生对古典概型比较熟悉，通过数数的方式可以更好地理解条件概率的概念，猜想出条件概率的公式，局限于已发生的事件 B 的范围来考察事件 A 发生的概率，就相当于考察事件 AB 包含的样本点数在事件 B 包含的样本点数中所占的比例，分子、分母同时除以样本空间包含的样本点总数 $n(\Omega)$，就可以得到条件概率公式。形的角度比较直观，用整个矩形（面积为1）来表示样本空间 Ω（随机试验的所有可能结果），用矩形内任意封闭曲线围成的图形表示事件，把图形的面积理解为相应事件发生的概率，若圈 A、B 的面积分别表示事件 A、B 发生的概率 $P(A)$、$P(B)$（$A\subseteq\Omega,B\subseteq\Omega$），则阴影部分的面积表示事件 A、B 同时发生的概率 $P(AB)$，如图 4-2-2 所示。根据条件概率的定义，就是局限于已发生的事件 B 的范围，考察事件 A 发生的概率，而因为在事件 B 发生的情况下，若事件 A 发生，则事件 A、B 同时发生，这就相当于阴影部分的面积在圈 B 的面积中所占的比例。这使得学生对条件概率的理解更加直观。

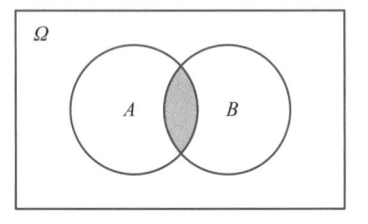

图 4-2-2

二、数学概念的运用要明确目的，有的放矢

心理学认为，掌握概念的标志是具有运用概念的能力。概念运用的过程实际上就是从抽象到具体的过程，从某种角度上说，这比从具体到抽象的过程更难。一方面，运用概念可以巩固和加深对概念本质的理解；另一方面，运用概念还可以发展数学概念，形成概念体系。教师要注意根据想要达到的效果来设计数学概念的运用任务，这样才能做到目标明确，有的放矢，事半功倍。

认识条件概率公式与其他概率计算公式的联系与区别，可以进一步深化理解各个概率计算公式的特点以及使用条件。首先，由条件概率公式 $P(B|A)=\dfrac{P(AB)}{P(A)}$，可得 $P(AB)=P(A)P(B|A)$，这就是乘法公式。条件概率公式和乘法公式说明，$P(B|A)$ 与 $P(AB)$ 可以相互表示。根据这个性质，我们可以运用条件概率来解决如下问题。

情境 4 已知男子有 5% 是色盲患者，女子有 0.25% 是色盲患者。今从男女人数相等的人群中随机选出一人。

（1）选出的人是男性的概率；

（2）选出的人是女性的概率；

（3）选出的人是色盲的概率；

（4）选出的人恰好是色盲，此人是男性的概率。

分析：选出的人是女性为事件 B_1，选出的人是男性为事件 B_2，选出的人患色盲为事件 A。其中，事件 B_1、B_2 是互斥的，A 事件的发生总是伴随着 B_1、B_2 之一发生，即 $A=B_1A+B_2A$，且 B_1A，B_2A 互斥，运用互斥事件概率的加法公式和乘法公式，得

$$P(A)=P(B_1A)+P(B_2A)$$
$$=P(B_1)P(A|B_1)+P(B_2)P(A|B_2)$$
$$=0.5\times 0.0025+0.5\times 0.05$$
$$=0.025+0.00125=0.02625$$

求解色盲患病率的方法是应用概率的加法和乘法，得出全概率公式，所以全概率公式并不是多么晦涩难懂的知识，也没有超出课程标准的要求，在考试中也有出现的可能。

我们接下来看，选出的人既是男性又是色盲，即事件 B_2A 的概率有两种表示方法，由条件概率得

$$P(B_2A) = P(A)P(B_2|A) = P(B_2)P(A|B_2)$$

由已知条件得 $P(B_1) = 0.5$，$P(B_2) = 0.5$，$P(A|B_1) = 0.0025$，$P(A|B_2) = 0.05$，$P(A) = 0.02625$；本题要求的概率为 $P(B_2|A)$，我们把 $P(B_2) = 0.5$，$P(A|B_2) = 0.05$，$P(A) = 0.02625$ 代入上式，即可得到

$$P(B_2|A) = \frac{P(B_2)P(A|B_2)}{P(A)}$$

即

$$P(B_2|A) = \frac{20}{21}$$

本题的求解过程可以不用全概率公式和贝叶斯公式，但是求解的思路就是全概率公式和贝叶斯公式的推导过程。可以认为，全概率公式和贝叶斯公式是条件概率的迁移使用，是对条件概率的深入理解，通过本情境的分析，可以为全概率公式和贝叶斯公式的学习打下基础，也为学生利用条件概率解决实际问题拓宽了思路。本情境从生物学中的实际问题引出课题，体现了数学学习要凸显数学内容的生活化，与学生现实生活的紧密联系，而且呈现的数学素材应是现实的、有意义的，问题情境不但以富有吸引力的方式激活学生的经验，而且通过第 4 个问题，引发学生的认知冲突，从而激发其学习兴趣，激活其探究欲望。

若把样本空间 Ω 划分为 n 个子空间 $B_i(i = 1,2,\cdots,n)$，则由乘法公式 $P(AB) = P(B)P(A|B)$ 可得 $P(A) = \sum_{i=1}^{n} P(B_i)P(A|B_i)$，这就是全概率公式。若把全概率公式中的 A 视为"果"，B_i 视为"因"，则全概率公式反映"由因求果"的概率问题。其中，$P(B_i)$ 是根据以往经验得到的，所以称为先验概率。

把 $P(A|B)$ 和 $P(B|A)$ 两个条件概率公式结合起来，将 $P(A)$ 用全概率公式表示，可以得到

$$P(B_i|A) = \frac{P(B_i)P(A|B_i)}{\sum_{j=1}^{n} P(B_j)P(A|B_j)}$$

这就是贝叶斯公式。相对地，贝叶斯公式反映"执果溯因"的概率问题，即在结果 A 已发生的情况下，寻找原因 B_i。其中，$P(B_i|A)$ 是得到"信息" A 后求出的，所以称为后验概率。

综合来看，全概率公式与贝叶斯公式是条件概率公式和乘法公式的复杂化，是计算复杂事件概率的重要工具；先验概率与后验概率有着不可分割的联系，后验概率的计算是以先验概率为基础的，即计算 $P(B_i|A)$ 要用到 $P(A)$，而计算 $P(A)$ 要用到 $P(B_i)$。知识迁移是指把理解的知识（形成的基本技能）迁移到不同的情境中去，

促进新知识的学习或不同情境中问题的解决。学生在理解了条件概率的概念和公式后，要把它应用到各种问题情境中，可以通过一些相对简单的问题，引导学生提炼运用条件概率解决问题的基本模型，通过概括，提升学生的知识迁移运用和问题解决能力。

下面我们来看看一些试题是如何考查条件概率的。

【案例】

某超市随机选取1000位顾客，记录了他们购买甲、乙、丙、丁四种商品的情况，整理成统计表（表4-2-1），其中"√"表示购买，"×"表示未购买。

表 4-2-1 顾客购买商品的情况统计

顾客人数	甲	乙	丙	丁
100	√	×	√	√
217	×	√	×	√
200	√	√	√	×
300	√	×	√	×
85	√	×	×	×
98	×	√	×	×

(1) 估计顾客同时购买乙和丙的概率。

(2) 估计顾客在甲、乙、丙、丁中同时购买三种商品的概率。

(3) 如果顾客购买了甲，则该顾客同时购买乙、丙、丁中哪种商品的可能性最大？

案例分析

本题主要考查统计表、概率等基础知识，考查学生分析问题和解决问题的能力，以及转化能力、计算能力。第（1）问，由统计表读出顾客同时购买乙和丙的人数为200，计算出概率；第（2）问，先由统计表读出顾客在甲、乙、丙、丁中同时购买3种商品的人数为100+200，再计算概率；第（3）问，由统计表读出顾客同时购买甲和乙的人数为200，顾客同时购买甲和丙的人数为100+200+300，顾客同时购买甲和丁的人数为100，分别计算出概率，再通过比较大小得出结论。

试题解析：(1) 从统计表可以看出，在这1000位顾客中，有200位顾客同时购买了乙和丙，所以顾客同时购买乙和丙的概率可以估计为 $\frac{200}{1000}=0.2$。

(2) 从统计表可以看出，在这1000位顾客中，有100位顾客同时购买了甲、丙、丁，另有200位顾客同时购买了甲、乙、丙，其他顾客最多购买了两种商品。所以顾客在甲、乙、丙、丁中同时购买三种商品的概率可以估计为 $\frac{100+200}{1000}=0.3$。

(3) 与第（1）问同理，可得：

顾客同时购买甲和乙的概率可以估计为 $\frac{200}{1000}=0.2$；

顾客同时购买甲和丙的概率可以估计为 $\frac{100+200+300}{1000}=0.6$；

顾客同时购买甲和丁的概率可以估计为 $\frac{100}{1000}=0.1$,

所以,如果顾客购买了甲,则该顾客同时购买丙的可能性最大。

本题第(3)问利用条件概率的思想来解决我们需要计算在购买了甲的条件下购买乙、丙、丁事件的概率,设购买甲、乙、丙、丁分别为事件 A、B、C、D。

由表中数据得 $P(A)=0.685$,$P(AB)=0.2$,$P(AC)=0.6$,$P(AD)=0.1$,则

$$P(B|A)=\frac{0.2}{0.685}\approx 0.292$$

$$P(C|A)=\frac{0.6}{0.685}\approx 0.876$$

$$P(D|A)=\frac{0.1}{0.685}\approx 0.146$$

如果顾客购买了甲,则该顾客同时购买丙的可能性最大。当然本题只需要比较大小,并不要求计算出条件概率,因为都是在事件 A 发生的前提下,在求解条件概率的过程中,分母是相同的,只要比较同时发生的概率大小即可。

换一种方式解决本题,我们把表 4-2-1 重新梳理,把购买了甲的顾客标为表格的阴影部分,如表 4-2-2 所示。

表 4-2-2

顾客人数	甲	乙	丙	丁
100	√	×	√	√
217	×	√	×	√
200	√	√	√	×
300	√	×	√	×
85	√	×	×	×
98	×	√	×	×

接下来只要分析表格阴影中购买乙、丙、丁的顾客人数分别为 200、600、100,显然购买丙的顾客最多,这种解法也用到了条件概率求解的思路。从以上不同的解法来看,对条件概率的考查更关注条件概率思想的理解。

【案例】

A,B,C 三个班共有 100 名学生。为调查他们的体育锻炼情况,通过分层抽样获得了部分学生在一周中的锻炼时间,数据如表 4-2-3。

表 4-2-3

学生	一周中的锻炼时间/小时							
A 班	6	6.5	7	7.5	8			
B 班	6	7	8	9	10	11	12	
C 班	3	4.5	6	7.5	9	10.5	12	13.5

(1) 试估计 C 班的学生人数。

(2) 从 A 班和 C 班抽出的学生中，各随机选取一人，A 班选出的人记为甲，C 班选出的人记为乙。假设所有学生的锻炼时间相互独立，求该周甲的锻炼时间比乙的锻炼时间长的概率。

(3) 再从 A，B，C 三个班中各随机抽取一名学生，他们在这周的锻炼时间分别是 7，9，8.25（单位：小时）。这三个新数据与表格中的数据构成的新样本的平均数记为 μ_1，表 4-2-3 中数据的平均数记为 μ_0，试判断 μ_0 和 μ_1 的大小（结论不要求证明）。

案例分析

本题主要考查分层抽样、用样本估计总体、独立和互斥事件的概率计算方法及平均值的估算。本题考查事件的运算能力，能将一事件用独立事件和互斥事件表示，再运用加法公式和乘法公式计算事件的概率。考查用估算的方式比较加入三个新数据后新样本的平均数与表 4-2-3 中平均数的大小，因为题目不要求写出运算过程且只要求比较大小，所以在理解平均数的含义的基础上可以直接进行估算。我们观察到新加入的三个值恰好为三个班级的平均锻炼时间，如果表 4-2-3 中三个班的人数相同，则新数据的平均值与原数据相同，加入新数据后平均值不变。观察表 4-2-3 中数据发现，三个班中班级同学锻炼时间平均值最小的班级人数最少，我们计算的平均值相当于三个班平均值的加权平均值，因为用时比较少的班占比较少，所以原数据的平均值大于新加入数据的平均值，所以加入数据后平均值变小。本题在考查平均数时，不是考查平均数的计算，而是考查学生对平均数的理解。统计的考查更关注学生对概念的理解和应用统计知识做统计推断的能力。

试题解析：（1）由题意知，抽出的 20 名学生中，来自 C 班的学生有 8 名。根据分层抽样方法，C 班的学生人数估计为 $100 \times \dfrac{8}{20} = 40$。

（2）设事件 A_i 为"甲是现有样本中 A 班的第 i 个人"，$i=1,2,\cdots,5$；事件 C_j 为"乙是现有样本中 C 班的第 j 个人"，$j=1,2,\cdots,8$。由题意可知：

$$P(A_i)=\dfrac{1}{5}, i=1,2,\cdots,5; \quad P(C_j)=\dfrac{1}{8}, j=1,2,\cdots,8$$

$$P(A_iC_j)=P(A_i)P(C_j)=\dfrac{1}{5}\times\dfrac{1}{8}=\dfrac{1}{40}, i=1,2,\cdots,5, j=1,2,\cdots,8$$

设事件 E 为"该周甲的锻炼时间比乙的锻炼时间长"。由题意可知：

$$\begin{aligned}E=&A_1C_1\cup A_1C_2\cup A_2C_1\cup A_2C_2\cup A_2C_3\cup A_3C_1\cup A_3C_2\cup A_3C_3\cup\\&A_4C_1\cup A_4C_2\cup A_4C_3\cup A_5C_1\cup A_5C_2\cup A_5C_3\cup A_5C_4\end{aligned}$$

$$\begin{aligned}P(E)=&P(A_1C_1)+P(A_1C_2)+P(A_2C_1)+P(A_2C_2)+P(A_2C_3)+\\&P(A_3C_1)+P(A_3C_2)+P(A_3C_3)+P(A_4C_1)+P(A_4C_2)+\\&P(A_4C_3)+P(A_5C_1)+P(A_5C_2)+P(A_5C_3)+P(A_5C_4)\\=&15\times\dfrac{1}{40}=\dfrac{3}{8}\end{aligned}$$

（3）$\mu_1<\mu_0$。

【案例】

某大学为了调研学生在 A，B 两家餐厅用餐的满意度，从在 A，B 两家餐厅都用过餐的学生中随机抽取了100人，每人分别对这两家餐厅进行评分，满分均为60分。整理评分数据，将分数以10为组距分成6组，即[0,10)，[10,20)，[20,30)，[30,40)，[40,50)，[50,60]，得到A餐厅分数的频率分布直方图（图4-2-3），以及B餐厅分数的频数分布表（表4-2-4）

表 4-2-4　B 餐厅分数频数分布表

分 数 区 间	频　　数
[0,10)	2
[10,20)	3
[20,30)	5
[30,40)	15
[40,50)	40
[50,60]	35

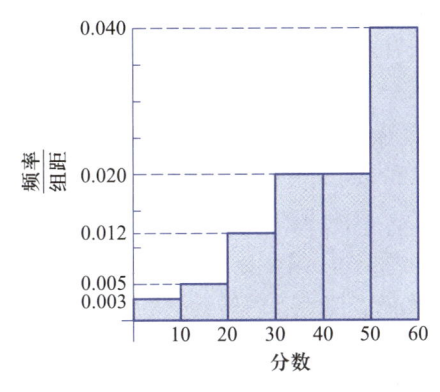

图 4-2-3　A 餐厅分数频率分布直方图

定义学生对餐厅评价的"满意度指数"如表4-2-5所示。

表 4-2-5

分　　数	[0,30)	[30,50)	[50,60]
满意度指数	0	1	2

（1）在抽样的100人中，求对A餐厅评价"满意度指数"为0的人数。

（2）从该校在A，B两家餐厅都用过餐的学生中随机抽取1人进行调查，试估计其对A餐厅评价的"满意度指数"比对B餐厅评价的"满意度指数"高的概率。

（3）如果从A，B两家餐厅中选择一家用餐，你会选择哪一家？说明理由。

案例分析

对餐厅服务的满意度调查是贴近学生生活的问题，它可以体现从数据收集到做出统计推断的全过程。本题采用的是简单随机抽样，用频率分布直方图和频数表表达数据，当样本数据比较大时频率分布直方图可以更好地体现数据的特点。学生根据这两个数据表现形式的不同，可以更好地理解频率分布直方图的优缺点。调查后，为了更好地分析分数所表达的信息，定义了满意度指数的随机变量。第（1）问求出满意度指数为0的概率，通过这个分析学生对餐厅的满意度有了初步的理解。

第（1）问解答：由对A餐厅评分的频率分布直方图，得出对A餐厅"满意度指数"为0的频率为$(0.003+0.005+0.012)\times10=0.2$，所以，对A餐厅评价"满意度指数"为0的人数为$100\times0.2=20$。这是对频率分布直方图的一种还原，通过这种计算学生可以明显感受到数据在表达信息上的特点。

第2问解答：设"对A餐厅评价'满意度指数'比对B餐厅评价'满意度指数'高"为事件C。记"对A餐厅评价'满意度指数'为1"为事件A_1；"对A餐厅评价'满意度指数'为2"为事件A_2；"对B餐厅评价'满意度指数'为0"为事件B_0；"对B餐厅评价'满意度指数'为1"为事件B_1。

所以，$P(A_1) = (0.02+0.02) \times 10 = 0.4$，$P(A_2) = 0.4$，由用频率估计概率得
$$P(B_0) = \frac{2+3+5}{100} = 0.1, \quad P(B_1) = \frac{15+40}{100} = 0.55$$
因为事件 A_i 与 B_j 相互独立，其中 $i=1,2$，$j=0,1$。
$$\begin{aligned} P(C) &= P(A_1B_0+A_2B_0+A_2B_1) \\ &= P(A_1)P(B_0)+P(A_2)P(B_0)+P(A_2)P(B_1) \\ &= 0.4 \times 0.1 + 0.4 \times 0.1 + 0.4 \times 0.55 = 0.3 \end{aligned}$$

该学生对 A 餐厅评价的"满意度指数"比对 B 餐厅评价的"满意度指数"高的概率为 0.3。这一概率给学生提供了一种比较两个餐厅优劣的方法。

第（3）问利用所学习的知识做出统计推断，可以利用比较 A 餐厅满意度高于 B 餐厅的概率做出统计推断，也可以利用"满意度指数"的期望来推断两个餐厅哪个更有优势，通过方差比较来判断稳定性，做出统计推断。第（3）问是一个开放性问题，教师可以启发学生用不同的统计参数做出统计推断，概率与统计最大的特点是随机性，不能说哪个更好，开放性的思维可以更好地培养学生的随机思想。

用数学期望做出统计推断的方法，如果从学生对 A，B 两家餐厅评价的"满意度指数"的期望角度看：

A 餐厅"满意度指数" X 的分布列如表 4-2-6 所示。

表 4-2-6

X	0	1	2
P	0.2	0.4	0.4

B 餐厅"满意度指数" Y 的分布列如表 4-2-7 所示。

表 4-2-7

Y	0	1	2
P	0.1	0.55	0.35

因为
$$E(X) = 0 \times 0.2 + 1 \times 0.4 + 2 \times 0.4 = 1.2$$
$$E(Y) = 0 \times 0.1 + 1 \times 0.55 + 2 \times 0.35 = 1.25$$
所以 $E(X) < E(Y)$，会选择 B 餐厅用餐。

用概率的值做出统计推断的方法：在第（2）问中求出了对 A 餐厅评价的"满意度指数"比对 B 餐厅评价的"满意度指数"高（事件 C）的概率为 0.3，设对 A 和 B 餐厅评价的"满意度指数"相同为事件 D，对 B 餐厅评价的"满意度指数"比对 A 餐厅评价的"满意度指数"高为事件 E，则
$$\begin{aligned} P(D) &= P(A_0B_0+A_1B_1+A_2B_2) \\ &= P(A_0)P(B_0)+P(A_1)P(B_1)+P(A_2)P(B_2) \\ &= 0.2 \times 0.1 + 0.4 \times 0.55 + 0.4 \times 0.35 = 0.38 \end{aligned}$$
$$P(E) = 1 - P(C) - P(D) = 0.32$$
即 $P(E) > P(C)$，所以选择 B 餐厅就餐。

用方差做统计推断的方法：在期望的基础上进一步分析满意度指数的方差。

因为
$$D(X) = 1.2^2 \times 0.2 + 0.2^2 \times 0.4 + 0.8^2 \times 0.4 = 0.56$$
$$D(Y) = 1.25^2 \times 0.1 + 0.25^2 \times 0.55 + 0.75^2 \times 0.35 = 0.3875$$

又因为 $E(X)<E(Y)$，且 $D(X)>D(Y)$，说明 B 餐厅满意度更高且稳定性更好，所以会选择 B 餐厅用餐。计算方差的运算量比较大，我们不妨通过画满意度指数直方图，直接观察，因为 B 的直方图更窄且高，可以推断其方差更小。教学要引导学生会用数学眼光观察世界，会用数学思维思考世界，会用数学语言表达世界，这也是数学教学的重要意义。

【案例】

某科研团队研发了一款快速检测某种疾病的试剂盒。为了解该试剂盒检测的准确性，质检部门从某地区（人数众多）随机选取了 80 位患者和 100 位非患者，用该试剂盒分别对他们进行检测，结果如表 4-2-8 所示。

表 4-2-8

检测结果	患者中的人数	非患者中的人数
阳性	76	1
阴性	4	99

（1）从该地区患者中随机选取一人，对其检测一次，估计此患者检测结果为阳性的概率。

（2）从该地区患者中随机选取 3 人，各检测一次，假设每位患者的检测结果相互独立，以 X 表示检测结果为阳性的患者人数，利用（1）中所得概率，求 X 的分布列和数学期望。

（3）假设该地区有 10 万人，患病率为 0.01。从该地区随机选取一人，用该试剂盒对其检测一次。若检测结果为阳性，能否判断此人患该疾病的概率超过 0.5？并说明理由。

案例分析

（1）由题意可知，80 位患者中有 76 位用该试剂盒检测一次，结果为阳性。所以，从该地区患者中随机选取一位，用该试剂盒检测一次，结果为阳性的概率估计为 $\dfrac{76}{80} = \dfrac{19}{20}$。

从这个结果看试剂盒的准确率还是比较高的，由该试剂盒检测后没有被查出的概率为 0.05。

（2）由题意可知 $X \sim B(n, p)$，其中 $n=3$，$p = \dfrac{19}{20}$。

X 的所有可能的取值为 0，1，2，3，则
$$P(X=0) = C_3^0 \left(\dfrac{19}{20}\right)^0 \times \left(\dfrac{1}{20}\right)^3 = \dfrac{1}{8000}$$

$$P(X=1) = C_3^1 \left(\frac{19}{20}\right)^1 \times \left(\frac{1}{20}\right)^2 = \frac{57}{8000}$$

$$P(X=2) = C_3^2 \left(\frac{19}{20}\right)^2 \times \left(\frac{1}{20}\right)^1 = \frac{1083}{8000}$$

$$P(X=3) = C_3^3 \left(\frac{19}{20}\right)^3 \times \left(\frac{1}{20}\right)^0 = \frac{6859}{8000}$$

所以，X 的分布列如表 4-2-9 所示。

表 4-2-9

X	0	1	2	3
P	$\frac{1}{8000}$	$\frac{57}{8000}$	$\frac{1083}{8000}$	$\frac{6859}{8000}$

故 X 的数学期望 $E(X) = np = \frac{57}{20}$。

这个概率模型为二项分布，二项分布就是在每次试验相互独立的基础上进行计算的，所以学生对事件独立性的理解很重要。

（3）此人患该疾病的概率未超过 0.5，理由如下。

由题意可得，如果该地区所有人用该试剂盒检测一次，那么结果为阳性的人数为

$$99000 \times \frac{1}{100} + 1000 \times \frac{19}{20} = 990 + 950 = 1940$$

其中患者人数为 950。

若某人检测结果为阳性，那么他患该疾病的概率为 $\frac{950}{1940} < \frac{970}{1940} = 0.5$，所以此人患该疾病的概率未超过 0.5。

本题第（3）问考查的内容为贝叶斯公式。下面我们用贝叶斯公式来解本题，设检测为阳性为事件 A，检测为阴性为事件 $\overline{A}$，没患病为事件 B_1，患病为事件 B_2。由第（1）问的结果可知患者检测为阳性的概率为 0.95，那么第（3）问中检测为阳性的人群中患该病的概率为什么低于 0.5 呢？这个问题可以应用贝叶斯公式来解释。

由题意得

$$P(A) = P(B_1)P(A|B_1) + P(B_2)P(A|B_2)$$

$$= 0.01 \times \frac{76}{80} + 0.99 \times \frac{1}{100}$$

$$= 0.0095 + 0.0099 = 0.0194$$

$$P(B_2|A) = \frac{P(B_2)P(A|B_2)}{P(A)}$$

$$= \frac{0.01 \times 0.95}{0.0194} = \frac{0.0095}{0.0194} = \frac{95}{194} \approx 0.4897 < 0.5$$

这说明虽然贝叶斯公式不是高考要求的内容，但是它的思想很重要。在教学中，教师要让学生理解后验概率分析的思想，后验概率思想对学生运用数学的观点看待问题、通过数据认识事物的思维品质提高起到关键作用。

概率与统计是研究随机现象及其统计规律的一门数学学科。它在科学技术、工农业生产、医药卫生及国民经济等众多领域都有广泛的应用。与数学领域其他学科的思维方式不同，概率与统计是用随机性思想理解和认识人类社会和物质世界。由于随机现象的特征是不确定性，因此，概率与统计的学习和思维方式需要从确定性思维转变到随机性思维，使学生真正认识到随机事件广泛地存在于客观世界之中，现实中绝大部分的问题都不可能是确定的、纯粹的，并能将随机性思维应用于解决实际生活中的问题。高中阶段要使学生掌握随机分析和统计分析的思想方法，打破确定性思维模式的局限，在实际应用中培养学生的创新精神、创新意识和创新能力。

教学建议

第一，教师应关注概念的形成过程，在教学过程中通过古典概型的例子让学生理解"条件概率的本质就是缩小样本空间"。

第二，通过具体的实例让学生体会概念应用的方法，在使用时要有的放矢，找到解决问题的恰当途径。

第三，通过具体实例让学生更好地理解条件概率与事件独立性之间的关系，体会用条件概率定义事件的独立性，使得独立性的概念更具对称性、合理性。

4-3 如何引导学生感悟统计思维与确定性思维的差异？

问题的提出

新版课程标准中，统计学的内容和知识占有相当的比例。具体来说有：抽样调查，样本估计总体（频率估计概率、样本数字特征估计总体的数字特征），相关性分析，线性回归，列联表的独立性检验等。如果把这些内容进一步拓展，则会涵盖统计学的大部分内容。一方面，它凸显了基本的统计知识和统计思想对学生发展的重要作用；另一方面，这也给中学的数学教学提出了新的挑战和新的课题。这种挑战主要体现在教师对统计思想的理解和把握，以及如何在统计教学中引导学生感悟统计思想，感悟统计推理与逻辑推理的思维之间的差异，感悟统计思维与确定性思维的差异。

问题的分析

从小学到高中的数学课程中，确定性数学的内容占主导地位。大多数数学教师的教育背景也是数学专业。新版课程标准加入了不少统计学知识和内容。如果从确定性数学的思维方式去看待这些统计学内容的话，就会觉得这些内容其实比较简单，并不需要高深的数学知识和数学技巧，无非是利用公式做一些简单的算术运算或画一些图表。比如，在讲授样本数字特征时只是简单地给出样本平均数、样本方差的计算公式，学生也只是利用公式做一些简单的算术运算，而不能很好地理解其背后的统计意义和统计思想。统计学的其他内容的教学也普遍存在类似问题。这样就背离了课程改革的初衷，也失去了学习统计学的意义。

我们在生活中每天都会面对各种各样的数据，都会看到或听到各种各样的数据，以及由数据得出各种各样的结论。如何理解数据？如何解释数据？如何理解由数据得出的统计结论？等等。这些问题才是学习统计学的关键。这些问题的回答都离不开基本的统计知识和统计思想。掌握统计方法也许并不困难，但培养与发展统计思想则需要一个较长的过程。

我们常说，统计学学习的核心是形成与发展统计思想。学生通过统计学学习，可以初步具备一些数据处理的方法和统计技术，但更重要的是，学生要逐步领悟其中的统计思想，形成统计思维，学会用统计的思维和观点去认识问题、分析问题和解决问题。那么，什么是统计思想？统计思维和确定性思维有何差异？

确定性数学强调的是逻辑推理，在一定的条件下（结合有关公理体系）推得的结果是确切的、不容置疑的。在统计学中，我们面对的是数据，由数据计算出的某些量（如平均数、标准差等）是确切的，但由这些计算出的结果推出的总体的某方面特征或形成的某个统计结论，却不是确切的。

统计推断是由部分推断整体，是在所知的信息不完全的情况下做出的一种归纳性推理。理解统计推理的关键是统计思想。什么是统计思想？这个问题很难用三言两语给出清晰回答。统计思想是一种随机的思想，我们在看待问题时要意识到其中的不确定性，要设法把握和估计这种不确定性。在处理数据时，我们要意识到数据有随机性和变异性，以及由数据形成的结论有不确性。这些都与确定性数学有很大的不同。

首先我们要明确统计学并不是数学的分支。从学科分类来讲，统计学和数学是并列的一级学科，这就清楚地表明统计学和数学是有区别的，研究的问题（统计学是数据的科学，数学强调的是逻辑体系）以及处理问题的思想方法等都有较大差异。其次我们要把小学、初中和高中三个阶段数学课程中的统计学内容联系起来。各个阶段选择的统计学知识各有侧重，对培养和发展学生的统计思想也是循序渐进的。小学、初中阶段更多侧重对数据的简单处理，如统计图表、平均数（频率也可归入平均数）等，目的是通过对数据的显示或汇总，达到描述数据和获得数据内在规律等，这是描述统计学的内容。高中阶段则强调样本估计总体的统计思想。这背后隐含着样本的随机性和变异性，以及统计结论的不确定性与可靠性，这属于推断统计学的范畴。在教学中，教师要强调样本具有随机性，让学生体会和理解样本的随机性和代表性，以及统计结论的不确定性和可靠性。

下面以平均数为例说明数学和统计学的区别和联系。平均数是在小学、初中和高中三个阶段都用到的统计学知识。从确定性数学的角度来看，平均数是一个简单概念，是由一组数算出的一个值，而在统计学中平均数是一个非常重要的统计量。平均数是日常生活中听到或见到的最多的一种数据的概括量，新闻、媒体、网络及各种统计报告中，平均数是出现频率很高的一个词，如平均收入、平均价格、平均寿命等。平均数简单实用，但简单之中含有丰富的统计思想。使学生感悟和理解平均数背后的统计思想，对培养学生的统计思想很有帮助。陈希孺院士在其著作《数理统计学简史》中对平均数在统计学中的价值和地位做了阐述。有一种说法可能是绝大多数人都能同意的：在各种统计方法中，取算术平均是最为人所知、使用最广的方法，统计学家常说的一句口头禅是某事从统计观点看如何如何，这里"统计观点"狭义上就是平均观点。凡事都有例外，例如吸烟有害健康，但确也有吸烟者的健康优于不吸烟者的例子。统计学家对此的回答是，"平均说来"，不吸烟者的健康优于吸烟者。从理论的角度来说，数理统计学的历史在某种程度上就是从纵横两个方向对算术平均进行不断深入研究的历史。从纵向上看，伯努利及其后众多的大数定律、棣莫弗-拉普拉斯中心极限定理、高斯的正态误差理论，这些很大程度上可视为对算术平均的研究成果，如今成为支撑数理统计学这座大厦的支柱。从横向上看，有许多统计方法看似与算术平均很不同，但在某种意义上也是由算术平均思想发展的。

小学阶段学生对平均数的理解侧重直观，平均数是一组数据的平均水平，是一组数据的一个代表值。比如，在一次考试后，我们首先会关注平均成绩——某班的平均分是多少？这个平均分就可以代表这个班的成绩，如果要比较不同班的成绩，就可以比较不同班的平均分。初中阶段学生把平均数理解为一种集中趋势的测度，集中趋势是指一组数据向某一中心值靠拢的倾向，平均数是最常用的集中趋势的度量指标（中位数也是一个常用的集中趋势的度量指标）。平均数是一组数据中心位置的度量，是集中趋势的一种测度，比如，用天平多次测量某物体的质量，得到测量结果 $x_1, x_2, \cdots, x_n$，

这组数据的平均值 $\bar{x} = \dfrac{1}{n}\sum\limits_{i=1}^{n} x_i$ 为测量结果集中趋势的中心。测量的目的是想得到该物体的质量 a（a 是未知的），应该如何理解这个"中心"？如果测量没有系统误差，那么各次测量的结果应当集中于 a 附近，这样各次测量的误差 $\varepsilon_i = x_i - a$ 的平方和 $\sum\limits_{i=1}^{n}(x_i - a)^2$ 应当小。把该物体的质量 a 估计为使得 $\sum\limits_{i=1}^{n}(x_i - a)^2$ 最小的那个值是合理的。可以证明，使得 $\sum\limits_{i=1}^{n}(x_i - a)^2$ 最小的 a 就是这组测量值 $x_1, x_2, \cdots, x_n$ 的平均数 $\bar{x} = \dfrac{1}{n}\sum\limits_{i=1}^{n} x_i$。直观上看，取平均可以使正、负误差在很大程度上消除，从而使真正的中心 a 显现出来。这也是取平均的统计意义，它可以有效消除误差的影响，使隐藏在现象背后的规律显现出来。高中阶段提出了用样本估计总体，用样本数字特征估计总体数字特征的思想和方法。这就给了平均数一个新的身份：样本平均数是总体平均数的估计。比如，为了解某地区农户的年平均收入，我们采取随机抽样的方法得到样本 $x_1, x_2, \cdots, x_n$，可用平均数 $\bar{x} = \dfrac{1}{n}\sum\limits_{i=1}^{n} x_i$ 估计该地区农户的年平均收入。显然，利用样本平均数估计总体平均数，会有误差，不可能准确无误。因为我们只观察到了 n 家农户的年收入，而对其余 $N-n$（N 表示该地区农户总数）家农户的年收入我们全然不知。利用这 n 家农户的年收入的平均值估计此地区农户的年平均收入是否可靠？估计的精度如何？估计的合理性表现在哪里？对这些问题的回答，首先要认识和理解样本的随机性和代表性，其次要了解这样的估计方法如何在很大程度上消除随机性的影响，使得估计结果存在不确定性的同时又具有相当程度的可靠性。这些都与确定性推理的思想与方法有很大差异，需要用到统计推理的思想与方法。用统计的思想与方法去认识问题和解决问题要突出随机性的思想。

在现实生活中，样本数据的随机性无处不在，利用带有随机性影响的数据对所研究的问题做出判断，正是统计学所研究的内容。我们需要利用各种统计方法减少和最大限度地消除随机性影响（"噪声"）的干扰，充分提取样本中的信息，挖掘隐藏在"噪声"背后的规律，得出尽可能精确和可靠的结论。

问题的解决

统计思维与确定性思维有很大差异，那么如何更好地在统计教学中引导学生感悟两者的差异？这需要在统计知识模块的教学中逐步引导和展开。在教学过程中，教师要注重统计思想的培养与发展，突出统计推理与逻辑推理的差异，可以从以下两个方面入手。

一、统计数据的随机性和变异性

统计学是数据的科学，统计学首先面对的是数据。如何有效地获取数据、分析和解释数据，如何有效地使用数据是统计学的真谛。

数据的来源有多种，有一手数据、二手数据。统计调查是获取一手数据的主要方式之一。统计调查有两种基本形式：全面调查和非全面调查。全面调查是对总体中的全部对象进行调查，普查是全面调查的一种形式。非全面调查是对总体中的部分对象进行调查，抽样调查是非全面调查的一种常用方式。根据样本抽取方式的不同，抽样调查可分为非概率抽样调查和概率抽样调查。一般地，抽样调查都是指概率抽样调查。概率抽样也称为随机抽样，是依据随机原则，按照某种事先设计的程序，从总体中抽取部分单元的抽样方法。由于抽样是随机的，总体中的个体能否进入样本全凭机会，进入样本有一定的概率，因而样本就具有随机性。如果抽样方法合理，这种随机性的样本能够很好地代表总体。

　　为更好地让学生体会和理解样本的随机性和代表性，在教学过程中，教师可以设置一个情境让学生实地做抽样调查。比如，在人教 B 版教材的第五章中有一个附录：某中学 1257 名高一学生期中考试的数学成绩。我们可以让全班同学按简单随机抽样的方法各抽取 100 名学生的数学成绩。同时，计算抽取的 100 名学生的数学成绩的平均值，画出 100 名学生的数学成绩的频率分布直方图，然后进行对比。每个学生抽取的 100 个数据肯定会不一样，这就是随机性的体现。可以看到，平均值大多相差不大，直方图的形状大体上也会差不多，这就是样本的代表性的体现。在这个例子中，总体是完全已知的，学生可以算出总体的平均数并画出直方图，再把随机抽样得出的各个样本的平均数及直方图与总体平均数及总体的直方图作对比，从而更好地理解样本的随机性和代表性；还可以将这 1257 名同学的数学成绩按分数的高低分成几层，然后用分层抽样方法进行抽样，并重复上面的工作，可以直观地看出分层抽样的优势，看到提高样本代表性的具体表现。在实际问题中，总体的信息往往是未知的，上面的例子是为教学而设计的。

　　实验（试验）是获取第一手资料的另一种重要方式。实验的随机误差会引起数据的随机性，这是指那种在实验过程中未加控制、无法控制，甚至不了解的因素所引起的误差。比如，为了比较一种药物是否比另一种药物更有效的医学试验，试验结果在不同个体上会有差异，这种差异是无法控制的各种因素引起的样本的随机性和变异性。只有认识到数据的随机性才能更好地解释试验结果和理解通过试验得出的有关统计结论。又如，工农业生产中为寻找最佳生产条件，研制或开发新产品、新品种等，需要做各种实验。在对实验结果及有关结论的解释时，研究人员需要认识到随机性的影响。

　　在更一般的数据处理和分析中，数据大多是二手数据，并不是我们实地调查或实验（试验）获取的数据，如从各种正式公开的统计报表或统计年鉴获得的数据，从网络上获取的数据等。对这些数据的分析，如果只是针对这些数据进行处理，如画直方图、计算平均数等，这属于描述统计学的内容。而在很多情况下，我们分析数据的目标是推断出产生这些数据的随机机制。此时我们就需要认识到数据具有随机性，是某种"机缘巧合"看到的数据。比如，今天从网络上看到这样的数据，而明天的数据肯定会不一样。如果我们想从已有的数据去预测未来的数据就必须了解产生数据的随机机制。今天，大数据科学、机器学习、模式识别、人工智能等领域大量应用统计学的技术和方法，而这些领域中的数据大多是二手数据，在分析数据时通常会把数据看成是受随机性影响的数据。

　　从实用角度上看，样本是指具体的数据，根据研究问题的需要选用合适的统计去分析和处理这些数据，形成统计结论或决策。但从理论上解释统计方法的合理性及统计结论的可靠性，就需要分析和把握样本的随机性，需要这样去理解样本：观察到的样本数据 $x_1, x_2, \cdots, x_n$ 是随机变量 $X_1, X_2, \cdots, X_n$ 的一次观察值或一次实现。比如，将一骰子掷 n 次，n 次的点数分别记为 $X_1, X_2, \cdots, X_n$，这是 n 个随机变量，掷完后便得到 n 个具体的点数 $x_1, x_2, \cdots, x_n$，可以把 x_i 理解为对应的随机变量 X_i 的一次观察值。因此样本具有两重性：一是指 n 个具体的数据，二是指 n 个随机变量。如果要建立随机模型，则要把已有的数据 $(x_1, \cdots, x_n)$ 视为随机向量 $(X_1, \cdots, X_n)$ 的一次观测值，而把数据看成是受随机性影响的数据，然后针对随机向量 $(X_1, \cdots, X_n)$ 建立统计模型，基于设定的统计模型去分析和处理数据，做出推断并给出推断的可靠性的度量。

二、统计结论的不确定性和可靠性

样本具有随机性，利用样本数据对总体得出的统计结论自然地就具有不确定性，也不可能准确无误。这与确定性推理有很大差异。然而在许多场合，统计结论又具有一定程度的可靠性，并且还可以给出可靠程度的度量。不确定性中含有"确定性"，在理解和解释统计结论时要认识其中的不确定性和确定性。这些都是统计思想的具体表现。

抽样调查是获取数据的一种方式，获取数据并不是目的，其目的是由数据认识总体、对总体的目标量做出推断（如估计）。通常需要估计总体均值，或总体比例，或总体总数。那么，利用从总体中随机调查的部分对象估计总体是否可靠？可靠程度如何？这是需要回答的问题。理论上要回答这些问题，需要进一步的概率与统计的知识。下面给出几个常用结论。

第一，设总体中的 N 个单元的数量指标为 $Y_1, Y_2, \cdots, Y_N$，总体均值为 $\bar{Y} = \dfrac{1}{N} \sum_{i=1}^{N} Y_i$。从总体中用简单随机抽样得到的样本的数量指标记为 $y_1, y_2, \cdots, y_n$，样本平均数为 $\bar{y} = \dfrac{1}{n} \sum_{i=1}^{n} y_i$。那么，样本平均数的期望为 $E(\bar{y}) = \bar{Y}$，方差为 $D(\bar{y}) = \dfrac{N-n}{N} \dfrac{S^2}{n} = \dfrac{1-f}{n} S^2$，其中 $S^2 = \dfrac{1}{N-1} \sum_{i=1}^{N} (Y_i - \bar{Y})^2$ 为总体方差，$f = \dfrac{n}{N}$ 为抽样比。

样本平均数取决于抽到的样本，而样本具有随机性，从而样本平均数也有变异性。由上面的结论可以看出：样本平均数的变异性会随着样本量 n 的增大而变小，会稳定于总体均值 $\bar{Y}$ 附近。这一方面说明由样本平均数值估计总体均值的合理性与可靠性，另一方面给出这种估计的精度的度量。这里要注意的是，在理解上述结论时一定要把样本 $y_1, y_2, \cdots, y_n$ 视为随机变量。

第二，设总体的大小为 N，总体分为 L 层，用 h 表示层的编号，$h = 1, 2, \cdots, L$；用 N_h 表示第 h 层的大小 $\left(\sum_{h=1}^{L} N_h = N \right)$，第 h 层的单元的指标值表示为 $Y_{h1}, Y_{h2}, \cdots, Y_{hN_h}$，其均值和方差分别为

$$\bar{Y}_h = \frac{1}{N_h} \sum_{i=1}^{N_h} Y_{hi}, \quad S_h^2 = \frac{1}{N_h - 1} \sum_{i=1}^{N_h} (Y_{hi} - \bar{Y}_h)^2$$

总体均值为
$$\bar{Y} = \frac{1}{N}\sum_{h=1}^{L} Y_h = \frac{1}{N}\sum_{h=1}^{L} N_h \bar{Y}_h$$

从总体中用比例分层抽样方法（高中教材中所说的分层抽样一般指比例分层抽样）抽取容量为 n 的样本，第 h 层的样本量记为 n_h，第 h 层的样本均值为 $\bar{y}_h = \frac{1}{n_h}\sum_{i=1}^{n_h} y_{hi}$。作为总体均值 $\bar{Y}$ 的估计量 $\bar{y}_{st} = \frac{1}{n}\sum_{h=1}^{L} n_h \bar{y}_h = \frac{1}{n}\sum_{h=1}^{L}\sum_{i=1}^{n_h} y_{hi}$，有如下性质：

$$E(\bar{y}_{st}) = \bar{Y}, \quad D(\bar{y}_{st}) = \frac{1-f}{n}\sum_{h=1}^{L} \frac{N_h}{N} S_h^2$$

进一步可以证明在所有的 N_h 都比较大时
$$D(\bar{y}_{st}) \approx D(\bar{y}) - \frac{1-f}{n}\sum_{h=1}^{L} \frac{N_h}{N}(\bar{Y}_h - \bar{Y})^2$$

其中，$\bar{y}$ 是用简单随机抽样方法从总体中抽取容量为 n 的样本的样本均值，$f = \frac{n}{N}$。

由这个结论，我们可以清楚地看到分层抽样的优势，各层的均值差异越大，则分层抽样的估计精度越大。

为了让学生更加直观地体会和理解随机性背后的稳定性。我们可以在教学中设计一些实际例子。例如，以前面提到的1257名高一学生期中考试的数学成绩为例。可以让每位学生用简单随机抽样方法抽取容量分别为 50、100、150 的样本（注意：每次抽样要重新来，抽完容量为 50 的样本后，再抽容量为 100 的样本时要重新抽取，不要使用之前抽取的 50 个数据），然后每位学生分别计算抽取的 3 个样本的平均数，再比较这些平均数。我们可以用以下三种方式进行比较。

（1）算出相同样本量的平均数的方差。具体来说，就是先计算样本量为 50 的各个样本平均数的方差；再计算样本量为 100 的各个样本平均数的方差；然后算出样本量为 150 的各个样本平均数的方差；最后比较这三个方差的大小，就可以发现样本量越大的平均数的变异性越小。

（2）在坐标系中画出这些平均数。把相同样本量的各个平均数画在同一坐标系中，这样可以直观地看出不同样本量的平均数的波动情况。

（3）画出相同样本量的各个平均数的频率分布直方图，也可以直观地看出不同样本量的平均数的波动情况，从直方图中还可以看出这些平均数的分布呈现出"中间高、两端低、左右对称"的特点（接近正态分布的特点）。

通过实例的讨论可以让学生对"不确定性背后又隐藏着稳定性"的统计规律形成直观和感性的认识，有助于学生进一步理解统计推理的思想和方法。

我们在讨论抽样调查的作用和意义时会强调其经济性（节省人力、物力）、时效性（可以较短时间内获得数据）、便利性。其实抽样调查还有一个优势：抽样调查可以提高数据的质量，从而提高统计结论的可靠性。许多人有一种误解，认为抽样调查一定不如全面调查准确。其实，在普查中如果不注意调查质量，不注意调查人员的培训，测试手段落后，被调查者心存顾虑而不予合作等，均会大大影响调查质量。与此相反，抽样调查由于调查规模小，调查员比较精干，可以得到严格培训，有条件采用更可靠的测试手段等原因，抽样调查获得的数据质量通常比普查的数据质量高，从而使调查的总误差小。

对于实验获取的数据，如果实验是在相同条件下独立进行的，那么所得的样本被认为是独立重复的样本。具体来说，样本 $X_1, X_2, \cdots, X_n$ 相互独立，且具有相同的分布（这里要把 $X_1, X_2, \cdots, X_n$ 理解为 n 个随机变量），其公共的分布就是总体（在统计学的理论中，总体就是指一个概率分布）。具体的样本数据 $x_1, x_2, \cdots, x_n$ 是随机变量 $X_1, X_2, \cdots, X_n$ 的一次实现。分析数据 $x_1, x_2, \cdots, x_n$ 的目的是推断这个总体，包括估计总体分布、估计总体的某些特征（如总体的期望、方差、中位数与分位数等），以及对总体的某些假设作出检验（假设检验的内容不在高中必修课程中）。尽管样本 $X_1, X_2, \cdots, X_n$ 具有随机性，但使用合理的统计方法得到的推断结论具备相当程度的可靠性。比如，样本平均数 $\bar{X} = \frac{1}{n} \sum_{i=1}^{n} X_i$ 在样本量 n 较大时，可以相当稳定，以很高的概率稳定于总体平均数附近。这也是样本平均数估计总体平均数的合理之处。理论上有以下三个结论来刻画这种稳定性。

（1）样本平均数 $\bar{X} = \frac{1}{n} \sum_{i=1}^{n} X_i$ 的期望为 $E(\bar{X}) = \mu$，方差为 $D(\bar{X}) = \frac{\sigma^2}{n}$，其中 μ，σ^2 分别为总体的平均数和方差。由此可以看出，当样本量 n 较大时，样本平均数 $\bar{X} = \frac{1}{n} \sum_{i=1}^{n} X_i$ 的方差会很小，即变异性会很小。我们常用样本方差 s^2 得到总体方差 σ^2 的估计，从而获得样本平均数的方差的估计 $\frac{s^2}{n}$，并且用 $\frac{s}{\sqrt{n}}$ 度量估计的精度。

（2）由概率论中的大数定律，样本平均数会在概率意义上收敛到总体平均数。这定性地说明了这种估计的合理性。

（3）由概率论中的中心极限定理，样本平均数 $\bar{X}$ 的分布会渐近于正态分布 $N\left(\mu, \frac{\sigma^2}{n}\right)$，这样就可以近似算出估计误差 $|\bar{X} - \mu|$ 在一定范围内的概率，或确定出为控制误差所需的样本量（具体应用中，可以用样本方差 s^2 代替总体方差 σ^2）。

样本中位数、样本分位数、样本方差都会在相当程度上稳定于总体中位数、总体分位数、总体方差。

对于二手数据，如果我们的目的是推断数据产生的随机机制，就需要把数据看成是受随机性影响的数据。具体来说，是把样本数据 $x_1, x_2, \cdots, x_n$ 看成是随机变量 $X_1, X_2, \cdots, X_n$ 的一次实现，而数据产生的随机机制就是指随机变量 $X_1, X_2, \cdots, X_n$ 的概率分布（这个概率分布就是所谓统计模型）。

在高中数学课程中有不少统计图的内容，如频率分布直方图、柱图、饼图、折线图、茎叶图。统计图是非常实用和常用的统计方法和技术。根据不同的研究问题和数据的不同类型，可以选择不同的图来显示数据，达到对数据的描述性分析或揭示数据内在规律和结构的目的。如果考虑随机模型，那么在一些情形下将获得的数据 $x_1, x_2, \cdots, x_n$ 视为独立同分布的 n 个随机变量 $X_1, X_2, \cdots, X_n$ 的实现。直方图起着认识或推断总体分布密度的作用，茎叶图也有认识总体分布规律的作用。柱图或饼图则常常起着认识或推断总体分布列的作用。尽管样本具有随机性，但只要样本量较大，这些推断也可以相当可靠。

如何在教学中更好地培养学生的统计思维？统计学的应用范围几乎覆盖了社会科学和自然科学的各个领域，其基本思想是用样本估计总体。我们需要充分挖掘试题背景的教育价值。下面我们分别从快递员收入、垃圾分类、体育锻炼情况、餐厅满意度、病毒传播、岗位招聘这六个试题背景看教学中如何培养学生的统计思维。

【案例】

为了解甲、乙两个快递公司的工作状况，假设同一个公司快递员的工作状况基本相同，现从甲、乙两公司各随机抽取一名快递员，并从两人某月（30天）的快递件数记录中随机抽取10天的数据，茎叶图如图4-3-1所示。

甲公司某员工 A									乙公司某员工 B					
3	9	6	5	8	3	3	2	3	4	6	6	6	7	7
						0	1	4	4	2	2	2		

图4-3-1　快递件数记录数据茎叶图

每名快递员完成一件货物投递可获得的劳务费情况如下：

甲公司规定每件4.5元；乙公司规定每天35件以内（含35件）的部分每件4元，超出35件的部分每件7元。

（1）根据图4-3-1中数据写出甲公司员工 A 在这10天投递的快递件数的平均数和众数。

（2）为了解乙公司员工 B 的每天所得劳务费的情况，从这10天中随机抽取1天，他所得的劳务费记为 X（单位：元），求 X 的分布列和数学期望。

（3）根据图4-3-1中数据估算两公司的每位员工在该月所得的劳务费。

案例分析

每项重要研究的背后都离不开好的数据，是它们使分析成为可能。要得到好的数据需要选择合理收集数据的方法。在高中阶段，学生学习了简单抽样、系统抽样和分层抽样三种选取样本的方法。

当需要抽取的样本较少时一般采用简单随机抽样的方法。从元素个数为 N 的总体中不放回地抽取容量为 n 的样本，如果每次抽取时总体的各个个体有相同的可能性被抽到，这种抽样方法称为简单随机抽样。常见的简单随机抽样有抽签法和随机数表法。

当总体由有明显差别的几部分组成时，为了使抽取的样本更好地反映总体的情况，常采用分层抽样。将总体中的个体按某种特征分成若干个互不重叠的几部分，每一部分称为层。在各层中按层在总体中所占比例进行简单随机抽样或系统抽样，这种抽样方法称为分层抽样。在分层抽样中，如果分组不当，同一组内个体相差太大，结果也会有偏差。

当我们收集到一些数据后，就需要通过统计图表来表达和分析数据。本题采用的是茎叶图来表达数据，可引导学生分析不同表达方式的优缺点。

数据的信息除通过统计图表加以整理和表达之外，还可以通过一些统计量（如平均数、中位数、众数、级差、方差等）来表达和分析数据。数字特征是将多个数据"加工"为一个数值，使这个数值能够反映这组数据的某些重要的整体特征。它们作为一组数据的特征各有优缺点，也各有各的用处。我们要认识到这些数字特征反映信息时的优劣，如比较平均数和中位数的优劣、极差和方差的优劣等，明确它们各自的适用范围，并能选择合适的数字特征来刻画数据。

本题的题目背景源于生活，是非常好的教学题材，教师可以从统计教学的角度来分析这道题目。统计学是用科学方法收集、整理、描述和分析所得数据资料，并由此进行推断或决策的学科。在高中数学课堂教学中，教会学生如何收集数据，根据所获得的数据提取有用的信息，做出合理的决策是统计学习的核心价值所在。

本题教学的第一个切入点就是用什么抽样方式从这 30 天中随机选 10 天，这 30 天中工作日和非工作日的差别会较大，选用分层抽样的方式更适合。第二个切入点是数据的表达，本题用茎叶图表达数据，这种表达方式有什么优势，用其他方式表达此数据可以更直接地表达哪些特点。第三个切入点是数据特征，本题第（1）问求平均数和众数，可以引导学生讨论还可以求哪些数据特征，通过这些数据特征可以说明数据具有哪些特点。

通过用样本估计总体可以计算一些随机事件的概率，但要把一个随机现象研究清楚，我们需要对它有更全面的了解，把随机试验的结果数量化，用随机变量表示随机试验的结果，就可以利用数学工具来研究我们所感兴趣的随机现象，这就是引入随机变量的原因。本题第（2）问选择快递员的收入作为随机变量，研究了不同收入的可能性，并求出快递员收入的数学期望，这样就可以更全面地了解这个随机事件。对于随机变量和函数，两者均表示一个集合到另一个集合的映射，而区别主要体现在映射的对象不同，前者是将随机事件的结果映射为实数，而后者是将实数映射为实数。教学中可以从函数的定义域、值域、函数关系、关系特性、取值特性等角度进行类比，使学生逐步认识到随机变量概念的内涵实质。随机变量与函数之间研究方法和内容上存在着本质差异，但它们也具有一定的关联性，教学中采用类比的方式学习，可以帮助学生充分认识随机变量的概念，掌握概念的实质。试验可能出现的结果可以用变量 X 来表示，并且 X 是随着试验结果的不同而变化的，我们把这样一个变量 X 称为一个随机变量。随机变量常用大写字母 X, Y, …表示，也可以用希腊字母 ξ, η, …表示。所有取值可以一一列举出来的随机变量，称为离散型随机变量。离散型随机变量的概率分布列的三种不同形式有分布列（表格）、等式、图象。函数的表示方式有列表、解析式、图象。

随机变量和函数既有区别又有联系。二者的区别是：随机变量是随机试验的结果到实数的对应，函数是实数到实数的对应。二者的联系是：随机试验结果的范围相当于函数的定义域，随机变量的取值范围相当于函数的值域。

（1）甲公司员工 A 投递快递件数的平均数为 36，众数为 33。

（2）设 a 为乙公司员工 B 投递件数。

当 $a=34$ 时，$X=136$（元），当 $a>35$ 时，$X=35\times4+(a-35)\times7$（元）。

a 的取值只有 34，36，37，42，44，故 X 的可能取值为 136，147，154，189，

203。X 的分布列如表 4-3-1 所示。

表 4-3-1

X	136	147	154	189	203
P	$\frac{1}{10}$	$\frac{3}{10}$	$\frac{2}{10}$	$\frac{3}{10}$	$\frac{1}{10}$

$$E(X) = 136 \times \frac{1}{10} + 147 \times \frac{3}{10} + 154 \times \frac{2}{10} + 189 \times \frac{3}{10} + 203 \times \frac{1}{10}$$

$$= \frac{1655}{10} = 165.5(元)$$

（3）根据图 4-3-1 中的数据，可估算甲公司被抽取员工该月收入 4860 元，乙公司被抽取员工该月收入 4965 元。

统计学分为描述性统计学和推断性统计学两类，对应的统计方法为描述统计方法和推断统计方法。描述统计方法是指通过图表的方式对数据进行处理显示，进而对数据进行定量的综合概括的统计方法；推断统计方法是指根据样本数据去推断总体数量测度的方法，其差异在于推断性统计学研究的数据只是总体中的一部分随机抽取到的样本。本题的第（3）问属于推断统计学，是样本估计总体，通过这种问题的研究可以培养学生运用数学思想做决策。两个公司工资发放方式不同，可以通过统计推断分析哪种方式对快递员更有利，从而选择更适合的工作。选择不同的随机变量会得到不同的结果，教学时可以将快递员投递的件数作为随机变量，引导学生分析通过件数的数学期望来计算收入的数学期望是否合理。通过计算发现，结果并不相同，因为乙公司的收入和件数不是线性关系，所以直接利用件数的数学期望求收入的数学期望是不合理的。

【案例】

近年来，某市为了促进生活垃圾的分类处理，将生活垃圾分为厨余垃圾、可回收物和其他垃圾三类，并分别设置了相应的垃圾箱。为调查居民生活垃圾分类投放情况，现随机抽取了该市三类垃圾箱中总计 1000 吨的生活垃圾，数据统计如表 4-3-2 所示。

表 4-3-2　1000 吨生活垃圾的分类统计

分　类	"厨余垃圾"箱	"可回收物"箱	"其他垃圾"箱
厨余垃圾/吨	400	100	100
可回收物/吨	30	240	30
其他垃圾/吨	20	20	60

（1）试估计厨余垃圾投放正确的概率；

（2）试估计生活垃圾投放错误的概率；

（3）假设厨余垃圾在"厨余垃圾"箱、"可回收物"箱、"其他垃圾"箱的投放量分别为 a, b, c，其中 $a > 0$，$a + b + c = 600$。当数据 a, b, c 的方差 s^2 最大时，写出 a, b, c 的值（结论不要求证明），并求此时 s^2 的值。$\Big($ 注：$s^2 = \frac{1}{n} \big[(x_1 - \bar{x})^2 + (x_2 - \bar{x})^2 + \cdots + (x_n - $

$\overline{x})^2]$，其中$\overline{x}$为数据$x_1,x_2,\cdots,x_n$的平均数。）

案例分析

本题的第（3）问解答如下：

$$s^2 = \frac{1}{3}[(a-200)^2+(b-200)^2+(c-200)^2]$$

$$= \frac{1}{3}(a^2+b^2+c^2-120000)$$

$$= \frac{1}{3}((a+b+c)^2-2ab-2ac-2bc-120000)$$

因为$a>0$，$a+b+c=600$，则

$$s^2 = \frac{1}{3}((600)^2-2ab-2ac-2bc-120000)$$

$$= \frac{1}{3}(240000-2ab-2ac-2bc)$$

当$a=600$，$b=0$，$c=0$时，有$s^2=80000$。

统计思想主要体现为把握数据的能力，学会用数据"说事"。本题第（3）问并不要求计算，只要能理解方差最大的含义就可以得出正确答案。当垃圾分类意识最强时，即"厨余垃圾"全部投放在"厨余垃圾"箱时方差最大；当没有垃圾分类意识时，即"厨余垃圾"均匀地投放在三个垃圾箱中，方差最小。

【案例】

流行性感冒多由病毒引起，据调查，空气月平均相对湿度过大或过小时，都有利于一些病毒繁殖和传播。科学测定，当空气月平均相对湿度大于65%或小于40%时，有利于病毒繁殖和传播。表4-3-3记录了某年甲、乙两地12个月的空气月平均相对湿度。

表4-3-3　某年甲、乙两地空气月平均相对湿度

	第一季度			第二季度			第三季度			第四季度		
	1月	2月	3月	4月	5月	6月	7月	8月	9月	10月	11月	12月
甲地	54%	39%	46%	54%	56%	67%	64%	66%	78%	72%	72%	59%
乙地	38%	34%	31%	42%	54%	66%	69%	65%	62%	70%	a%	b%

（1）从上表12个月中，随机取出1个月，求该月甲地空气月平均相对湿度有利于病毒繁殖和传播的概率；

（2）从上表第一季度和第二季度的6个月中随机取出2个月，记这2个月中甲、乙两地空气月平均相对湿度都有利于病毒繁殖和传播的月份的个数为X，求X的分布列；

（3）若$a+b=108$，设上表中乙地12个月的空气月平均相对湿度的中位数为M，求M的最大值和最小值。（只需写出结论）

案例分析

概率与统计除了解决生活中的问题，还可以帮助我们更好地理解自然、理解科学，病毒传播的例子可以帮助学生更好地理解相关报道，并有自己的理性判断。题目给出的是原始数据，第（1）问通过求有利于病毒繁殖和传播的概率引导学生正确理解和分析原始数据。

设事件 A：从上表 12 个月中，随机取出 1 个月，该月甲地空气月平均相对湿度有利于病毒繁殖和传播。用 A_i 表示事件抽取的月份为第 i 月，则

$\Omega=\{A_1,A_2,A_3,A_4,A_5,A_6,A_7,A_8,A_9,A_{10},A_{11},A_{12}\}$ 共 12 个基本事件，

$A=\{A_2,A_6,A_8,A_9,A_{10},A_{11}\}$ 共 6 个基本事件，

所以 $P(A)=\dfrac{6}{12}=\dfrac{1}{2}$。

从结论中我们可以看到有利于病毒传播的概率还是比较高的。

第（2）问可以帮助学生更好地理解超几何分布，掌握一些概率模型有利于学生更好地理解一些随机事件。在高中学习的分布列主要包含两点分布、二项分布、超几何分布，第（2）问是超几何分布。在第一季度和第二季度的 6 个月中，甲、乙两地空气月平均相对湿度都有利于病毒繁殖和传播的月份有 2 月和 6 月，故 X 所有可能的取值为 0，1，2，即

$$P(X=0)=\dfrac{C_4^2}{C_6^2}=\dfrac{6}{15}=\dfrac{2}{5}, \quad P(X=1)=\dfrac{C_2^1 C_4^1}{C_6^2}=\dfrac{8}{15}, \quad P(X=2)=\dfrac{C_2^2}{C_6^2}=\dfrac{1}{15}$$

随机变量 X 的分布列如表 4-3-4 所示。

表 4-3-4

X	0	1	2
P	$\dfrac{2}{5}$	$\dfrac{8}{15}$	$\dfrac{1}{15}$

第（3）问 M 的最大值为 58%，最小值为 54%。这个结论的得出需要学生对中位数有准确的理解。本题相当于在原有数据的基础上增加两个数据对中位数的影响，我们先把这组数据排序为 31、34、38、42、54、62、65、66、69、70。当加入的两个数据足够小时中位数为 48；当两个数据足够大时中位数为 63.5；当两个数据分布在两端时中位数为 58。因为 $a+b=108$，所以这两个数不能同时大于 63.5，或者小于 48，把这两个数加在两端时中位数为 58，两个数不能同时大于 54，因此中位数的最大值为 58，两个不能同时小于 54，所以中位数的最小值为 54。

我们可以进一步理解超几何分布和二项分布的区别和联系。

【案例】

某企业 2017 年招聘员工，其中 A、B、C、D、E 五种岗位的应聘人数、录用人数和录用比例（精确到 1%）如表 4-3-5 所示。

拓展阅读：二项分布和超几何分布的区别与联系

表 4-3-5 某企业招聘员工情况统计

岗位	男性应聘人数	男性录用人数	男性录用比例	女性应聘人数	女性录用人数	女性录用比例
A	269	167	62%	40	24	60%
B	40	12	30%	202	62	31%
C	177	57	32%	184	59	32%
D	44	26	59%	38	22	58%
E	3	2	67%	3	2	67%
总计	533	264	50%	467	169	36%

（1）从表中所有应聘人员中随机选择 1 人，试估计此人被录用的概率；

（2）从应聘 E 岗位的 6 人中随机选择 2 人。记 X 为这 2 人中被录用的人数，求 X 的分布列和数学期望；

（3）表中 A、B、C、D、E 各岗位的男性、女性录用比例都接近（二者之差的绝对值不大于 5%），但男性的总录用比例却明显高于女性的总录用比例。研究发现，若只考虑其中某四种岗位，则男性、女性的总录用比例也接近，请写出这四种岗位。（只需写出结论）

案例分析

对某企业不同岗位的录用比例，本题给出了原始数据，通过数据分析可以得到该企业的录用比例，通过超几何分布可以得到 E 岗位录取人数概率发生的特点。在此可以讲解数学期望的含义，录取率产生比较大差异的原因是该岗位应聘人数有较大差异，为了让男性、女性的总录用比例也接近，就要选择应聘人数差异不大的岗位，这样首先选出的是 C、D、E 岗位。A、B 岗位人数差异比较大，应选择哪个岗位呢？接下来要考虑的是这两个岗位录用比例与总体录用比例的差距，差距越小则影响越小。例如本题 B 岗位女性应聘人数较多，录用比例差距较小，所以影响比较小。选择 B、C、D、E 岗位更合理，当然我们可以通过计算进一步说明选择的合理性。

因为表中所有应聘人员总数为 $533+467=1000$，被录用人数为 $264+169=433$，所以从表中所有应聘人员中随机选择 1 人，此人被录用的概率约为 $P=\dfrac{433}{1000}$。

X 可能的取值为 0，1，2。因为应聘 E 岗位的 6 人中，被录用的有 4 人，未被录用的有 2 人，所以 $P(X=0)=\dfrac{C_2^2}{C_6^2}=\dfrac{1}{15}$；$P(X=1)=\dfrac{C_2^1 C_4^1}{C_6^2}=\dfrac{8}{15}$；$P(X=2)=\dfrac{C_4^2}{C_6^2}=\dfrac{2}{5}$。

所以 X 的分布列如表 4-3-6 所示。

表 4-3-6

X	0	1	2
P	$\dfrac{1}{15}$	$\dfrac{8}{15}$	$\dfrac{2}{5}$

$$E(X)=0\times\dfrac{1}{15}+1\times\dfrac{8}{15}+2\times\dfrac{2}{5}=\dfrac{4}{3}$$

统计所研究的问题一般具有不确定性，例如，应用统计方法由部分推断总体，具有随机性。用统计来解决的问题，其结论往往是以不完全的信息作为依据，是可能犯错误的，这一点与确定性思维存在差异。经典的数学一般以演绎的方式来搭建平台，它有助于培养人们的确定性思维。而统计学的一个重要思想就是利用样本的信息来推断总体的有关信息，它以归纳的方式给人们提供了另一种有效的思维模式，即不确定性思维或统计思维。统计思维也是一种重要的思维方式，它和确定性思维一样成为人们不可缺少的思想武器。因为在自然界和实际问题中，严格确定性的事物十分有限，随机现象却是大量存在的。由不确定的数据进行推理是普遍的有效方法，它能够帮助人们做出合理的决策，并能告诉人们发生错误的概率。运用数据进行推断，虽然不像逻辑推理那样有100%的把握，但它可以使人们在常识范围内无法做出选择的问题上做出某种决策，而且有足够的信心。因此，统计的内容可以让学生从不确定的角度来观察世界，提高学生在面对不确定性时做出决策的能力。

教学建议

第一，教师要引导学生在生活中收集和整理实际数据，使学生更好地感受统计数据的随机性和变异性，根据研究问题的需要选用合适的统计去分析和处理这些数据，形成统计结论或决策。

第二，通过实例使学生对"不确性背后又隐藏着稳定性"的统计规律形成直观和感性的认识，进一步理解统计推理的思想和方法，更加直观地体会和理解随机性背后的稳定性。

第三，对随机变量的研究可以更全面地分析随机事件，在随机变量的教学中，教师既要关注它的随机性又要关注模型的恰当使用，引导学生通过理解随机变量来体会随机思想和模型思想。

4-4 如何进行概率与统计单元教学设计？

问题的提出

新版课程标准在"基本理念"中指出："高中数学课程体现社会发展的需求、数学学科的特征和学生的认知规律，发展学生数学学科核心素养。优化课程结构，为学生发展提供共同基础和多样化选择；突出数学主线，凸显数学的内在逻辑和思想方法；精选课程内容，处理好数学学科核心素养与知识技能之间的关系，强调数学与生活以及其他学科的联系，提升学生应用数学解决实际问题的能力，同时注重数学文化的渗透。"为此，新版课程标准在"教学建议"中指出："教师要以数学学科核心素养为导向，抓住函数、几何与代数、概率与统计、数学建模活动与数学探究活动等内容主线，明晰数学学科核心素养在内容体系形成中表现出的连续性和阶段性，引导学生从整体上把握课程，实现学生数学学科核心素养的形成和发展。"不仅如此，新版课程标准强调教师要努力提升教学设计和实施能力，首先要把握数学知识的本质、理解其中的教育价值，把握教学中的难点，理解学生认知的特征；在此基础上，探索通过什么样的途径能够引发学生思考，让学生在掌握知识技能的同时，感悟知识的本质，实现教育价值；最后能够创设合适的情境、提出合适的问题，设计教学流程、写好教案。由此可见，新版课程标准着重强调从整体把握教学内容，整体设计与实施教学。而落实课程标准的这些要求和建议的重点是实施主题教学，即提倡整体教学观，进行单元教学，从单元整体去分析、掌握知识体系，能够更深入地发掘教学内容的本质、蕴含的思想以及加强学生素养的培养，从而促进数学核心素养连续性和阶段性的发展。

新版数学课程标准对课程内容进行了调整，概率与统计这条内容主线是变化较大的一部分，具体体现在内容框架、学分设置、内容与要求等方面，课程课时数减少，但课程深度增加，更加注重知识的完整性和系统性。这就促使教师在教学中更加注重主线—主题—核心内容的教学模式，从课时教学转变为单元主题教学，从广阔的教学视野上整体看待教学，通过对教学内容和结构进行分析和组织，选定某一主题，从而提高学生的综合应用能力。从学生角度来说，单元教学能为学生提供更大的学习空间，能有效地转变学生传统的学习方式，有利于数学学科核心素养的连续性和阶段性培养。从教师角度来说，单元教学能有效避免教师"碎片式"教学，有助于提高教师整体把握数学课程与教学的能力，使教学更加体系化，既拓展教师的教学视野又提高教学效率，促进教师的专业发展。由此可见，在概率与统计中实施单元教学是对数学课程标准的响应，有助于学生系统化地掌握概率与统计单元知识体系。

问题的分析

一、高中概率与统计教材内容分析

新版课程标准将概率与统计作为高中数学课程内容主线之一，贯穿整个高中数学课程。这一方面体现了概率与统计在高中数学中的重要地位，另一方面也体现了概率与统计相对其他数学内容的独特性。

1. 必修和选择性必修概率单元内容及要求的主要变化

必修课程方面，概率部分增加的内容有：了解样本、样本量、样本空间概念以及理解样本点和有限样本空间的含义与关系；了解随机事件并、交与互斥的含义，能结合实例进行随机事件的并、交运算；理解随机事件与样本点的关系。概率部分减少的内容有：了解随机数的意义；能用模拟的方法估计概率；初步体会几何概型的意义；通过文字材料，了解人类认识随机现象的过程。概率部分还对某些知识的行为动词稍作微调，内容如下："随机事件"的要求由"了解"改为"理解"，强调了"样本点和有限样本空间的含义"及"随机事件与样本点的关系"。概率部分还进一步明确了某些知识的具体要求，内容如下：将"通过实例，了解两个互斥事件的概率加法公式"修改为"了解随机事件的并、交与互斥的含义，能结合实例进行随机事件的并、交运算"。

选择性必修课程方面，概率部分增加的内容有：了解贝叶斯公式（选学内容，不作为考试要求）；结合古典概型，了解条件概率与独立性的关系；了解伯努利试验；通过误差模型，了解服从正态分布的随机变量；了解正态分布的均值、方差及其含义。概率部分还对某些知识的行为动词稍作微调：关于"离散型随机变量"，原来要求学生"理解有限值离散随机变量的均值、方差的概念"和"能简单计算离散型随机变量的均值、方差，并能解决一些实际问题"，而新版课程标准要求学生"了解离散型随机变量的概念，理解离散型随机变量分布列及其数字特征（均值、方差）"。原来要求学生"理解 n 次独立重复试验的模型及二项分布"，而新版课程标准要求学生"掌握二项分布及其数字特征"。概率部分还进一步明确了某些知识的具体要求：关于"随机事件的条件概率"，原来要求学生"了解条件概率和两个事件相互独立性的概念"，而新版课程标准要求学生"结合古典概型，了解条件概率，能计算简单随机事件的条件概率""了解条件概率与独立性的关系""会利用乘法公式计算概率""会利用全概率公式计算概率"。

2. 必修和选择性必修统计单元内容及要求的主要变化

必修课程方面，统计部分增加的内容有：了解总体、样本、样本量的概念，了解数据的随机性；结合实例，能用样本估计百分位数，理解百分位数的统计含义。统计部分减少的内容有：能从现实生活或其他学科中提出具有一定价值的统计问题；系统抽样方法；变量的相关性。统计部分还对某些知识的行为动词稍作微调：关于"用样本估计总体"，将原来要求学生学会列各种统计图表修改为"能用样本估计总体的集中趋势参数，理解集中趋势参数的统计含义""能用样本估计总体的离散程度参数，理解离散程度参数的统计含义"。关于"随机抽样"，将原来的"学会用简单的随机抽样方法从总体中抽取样本"和"了解分层抽样和系统抽样方法",更改为"了解分层随机抽样的特点和适用范围,了解分层随机抽样的必要性"和"掌握各层样本量比例分配方法""掌握分层随机抽样的样本均值和样本方差"。要求学生"结合具体实例,掌握分层随机抽样的样本均值和样本方差"。

选择性必修课程方面,统计部分增加的内容有:成对数据的统计相关性;结合具体实例,了解一元线性回归模型的含义,并能用其进行预测;了解一元线性回归模型参数的统计意义,掌握一元线性回归模型参数的最小二乘估计方法;结合具体实例,会使用相关的统计软件。统计部分减少的内容有:了解实际推断原理和假设检验的基本思想、方法及初步应用;了解聚类分析的基本思想、方法及初步应用;了解回归的基本思想、方法及初步应用。统计部分对某些知识的行为动词稍作微调:关于"2×2列联表",原来的要求为"了解其基本思想、方法及初步应用",新版课程标准要求学生"通过实例,理解2×2列联表的统计意义""了解2×2列联表独立性检验及其应用"。

二、概率与统计承载的育人功能

新版课程标准对概率与统计的定位为:概率的研究对象是随机现象,为人们从不确定性的角度认识客观世界提供重要的思维模式和解决问题的方法。统计的研究对象是数据,核心是数据分析。概率为统计的发展提供理论依据。概率课程的主要育人功能是通过提高学生分析随机现象的能力,提升学生的数学抽象、数学建模、逻辑推理、数学运算和数学抽象等素养。通过对随机现象(主要是古典概型)的探索,在构建随机现象的研究路径、抽象概率的研究对象、建立概率的基本概念、发现和提出概率的性质、探索和形成研究具体随机现象的思路和方法、应用概率知识解决实际问题的过程中,发展学生认识不确定性现象的思维模式,使学生学会辩证地思考问题,成为善于认识问题、善于解决问题的人才。[1] 统计作为专门研究有效收集和分析数据的科学,"可以说,凡是一个涉及数据处理的实际问题,都应该利用统计学方法去分析它、解决它"。[2] 统计课程的主要育人功能是帮助学生建立正确的随机观念,养成通过数据来分析问题的习惯,学会抓住事物的主要因素等,发展数据分析、数学建模、逻辑推理、数学运算和数学抽象等素养。通过典型案例,使学生经历数据处理的全过程,熟悉统计的基本思想方法,逐步形成统计观念,让学生感悟在实际生活中进行科学决策的必要性和可行性;体会统计思维与确定性思维的差异、归纳推断与演绎证明的差异;通过实际操作、计算机模拟等活动,积累数据分析的经验,养成尊重事实、用数据说话的态度,在解决实际问题中发展数据分析素养。

三、整体把握高中概率与统计内在逻辑关系

1. 概率和统计的联系与区别

概率与统计都是从数量角度研究随机现象的规律性,都是处理总体和样本的问题。

---

[1] 章建跃,程海奎. 高中必修课程中概率的教材设计和教学思考 [J]. 课程·教材·教法,2017(5):27-33.
[2] 茆诗松,程依明,濮晓龙. 概率论与数理统计教程 [M]. 2版. 北京:高等教育出版社,2011.

从概率与统计的逻辑关系看,概率是统计的理论基础,而统计是概率的应用。概率是在总体被假设已知的情况下,研究从总体中抽取的样本的有关问题,往往表现为在一定概率模型或分布中随机事件概率的计算、随机变量性质的研究等,这是关于随机现象规律演绎性的研究,所以概率的结论具有确定性。而统计主要是在样本可以获得的情况下,研究如何从样本得出关于总体的一些结论,表现为根据样本数据推断总体的分布或各种数字特征,这是关于随机现象规律归纳性的研究,所以统计推断的结论具有或然性。概率与统计的研究方式一个是演绎推理,一个是归纳推理。

2. 整体把握概率单元内在逻辑关系

概率论中对随机现象的研究一般分为如下几个步骤:(1)建立随机试验的样本空间,用样本空间的子集表示随机事件;(2)根据样本空间的特征建立概率模型,计算随机事件的概率;(3)建立一系列概率运算法则(公式)求复杂事件的概率;(4)在此基础上,引入随机变量,量化随机现象,从而借助数学的一些工具和方法系统全面地研究随机现象的规律,根据建立的概率模型解决实际问题,并计算随机变量的数字特征,为决策提供依据。[1] 高中数学的概率内容按知识发生发展的逻辑顺序分为两章,以使学生整体把握概率研究的一般路径,理解概率的思想方法。在必修课程中,依次安排了如下内容:由实际问题抽象出随机事件的概念,理解事件的关系和运算,建立古典概型理解概率的意义;通过类比和由特殊到一般的方法研究概率的基本性质;从直观经验出发,归纳两个事件独立的定义,利用性质和独立性计算概率;通过实际操作试验或计算机模拟试验,体会数据的随机性,理解频率的稳定性,用频率估计概率。在选择性必修课程中,先结合古典概型,采用归纳的方式,建立条件概率的概念,导出乘法公式和全概率公式,从而为计算复杂事件的概率提供有力工具,再研究二项分布、超几何分布等重要离散型随机变量的分布。

新版课程标准中,概率内容凸显了数学的整体性,通过增加有限样本空间知识点,使得整个概率问题的研究都是在样本空间的基础上进行的。概率内容强调了逻辑的连贯性,比如教材在研究完随机事件的并事件的概率计算方法后,又研究交事件的概率计算方法,这体现了在集合运算的角度下看待事件的并与交。概率内容体现了思维的系统性,如抛硬币、摸球、掷骰子等试验贯穿高中概率学习的过程,借助这些具体实例,通过系统的数学思维,使学生经历从不会到会,从未知到已知的过程。概率内容体现了方法的普适性:一是呈现出由特殊到一般,再由一般到特殊的特点;二是类比方法贯穿概率的学习内容,例如,类比集合定义了随机事件、样本空间、样本点,类比集合间的子交并补运算定义了事件的关系和运算,类比函数的性质定义了概率的性质等。

3. 整体把握统计单元内在逻辑关系

统计学不是从定义出发,而是从数据出发。[2] 统计的主要过程就是在数据分析的基础上,设计关键的统计"参数"并以此作为"数字特征"来描述总体,或者构建数学

---

[1] 章建跃,李海东. 高中数学教材编写研究[M]. 北京:人民教育出版社,2020.
[2] 史宁中. 数形结合与数学模型:高中数学教学中的核心问题[M]. 北京:高等教育出版社,2018:117-118,121.

模型来推断总体。统计的核心就是归纳推理，其要遵循的基本原则就是"合理性"，即研究方法的合理性与研究结论的合理性。高中数学中的统计除了要求学生在初中的基础上进一步学习数据收集和整理的方法、数据直观图表的表示方法、数据统计特征的刻画方法外，还要求学生能用样本的统计特征推断总体的统计特征，包括单变量总体集中趋势参数、离散程度参数、取值规律和百分位数的估计，双变量总体的相关关系、一元线性回归模型和独立性的推断。其中，在必修课程中学习单变量总体统计特征的估计，在选择性必修课程中学习两个变量关系的推断。初中数学中的统计以描述统计为主，高中数学中的统计则以推断统计为主，更加强调数据的随机性。统计在逻辑上呈一条主干、开枝散叶的架构；在内容上呈循序渐进、逐步深入的步调；在思想上呈逐步渗透、缓慢明确的形式，小学、初中、高中阶段的"统计"具有内容的连贯性和逻辑的一致性的特点。[①] 统计在方法上，不论是数据收集还是数据分析，都是从特殊到一般的过程，"以样本估计总体"的归纳推理贯穿整个统计的全过程。

高中数学中的统计内容处于"基于数据处理与分析的推断"阶段，旨在让学生掌握"数据收集—数据整理—数据分析"的一般步骤。高中教材中的实例没有像小学和初中教材中那么丰富，而是同一例子在不同章节中反复出现，如身高、居民用电量等问题。立足样本与总体之间的客观关系，对同一问题，从不同的统计视角逐层深入，反复对比，借助直观或经验进行推断；而视角不同、样本不同，统计结果也截然不同，因此，统计的结论是对各个统计量综合考量的结果，这就是高中阶段统计向学生所传递的理念。

四、构建概率与统计单元主题研究框架，整体设计研究路径

1. 构建概率主题研究框架，整体设计研究路径

概率是对事件发生可能性大小的一种度量，引入样本空间后，随机事件可以看作样本空间的子集，对于一个具体的随机试验，需要给每个随机事件都分配一个实数与其对应，从这种意义上来看，概率可以看作定义在样本空间（有限样本点）子集上的"集函数"。因此，我们可以类比函数的研究，建立概率单元的研究路径。对于函数的研究，其结构和内容一般如下：预备知识集合（概念、关系、运算）；函数的事实—函数的定义及表示—函数的性质—基本初等函数。类比上述结构和内容，可以建立概率内容的结构体系：预备知识（样本点、样本空间、随机事件、事件的关系和运算）；概率的事实（随机现象）—概率的定义及表示—概率的性质及运算法则—古典概型—频率的稳定性等—概率的计算、随机模拟试验。[①] 通过类比不难发现，前三部分是对概率的基本概念、基本性质的研究，相当于对函数的一般概念与性质的研究；而古典概型是最简单的概率模型，也是高中概率内容重点研究的概率模型，与函数中的幂函数、指数函数、三角函数等具有同等重要的地位。同样，在选择性必修课程中，通过研究二项分布、超几何分布等重要离散型随机变量的分布，学生不仅进一步理解了离散型随机变量在描述随机现象中的作用，而且对随机思想在解决实际问题中的作用也有了

---

① 刘洋. 初、高中统计教学的衔接研究 [D]. 武汉：华中师范大学，2020.

更深入的理解。

2. 构建统计主题研究框架，整体设计研究路径

统计是一门为了在不确定性方面做出正确推断而进行搜集、分析定量数据的科学和艺术。统计是通过数据分析来解决问题的，数据分析的过程体现了统计解决问题的基本思路。而数据分析过程主要包括：收集数据，整理数据，提取信息，构建模型，进行推断，获得结论。由此可见，让学生经历数据分析的基本过程，从整体上建立统计解决问题的思路，对理解数据分析的具体方法以及运用所学知识和方法解决实际问题都是至关重要的。统计主题从小学到高中都强调培养学生收集、整理、描述、分析数据的能力，通过实际案例将处理数据的基本方法、统计思想贯穿始终，根据学段的升高逐渐提升知识内容与教学要求。我们可以对统计内容建立如下结构体系：

（1）设计方案。我们需要解决的问题是什么？目的是什么？可能要经历哪些困难？我们要通过什么方法加以克服和解决困难？

（2）收集数据。如何确定调查对象的？如何进行调查？

（3）整理数据。对于收集到的大量数据应如何整理？如何快捷并且准确地进行数据统计？还可以利用哪些更科学的技术手段？

（4）分析数据。在大量的数据统计之后，如何验证我们得到的结论与实际偏差较小？应当对数据进行哪些更精确的分析？

（5）得出结论。结合统计活动中得到的结果，能否做出更精确的推断或判断？

问题的解决

一、重视单元教学理念，进行概率与统计的单元整体设计，明晰教材目的

新版课程标准要求"进一步精选学科内容，重视以学科大概念为核心，使课程内容结构化，以主题为引领，使课程内容情境化，促进学科核心素养的落实"。因此概率与统计的教学应该以"培养学生的数据分析素养"作为大概念来统领。整体把握概率与统计的内容，实施概率与统计单元教学的设计思路将有助于学生了解概率与统计知识体系的特点，将诸多细节联系整合为一个有机整体。现行教材新增和改写了很多细节，对各知识点呈现的顺序作了调整，这显然并非单纯的知识点细化，而是具有很强的观念统领和指引。例如，原有教材是在数学选修2-3的"二项分布及其应用"中涉及"事件的相互独立性"，从"条件概率"开始，通过演绎推理的方式来定义随机事件的独立性。而现行教材依据课程标准要求，将"事件的相互独立性"提前到必修教材第二册第十章，在选择性必修课程中介绍条件概率，在样本空间和古典概型的基础上将事件的独立性提前至必修课程中学习，通过学生易接受的归纳推理方式获得概念，即从直观理解到形式化定义，既要从直观上感悟，又要从本质上理解，凸显了以样本空间为基础研究概率的一般思路，让学习的过程更加连贯流畅。又如，现行教材在统计章节的最后，专门安排一节"9.3 统计案例"，要求学生完成一个较为完整的数据分析过程，一是积累数据分析活动经验，二是综合运用前两节所学统计知识，逐步领悟数据和数据收集的重要性，以及数据整理、分

析和推断的价值，培养统计思维能力，发展数据分析素养。在教学设计时，教师应注意调整知识点顺序，认清各知识内容在整体单元中的作用，明晰概率与统计单元的主线，从而更好地进行单元教学整体设计。

二、把握整体的逻辑关系，依托概念或者思想方法进行主题构造

1. 基于样本空间视角开展概率与统计单元主题的教学

新版课程标准明确把"样本空间"作为概率与统计的重要概念提出，使得概率与统计的体系更加完整，逻辑更加清晰。首先，有了样本空间就能刻画随机事件，实现随机现象的数学化过程；其次，可以利用集合的语言来定义随机事件并表达随机事件的关系，而样本空间的引入正好提供了"集合"这样一种研究概率的语言与工具；最后，计算一个随机事件的概率需要明确它的研究范围——样本空间，因此，样本空间的引入对研究随机现象是非常重要的。除此之外，样本空间也为概率与统计的后续学习提供了基础，例如，概率论公理体系便是基于样本空间形成的。因此，通过样本空间视角，整体把握概率与统计单元的逻辑主线，有助于学生了解概率与统计知识的产生和发展过程。以高中数学必修第二册第十章"10.1 随机事件与概率"一节为例，"10.1 随机事件与概率"共有 4 小节，分别是"10.1.1 有限样本空间与随机事件""10.1.2 事件的关系和运算""10.1.3 古典概型""10.1.4 概率的基本性质"。在"10.1 随机事件与概率"中，10.1.1 小节从随机现象到随机试验，再到样本空间的过程，实际就是一个简单建模过程，在数学化过程后，我们能够通过子集概念认识到随机事件。10.1.2 小节在集合表示随机事件的基础上，通过类比集合的关系和运算来分析随机事件之间的关系与运算，因此 10.1.1 和 10.1.2 小节在内容上都是与集合内容高度相关的，我们需要把握集合这一已知知识点与这两小节的联系，以集合为桥梁建立两小节内容的联系。而 10.1.3 小节中古典概型的建立，则需要以概率模型构建的方法和样本空间的概念作为基础，那么第 10.1.3 与 10.1.1 小节也是联系紧密的。由此可见，由 10.1.1 和 10.1.2 小节构造"集合与随机事件"主题，由 10.1.1 和 10.1.3 小节构造"数学建模与概率模型"主题，它们共同组成 10.1 节，其结构如图 4-4-1 所示。

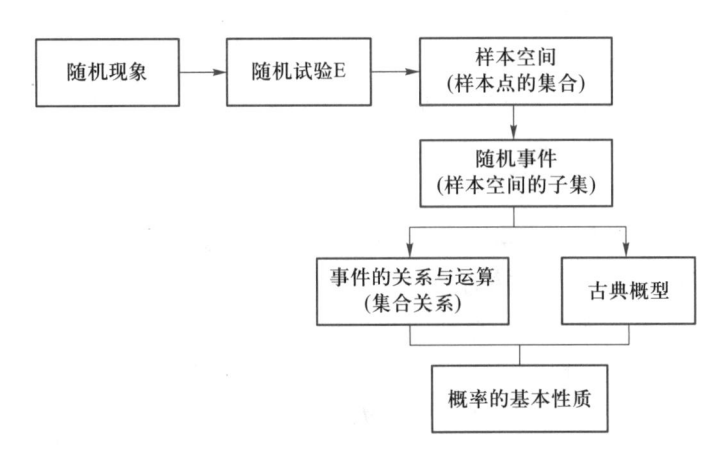

图 4-4-1　10.1 节结构图

2. 基于数学建模视角开展概率与统计单元主题的教学

概率与统计内容和实际问题紧密相连，每一个重要的概念或模型都是采取"实例分析—抽象概括—建立概念（模型）—实际应用"的基本模式。因此，通过数学建模视角，整体把握概率与统计单元的逻辑主线，有助于学生真实体验完整的数据分析过程，增加学生学习概率与统计知识的积极性和主动性，提高学生应用数学的能力。数学建模在"概率与统计"中的渗透主要包括：概率与随机现象、古典概型、二项分布与产品质检、正态分布与测量误差、统计与数据分析、独立性检验、回归分析与现实问题等。现行教材关于概率与统计的建模专题活动不仅体现了以一个模型问题为主线，活动安排层级递进、逐渐提升，而且具体内容呈现模型建立多样性，数据分析开放性的特征。以古典概型为例，现行教材大大强化了古典概型的地位，将其作为最基本的模型载体，贯穿概率与统计主线。在必修课程中，古典概型是最简单的概率模型，既便于解释相关概念，有利于学生体会概率的意义，体现古典概型在有限样本空间上的公理化定义思路，又方便以古典概型为基础研究概率的基本性质和随机事件的独立性概念，这也使概率性质和随机事件独立性的教学有了依托。在选择性必修课程中，随着研究的深入，我们需要研究一些较复杂的随机事件的概率，即在某些限制条件下的随机事件的概率，此时古典概型提供了一个具体的案例支撑，我们依然以古典概型为背景研究随机事件的条件概率，建立概率的乘法公式和全概率公式。由此可见，在概率与统计的实际教学中，一定要重视从数学建模的视角研究问题，注意发挥古典概型的直观示例作用，引导学生借助古典概型，从特殊到一般地理解概率与统计的概念。

3. 基于数学思想方法视角开展概率与统计单元主题的教学

概率与统计与数学其他分支存在很大的不同。不论是概念的得出、模型的建立、数据的收集，还是数据的分析，都是从特殊到一般的过程，这种类比、归纳、推理贯穿概率与统计的研究过程。例如，类比集合的关系与运算理解事件的关系与运算；通过类比和由特殊到一般的归纳方法，研究概率的基本性质；通过具体的问题情境，概括出 n 重伯努利试验的特征，由特殊到一般推导其分布列；根据样本数据推断总体的分布、各种数字特征等。因此，数学教学绝不仅仅以掌握数学知识为目标，更重要的是从数学思想方法视角开展概率与统计单元主题教学设计，重视数学思想的提炼和渗透，把提升学生的数学学科核心素养落到实处。

三、重视学生活动，作业形式多样化，帮助学生构建知识体系

教师应当根据学生的实际情况，不断探索适合每位学生发展的教学模式和教学方法，不能局限在讲解和答疑上，还要指导学生养成自主学习、单独思考、合作交流等学习习惯。其中，重视学生活动，丰富作业的形式，提高作业质量也是促进单元教学实施的重要方式。概率与统计和生活息息相关，其生命力在于应用，在于学生的亲身体验和主动探索的过程，教师只有鼓励学生自主动手实践，让学生亲身体会完整的概率与统计活动，才能让学生更深刻地理解概率与统计的原理及意义。例如，在进行概率单元教学前，引导学生将之前必修阶段的概率单元的知识进行梳理，制作知识框架图，在回顾旧知的同时进行知识建构，进而引出新的概率知识。在完成本单元教学后，

再次引导学生制作知识框架图，将本单元的知识进行梳理，帮助学生加深对各部分概念之间联系的理解。事实上，开放性强的作业形式更能激发学生对概率与统计单元的兴趣，提高学生完成作业的高效性和自主性。

四、重视信息技术的辅助，为学生提供探索与思考的时空保障，鼓励学生自主实践

在概率与统计教学中，教师应充分发挥信息技术的作用，合理使用计算机等信息技术工具辅助教学，这样既有利于调动学生的学习兴趣，又能促进概率理论与统计方法的融通。例如，在概率单元教学中，可以发挥信息技术的优势，通过产生随机数、掷硬币、掷骰子、摸球等这些随机模拟的大量重复试验，揭示频率既具有随机性又具有稳定性的特点，促进学生理解频率与概率的联系与区别。又如，在统计单元教学中，在学生已经知道如何计算的情况下，使用统计软件计算平均数、方差等，可以大大节约时间，进而使学生把更多的精力用在理解数学特征的统计含义上。

【案例】

有限样本空间与随机事件的概念（教学设计）

（一）教学内容分析

概率论是研究随机现象规律的数学分支，概率是对随机事件发生可能性大小的度量。本节课作为高中概率的起始课，涉及的内容包括：样本点、有限样本空间的定义；随机事件、基本事件、必然事件、不可能事件与样本点、样本空间的关系。它们承载着"绪论"与"预备"的双重任务：一方面需要提供本章的学习框架和基本线索，使学生对学习进程心中有数；另一方面要激活学生认知结构中的相关知识，增强本章要学的新知识与已有相关知识间的联系。

本节课是在初中阶段概率学习的基础上，进一步研究如何用数学语言准确刻画随机现象和随机事件。引入样本点、有限样本空间的概念，将随机事件看成样本空间的子集，是利用集合语言对试验结果进行的准确描述，相当于建立随机现象的数学模型，为后续类比集合的关系与运算理解事件的关系与运算，以及类比函数的研究路径研究概率奠定基础。

综上所述，本节课的教学重点确定为：理解样本点与有限样本空间、随机事件等概念及其关系；会用集合语言表示一个随机试验的样本空间与随机事件。

（二）教学目标

1. 结合具体实例，理解样本点和有限样本空间的含义。
2. 理解随机事件与样本点的关系。

（三）学情分析

学生已有的认知基础包括初中阶段学过的"概率初步"和上一章的"统计"。学生对随机现象、随机事件及概率知识有初步了解，有生活中积累的直觉经验，有通过枚举法和树形图解决问题的经历，但对概率建模中实施数学化的关键一步，即为什么要用集合语言刻画随机现象和随机事件在理解上可能存在困难。此外，面对一个实际问题情境，如何根据随机事件的意义选择适当的样本点构成事件的集合；反之，如何

根据样本点的集合解释随机事件的意义及可能发生的结果，即在自然语言与集合语言之间进行相互转换，这也是学习难点。

综上所述，本节课的难点确定为：用适当的符号表示随机试验的结果，抽象样本空间和随机事件的概念。

（四）教学过程

教学环节	教师活动	学生活动	设计意图
环节一：呈现问题情境，体验随机现象	问题1　概率的研究对象是什么？先来看几个例子。 （1）播放篮球比赛视频，让学生决策把球传给哪位球员，然后出示该球员的投篮命中率。引导学生认识到：一次投篮能否投中无法预知，但通过大量的统计分析可以大致估计进球的可能性。 （2）教师展示早上6：30出发从家去学校的路线图，学生预测教师从家去学校的路上需要的时间。教师展示最近三周数据的统计表和直方图，引导学生发现：每天上班所需时间无法提前预知，但通过大量数据的统计分析可以发现一定的分布规律。 （3）计算机模拟试验：抛掷一个骰子，会掷出几点？如果大量重复抛掷，会出现什么规律？ 追问1：这些现象的共同特征是什么？ 追问2：你还能举出随机现象的例子吗？	**学生活动1**：学生归纳概括 就一次观测而言，出现哪种结果具有偶然性；但在大量重复观测下，各个结果出现的频率却具有稳定性。 **学生活动2**：学生举例	篮球投篮和从家到校所需时间这两个例子是受到很多随机因素干扰的真实的生活情境，既体现出随机现象的特点，又体现出利用概率进行决策的思想。掷骰子这个例子是概率论中的经典案例，通过计算机模拟试验及学生现场参与活动，让学生的思考更充分。再通过学生自己举例，让学生用随机的思想看待周围事物，感受随机现象的普遍性。最后教师指出研究随机现象的必要性，揭示概率的研究内容
环节二：实例探究，抽象表征，形成概念	问题2　考察下列试验各有多少个可能结果，事先能否预知出现哪个结果？不做试验能否确定所有的可能结果？ （1）抛掷1枚骰子，观察向上的面上的点数； （2）在班级中随机点名10名学生，观察他们生日的月份； （3）在一批灯管中任意抽取一只，测试它的寿命。 追问3：试验（3）和试验（1）、试验（2）有哪些共同点？有什么区别？ 追问4：你还能举出随机试验的例子吗？ 教师给出随机试验的定义：我们把对随机现象的实现和对它的观察称为随机试验，简称试验，常用字母E表示	**学生活动3**：学生归纳概括 相同点：事先不能预知出现哪个结果；不同点：前面两个试验结果有有限个，试验（3）的结果有无限个。 **学生活动4**：学生举例	在丰富实例的基础上，归纳出随机试验的特点。试验是我们探求未知世界的常用方法

续表

教学环节	教师活动	学生活动	设计意图
环节二：实例探究，抽象表征，形成概念	**问题3** 我们研究随机现象，进行随机试验，自然就要观测试验的所有可能结果。那么，就应当先用某种方式表示试验结果。如何表示下列三个试验的所有可能结果？（试着多用几种方式） E_1：抛掷一枚硬币，观察它落地时哪一面朝上。 E_2：随机选择一个有新生儿的家庭，观察婴儿的性别。 E_3：抛掷一个骰子，观察掷出的点数。 教师抽象概括出样本点、样本空间的概念	**学生活动5**：学生讨论交流 汇总表示方法，得出用文字、字母、数字三种常用形式表示的可能结果	通过活动，促使学生思考本节的核心问题：如何用集合表示一个随机试验的所有可能的结果？引导学生关注把一个随机试验的结果进行数学化的思考路径与关键步骤
	【例1】 抛掷两枚硬币，观察它们落地时朝上面的情况，写出这个试验的样本空间。 教师出示例1的规范解答，师生共同总结书写格式。 **追问5**：抛掷三枚硬币，观察它们落地时朝上面的情况，写出这个试验的样本空间吗？	**学生活动6**：独立思考，完善解答 （1）对可能结果先用文字语言描述，并用集合形式表示；（2）通过引导与讨论，对文字语言描述的结果用更简洁的符号表示，这里的符号可能是字母或数字	样本点、样本空间的概念是本节课的重点和难点，因此设计了四个步骤来突破：尝试表示，建构概念，规范表示，强化提高，使学生基本能够掌握样本点、样本空间的概念和表示
	问题4 仍以上述"E_3：抛掷一枚骰子，观察掷出的点数"为例，思考下列问题。 （1）"掷出偶数点"是随机事件吗？ （2）"掷出的点数不大于4"是随机事件吗？ （3）如果用集合的形式来表示它们，如何表示？这些集合与样本空间有什么关系？ （4）运用样本点、样本空间的概念，如何看待和定义随机事件？ 教师给出随机事件、必然事件和不可能事件的定义	**学生活动7**：学生讨论交流	随机事件是概率研究的核心概念之一，本环节依托问题串，分析具体实例，归纳出事件发生的含义，发现随机事件与样本点、样本空间的关系，从而重新建构随机事件的概念
	问题5 请分析引进有限样本空间的概念有什么好处呢？	**学生活动8**：学生深入思考，讨论交流	体会将实际问题数学化，使学生较为深刻地理解随机事件

续表

教学环节	教师活动	学生活动	设计意图
环节三：模型构建，迁移应用	【例2】如图4-4-2，一个电路中有A，B，C三个电器元件，每个元件可能正常，也可能损坏。把这个电路是否为通路看成是一个随机现象，观察这个电路中各元件是否正常。 图4-4-2 （1）写出试验的样本空间； （2）用集合表示下列事件： $M=$"恰好两个元件正常" $N=$"电路是通路" $T=$"电路是断路" **追问6**：观察事件N和事件T的集合表示，你能发现什么？	**学生活动9**：独立思考，完善解答	考查学生面对复杂的现实情境能否准确写出试验的样本空间和随机事件，巩固所学知识，总结方法。同时，借助该题的第（2）小题引出后续研究内容，大致构建本章的知识结构
环节四：课堂小结	**问题6** 回顾本节课所学的主要内容，思考以下问题： （1）面对一个实际问题，如何准确写出试验的样本空间？ （2）初中已经学过随机事件的概念，为何高中还要学？两者有何不同？	**学生活动10**：思考并交流想法	对学习内容和学习方法进行总结、反思、升华

案例分析

本单元教学设计的问题基本都是结合实例进行展开的，依托集合概念和数学建模的思想方法将知识点联系在一起，注重知识的内在逻辑，充分考虑了学生数学抽象和数学建模素养的发展，从"随机现象、随机试验"到"样本点、样本空间"，再到"随机事件"，都做到过渡自然、衔接连贯，搭建了清晰的知识网络。整个教学过程按照"问题情境—实例探究—抽象表征—形成概念—模型构建—迁移应用"的模式展开，通过设置问题串引导学生思考，让学生体会用集合语言表达随机事件更加准确、严谨、抽象，是将随机现象数学化的关键步骤，是后续研究的基础。单元教学经过主题设计将单元教学目标有机地设置在各节课中，最后通过整体运用，使学生构建完整统一的知识结构，实现了从整体上实施教学。

从理解数学的角度看，本教学设计呈现的问题情境来源于教材，对教材的设计意图理解到位，主线清晰，重点突出；在概念抽象的过程中，特别重视训练学生自然语言与符号语言的互相转换，概念的抽象过程比较充分。例如样本空间概念的抽象过程经历了以下阶段：提供具体的随机试验→分析试验的可能结果→语言描述→符号表示→样本点→ 集合表示所有样本点→ 样本空间→ 有限样本空间。从理解教学的角度看，问题链的设计能激发学生的积极思考，对学生的思维具有一定的挑战性。例如，对于只有两个可能结果的试验，为什么能用0和1表示这两个结果？为什么要引入样本空间？对于这些问题，尽管学生体会不深，不可能给出完整的答案，但是需要学生在概率学习过程中不断思考、不断体会。

教学建议

第一，注重知识理论的体系构建，整体把握概率与统计的教学。一方面，教师要基于课程标准和教材，整体把握概率与统计，把看似零碎的知识系统化、条理化，形成结构；另一方面，在实际教学中要注意渗透"概率是统计的理论基础，统计是概率的应用"，帮助学生构建概率与统计的内在逻辑关系，从而更加深刻地体会两者的衔接与联系。

第二，注重丰富概率与统计的知识呈现，加强概念与方法的本质剖析。根据概率与统计知识内容的应用性与实用性，建议适当增加一些实际案例，采取适当的方式，帮助学生理解概念的本质，强化知识的应用。

第三，注重运用信息技术，重视基本活动经验积累，培养学生的数据分析素养。在教学实践中，教师要让学生在实际案例中经历数据收集、数据整理、数据探索的全过程，了解统计软件的功能，思考数据分析的思想观念在实际生活中的运用和体现，从而激发学生对概率与统计的学习兴趣。

第四，注重落实数学核心素养，体现新时代概率与统计教学的育人价值和育人方向。教师要深入了解概率与统计发展的历史脉络，将概率与统计的知识与现实生活中的问题结合起来，帮助学生提升数学抽象、数学建模、数据分析素养，增强以数据为基础表达实际问题的意识，形成用数据认知事物的思维品质。

单元 5　素养导向下的数学建模与数学探究活动教学

5-1 如何通过函数应用的教学培养学生的数学建模素养？

问题的提出

函数作为高中数学课程的内容主线之一，具有非常重要的理论和应用价值。函数概念的萌芽早在古希腊时代就已出现，但是当前教材中常见的经典函数概念是 1837 年才被数学家狄利克雷正式提出的。[①] 从亚里士多德到狄利克雷，中间经过了 2000 多年的铺垫和演化。那么到底是什么使函数概念的提出如此困难呢？

实际上，有三对矛盾贯穿数学自身发展和数学学习的始终，即"连续与离散的矛盾""几何与代数的矛盾""统计与因果的矛盾"。然而矛盾并不意味着对立，矛盾意味着选择，当我们面对一个问题时，是建立连续的数学结构还是离散的数学结构？应将其看成一个几何问题还是看成一个代数问题？会得到统计关联还是得到因果关系？这些选择在解决问题的过程中会反复出现，有时还需要不断地转换调整才能解决问题，可能有的问题最初被当作一个代数问题而取得了长足进展，遇到瓶颈之后又通过几何观点才产生突破。正是这三对矛盾给数学的发展带来了困难，但同时也刺激了数学的发展。能够深刻理解这三对矛盾，并利用其建立数学模型解决问题，是数学建模素养高阶能力的展现，是对新时期创新型数理人才的关键需要。

第一，由于定义域和对应关系选取的多样性，函数本身既可以是离散的也可以是连续的，高中阶段离散的函数被专门作为"数列"来研究，有不同于连续函数处理的专门方法。事实上，研究数列所用的递推方法就是研究函数所用的微分方程的离散形式。例如，递推关系 $a_{n+1}=2a_n+3$（$n\in \mathbf{N}^*$），就是微分方程 $f'(x)=f(x)+3$ 取近似 $f'(x)\approx \dfrac{f(x+1)-f(x)}{1}$ 的离散化。这体现了函数概念在离散与连续环境下的贯通作用。

第二，高中阶段主要研究的函数是基本初等函数及其加、减、乘、除和复合所组成的函数，其呈现形式既可以是代数形式的解析式，也可以是几何形式的函数图象。我们经常在做函数练习题时使用"数形结合"的方法，就是因为函数具有代数与几何的双重特性。

第三，函数关系作为确定的对应关系，是理解"因果关系"与"统计关联"之间区别的重要素材。之所以函数作为对应关系不能够"一对多"但是可以"多对一"，是因为函数在数学演绎过程中要保持因果律。举一个例子：如果小明周一早上没吃早饭，造成了周一中午特别饿，所以周一中午吃得过多，造成了周一下午肚子难受，使得周一下午没有集中精力听课，造成了晚上作业不会做而需要多次看书复习，这使得他周一晚上睡得很晚，周二早上起床晚错过了第一节课。学校老师问小明："你为什么

[①] VICTOR J KATZ. 数学史通论：第 2 版 [M]. 李文林，邹建成，胥鸣伟，等译. 北京：高等教育出版社，2004.

第一节课没有来?"如果小明回答"因为我昨天早上没吃早饭",那么小明很可能会被批评,因为老师会觉得小明是在调侃。老师之所以会觉得小明的回答很荒诞,是因为之前发生的多个事件之间并没有可以迭代的因果关系。小明周一早上没吃早饭,只能作为周一中午特别饿的原因,但是由于早上没吃早饭还可能引起其他结果,这种对应关系不是"多对一"而是"一对多",不能迭代下去作为后续事件的原因。

综上所述,由于中小学阶段学生的认知水平所限,课程标准中所包括的数学材料并不多,当中能够贯穿以上三对矛盾的材料就更少,仅有概率与统计、函数这两个板块。而相对概率与统计来说,函数所需的基础知识更为基本,且函数的学习也是概率与统计学习的前导,所以将函数作为高中阶段数学建模素养培养的初始材料是十分恰当的。

问题的分析

一、通过函数应用培养学生数学建模素养的关键在于给予学生充分的试错空间

数学建模教学和传统数学教学的显著区别之一是"是否留给学生充分的试错空间"。传统的数学课堂上,教师提问后渴望获得学生的"正确回答",这对数学建模教学并不总是适合的。数学建模教学是"鼓励试错"而非"鼓励正确"的教学,学生在模型建立过程中体验从无到有、从错误到正确、从粗糙到精细的反复迭代完善的过程,才能逐步提升建立数学模型的素养。

学生进入高中之后会学习很多函数,如幂函数、指数函数、对数函数、三角函数,以及它们之间通过四则运算和复合关系所构建的更加复杂的函数。如果学生只会套用某个函数模型,我们绝对不能说他具备了数学建模素养。任何真实问题都有其不同于其他问题的特异性,这就需要学生考虑:选用哪些数学结构?这些数学结构之间需要哪些运算?这往往无法直接看出,而需要反复计算和试验。在计算、试验、纠错和迭代的过程中,学生会加深对已有数学知识和方法的理解,同时提升数学建模素养。

二、针对现实问题构建并求解函数模型需要综合调用数学学科核心素养

数学建模的全过程包括发现问题、提出问题、基本假设、符号约定、模型建立、模型求解、模型检验和模型应用。这个过程中往往需要综合调用所有数学学科核心素养。

在发现问题、提出问题的过程中,学生需要从纷繁的现象中识别出其中的数学模式,这就需要调用直观想象素养。在基本假设、符号约定和模型建立的过程中,学生需要将现实情境适当简化,再将识别出的数学模式用富有逻辑的抽象的数学语言描述出来,还要考虑多个数学结构之间的运算关系,这就需要调用数学抽象、逻辑推理和数学运算素养。在模型求解和模型检验过程中,学生需要分析数学模型得到可以指导现实的结果;有的模型只需要定性求解,往往只要对模型进行形式化演绎和分析,这就需要学生调用逻辑推理和数学运算素养;有的模型需要定量求解,往往要代入大量数据,此时需要学生调用数据分析素养。

因此，在通过函数应用的教学培养学生数学建模素养的过程中，教师需要关注学生数学学科核心素养的综合发展。

问题的解决

一、重视培养学生发现和提出问题的能力

学生在传统数学课堂上几乎没有机会体验"发现和提出问题"，这使得学生面对越来越丰富的大千世界可能会无从下手，看到一个现象后无法抓住其主要矛盾、提炼其数学模式。经过多年数学建模教学实践，我们明显观察到：如果学生发现和提出问题的能力获得显著提升，其分析和解决问题的能力也会显著提升。

教师在课堂上引导学生发现和提出问题的方式有很多，从教学实践的经验来看，如下三步是实操性较强的有效方式。

步骤1：不要一上来就将数学建模课题抛给学生，可以通过视频、照片、实地考察、数据表格或文字描述等方式，将包含课题的现实情境展现给学生。

步骤2：让学生分组讨论该情境中影响结果的因素有哪些？哪些是参数？哪些是变量？哪些是目标？哪些是约束？各因素之间的关系是什么？它们又是如何影响结果的？

步骤3：让学生基于以上思考提出该情境中适合用数学建模去解决的问题并分享。

具体实施过程中，教师不必担心学生思维过于发散而影响课堂进度。首先，如果课堂失去了学生生成和成长，那么"课堂进度"也是虚假和无效的；其次，如果学生提出了和本节课所要研究的课题无关的话题，教师不但不要阻止，而且还要鼓励其在课后参考课上的体验去展开研究，这是课外数学实践活动的良好开端。

如果学生无法靠自己发现和提出问题，就需要教师进行策略引导。注意这里所说的策略引导并非直接替学生回答问题，而是通过有效的问题串激发学生的进一步思考。面对不同函数应用的问题串不尽相同，下面的问题串是一个例子，特别适用于提出以优化为目的的课题。

问题1：你觉得这个现象中谁影响了谁？谁和谁存在对应关系？

问题2：你最关心哪些方面的哪些变化？这些变化是否具有单调性？会不会存在某个最佳状态？

问题3：你觉得哪些影响结果的要素是可控的？这些要素能数量化吗？

问题4：将上面的思考结果以"研究……的最优取值以获得……的最佳状态"提出来，就是一个很好的数学建模课题！

这样一来，学生在课堂上就获得了在发现和提出问题方法论方面的提升，这对他们将来在生活中发现和提出问题、作出自己的价值创新和社会贡献，具有深远的影响，正是我们新时代数学教育所必须关注的要点之一。在一个3课时、每课时45分钟的数学建模单元中，建议发现和提出问题的环节至少占据10～15分钟时间。

二、给予学生充分的试错空间，提升学生选取适当数学结构建模的能力

很多学生甚至数学教师往往认为数学模型是"拍脑门拍出来的"，是"纯粹灵感和运气结合的产物"，其实不然。针对函数模型而言，它的各个成分及成分之间的运算关

系，都是严密的逻辑分析的产物，同时也是深刻的数学思想和扎实的数学基本功的集中体现。为了说明这一点，下面举一个利用指数型函数建立数学模型的例子。

药剂量模型是研究住院患者用药剂量和用药时间间隔的优化问题。要完成这个任务首先需要研究单次给药之后血液中药物浓度的变化规律。我们用 $C(t)$ 表示血液中的药物浓度（单位：mg/L），并且为了方便计算假设其充分光滑（即 $C'(t)$ 存在且连续）。显然 $C'(t)<0$，因为药物不会在血液中凭空增加。但是满足 $C'(t)<0$ 的函数是很多的，例如在人口模型中所使用的线性函数 $C(t)=a-bt$（其中 $a>0$，$b>0$ 为待定参数）。但是这个函数模型肯定是错误的，因为当 t 充分大时会发生 $C(t)<0$ 这样荒谬的事情，这个错误使得 $C(t)=a-bt$ 无法满足需求。我们需要一个同样递减但是恒大于 0 的函数型，学生在初中阶段就学过的一个函数型是反比例型函数：

$$C(t)=\frac{b}{t+a} \qquad ①$$

其中 $a>0$，$b>0$ 为待定参数。这个函数在 $t>0$ 时不可能小于 0，且同样是递减的。

但是当我们进一步考虑模型的生物学意义时，$C(t)=\dfrac{b}{t+a}$ 的问题就出现了。它的导数

$$C'(t)=-\frac{1}{b}\frac{b^2}{(t+a)^2}=-\frac{1}{b}(C(t))^2 \qquad ②$$

这意味着"药物的吸收速率与药物量的平方成正比"。乍一看这挺符合实际的，因为根据渗透压原理，血液中的药物浓度越高，吸收速率确实越快。但是这个函数依然存在问题，因为函数模型①无法承载"半衰期"的概念——无论初始药物浓度是多少，药物浓度衰减为初始浓度一半时所用的时间均为同一个定值 T，这个原理被称为"半衰期原理"，这是自然界的普遍规律，在药物吸收过程中也一样适用。但是如果使用函数模型①，则初始浓度为 $C(0)=b/a$，半衰期为方程 $C(t)=b/2a$ 的根，即 $T=a$；根据半衰期原理，再经过时间 T，浓度应该继续减为 T 时刻的一半，即初始浓度的 1/4，但是此时药物浓度 $C(2T)=C(2a)=b/3a=C(0)/3$，是初始浓度的 1/3，出现矛盾！半衰期原理使得函数模型①再次失去了竞争资格！

那么，什么样的函数既能保留函数模型①的优点，又能符合半衰期原理呢？实际上，指数型函数就可以，即

$$C(t)=C_0\mathrm{e}^{-kt} \qquad ③$$

其中 $C_0=C(0)$ 为初始浓度，$k>0$ 为待定参数。

首先，函数③是递减的。其次，通过求导可得

$$C'(t)=-kC_0\mathrm{e}^{-kt}=-kC(t) \qquad ④$$

这意味着"药物的吸收速率与药物量的浓度正比"，符合渗透压原理。不仅如此，函数④也给出了 k 的实际意义为"吸收率"。同时，其半衰期 T 为方程 $C(T)=C_0/2$ 的根，即 $T=\ln2/k$，与初始状态无关，也符合半衰期原理。这样一来，函数模型③就是到目前为止在我们尝试过的函数模型中最好的一个！

在实际教学过程中，学生很难一开始就建立函数模型③，教师需要留给学生充分的试错空间，让学生在不断尝试、质疑和改进中，加深对数学结构和所要研究的问题

的理解，不仅学会"知其所以然"，更进一步地学会"知其若不然"，即"不这样还能怎样""为什么不能那样""那样为什么不好""有没有更好的方式"。

在实际教学过程中，教师要敢于在课堂上将时间交给学生，但是不能放任不管，要走入学生小组，用诸如"你给我讲讲为什么你们这样建立函数模型""你依据什么用加不用乘""这个函数我觉得不太合理，你看看哪里出了问题"等语言来激发学生不断审辨和迭代。同时应当设置不同小组之间的分享和交流环节，让不同小组之间发生思想碰撞，在互相交流和质疑中了解自身模型的不足，从而获得进一步修订模型的思路。

三、避免模型的机械套用，鼓励迁移和创新

有些学生甚至数学教师会觉得学习数学建模就是学习一些"现成的"模型，然后遇到类似的问题就套用某个模型。这种思想是完全错误的。虽然在提升数学建模素养的过程中确实需要赏析一定量的经典模型，但是这样做的目的并非获得"套用模板"，而是建立"解决经验"，即当面对某一个问题时学会如何从无到有地构建模型，需要考虑哪些方面，等等。

事实上，即使两个问题十分相似，往往也难以将解决一个问题的数学模型原封不动地套用来解决另一个问题。这里至少有如下四个方面的原因。

原因1：两个问题虽然相似，但是相应变量的单位和范围不同，其结构特征可能完全不同。例如，同样是函数模型 $y=x+x^{2022}$，当 $x\in(0,1)$ 时就可以近似简化为 $y=x$，而当 $x>1$ 时则近似简化为 $y=x^{2022}$。

原因2：两个问题虽然相似，但是其所处环境可能有所不同，这使得两个问题的基本假设存在显著差别，而基本假设的显著差别往往会使模型面目全非。在一次教师培训中，曾有老师提问：是否可以利用 SI 模型（一种传染病模型）来研究人口数量变化？具体来说，SI 模型有两类人——S 代表"未感染者"，I 代表"正感染者"，它们都可视为关于时间 t 的连续函数（在单位为万人的情况下，人口数量变化的离散性可以忽略不计）。由于 S 和 S 接触、I 和 I 接触均不会造成新的感染，而 S 和 I 的接触会以一定比例 λ（$\lambda>0$）造成感染，所以有 $S'(t)=-\lambda S(t)I(t)$。这位老师希望将这个模型迁移到男女性别中，先设 $P(t)$ 为 t 时刻的人口数量，$P_m(t)$ 为 t 时刻的男性人口数量，$P_f(t)$ 为 t 时刻的女性人口数量，他认为 $P'(t)=\alpha P_m(t)P_f(t)$，其中 α 为比例系数。但是可惜，这个模型是大错特错的。道理很简单，虽然和 SI 模型类似的是男性人数和女性人数都增加，会带来人口数量增加速率的变大（因为怀孕概率变大），但是这位老师忽略了一个重要的背景——S 和 I 之间有可能通过握手就传染了，所以 $S'(t)=-\lambda S(t)I(t)$ 的右侧才是二者数量的乘积，实际上代表了两类人两两握手的总数；但是男性和女性之间是不可以两两婚配的，因为咱们国家的法律规定了一夫一妻制，而且还有年龄的限制，所以并不能使用乘积结构来反映婚配总数。这个看似笑话的例子集中体现了不同的基本假设给模型建构造成的巨大影响。

原因3：两个问题的背景即使是相似的，但其关注的方面发生变化也会使模型发生显著变化。典型的例子是博弈模型：在甲、乙博弈时，对甲方而言的最优策略，却是乙方的最坏策略，二者都要为自己的利益考虑，目标的变化会带来整个模型在建立、

求解和应用时的巨大差异（如最优解的位置、存在性、是否存在均衡等）。

原因4：即使问题和背景是完全相似的，不同的精度要求也会造成模型的显著区别。一个典型的例子是：请问窗外的一棵柏树的树枝（含树干）的平均直径是多少？要求在1分钟之内给出解决方案。一个快速、有效但是精度不是很高的方案是利用几何平均数：首先通过视觉估计最粗的树枝（树干）的直径L（如$60\,\text{cm}$）和最细的树枝的直径l（如$0.6\,\text{cm}$）；再观察到细的树枝的数量远大于粗壮树枝的数量，可以推出所有树枝直径的统计期望会比较接近L和l的几何平均数$\sqrt{Ll}$（即$6\,\text{cm}$）。但是如果要求在很高精度下解决这个问题，那么这个模型就不再适用了，它只是一种粗糙的解决方法。

所以，即使学生在学习数学建模时需要积累一定量的经典模型，也要强调这种积累对解决新问题并非十分有效，而是为更好地迁移和创新提供素材和经验。一个只会套用现成数学模型解决问题的人不能算是具备了数学建模素养；只有具备了如何使用学过的数学知识和方法来创造性地构建模型解决问题，才能说是具备了较好的数学建模素养。

四、避免将函数建模视为"数据拟合"，重视数学模型的可解释性

很多学生甚至数学教师在数学建模课题中一看到数据就立即想到"拟合"，觉得函数建模就等同于"数据拟合"，这种想法是完全错误的！

数学建模并不是数据拟合，并非所选的函数和数据点完美契合就说明该函数是好的函数模型。下面依然以人口模型举例说明。我们可以很方便地从国家统计局官网上检索到最近10年的人口数据，以年份为横坐标，以当年人口数量为纵坐标，就得到了10个数据点，记为$P_i(t_i,p_i)$，$i=1,2,\cdots,10$。显然我们可以用一个9次多项式函数$f(t)$拟合这10个数据点，并且使得$f(t)$经过每一个数据点，具体方法如下：

设$f(t)=\sum_{k=0}^{9}a_k x^k$，其中$a_k$为待定参数，$k=0,1,2,\cdots,9$。因为$f(t_i)=p_i$，$i=1$，$2,\cdots,10$，于是得到关于$a_k$的十元一次方程组$\sum_{k=0}^{9}a_k t_i^k=p_i$，$i=1,2,\cdots,10$。这个方程组中有10个未知数和10个方程，根据线性方程组的相关理论，存在唯一解。这样我们就得到了一个经过每一个数据点的9次多项式函数$f(t)$。

但是$f(t)$显然不是一个好的描述人口变化规律的数学模型，因为从它的形式中看不到任何现实意义，其数学结构冗杂且烦琐，参数缺乏实际意义，模型不具备可解释性且受奇异数据点的影响明显。同时，这个模型还具有一个更加显著的弱点：如果我们使用的不是10年的人口数据而是20年的人口数据，那么同样方法计算出的人口模型就变成了19次多项式！难道人口变化这种客观规律会随着所使用数据的多少而发生巨大变化吗？这实在是让人难以接受。

在实际教学中，面对学生建立出的千奇百怪的数学模型，教师不应当急于评价，而应当让学生思考模型以及模型中各参数的实际意义，如果模型缺乏可解释性，就不算是好的模型。

【案例】

生长素浓度与发芽率之间关系探究（模型片段）

真实情境：人教版高中生物学教材必修 3 第 3 章第 2 节讲授了"生长素的生理作用"：一定浓度的生长素类似物——萘乙酸对种子萌发和幼苗生长影响具有双重作用。萘乙酸的浓度在 0.01 mol/L 时对胚根、胚轴的生长促进作用最大，以小麦为例，可知促进小麦种子萌发和幼苗生长的 α-萘乙酸的最适浓度为 0.01 mol/L。在 0.0001～0.01 mol/L 时，α-萘乙酸的浓度越大越能促进发芽；在大于 0.01 mol/L 时，随浓度增大抑制作用逐渐增强。所以，适宜的低浓度萘乙酸对种子萌发有促进作用，和蒸馏水比较，用浓度适宜的萘乙酸溶液处理后，无论是发芽率还是幼苗生长都比较好。

提出问题：植物的发芽率和生长素浓度之间具体是什么数量关系？能否得到函数模型并挖掘出进一步的规律？表 5-1-1 为学生生物实验所得数据。

表 5-1-1　学生在生物实验中所得数据

生长素浓度/(mol·L^{-1})	10^{-14}	10^{-12}	10^{-10}	10^{-8}	10^{-6}	10^{-4}
发芽率	0.37	0.58	0.77	0.46	0.25	0.10

学生所得数据如表 5-1-1 所示，其中生长素浓度的变化是因，发芽率的变化是果，因此可以用生长素浓度作为自变量，发芽率作为因变量。但是如果我们直接用表 5-1-1 中的数据描绘散点图，就会得出图 5-1-1，除了最后一个数据点外，其余各数据点均紧贴坐标轴，这是因为表 5-1-1 中的生长素浓度的单位是 mol/L，且相邻两个数据点的生长素浓度相差 100 倍，导致图 5-1-1 中前 5 个数据点的横坐标相较于第 6 个数据点可以忽略不计。这样一来，绘制的散点图给我们观察数据规律造成了很大障碍。

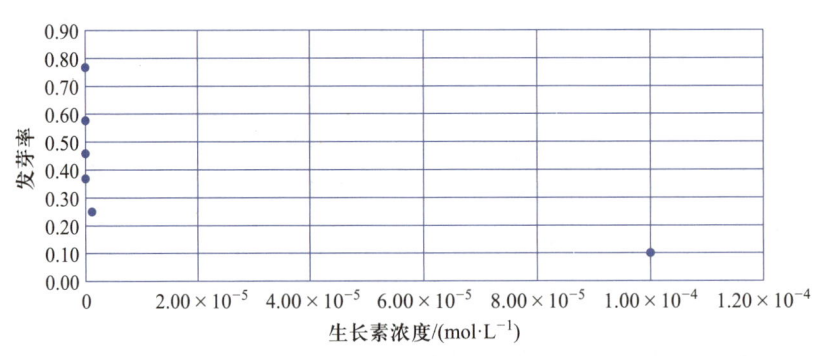

图 5-1-1　直接用实验数据绘制的散点图

我们需要对表 5-1-1 中的原始数据进行变形整理。注意到表 5-1-1 中的生长素浓度是以数量级的形式呈现的，这就提示我们利用对数结构，将生长素浓度变换为生长素浓度级。为了使绘制出的散点图基本位于第一象限，可以再叠加一个横向的平移，最终得到生长素浓度级的变换公式：

$$x = \frac{1}{2}\lg u + 7 \tag{5}$$

其中，u 为生长素浓度（单位：mol/L），x 为生长素浓度级。经过变形之后，得到新的数据表，如表 5-1-2 所示。

表 5-1-2 添加生长素浓度级后的数据表

生长素浓度/(mol·L^{-1})	10^{-14}	10^{-12}	10^{-10}	10^{-8}	10^{-6}	10^{-4}
生长素浓度级/(lg mol·L^{-1})	0	1	2	3	4	5
发芽率	0.37	0.58	0.77	0.46	0.25	0.10

以生长素浓度级为横坐标，以发芽率为纵坐标，在平面直角坐标系中画出数据散点图，如图 5-1-2 所示，就能有效避免图 5-1-1 中出现的问题。

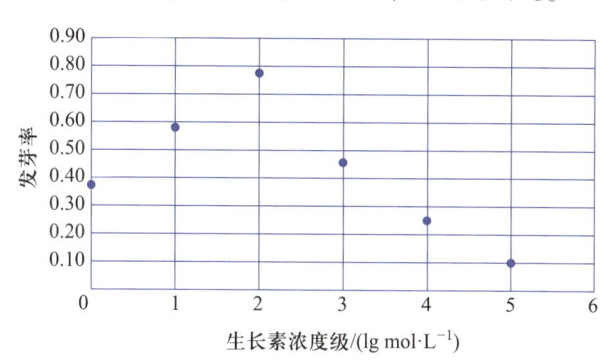

图 5-1-2 生长素浓度级与发芽率之间的数据散点图

一个简单的模型是使用开口向下的二次函数模型，如图 5-1-3 所示。

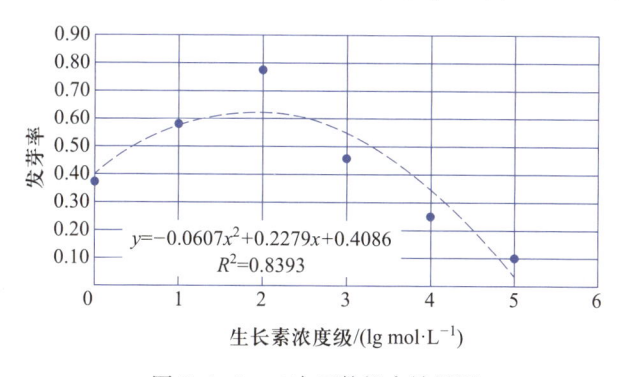

$y=-0.0607x^2+0.2279x+0.4086$
$R^2=0.8393$

图 5-1-3 二次函数拟合效果图

这个拟合函数虽然可以反映发芽率随生长素浓度级的升高先增大后减少的趋势，但是有两个弊端：一是拟合函数的系数缺少实际意义，即无法从生物学机理上解释为什么选取二次函数。二是拟合函数在生长素浓度过大时会出现负值，但是发芽率不可能是负值，所以拟合函数与现实存在明显的矛盾。

这意味着首先要对选取什么样的拟合函数型进行机理分析。

设生长素浓度级为 x，发芽率关于生长素浓度级的函数为 $y=f(x)$，最优浓度级为 L。

观察实验数据，可以看到：当生长素浓度级低于 L 时，生长素浓度级 x 越大，发芽率 $f(x)$ 越高；当生长素浓度级高于 L 时，生长素浓度级 x 越大，发芽率 $f(x)$ 越低。

用数学语言描述，即当 $x<L$ 时，$f'(x)>0$；当 $x>L$ 时，$f'(x)<0$。或者用一个式子来表达，即

$$f'(x)\cdot(L-x)>0 \qquad ⑥$$

要想达到式⑥的效果，可以建立如下线性关系模型：

$$f'(x)=k(L-x) \qquad ⑦$$

其中 $k>0$ 为待定参数，其实际意义为生长素浓度级对发芽率的影响率。虽然这是一个微分方程，但是很容易看出其解为如下二次函数（将二次函数求导后才是一次函数）：

$$f(x)=-\frac{k}{2}x^2+kLx+C \qquad ⑧$$

其中 C 为待定系数。式⑧即为我们之前所说的和现实有明显矛盾的二次函数模型。这意味着关系式⑦是不正确的。

进一步地，考虑到生长是建立在现有基础上的生长，所以尝试将式⑦左端的"绝对增长速度 $f'(x)$"改为"相对增长率 $f'(x)/f(x)$"，可得

$$\frac{f'(x)}{f(x)}=k(L-x) \qquad ⑨$$

式⑨依然是一个微分方程，能用高中数学求解，注意到式⑨左端实际上是 $\ln f(x)$ 的导数，求解过程如下：

$$(\ln f(x))'=-kx+kL$$

$$\ln f(x)=-\frac{k}{2}x^2+kLx+C$$

$$f(x)=C_0 e^{-\frac{k}{2}x^2+kLx} \qquad ⑩$$

其中 C 为待定实数，$C_0=e^C>0$ 为待定正数。显然 $C_0=f(0)$，这给出了 C_0 的实际意义，即"初始发芽率"。

我们可以采用线性拟合方式得到函数模型⑩中参数 k、L 的取值。实际上，根据导数定义，可得如下近似公式，该近似公式中 Δx 的绝对值越小，近似的准确度越高：

$$f'(x)\approx\frac{f(x+\Delta x)-f(x)}{\Delta x} \qquad ⑪$$

取 $\Delta x=1$，可得如下近似表达式：

$$\frac{f(x+1)-f(x)}{f(x)}\approx k(L-x) \qquad ⑫$$

将左边的分式 $\frac{f(x+1)-f(x)}{f(x)}$ 看作一个整体，它与 x 呈现近似的线性关系。不妨认为二者就是线性关系，由于 $f(x)$，$x\in\{0,1,2,3,4,5\}$ 的数据均已知，可以得到线性拟合结果如图 5-1-4 所示。

于是可得 $k\approx 0.3119$，$kL\approx 0.5111$，进而 $L\approx 1.639$。再注意到 $C_0=0.37$，于是函数表达式⑩变为

$$f(x)\approx 0.37\cdot e^{-0.156x^2+0.5111x}\approx 0.562\cdot e^{-0.156(x-1.639)^2} \qquad ⑬$$

可以看到，式⑬实际上是一个正态分布（又称高斯分布）概率密度函数乘以一个系数。

上面的求解过程及结果使我们获得两个阶段性的发现。

发现 1：发芽率的相对增长速度和生长素浓度级之间呈现负相关的线性关系；

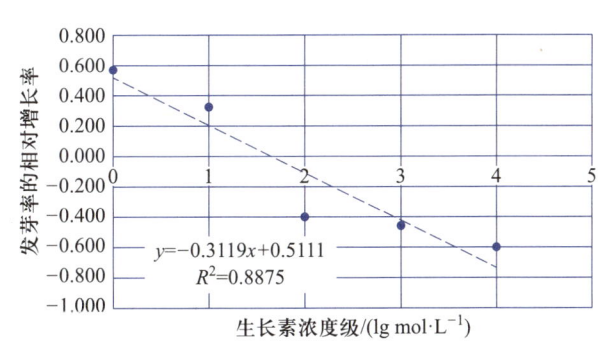

图 5-1-4　发芽率的相对增长率对生长素浓度级的线性拟合效果图

发现 2：发芽率的发展趋势类似于以最优发芽率为中心的高斯分布密度曲线。

式⑬对数据点的拟合效果如图 5-1-5 所示。

注意到残差不可忽略，且残差呈线轴对称形式。考虑到模型式⑬为高斯分布的密度曲线，于是想到再叠加另一个高斯分布的密度曲线，用以拟合残差点，进而将两个高斯分布密度曲线相叠加，即可得到更好的拟合函数：

$$f(x) \approx 0.562 \cdot e^{-0.156(x-1.639)^2} + 0.3 \cdot g_{2,0.6}(x) \qquad ⑭$$

其中 $g_{2,0.6}(x)$ 为正态分布 $N(2, 0.6^2)$ 的概率密度曲线。形如式⑭的双正态分布函数模型的拟合效果如图 5-1-6 所示，其拟合精度已经足够。

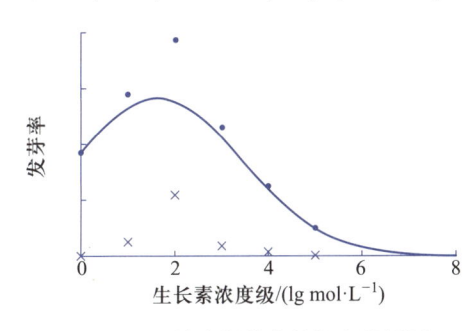

图 5-1-5　单高斯分布的拟合效果图
（注：·为数据点，×为残差点）

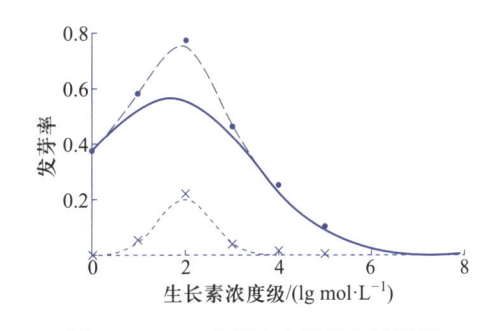

图 5-1-6　双高斯分布的拟合效果图
（注：·为数据点，×为残差点，虚线为拟合函数图象，点线为叠加项图象，图中实线与点线叠加即为虚线）

根据上述检验，可知前面的发现 2 应该改为：发芽率的发展趋势为两个高斯分布密度曲线的线性叠加。

（本案例由北京市十一学校朱浩楠老师和北京市海淀实验中学马艳红老师联合开发）

案例分析

上面的案例包含了问题的发现和提出、基本假设、符号约定、模型建立、模型求解五个方面的内容，展现了一个真实的数学模型的建立和求解过程。

这个问题的发现和提出十分典型，也很适合学业压力较大的高中学生。试想，当学生拿着自己在生物学课上做出的实验数据走进数学课堂建立数学模型，并且通过数学模型观察到数据背后的深刻规律，他的好奇心和学习热情会得到怎样的提升？

与很多人想象中的数学建模过程不同，本案例并非在拿到数据后直接进入"函数模型"的选取环节，而是先通过对数据散点图的观察，提炼出了"生长素浓度级"这一重要中间变量,将问题转化为研究生长素浓度级和发芽率之间关系的问题。这样不仅大大简化了模型的复杂程度和分析难度,而且使得其数学结构更加简洁清晰。

模型建立的过程也并非一帆风顺。从二次函数模型到后来对模型的修订和迭代,集中体现了"试错"这一数学建模过程中的真实而关键的过程。粗糙和错误的模型并非是"垃圾",而是更完善的模型赖以生长的土壤。如果不是首先粗糙地建立出"绝对增长率"和"生长素浓度级"之间的函数模型,也不会在此基础上修订迭代出"相对增长率"和"生长素浓度级"之间的线性关系。

案例中模型的求解过程则充分体现了数据分析素养。模型求解中面对非线性结构的参数拟合,采用了线性化的方法,将非线性结构转化为线性结构,再通过离散化为数列递推式与实验数据建立联系,从而利用最小二乘法得到参数拟合值。这个过程是对非线性结构模型求解的常见数学方法之一。

教学建议

第一,重视培养学生发现和提出问题的能力,在课堂上设置专门的环节锻炼学生从现象与情境中发现和提出问题的能力。

第二,给予学生充分的试错空间,鼓励学生从粗糙的模型开始逐步迭代和完善,在这个过程中提升学生对已学数学知识和方法的理解,提升其选取适当数学结构建模的能力。

第三,避免模型的机械套用,鼓励迁移和创新。如果学生使用了现成的模型,教师应追问基本假设、约束条件和目标是否吻合?精度要求是否符合?能否通过模型检验?等等。

第四,避免将函数建模视为"数据拟合",重视数学模型的可解释性。在学生建立模型之后,教师应设立专门环节让学生思考模型以及模型中各参数的实际意义。如果模型缺乏可解释性,就不算是好的模型。

5-2　如何开发数学建模课题案例？

问题的提出

根据新版课程标准的要求，数学建模在整个高中阶段为 10 课时，其中必修 6 课时，选择性必修 4 课时，除此之外还有若干选修课时。教师应将这些课时作为一个整体来看待，明确各课时需要完成的教学目标，以及学生进行相应课时学习后的能力提升点。

整个高中阶段数学建模的专门课时并不多，这就更需要教师对教学素材精挑细选。鉴于数学建模教学的特点，其教学素材应当是以课题案例的形式研发——即教师首先自己选择一个生活中的问题进行课题研究，然后基于教师的研究成果和体验，将其改编为教学设计。经验表明：只有设计出较好的课题案例，配合恰当的教学设计，学生才能在数学建模课上有所收获。

目前，高中教师普遍缺少发现问题、提出问题和分析问题的能力，长期应试化教学导致教师对数学的经验和认识趋于狭隘，在开发数学建模课题案例时更是捉襟见肘。市面上的数学建模教材大多数面向高等教育阶段，可供中小学选用的数学建模教材十分稀少。张思明、喻运星在 2018 年 10 月出版的《中学数学建模与探究》（高等教育出版社），包含适合中学数学建模活动及探究活动使用的二十余个案例素材；刘来福在 2020 年 6 月出版的《高中数学建模》（北京师范大学出版社），内含基础篇和提高篇，适合作为高中数学建模校本教材使用；朱浩楠在 2020 年 10 月出版的《面向建模的数学》（清华大学出版社），用数学建模的方式重构了数学体系，适合优秀的高中生和低年级本科生自学使用，也可供高中数学建模教学参考。

巧妇难为无米之炊，如果缺少数学建模课题案例，就失去了数学建模教学的灵魂。中国幅员辽阔，各地的经济、文化、教育发展水平差异明显，随着新版课程标准的实施和推进，需要海量的、符合不同地域特色和需求的数学建模案例。这就需要广大一线教师积极开发数学建模课题案例，这也是日常数学建模教学实践对教师提出的必然要求。

面向中学的数学建模课题案例的开发并不是要求教师将一个问题解决到"科学发现"的程度，所选取的问题也大多是生活中身边常见的现象，所以开发难度并不像想象中那样巨大。实际上，面向中学教学的数学建模课题案例的开发是有很多技巧和方法的，这也正是本节将要介绍的主要内容。

问题的分析

一、要想开发出好的数学建模课题案例教师首先要研究课题

很多教师认为，数学建模教学就是给出一个课题让学生去做，做完后教师点评就

可以了。其实这种认识是错误的。学生的数学建模素养并不是天生的，需要分阶段培养，教师的作用在每个阶段都有所不同。在学生刚接触数学建模时，教师的角色尤其不可或缺。教师需要通过若干数学建模课题案例的教学，带领学生掌握数学建模的基本步骤，理解数学建模的基本思想方法，体验利用所学数学知识创造性解决问题的过程。在这个过程中，虽然实践的主体是学生，但是学生因为经验不足，通常会在很多地方陷入困难无法继续实践，此时教师就应该及时地组织课堂教学活动，用问题串或启发式讨论的形式，帮助学生找到继续做下去的灵感和信心。这些问题串和启发式讨论的设置是关键，需要教师自身对课题案例有深入的理解和把握。所以要想开发出好的数学建模课题案例，教师必须先对课题案例有所研究。

具体来说，教师对课题案例的研究包括但不限于以下六个方面。

第一，对选题的研究。发现问题和提出问题是数学建模的第一步，也是学生最先面临的困难。虽然对课堂教学设计来说，课题往往是由教师给定的，但是需要先讲清楚课题是如何从现实情境中发现并提出的。

第二，对基本假设的研究。基本假设指的是将现实问题中的某些条件通过某些假设或抽象，帮助建模者将现实问题做适当简化的过程。基本假设类似于数学模型的"公理体系"，不是可有可无的"废话"，而是数学模型得以建立的全部基础。不同的基本假设往往对应不同的数学模型，反映出建模者对现实问题的不同观点。

第三，对模型建立过程的研究。这里重要的是把握模型"为什么这样建立"，并努力回答"为什么不是那样建立""还能怎样建立""有没有更好的方案"等问题。即使是基于同样的基本假设和现象规律，所选择的数学结构不同，模型的建立和处理过程也会有所差别。

第四，对模型求解过程的研究。很多数学模型不见得非要使用高等数学的方法才能解决，即使需要使用高等方法，也可以找到初等方法的替代方法，况且中学阶段对问题解决的精度、范围的要求都不高，所以完全可以基于学生已经学习过的数学知识创造新的解法。这里教师首先要打开思路，不要困在现有数学方法和经验的樊笼里，要学会跳出现有模式，构建创新方法。

第五，对模型检验过程的研究。教师应当明确模型检验的必要性和常用方法，尤其是如何将模型结果对应到现实情境中，这一点也是学生经常会遇到的困难。

第六，对模型优缺点的研究。世界上没有完美无缺的模型，科学的本质属性是可证伪性。教师需要对模型的优缺点和适用范围有比较深刻的把握，才能启发学生思考和改进。

二、明确数学建模课题案例和教学设计之间的区别和联系

数学建模教学设计和课题案例从内容、结构、目的和用途都截然不同，后者是前者的内容基础，前者是后者的课堂实施。数学建模课题案例做不好，课堂教学就成为无源之水、无本之木；数学建模教学设计做不好，课题案例就仅仅是教师的个人积累，无法变为教学素材。

数学建模教学和传统数学教学最大不同就在于"鼓励学生试错"——让学生大胆地试验自己的想法，并在不同方案的对比、争辩和迭代的过程中，提升包括数学建模

素养在内的数学学科核心素养。在学生试错的过程中，教师既要在适当的时候发散，也要在适当的时候收敛，这就要求教师在课题开发时综合考虑学生学情及教学环节设计。既不能过于复杂，超出学生的能力范围，又不能过于简单而丧失挑战性。

问题的解决

一、数学建模案例应使用学生所学的数学知识解决身边生活中的问题

教师在开发数学建模案例素材时必须站在学生的视角去解决问题，这样才能保证开发的案例适合学生做数学建模实践之用。具体来说，应当注意案例的现实背景的选取，以及所使用的数学知识的选取。

首先，数学建模课题案例应当尽量从学生的日常学习生活中选取。高中学生的课业负担重，考试和升学压力大，再加上目前的教育生态环境尚未发展完善，学生很难获得家庭和学校场景之外的社会生活经验。在这样的教育环境与背景之下，建议教师从校园生活和家庭生活中选择典型场景。例如，学校垃圾桶的摆放位置优化，学校食堂的座位分布优化，学校操场的设计优化，学校门口早晚高峰的交通路线优化，学生课程表的安排及优化，家里房间的布置优化，家庭收支优化，家庭成员保险购买方案优化，班级或家庭旅行路线的设计等。这些话题容易激起学生的感性认识，引起学生的研究兴趣，使学生有的想说、有的可说。

不仅如此，数学建模案例的开发应当注意使用学生已经学过的数学知识。目前很多高中数学教师具有硕士和博士学位，知识渊博，但是这种深刻的学科功底绝对不应该体现在"使用很高等的、学生理解不了的数学来彰显自己的水平"这种角度上。正相反，数学教师应当依靠自己对学科本质的深刻认识，将原本需要较高等、较复杂、超出学生能力的数学模型，通过校本化改造，变为适合目标学段学生实践的数学建模课题。例如，将使用微分方程方法建立的连续型人口模型离散化为数列递推模型，以便学生使用数列的相应方法来建立并求解模型。高中课内的数学知识，如果使用得当的话，已经足以解决大量的日常建模问题。

二、通过校本化改编文献中的数学模型来开发

对于新接触数学建模的教师来说，开发原创的数学建模课题案例也许难度过大，这时一个好的选择就是从文献中选取课题案例进行校本化改造；在经过若干校本化案例改造之后，教师往往就具备了一定的数学建模案例开发经验，此时再开发原创案例也为时不晚。

下面就来介绍如何对数学建模案例进行校本化改造。

首先需要明确什么叫"校本化改造"。由于目前的数学建模文献中的案例大多面向大学生，如果直接拿来给高中生使用，往往难度过大。这里"难度过大"指的是：考虑因素更全面，使用数学更高等，计算推导更复杂，需要较强的课题所在领域的背景知识，模型检验成本较高。所谓的校本化改造，就是将这些文献中对高中生而言过难的案例，改编为考虑因素更单纯、使用数学更基础、计算推导更简单、不需要课题所在领域的专业知识、检验成本比较低的适合高中生使用的案例。

校本化改造的目的有两个：一是将学生不能解决的问题改造为学生能解决的问题，以期通过案例的学习，加深学生对现有数学知识和方法的理解和创造性迁移使用的能力，提升学生用数学观察、描述、分析世界的能力，帮助学生建立科学整体观；二是将远离学生生活的问题改造为接近学生生活的问题，以期帮助学生构建现实世界与数学世界的关联性意识，更科学地认识现实世界，形成科学研究问题的方法和基本科学素养。

虽然经过校本化改造之后，课题案例的应用价值有所降低，但是并不代表其学科价值和育人价值的降低。我们开展数学建模教学，并非让学生成为解决某个具体问题的专家，而是希望以这种方式加强学生对数学和世界的理解，提升核心素养。

具体而言，校本化改造可以参照表 5-2-1 中的步骤展开。

表 5-2-1　校本化改造的步骤

步骤	辅助问题	说明解释
1	• 文献中案例的基本假设有哪些？ • 这些基本假设是如何从情境中抽取出来的？ • 这些基本假设又是如何影响模型建立的？	• 对所迁移的案例的基本假设有了较为深刻的理解，得以寻找具有相似基本假设的情境和问题作为改造模型的选题
2	• 文献中的模型用了什么数学结构？ • 我们打算面对哪个年级讲？ • 哪些数学结构超出了该年级范围？ • 哪些数学结构没有必要过分严格？	• 对超出学情的数学结构，进行初等化改造，常见的改造方法都是通过定义，例如将微分方程模型通过导数定义离散化为数列递推模型
3	• 文献中的模型为什么用这个数学结构？为什么是……而不是……？是否还能用其他合理的结构替换？	• 对模型建立的机理有更加深入的把握，一方面便于把控改进模型的质量，另一方面便于处理好教学预设和课堂生成
4	• 文献中的模型所用的求解方法能不能简化？ • 所要求的精度是否必要？ • 有些定量分析是否可以用定性分析替代？	• 将模型的求解方法简化为学生可以把握的方法，避免将数学建模的重心偏移到对某个模型的烦琐求解过程上，建立模型依然是主体
5	• 文献中的模型如何检验？为什么这么检验？ • 检验指标是否都是必要的？哪些检验指标能直观看出没必要计算？ • 能不能用其他更加简单的检验方式？	• 模型检验重点在于意识的建立，而非具体工具的使用。学生形成检验的意识后，常常能比教师更好地想到检验的方式。检验要基于学情和问题解决的必要性。检验可以有多种形式，如通过调查问卷统计用户体验的提升程度等

三、数学建模课题案例的开发必须基于学生学情

任何用于教育教学的案例的开发，都离不开学情分析。数学建模课题案例具有较强的实践需求，因此教师对学情的把握就更加重要。如果没有把握好学情，就会造成学生无法有效体验数学建模过程，无法参与数学建模实践，从而使得整个数学建模教学单元失去价值。

具体来说，教师可以从如下三个角度来把握学情。

角度 1：学生所处的年级。由于高中阶段是学生世界观、人生观、价值观快速形成和发展的时期，高一和高二年级的学生对数学的认识、所掌握的数学思想和数学知识，以及对社会的认识有很大差异。有一些适用于高一的课题，不见得适用于高二，反之亦然。

角度 2：学生学习数学建模的阶段。第一次接触数学建模的学生，和具备一定数学建

模实践经验的学生，适合不同的课题案例：第一次接触数学建模的学生，最重要的是体验和理解数学建模的基本步骤，了解数学建模各步骤的必要性和思想方法，所开发的课题案例不宜过于复杂，所使用的数学不宜过于综合；具备一定数学建模实践经验的学生，则可以使用层次更丰富、涉及因素更全面、所使用的数学更综合的课题案例。

角度3：学生对计算工具的掌握水平。目前多数学生在中学阶段都会接触甚至掌握至少一门计算机编程语言。当学生具备一定编程能力后，很多数学建模案例的建立、求解和检验就有了更加强有力的辅助工具，自然也就可以事半功倍。没有编程基础的学生则不适合使用求解过于复杂的课题案例，甚至不应当将重点放在模型的求解过程上。这里应注意，数学建模课是数学课，我们可以在学生具备相应能力时不去限制其使用信息计数工具，但是不能本末倒置地把数学课上成信息技术课。

【案例】

利用概率推测新来同学的性别（原创课题案例）

案例背景及问题提出：表5-2-2是某学校某班42位同学的身高（单位：cm）、体重（单位：kg）、鞋码（单位：cm）和性别的统计信息，这些信息是2021年劳动节之前同学们根据自己的印象填写，会有些许误差。若劳动节后该班级将迎来一位新同学，仅知道其身高、体重和鞋码分别为172 cm、82 kg、26.5 cm，但不知道其性别，请推断该同学更可能是男生还是女生。

表5-2-2　某教学班上同学的身高、体重、鞋码和性别信息

序号	身高/cm	体重/kg	鞋码/cm	性别	序号	身高/cm	体重/kg	鞋码/cm	性别
1	172	70	26	男	22	166	60	24	女
2	183	80	26	男	23	180	105	28	男
3	183	72	26	男	24	175	85	26.5	男
4	180	65	28.5	男	25	172	51	26	男
5	170	65	26.5	男	26	190	68	26.5	男
6	183	76	28.5	男	27	187	80	26.5	男
7	187	70	29	男	28	182	67	27	男
8	175	70	26.8	男	29	185	77	26.5	男
9	178	68	26.8	男	30	180	70	27.5	男
10	182	62	28.5	男	31	174	67	26.5	男
11	178	60	27	男	32	175	62.5	26.5	男
12	172	70	27	男	33	181	72	27.5	男
13	165	55	24	男	34	180	57	26.5	男
14	167	50	24	女	35	173	54	24.5	女
15	160	45	23	女	36	159	47	23.5	女
16	170	55	24	女	37	155	42	22	女
17	158	42	22	女	38	154	55	23	女
18	162	63	26.5	女	39	160	60	24	女
19	169	54	24	女	40	161	51	24	女
20	173	75	25	女	41	160	52	24	女
21	169	53	24.5	女	42	164	49	24	女

第1步：数据预处理

因为数据带有误差，所以采用等级化的办法将身高分为高、中、低三档，将体重分为高、中、低三档，将鞋码分为大、中、小三档，根据常识规定分档标准，如表5-2-3所示。

表5-2-3 身高、体重、鞋码分档标准

	高	中	低	平均值
身 高	身高≥180 cm	180 cm>身高>169 cm	身高≤169 cm	172.6 cm
体 重	高	中	低	平均值
	体重≥70 kg	70 kg>体重>59 kg	体重≤59 kg	63.1 kg
鞋 码	大	中	小	平均值
	鞋码≥27 cm	27 cm>鞋码>24 cm	鞋码≤24 cm	25.7 cm

按上述分档标准，表5-2-2中的数据分档结果如表5-2-4所示。

表5-2-4 身高、体重和鞋码的分档结果

序号	身高	体重	鞋码	性别	序号	身高	体重	鞋码	性别
1	中	高	中	男	22	低	中	低	女
2	高	高	中	男	23	高	高	高	男
3	高	高	中	男	24	中	高	中	男
4	高	中	高	男	25	中	低	中	男
5	中	中	中	男	26	高	中	中	男
6	高	高	高	男	27	高	高	中	男
7	高	高	高	男	28	高	中	高	男
8	中	高	中	男	29	高	高	高	男
9	中	中	中	男	30	高	高	高	男
10	高	中	高	男	31	中	中	中	男
11	中	中	高	男	32	中	中	中	男
12	中	高	高	男	33	高	高	高	男
13	低	低	低	男	34	高	低	中	男
14	低	低	低	女	35	中	中	中	女
15	低	低	低	女	36	低	低	低	女
16	中	低	中	女	37	低	中	低	女
17	低	低	低	女	38	低	中	中	女
18	低	中	中	女	39	低	中	低	女
19	低	低	低	女	40	低	中	中	女
20	中	高	中	女	41	低	中	中	女
21	低	低	中	女	42	低	低	低	女

第2步：设出事件，推导贝叶斯分类器

新同学的身高、体重和鞋码分别对应中、高、中档。设事件 A_1：身高中；事件 A_2：体重高；事件 A_3：鞋码中；事件 $B=A_1A_2A_3$；事件 C_1：性别男；事件 C_2：性别女。为了判断新同学是男同学还是女同学，只需要计算并比较 $P(C_1|B)$ 和 $P(C_2|B)$ 的大小。为了简单起见，我们作以下基本假设：假设各位同学的身高、体重、鞋码之间相互独立。

根据乘法公式及全概率公式（或贝叶斯公式），可得

$$P(C_1|B)=\frac{P(C_1B)}{P(B)}=\frac{P(B|C_1)P(C_1)}{P(B|C_1)P(C_1)+P(B|C_2)P(C_2)} \quad ①$$

$$P(C_2|B)=\frac{P(C_2B)}{P(B)}=\frac{P(B|C_2)P(C_2)}{P(B|C_1)P(C_1)+P(B|C_2)P(C_2)} \quad ②$$

于是比较 $P(C_1|B)$ 和 $P(C_2|B)$ 的大小，等价于比较 $P(B|C_1)P(C_1)$ 和 $P(B|C_2)P(C_2)$ 的大小。

由于 $B=A_1A_2A_3$，且由基本假设 A_1、A_2 和 A_3 之间相互独立，可得

$$P(B|C_1)P(C_1)=P(A_1A_2A_3|C_1)P(C_1)=P(A_1|C_1)P(A_2|C_1)P(A_3|C_1)P(C_1) \quad ③$$

同理可得

$$P(B|C_2)P(C_2)=P(A_1A_2A_3|C_2)P(C_2)=P(A_1|C_2)P(A_2|C_2)P(A_3|C_2)P(C_2) \quad ④$$

第3步：根据数据计算求解，得到分类结果

根据表5-2-4，由古典概型得到

$$P(A_1|C_1)=\frac{10}{25},\ P(A_2|C_1)=\frac{13}{25},\ P(A_3|C_1)=\frac{14}{25},\ P(C_1)=\frac{25}{42},$$

$$P(A_1|C_2)=\frac{3}{17},\ P(A_2|C_2)=\frac{1}{17},\ P(A_3|C_2)=\frac{4}{17},\ P(C_2)=\frac{17}{42}.$$

带入③、④式可得

$$P(B|C_1)P(C_1)=\frac{10}{25}\times\frac{13}{25}\times\frac{14}{25}\times\frac{25}{42}\approx 0.06933 \quad ⑤$$

$$P(B|C_2)P(C_2)=\frac{3}{17}\times\frac{1}{17}\times\frac{4}{17}\times\frac{17}{42}\approx 0.00099 \quad ⑥$$

由于 $P(B|C_1)P(C_1)>P(B|C_2)P(C_2)$，可得该新同学更可能为男生。

实际上，根据公式（1）和（2）可以计算新同学为男生或女生的概率分别为

$$P(C_1|B)=\frac{P(B|C_1)P(C_1)}{P(B|C_1)P(C_1)+P(B|C_2)P(C_2)}\approx\frac{0.06933}{0.06933+0.00099}\approx 0.986 \quad ⑦$$

$$P(C_2|B)=\frac{P(B|C_2)P(C_2)}{P(B|C_1)P(C_1)+P(B|C_2)P(C_2)}\approx\frac{0.00099}{0.06933+0.00099}\approx 0.014 \quad ⑧$$

第4步：模型分析

问题1：模型的效果受哪些因素影响？

回答：原始数据填写的误差大小、分档标准、数据的完备性（大量性、多样性、即时性），以及基本假设中对身高、体重、鞋码之间相互独立关系的假设是否正确，都会影响模型的效果。

问题 2：如何研究分档标准对结果的影响？

回答：通过做实验的方法，改变分档标准，观察结果的概率值有什么变化。如果分档标准的细微变化就能引起结果的大幅变化，这个模型就不是可以应用的模型；反之，如果结果受分档标准变化影响并不敏感，这个模型就是比较好的可以应用的模型。

（本案例由北京市十一学校朱浩楠老师开发）

案例分析

本案例所面对的教学班所在学校为北京市市重点学校、北京市示范性普通高中。本文中所用教学班数学成绩在年级位于年级中等水平，男女生比例均衡。教学进度上，此教学班刚学习完条件概率、乘法公式、贝叶斯公式和事件独立性，单元检测班级平均分约为 83 分，基本功掌握比较扎实。但此教学班中大多数学生尚未接触过数学建模，数学建模的能力和素质薄弱，仅有个别学生在高一和高二选听过学校组织的数学建模讲座。计划在一课时内完成本案例的教学，让学生了解数学建模的基本步骤，同时阶段性提升学生提出问题、分析问题和解决问题的能力。

拓展阅读：高中数学建模教学实例：利用概率推测新来同学的性别

本案例在解决问题的过程中经历了提出问题、收集数据、数据预处理、提出基本假设、设出变量、模型建立与求解、模型检验与分析，且将"模型改进与推广"布置为课后作业。图 5-2-1 给出了问题解决框架图。

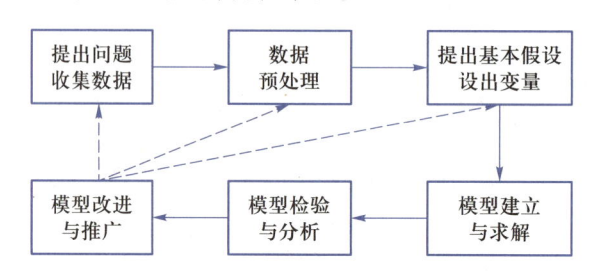

图 5-2-1 问题解决框架图

本案例经过教学实践，发现学生在实际教学中会产生如下困惑。

困惑 1：数学推导路径的选择。

首先，学生不理解在 A_1、A_2、A_3 相互独立时

$$P(A_1A_2A_3|C_1) = P(A_1|C_1)P(A_2|C_1)P(A_3|C_1)$$

这反映出学生对条件概率和事件独立性的理解依然不够自然和深刻，多数学生依然将条件概率和事件独立性看成是数学内部的结构，对其理解没有上升为"对自然界规律的描述"。

其次，有的学生认为计算 $P(A_1A_2A_3|C_1)$ 和 $P(A_1A_2A_3|C_2)$ 时直接利用古典概型计算更好，即

$$P(A_1A_2A_3|C_1) = \frac{n(A_1A_2A_3C_1)}{n(C_1)} = \frac{3}{25}, \quad P(A_1A_2A_3|C_2) = \frac{n(A_1A_2A_3C_2)}{n(C_2)} = \frac{1}{17}$$

进而得到

$$P(A_1A_2A_3|C_1)P(C_1) = \frac{3}{25} \times \frac{25}{42} = \frac{1}{14}, \quad P(A_1A_2A_3|C_2)P(C_2) = \frac{1}{17} \times \frac{17}{42} = \frac{1}{42}$$

$$P(C_1|A_1A_2A_3)=0.75, \quad P(C_2|A_1A_2A_3)=0.25$$

还有的学生观察到经过预处理之后的表 5-2-2 中仅有 4 个数据为"中、高、中",且这 4 个数据中有 3 个为男生数据,1 个为女生数据,进而通过古典概型计算得到

$$P(C_1|A_1A_2A_3)=\frac{n(C_1A_1A_2A_3)}{n(A_1A_2A_3)}=\frac{3}{4}=0.75, \quad P(C_2|A_1A_2A_3)=\frac{n(C_2A_1A_2A_3)}{n(A_1A_2A_3)}=\frac{1}{4}=0.25$$

这两种方法结果相同,实际上是同一种方法,其结果和前文中结果相差较大,主要原因有以下三点:

(1) 这种方法不需要假设事件的独立性。

(2) 这种方法的使用过程中除了呈现"中、高、中"的 4 个数据(3 个为男生数据,1 个为女生数据)之外,其他人的数据并没有被利用起来,也就是说实际上只使用了 4 个数据,自然缺失了很多信息。从这个角度可以理解全概率公式的深层次数学意义,就是可以充分使用所有情况下的数据,充分挖掘数据中的信息。

(3) 另一个原因则是基本假设的作用。如果不做基本假设,那么公式的推导相当于是在做代数恒等式的变形,无法使得数据的信息交汇融合。一个形象的例子就像是打鸡蛋:如果仅仅是将蛋壳敲碎让蛋液流出,那么蛋黄和蛋壳会自然分离;只有在人力搅动时,才会将蛋壳和蛋黄融合成混合蛋液。实际上基本假设的作用也是如此,基本假设在数学上相当于问题研究时的公理,在现实中则对应着研究者的先验观点。

另外,还有学生使用如下方法计算 $P(C_1|A_1A_2A_3)$:

$$P(C_1|A_1A_2A_3)=\frac{P(A_1A_2A_3C_1)}{P(A_1A_2A_3)}=\frac{P(A_1A_2A_3|C_1)P(C_1)}{P(A_1)P(A_2)P(A_3)}$$
$$=\frac{P(A_1|C_1)P(A_2|C_1)P(A_3|C_1)P(C_1)}{P(A_1)P(A_2)P(A_3)}$$

但是当代入数据后发现其结果大于 1(约为 1.69),这显然是不合理的。

造成这个结果的原因十分深刻,这也是为何贝叶斯公式中的分母必须使用全概率公式展开的原因(否则也会在某些时候导致类似的作为概率的结果大于 1 的情况)。其本质原因在于分母是先验结构,而分子是后验结构,所以会形成因果律上的矛盾,从而造成计算结果错误。所以在计算时必须将分母也化为先验结构,即

$$P(C_1|A_1A_2A_3)=\frac{P(A_1|C_1)P(A_2|C_1)P(A_3|C_1)P(C_1)}{P(A_1|C_1)P(A_2|C_1)P(A_3|C_1)P(C_1)+P(A_1|C_2)P(A_2|C_2)P(A_3|C_2)P(C_2)}$$

这样因为分子作为分母其中的一项出现,就从本质上避免了结果大于 1 的错误。这个问题经常在实际生产生活应用中出现,也是贝叶斯方法被部分学者诟病的原因之一。

建议 1:建议在学生暴露出该问题后,对其背后原理进行点评,或者让学生自己思考原因。此处是数学建模"用以致学"的集中体现,学生可通过这个案例深刻理解全概率公式、先验及后验的深层次意义,这也是在非数学建模课堂上基本不可能挖掘和实施的。

困惑2：建立模型后对模型的评价。

多数学生建立模型之后，没有意识和动力对模型进行分析和评价，尤其是缺少分析关键参数、规则和基本假设对结果的影响的意识。造成这种现象的原因是学生长期处于"做习题"的数学教学环境中，得到答案之后只要和题目所给参考答案相同，就不再思考是否这个答案还会有问题。然而在实际的科学研究和数学研究当中，经常会出现所得结果不合理的现象，甚至在得到一定结果之后，还经常会发现问题提得不好，从而重新提出问题、重新解决的现象。如果学生长期以往缺少这种科学精神和科学思维的熏陶或训练，会丧失研究和创新的意识与能力。

建议2：这是培养学生研究问题科学思维的重要教育契机，一定要通过课堂提问的方式来落实和巩固。其中的部分内容可以作为作业留给学生课下探索，并对优秀作品予以奖励。

【案例】

教室内男女生座位分布规律研究（改编课题案例）

案例背景及问题提出：某班级固定在一个教室上课，学生在该教室内的座位可以自由调换，但一般来说，学生为了方便，在不必要时没有调换的动机。过了一段时间，我们发现男生和女生自然地分开成两个区域就座。请你用数学建模的方式解释这个现象。

可以按照如下方法来处理这个问题：首先定义男生和女生对自己就座的区域内的异性数量有一个"许可度"，它代表所能接受的该区域内异性人数与同性人数比例，男生的许可度记作 R_1，女生的许可度记作 R_2，并假设许可度是该区域内同性人数的线性函数。根据现实经验，通常情况下，人们普遍和同性相处更加自然，即许可度越高的人数越少，所以该线性函数单调递减。

具体来说，可设男生的许可度 R_1 表达式为

$$R_1(m) = R_{10} - am \qquad ⑨$$

其中 $a>0$，a 为男生许可系数，即平均每个人对许可度的贡献量；$R_{10} = R_1(0)$ 表示该区域内的最大许可度，即存在男生许可该区域女生与男生人数比例的最大值；$m \in [0, R_{10}/a]$ 表示该区域内的男生人数。

同理，设女生的许可度 R_2 表达式为

$$R_2(f) = R_{20} - bf \qquad ⑩$$

其中 $b>0$，b 为女生许可系数；$R_{20} = R_2(0)$ 表示该区域内的最大许可度，即存在女生许可该区域男生与女生人数比例的最大值；$f \in [0, R_{20}/b]$ 表示该区域内的女生人数。

考虑同一个就座区域，如果该区域中女生人数大于男生的许可度，男生就会离开此区域就座；如果该区域中男生人数大于女生的许可度，女生就会离开此区域就座。在此规则下，可以描绘出该区域男生和女生人数的相平面，如图5-2-2所示，其中横坐标代表男生人数，纵坐标代表女生人数。图5-2-2给出了三种参数取值情况下的相平面示意图。

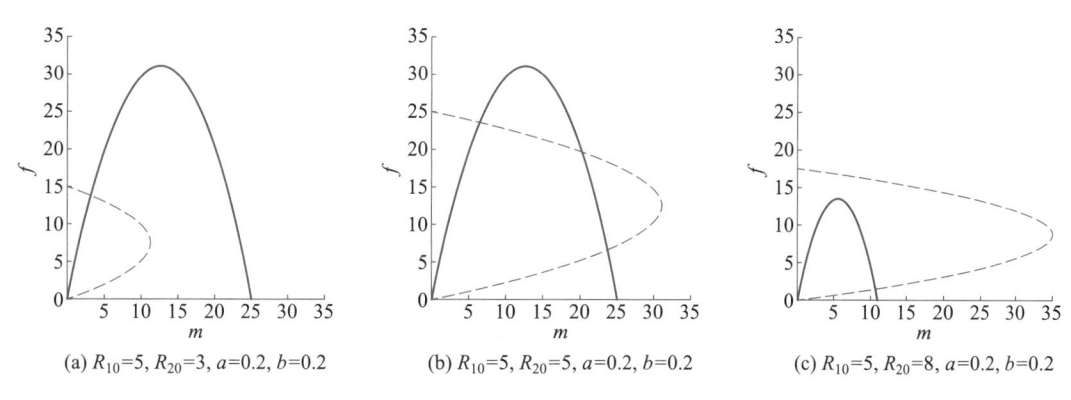

(a) $R_{10}=5, R_{20}=3, a=0.2, b=0.2$　　(b) $R_{10}=5, R_{20}=5, a=0.2, b=0.2$　　(c) $R_{10}=5, R_{20}=8, a=0.2, b=0.2$

图 5-2-2　同一区域男女生人数相平面示意图

根据问题情境，图 5-2-2 中的实线对应的方程为

$$\frac{f}{m}=R_1(m) \qquad ⑪$$

即

$$f=m(R_{10}-am) \qquad ⑫$$

该曲线表示不同的男生人数所许可的该区域内的女生人数边界曲线。图 5-2-2 中虚线对应的方程为

$$\frac{m}{f}=R_2(f) \qquad ⑬$$

即

$$m=f(R_{20}-bf) \qquad ⑭$$

该曲线表示不同的女生人数所许可的该区域内的男生人数边界曲线，且均为二次曲线（抛物线）。

依据前文所述的基本假设：

当该区域中女生人数大于现有男生人数所许可的女生人数时，男生就会选择离开；

当该区域中女生人数小于现有男生人数所许可的女生人数时，还会有其他男生加入；

当该区域中男生人数大于现有女生人数所许可的男生人数时，女生就会选择离开；

当该区域中男生人数小于现有女生人数所许可的男生人数时，还会有其他女生加入。

于是可以得到三种情况下各区域的相位变化趋势，如图 5-2-3 所示。

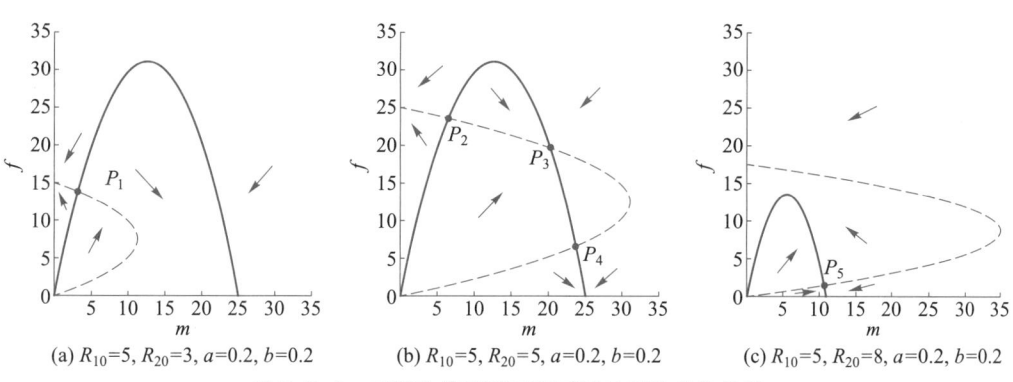

(a) $R_{10}=5, R_{20}=3, a=0.2, b=0.2$　　(b) $R_{10}=5, R_{20}=5, a=0.2, b=0.2$　　(c) $R_{10}=5, R_{20}=8, a=0.2, b=0.2$

图 5-2-3　三种取值情况下各区域的相位变化趋势

可以看到，第一种情况下平衡位置 P_1 为不稳定平衡点，意味着男女生人数很难稳定在这个平衡位置，最终造成该区域只有女生或只有男生的结果；第二种情况下平衡位置 P_2 和 P_4 为不稳定平衡点，但 P_3 为稳定平衡点，这意味着可能导致三种结果——只有男生、只有女生或男女生按照稳定比例共存，具体导致哪种情况要看该区域中男女生分布的初始情况；第三种情况下平衡位置 P_5 为不稳定平衡点，意味着男女生人数很难稳定在这个平衡位置，最终将造成该区域只有男生或只有女生的结果。

该模型还隐含着一个更为深刻和奇妙的结论：其中一方对异性许可度的改善，并不一定能够改善自然分离的结果。例如，将第二种情况中的参数 R_{20} 从 5 增大为 8，即增加女生对男生的许可度，其他条件不变，系统将变为第三种情况。这时女生的许可并没有带来情况的好转，反而失去了唯一可能稳定的均衡，使得系统再次出现性别分离的结果。这个结论与"忍一寸风平浪静，退一步海阔天空"并不一致，如果不通过数学模型的分析很难发掘，是典型的"非数学不可察"的结论。

这个案例十分适合在高中课堂中作为函数章节后的数学建模案例讲授，实际上还可以引导学生利用所学的二次函数和不等式知识，推导出三种情况下参数所满足的一般不等式关系。

（本案例改编自诺贝尔经济学奖得主托马斯·谢林在《微观动机与宏观行为》的例子[①]）

案例分析

本案例改编自托马斯·谢林著作中的经典案例，原案例的背景讨论的是有色人种的自然隔离问题，这显然不适合作为高中数学建模课题案例的实际背景，于是本案例将其改编为教室里男女生座位分布问题。改编之后的情境贴近学生日常生活，能够激发学生思考。同时本案例所使用的数学无外乎二次函数及其性质，适合高一年级使用。另外，模型所隐含的规律比较深刻，对理解社会中的一些现象有指导意义，体现了数学学科的育人价值。

教学建议

第一，使用学生所学的数学知识解决生活中的问题，站在学生的视角开发数学建模课题案例，才能保证案例适合学生做数学建模实践之用。

第二，如果教师无法原创数学建模课题案例，可以对文献中的案例进行校本化改造，把对高中生而言过难的案例，改编为适合高中生使用的案例。可以围绕课题所考虑的因素、所使用数学的水平、课题所在领域的背景知识、模型的检验成本等角度来改编。

第三，数学建模课题案例的开发必须基于学生学情。可以从学生所处年级、学习数学建模的阶段、对计算工具的掌握水平三个角度进行把握。

数学建模教学设计微讲座

---

① 托马斯·谢林. 微观动机与宏观行为 [M]. 谢静，邓子梁，李天有，译. 北京：中国人民大学出版社，2013.

5-3 如何设计和开展数学建模活动？

问题的提出

数学建模活动的设计和开展可以分别从课堂活动和课余活动两个方面来谈。

课堂是当前教育发展阶段的教育教学主阵地，言传身教的课堂学习是其他形式的学习所不可替代的。数学建模的课堂不同于传统知识讲授型课堂，具有更强的实践性和发散性，所要达到的数学建模素养乃至其他数学学科核心素养的提升目标，需要以数学建模课堂活动为载体来实现。

同时，数学建模课余活动也是不可或缺的补充。数学建模课余活动并非与课堂无关的课外活动，而是课内数学建模教学的延展和支撑，甚至有时还能为课堂教学创造珍贵的教育契机。正如体育锻炼不能仅靠体育课来实现一样，数学建模素养的培养也不能仅靠短暂的课堂教学，而应当同时以数学建模课余活动为载体，更广泛地融入学生的日常学习和生活中。

问题的分析

一、数学建模的课堂活动是"带着镣铐跳舞"

数学建模课堂活动的设计和开展有两个主要困难：课堂时间和预备知识。

第一个困难就是课时总数和单课时长上的限制。高中阶段的数学建模活动与数学探究活动共10课时，一般安排在高一和高二，即每学期2~3课时，如何设计和实施数学建模课堂活动才能使其效用最大化呢？

第二个困难就是预备知识。很多数学教师觉得数学建模必须要学习额外的知识，现有的中小学数学知识无法支撑模型构建和问题解决。其实这是错误的认识。数学建模的教育教学绝对不能成为学生的新负担，而应成为帮助学生学好、用好数学，提升学科核心素养的实践和体验平台。所以如何设计课堂活动以启发学生创造性地使用学过的数学知识和方法来解决问题，是每一堂数学建模课前需要深思熟虑的问题。

如果这两个问题不解决，就会使数学建模课变成"面子课"和"政绩课"，无法在学生将来的学习、工作和生活中提供真正的帮助。

二、数学建模课余活动是课堂活动的必要补充和生态建设的关键环节

开展数学建模课余活动的必要性主要有以下五点，其中前四点面向学生，第五点面向教师。

必要性1：课堂时间有限，大量的实践需要在课堂之外进行。

必要性2：课堂所学的数学建模思想方法需要通过日常课题研究的锤炼与检验才能

内化。

必要性3：数学建模课余活动的灵活形式是课堂计划形式的必要补充，为学生发现和提出问题提供机会和平台。

必要性4：数学建模课余活动是跨校、跨区域、跨文化数学建模学习交流的优良载体，为学生开阔视野和格局提供机会和平台。

必要性5：数学建模课余活动是促进教师专业成长和构建数学建模教育生态的有效措施。

开展数学建模课余活动的目的有以下相对应的五点。

目的1：让学生完成课堂上没能完成的数学建模内容。

目的2：帮助学生落实并发展课上所学的数学建模思想方法。

目的3：激励学生从生活中发现问题和提出问题，丰富学生使用数学解决现实问题的经验。

目的4：促进跨校、跨区域、跨文化交流，开阔学生的视野、格局，增强社会主人翁意识。

目的5：促进师资成长和推广数学建模活动在中学落地。

数学建模课余活动的形式多种多样，包含但不限于：学校内的开放课题数学建模比赛、区域性的数学建模联校活动、权威的中学生数学建模竞赛、数学建模夏令营、参与企业或高校实验室的数学建模项目研究、数学建模社团活动、由学生主要参与的数学建模讨论班等。

数学建模课余活动的实施不能采用"放养式"完全放开让学生自己实践，也不能采用"家长式"由教师"大包大揽"。实证研究表明：完全由学生自己独立进行而没有教师参与的数学建模活动，对学生数学建模素养并没有显著的提升效果。教师以何种形式、如何介入数学建模课余活动以帮助学生成长，是实施数学建模课余活动的主要难点。

问题的解决

一、将课堂活动和课余活动有机结合

万事开头难，学生在进行数学建模活动时也是如此。一旦学生找到了问题的切入点进入建模的"正轨"，后面的模型建立、迭代及求解往往就会相对容易推进。学生能自行完成的任务可以作为课余活动让学生分组开展，并在下次课以提问方式点评。这样一来不仅可以为必要的课堂活动节省出更多时间，还能给学生提供课余活动的机会，使学生能在课余活动中充分试错和讨论，锻炼学生的自主探究能力和团队协作能力。不要追求将数学建模的所有过程都在课堂活动中完成，否则会陷入"为了进度而生硬推进"的窘境，最终造成学生无法获得数学建模素养的真正提升。

我们基于丰富的教学实践经验，建议数学建模课堂和课余活动可按以下六个模块展开。

模块1：（适合建模单元教学的第1课时）提出问题和建立基本假设。

模块2：（适合建模单元教学的第1课时）分析问题切入点，建立初步模型并求解。

模块3：（适合建模单元教学的第1课时）对初步模型检验和分析，挖掘改进方向。

模块4：（适合作为课后作业和课余活动）改进初步模型，小组分享，挖掘进一步改进方向。

模块5：（适合建模单元教学的第2课时）点评学生方案，进一步完善模型并求解。

模块6：（适合建模单元教学最后1课时）分析结果的现实意义和建模过程中的思想方法。

六个模块在单元设计中应灵活组合：有的模块可以根据实际情况进一步拆分；有的模块可以多次出现；不一定所有模块均必须出现，要根据建模课题和学情予以取舍。

二、创设适切的"问题串"启发学生思考和创造，关注思想方法的引领

有研究者指出，数学建模教学过程中，教师进行适切的策略引导与完全让学生独立进行数学建模活动或直接由教师课堂讲授相比，对学生建模能力的提升更明显。[1] 所谓的策略引导是指教师不直接告知学生模型方案，而是通过策略和方法启发学生继续数学建模实践。基于教学实践发现，一个有效且实操性较强的策略引导方法，就是创设适切的"问题串"。好的问题串具有启发学生思考、传递思想方法、推进问题解决的作用。在设计"问题串"时，有以下三个要点是"问题串"质量的保证。

要点1：以效果为目标提问，不要限制学生的解决方案。例如，当学生面对数据不知道做什么的时候，教师可以提问："通过什么方式能够直观展现数据的特征？""你能不能用数学方式来描述数据的变化趋势？"这些问题并没有限制学生用哪种方法解决，但是清楚地指明了解决的效果是"展现数据的特征"和"描述数据的变化趋势"。这样的问题才能启发学生思考，而非让学生按照教师的既定方案去做。

要点2：融入思想方法，授之以渔。例如，当学生面对一个复杂问题不知道从哪个点切入时，教师可以这样提问："在我们研究一个复杂问题无从下手时，往往可以由简入繁，先去研究这个问题的简化版本或某种细分情况，针对这个问题，大家觉得容易分析的简化版本或细分情况有哪些？"这种问题往往能帮助学生打开一扇门，使学生获得新的灵感，同时也能为学生将来解决其他问题提供方法论的支撑。

要点3：关注数学基本功和其他核心素养。例如，当学生面对模型不知道如何分析和求解时，教师可以类似这样提问："现在我们建立了一个数学模型，它从形式上是一个数列递推关系式，大家回忆一下，咱们学过的处理数列递推的常用方法有哪些？这些方法中有哪些能够帮助我们分析这个模型？请同学们动手尝试，并在小组内讨论。"这种问题能够启发学生将所学的数学知识和数学模型之间建立联系，在帮助学生获得模型求解思路的同时深化对已有知识的理解。

三、重视学生生成，提供展示平台和及时反馈

数学建模贵在实践和体验，如果数学建模课堂能建立展示和反馈机制，就能大大激发学生的学习热情，同时加深学生对相关思想方法的理解和掌握。

---

[1] GABRIELE KAISER, WERNER BLUM, RITA BORROMEO FERRI, et al. Trends in teaching and learning of mathematical modelling：ICTMA14［M］. New York：Springer, 2011.

基于数学建模学习本身是项目式学习的天然属性，学生的成果可以有许多展示途径，包括但不限于：课堂展示、制作海报、小视频、班级板报、年级橱窗展示、学生学术报告、印发学生论文集、开展优秀成果评选活动等。

但是仅仅有展示平台也是不够的，还需要有及时反馈。教师应当对学生生成的解决方案予以点评，最终指向进一步改进的方向，并激励学生继续完善现有成果。数学建模是一个科学研究问题的过程，所有真实的科学研究都不是一蹴而就的，而是需要反复迭代和完善的。许多问题背后都有深刻的背景，有些能够揭示自然或社会的本质规律，甚至值得用毕生精力持续研究。反馈的最终目的是启发学生持续探究，而非给学生们尚显稚嫩的"成果"做定论。

为了达到这样的反馈效果，教师可以采取以下三种反馈方式以及它们的组合。

反馈方式1：通过评价量表的方式，对学生成果进行评分。评价量表需要具有指向性，即通过评价量表，学生可以清楚地定位自己的当前水平、存在的问题和最近发展点。表5-3-1给出了适合学生研究报告（或数学建模论文）的评价量表，每个指标1～3评级，总评级之和越高越优秀。此量表曾在2020年和2022年用于北京师范大学主办的"京-湾数学建模夏令营"的学生论文评价。

表 5-3-1　学生研究报告评价量表

项 目		评 价 指 标
研究结论的有效性	1级	有部分结论，没有灵敏性分析和模型检验，不能应用
	2级	有部分结论，有部分灵敏性分析和模型检验，可以部分应用
	3级	有较为完善的结论，有详尽灵敏性分析和模型检验，可以直接应用
数学使用的适切性	1级	无明确的数学模型，模型建立无逻辑，不能选择适当方法求解模型
	2级	有较明确的数学模型，模型建立有逻辑，能选择适当方法求解模型
	3级	有明确的形式化数学模型，模型建立逻辑严谨，模型求解方法简单高效
解决方法的创新性	1级	无知识迁移，不能正确使用前人结论，数据的堆砌，基本没有创新
	2级	含有知识迁移，能正确使用前人结论，并在此基础上有自己的部分创新
	3级	原创理论，或对知识有较大规模的迁移和改造，或发现新的数学结构
学术表达的规范性	1级	能成文，但排版不美观，图表不规范，无参考文献，语言较不流畅、歧义多
	2级	排版较美观，图表相对成形，有参考文献但无引用标记，语言较为流畅、歧义少
	3级	排版美观，图表规范，参考文献引用标记在文中，语言流畅、歧义少、信息丰富

反馈方式2：给学生提出难度更大的进阶任务，这可以通过扩大原问题的考虑范围和考虑因素，或增加问题解决的精度要求等方式来实现。

反馈方式3：给学生提供一些扩展阅读文献，可以是学术杂志上发表的论文，或适合学生阅读的专著等，但要注意基于学生的实际情况，不要提供超出学生接受能力的文献。

【案例】

医院给药时间间隔和药剂量的制定（单元设计）

课题背景：随着医药理论与技术的逐步完善，为每位患者制定安全有效的个性化用药方案，如药剂用量、给药间隔等，可以有效缓解医院和病人之间的矛盾，是和谐社会高效医疗的必然要求。在临床治疗中，根据患者的特定情况建立血药浓度模型，是制定方案的理论基础和广泛使用的分析工具。借助数学模型描绘用药期间的血药浓度变化，只需要具备函数和数列的相关课内知识即可完成，建立的模型同时包含连续和离散的成分。因此，本单元内容的学习除了有现实应用意义之外，还可以促进学生理解并掌握从简单到复杂、从单阶段递推到多阶段分析和解决问题的建模思想。本单元共分2课时进行。

【第1课时】 提出问题、建立单阶段模型并求解

教 学 环 节	教 师 活 动	学 生 活 动
环节一：提出问题与提出基本假设（15分钟）	**介绍问题背景** 病人住院期间会接受药物治疗，给药的剂量和给药的时间间隔如果没有计算好，除了会显著影响治疗的效果，还会影响医院和患者之间的关系，造成矛盾。 **提问1**：如果给药剂量和给药时间间隔没有安排好的话，对病人会造成什么影响？请根据经验分情况说明。 **提问2**：如果给药剂量和给药时间间隔没有安排好的话，对医院会造成什么影响？请根据经验分情况说明。 **提问3**：为了简便起见，我们先讨论针剂注射的情况，同学们想一想，针剂注射和口服用药有什么区别？这种区别反映在数学模型中又是怎样的？	可以在课前布置预习任务：查阅相关网络资料，或询问父母亲人，了解病人住院的经历和心态。 **预期回答1**：如果药剂量过小或给药时间间隔过长，病人的住院时间没有被充分地用来治疗，但是却花着住院费，既延误了病情，又浪费了金钱。 如果药剂量过大或给药时间间隔过小，则会造成血液中的药物堆积，当药物浓度高出人体所能承受的安全浓度时，会产生副作用。 **预期回答2**：如果药剂量过小或给药时间间隔过长，相当于对应床位的时间没有被充分利用，造成医疗资源的浪费，后续病人无法及时收住院，对医院也是一种损失。 如果药剂量或给药时间间隔变化过大或没有规律，则会对医院医护人员的排班和交接造成很大麻烦，且不利于对病人状态的中长期观察。 **预期回答3**：针剂注射时，血液中药物浓度是瞬间提升的；口服用药时，血液中的药物浓度是缓慢提升的。 放到模型当中，如果假设针剂注射，那么可以假设每次注射后血液中的药物浓度瞬间提升一个量。

续表

教学环节	教师活动	学生活动
环节一：提出问题与提出基本假设（15分钟）	提问4：下面我们一直假设针剂注射，为了研究这个问题，我们需要设出哪些变量呢？单位又是什么呢？ 备注1：这时有的学生可能会设每次注射剂量为 C_0，而非每次注射后血液中药物浓度的瞬间提升值。这时可以向学生追问："那么对不同体型和不同血液容量的病人，是设剂量好呢？还是设浓度好呢？" 教师应该在此引导学生明白将血液中药物浓度设为变量的必要性和优越性。一方面，药物浓度是影响药效的直接因素，以其作为变量建立起来的数学模型，表达形式相对简洁，数量关系相对清晰。另一方面，设绝对剂量会导致引入更多变量。 备注2：这里其实提出了模型的三个基本假设，教师应该在学生回答后明确指出，并写在黑板的显著位置。 **基本假设1**：给药方式为针剂注射。 **基本假设2**：每次给药后药物浓度的瞬间提升值 C_0 为定值。 **基本假设3**：给药时间间隔为定值 T	预期回答4：需要设出如下变量。 血液中的药物浓度随时间变化的函数 $C(t)$(mg/L)，t(h)；每次注射时血液中药物浓度的瞬间提升值 C_0(mg/L)，给药时间间隔 T(h)。简单起见，假设 C_0 和 T 均为定值
环节二：建立单次给药吸收率子模型（15分钟）	提问1：同学们觉得这个问题在处理上有什么复杂的地方？ 提问2：我们研究问题一般沿着从简单到复杂的路径展开。对这个问题来说，我们可以首先研究什么简单情形呢？ 提问3：大家都学过生物学中的"渗透压原理"，血液中的药物浓度越高，人体吸收得就越快，反之则越慢。如图5-3-1有四个函数图象，其中哪一个更符合注射一次后血液中药物浓度 $C(t)$ 的变化呢？	预期回答1：（1）每次给药后人体对药物是如何吸收的？ （2）不同次给药之间的递推关系是怎样的？ 预期回答2：从简单情形入手更容易研究。对这个问题，先研究只注射一次的情形最为简单。 预期回答3：A更符合。因为根据渗透压原理，血液中药物浓度越高，药物被人体吸收的越快，即血液中药物浓度下降的速率越快；随着人体对药物的吸收，血液中药物浓度会逐渐下降，所以药物浓度下降的速率会越来越慢。于是选A。

续表

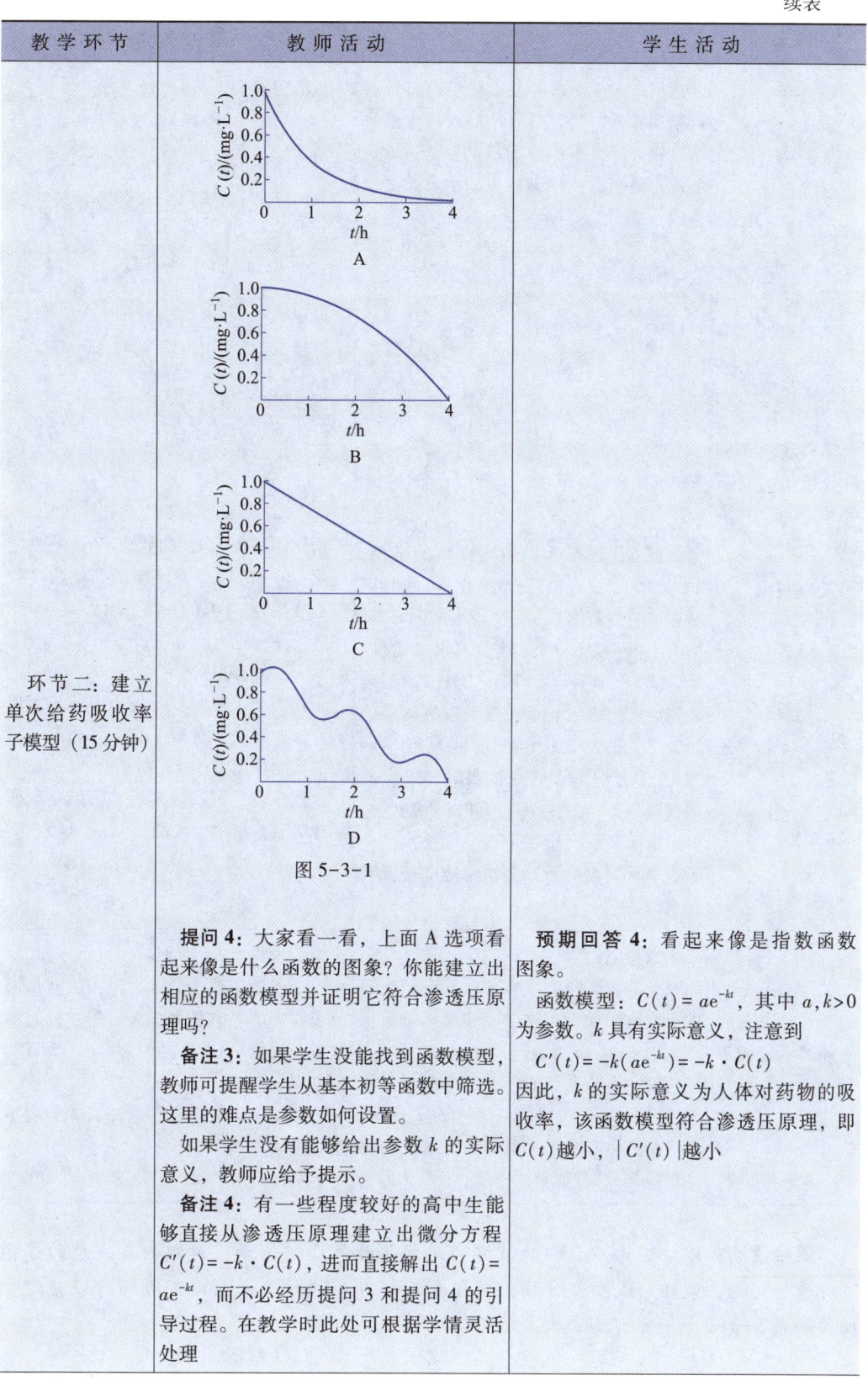

教学环节	教师活动	学生活动
环节二：建立单次给药吸收率子模型（15分钟）	（图5-3-1：四幅 $C(t)$ 关于 t 的图象 A、B、C、D） **提问4**：大家看一看，上面 A 选项看起来像是什么函数的图象？你能建立出相应的函数模型并证明它符合渗透压原理吗？ **备注3**：如果学生没能找到函数模型，教师可提醒学生从基本初等函数中筛选。这里的难点是参数如何设置。 如果学生没有能够给出参数 k 的实际意义，教师应给予提示。 **备注4**：有一些程度较好的高中生能够直接从渗透压原理建立出微分方程 $C'(t) = -k \cdot C(t)$，进而直接解出 $C(t) = ae^{-kt}$，而不必经历提问3和提问4的引导过程。在教学时此处可根据学情灵活处理	**预期回答4**：看起来像是指数函数图象。 函数模型：$C(t) = ae^{-kt}$，其中 $a, k > 0$ 为参数。k 具有实际意义，注意到 $$C'(t) = -k(ae^{-kt}) = -k \cdot C(t)$$ 因此，k 的实际意义为人体对药物的吸收率，该函数模型符合渗透压原理，即 $C(t)$ 越小，$|C'(t)|$ 越小

续表

教学环节	教师活动	学生活动
环节三：求解并分析单次给药吸收率子模型（10分钟）	**提问1**：假设注射前人体中没有该种药物的成分，且经过6小时血液中药物浓度刚好降低为刚注射后的一半。大家能确定刚刚建立的函数模型中参数的取值吗？ **提问2**：观察所得函数模型的结果，如果初始浓度$C(0)$发生变化，6小时以后血液中的药物浓度还能够衰减为$C(0)$的一半吗？为什么？这给了你什么启发？ **备注5**：学生容易得到"经过t时间衰减到原来的多大比例，仅和吸收率参数k有关"的结论，但很可能理解不到"再次注射后，依然是按照同样的衰减比例吸收"这个水平。此时不用着急，可以留一个课后思考问题："单次给药吸收率子模型对研究多次给药的情况有什么帮助？"	**预期回答1**：可以通过列方程解出 $$\begin{cases} C(0)=C_0 \\ C(6)=\dfrac{1}{2}C(0) \end{cases}$$ 即 $$\begin{cases} a=C_0 \\ ae^{-6k}=\dfrac{1}{2}C_0 \end{cases}$$ 解得 $$\begin{cases} a=C_0 \\ k=\dfrac{\ln 2}{6} \end{cases}$$ 进而函数模型变为 $$C(t)=C_0 e^{\frac{\ln 2}{6}t}$$ **预期回答2**：即使初始浓度$C(0)$发生变化，6小时以后血液中的药物浓度依然会衰减为$C(0)$的一半，因为 $$\dfrac{C(t)}{C(0)}=\dfrac{ae^{-kt}}{a}=e^{-kt}$$ 于是经过t时间衰减到原来的多大比例，仅和吸收率参数k有关，和刚注射后的初始浓度$C(0)$无关。 这意味着，再次注射后，依然是按照同样的衰减比例吸收的
环节四：总结与作业（5分钟）	**课堂总结**： 这节课我们研究了在单次给药情况下的吸收率子模型，这个子模型是指数函数型的形式，其模型参数具有很强的实际意义。下节课我们将在此基础上建立多次给药情况下的模型，请同学们思考：单次给药吸收率子模型对研究多次给药的情况有什么帮助？	**课后作业**： 以个人为单位，尝试在单次给药情形的吸收率子模型的基础上，建立针对多次给药的数学模型，并撰写1~2页的研究报告。 将你的方案在小组中讨论，并形成小组方案

课余活动：以小组为单位，自选课余时间段开展小组活动，对组内各成员的建模方案进行讨论，最终形成小组方案。为了帮助提升小组讨论的效率，教师可以为学生提供如表5-3-2所示的活动模板。

表 5-3-2　小组讨论活动模板

组员姓名	×××、×××、×××	活动时间	××年××月××日
组织者	×××	记录员	×××
分享序号	提问及答辩记录 （小组成员轮流分享，每人 5～8 分钟，每人分享结束后其余成员有 3～5 分钟提问和答辩时间，在此列记录梗概）	发现的问题 （通过分享、提问及答辩发现了各自成果中的哪些问题，在此列记录）	问题的解决或思考 （小组讨论对应问题的解决方案，集思广益，记录在此列）
分享 1	提问 1-1： 回答 1-1： 提问 1-2： 回答 1-2： ……	问题 1-1： 问题 1-2： 问题 1-3： ……	解决方案 1-1： 解决方案 1-2： 解决方案 1-3： ……
分享 2	提问 2-1： 回答 2-1： 提问 2-2： 回答 2-2： ……	问题 2-1： 问题 2-2： 问题 2-3： ……	解决方案 2-1： 解决方案 2-2： 解决方案 2-3： ……
……			……
小组方案	（基于上述讨论和思考，形成小组方案，记录在此栏）		

【第 2 课时】基于作业成果，建立多阶段递推模型并求解

教学环节	教师活动	学生活动
环节一：多阶段递推模型的建立（20 分钟）	导语：上节课我们布置了建立多次给药数学模型的作业，请同学们基于作业和讨论成果回答如下问题。 提问 1：根据之前的情境，第一次注射前血液中药物浓度为 0，针剂注射后血液中药物浓度瞬间提升到 C_0，之后衰减，经过时间 T 后衰减到多少呢？ 提问 2：根据情景，第一次注射后经过 T 时间第二次注射，血液中药物浓度又瞬间提升 C_0，之后衰减，经过时间 T 第三次注射，如此往复。那么第二次刚注射后和第三次注射前血液中的药物浓度分别为多少呢？ 备注 1：如果此时学生没能给出答案，那么教师应当提醒学生关注上节课最后发现的规律："经过 t 时间衰减到原来的多大比例，仅和吸收率参数 k 有关，与刚注射后的初始浓度 $C(0)$ 无关。"这意味着，第二次注射后衰减的起始状态，是基于第二次刚注射后的瞬时浓度，其吸收率 k 不变，所以经过时间 T，依然衰减为第二次刚注射后瞬时浓度的 e^{-kT} 倍。 提问 3：如果我们设 R_n 为第 n 次刚注射完药物血液中的药物浓度（单位：mg/L），同学们能计算出数列 $\{R_n\}$ 的通项公式吗？	预期回答 1：根据上节课的吸收率子模型，$C(t)=C_0e^{-kt}$，于是可得 $C(T)=C_0e^{-kT}$，即经过 T 时间后药物浓度衰减为刚注射时的 e^{-kT} 倍。 预期回答 2：第二次刚注射后血液中药物浓度为 $C(T)+C_0=C_0e^{-kT}+C_0$； 第三次注射前血液中药物浓度为 $(C_0e^{-kT}+C_0)e^{-kT}=C_0e^{-2kT}+C_0e^{-kT}$ 预期回答 3：此处学生可以有如下三种处理方式，都可以得到通项公式。 方式 1：基于数列递推 根据情境可得递推关系

265

5-3 如何设计和开展数学建模活动？

教学环节	教 师 活 动	学 生 活 动
环节一：多阶段递推模型的建立（20分钟）	**备注 2**：教师这里应当让同一组的学生独立完成该问题，学生可以在组内交流不同做法。学生有可能会提出预设的三种方法之外的方法。 这一步的目的在于以模型求解为载体，复习数列的处理方法，与预设的三种方法分别对应： 方法 1 对应"代数变形凑新数列法"；方法 2 对应"代数变形化为经典数列法"；方法 3 对应"合情推理+数学归纳法证明法"。这三种方法在高考中也是处理数列问题的重要方法	$R_{n+1} = R_n e^{-kT} + C_0$，$n \in \mathbf{N}^*$ 变形可得 $R_{n+1} - \dfrac{C_0}{1-e^{-kT}} = e^{-kT}\left(R_n - \dfrac{C_0}{1-e^{-kT}}\right)$ 进而可得 $R_n - \dfrac{C_0}{1-e^{-kT}} = e^{-(n-1)kT}\left(R_1 - \dfrac{C_0}{1-e^{-kT}}\right)$ $R_n = \dfrac{C_0}{1-e^{-kT}}(1-e^{-nkT})$，$n \in \mathbf{N}^*$ **方式 2**：基于等比数列求和 $R_{n+1} = R_n e^{-kT} + C_0$ $= R_{n-1}e^{-2kT} + C_0 e^{-kT} + C_0$ $= \cdots$ $= C_0(1 + e^{-kT} + \cdots + e^{-nkT})$ $= C_0 \dfrac{1-e^{-(n+1)kT}}{1-e^{-kT}}$ **方式 3**：基于归纳法 $R_1 = C_0$ $R_2 = C_0 \dfrac{1-e^{-2kT}}{1-e^{-kT}}$ $R_3 = C_0 \dfrac{1-e^{-3kT}}{1-e^{-kT}}$ $\cdots$ $R_n = C_0 \dfrac{1-e^{-nkT}}{1-e^{-kT}}$
环节二：多次给药之间递推模型的求解与分析（10分钟）	**提问 1**：得到了 R_n 的通项公式后，能否观察 R_n 呈现出什么样的特殊趋势呢？翻译（对应）到现实情境中，血液中药物浓度有什么样的变化模式？ **备注 3**：这里教师需要引导学生将数列 $\{R_n\}$ 单调递增并趋于定值的性质翻译到具体情境当中，促进学生理解数列的极限反映了注射药物后的瞬时浓度在后期会无限接近某个水平，从而达到了"稳定状态"。以此启发学生明晰模型求解和优化的方向：利用有效和有害阈值能够确定药物浓度的瞬间提升值 C_0。 **提问 2**：如果假设药物 A 在人体中的有效浓度阈值为 L（mg/L），在人体中的有害浓度阈值为 H（mg/L）。那么基于我们在第一节课最开始的讨论，在同时考虑病人和医院利益的情况下，应该如何制定给药剂量 C_0 和给药时间间隔 T 呢？ **备注 4**：上面方程组其实很好解，但是如果学生用"蛮力"就会很麻烦。教师可以让不同组学生展示不同解法，并以此为载体强调解方程组的两种方向，即加减消元法和代入消元法	**预期回答 1**：由于 $R_n = C_0 \dfrac{1-e^{-nkT}}{1-e^{-kT}}$ （1）$\{R_n\}$ 为单调递增数列； （2）当 $n \to +\infty$ 时，$R_n \to \dfrac{C_0}{1-e^{-kT}}$。 随着注射次数的增加，每次刚注射完药物后的瞬间血液中的药物浓度会不断上升，逐渐接近但不会达到或超过某个水平。 **预期回答 2**：同时考虑病人和医院的利益，在趋于稳定状态时，刚注射后药物浓度应该尽可能接近（但不超过）H，而再经过 T 时间衰减后，即下次注射前的血液中药物浓度衰减到 L 附近，这样既能够保证药物在病人住院期间每时每刻都发挥着疗效，又能保证没有造成药物的浪费，即 $\begin{cases} \dfrac{C_0}{1-e^{-kT}} = H \\ \dfrac{C_0}{1-e^{-kT}}e^{-kT} = L \end{cases}$ 解得 $\begin{cases} C_0 = H-L \\ T = \dfrac{1}{k}\ln\dfrac{H}{L} \end{cases}$

教学环节	教 师 活 动	学 生 活 动
环节三：模型结果基于现实的优化（10分钟）	提问1：你能画出病人住院期间血液中药物浓度函数 $C(t)$，$t>0$ 的完整图象吗？这是什么函数？请尝试用你学过的和函数性质相关的概念去描述这个函数图象。 提问2：基于现实情景如何对模型进行进一步优化？优化方案对应的血液中药物浓度的函数图象呈现什么性质？能为整段函数图象写出统一的解析式。 备注5：如果学生没有想出预设的回答，可以用生活现象提醒学生：一般服用或注射某种药物时，第一次服用或注射的剂量会是后面服用剂量的两倍，为什么要这样安排呢？	预期回答1：分段函数，如图5-3-2所示。 图5-3-2 预期回答2：可以。实际上第一次注射时可以直接使得血液中药物浓度达到最高值 H 附近，然后每隔时间 T 再注射 $H-L$ 剂量，这样一来从第一次注射以后就进入稳定的周期状态了，如图5-3-3所示。这样就能减少图中从刚开始注射到接近稳定状态这个过程中的药物浪费。 图5-3-3 当然也可以利用高斯取整函数写出 $C(t)$ $(t>0)$ 的统一解析式： $$C(t)=C_0 e^{-k\left(t-\left[\frac{t}{T}\right]T\right)}$$
环节四：总结与作业（5分钟）	课堂总结： 我们用这两节课时间建立了药剂量模型的完整模型，很好地解决了我们上节课开头提出的问题。那么同学们回顾一下，我们在解决这个问题时都用到了什么数学工具呢？ 如果基本假设发生了变化，比如"针剂注射"变为"口服"，那么分析方法和结论会发生相应变化呢？留给大家作为课后思考	课后作业： 以个人为单位，梳理在本单元2课时中所用到的所有数学工具及其用法，提交一篇数学感悟文章《论离散方法与连续方法的联姻》，并在小组中传阅讨论。 以小组为单位，研究"针剂注射"变为"口服"后的新模型，提交一份2~4页的研究报告（评价量表见表5-3-1）

课后练习①

1. 通过采访你家附近医院针剂注射方式使用较多的成人科室的医生，利用课上学习的知识，结合某种具体药物，建立多阶段递推模型。在同时考虑病人和医院利益的

---

① 说明：课后练习中，"※"为难度标识，"※"越多难度越大，其中带有3个"※"的题目不适合留作学生练习题，但是适合教师作为扩展研究方向。

情况下，求出每次给药后药物浓度的瞬间提升值和给药时间间隔。在计算过程中需要独立完成模型的所有的细节计算和推导，撰写并提交一篇研究报告。（提示：注意数学三种语言的综合使用——文字语言、符号语言和图形语言。）

2. ※同种药物采用针剂注射方式对成人和儿童拟合出的模型参数值有哪些区别？为什么会造成这些区别？请你分析不同人群的不同特征对模型参数拟合值的影响。

3. ※※如果"针剂注射（即快速静脉注射）"变为"恒速静脉点滴"以及"口服（或肌肉注射）"① 后，课上建立的多阶段递推模型是否依然适用？为什么？如果不能适用，应该如何修订你的模型？同时考虑病人和医院利益的情况下，求出每次给药后药物浓度的瞬间提升值和给药时间间隔。

4. ※※※（适合教师）前面我们建立数学模型时，为了简化均采用了一室模型。② 所谓的一室模型是把机体看成单个同体单元，适用于给药以后，药物立即迅速地分布在血液和其他体液组织中，并达到动态平衡的情形。但实际上药物在体内通常不是一室配置的，而是更多地呈现出二室配置的特点。③ 二室模型假设药物进入体内后在两个房室内配置，一个是中央室，另一个是外周室，并假定药物首先进入中央室，然后再由中央室向外周室转移。请你进一步推广你的多阶段递推模型，通过三种常见给药方式（即快速静脉注射、恒速静脉点滴、口服或肌肉注射），研究基于二室模型的药剂量模型，在综合考虑病人和医院利益的情况下，求出每次给药后药物浓度的瞬间提升值和给药时间间隔。

扩展阅读文献

［1］李进文．一室模型药物吸收计算的概率论法［J］．中国临床药理学与治疗学，2012，17（1）：59-63.

［2］陆瑜，朱家壁，梁秉文．二室模型药物体内吸收计算方法的改进［J］．中国药学杂志，2002（5）：70-71.

［3］罗刚．药物吸收速率常数 K_a 的计算方法（综述）［J］．川北医学院学报，1987（1）：76-81，84.

（本案例教学设计由北京市十一学校朱浩楠老师开发，课后作业由河南省南阳市第二中学段云鹏老师开发，广州外国语学校黄钲贤老师、中国人民大学附属中学吴文庆老师参与修订）

案例分析

本案例展现了一个相对完整的数学建模单元设计，包括两课时的课堂设计、作业设计和课余活动设计。本案例有如下四个方面的亮点：

第一，构建了有效的问题串。教师以策略引导的方式，充分激发学生的能动性，启发学生思考。

第二，关注思想方法的渗透。通过恰当的教学环节和课堂活动设置，在有限的时间内让学生不仅获得解决这个问题的体验，还为未来解决其他问题提供了方法论的

---

① 刘国祥．药物在机体内分布的数学模型［J］．赤峰学院学报（自然科学版），2008（7）：15-16.
② 张树文．周期脉冲给药一室模型的研究［J］．鞍山师范学院学报，2001（3）：19-22.
③ 陆瑜，朱家壁，梁秉文．二室模型药物体内吸收计算方法的改进［J］．中国药学杂志，2002（5）：70-71.

支撑。

第三，将课时作业和课余活动巧妙结合，把学生在课堂活动经验积累的基础上可以继续推进的部分作为课余活动的任务，这样既减少了课堂时间的占用，又为学生课后提供了思考的延展空间，锻炼学生发现问题、分析问题的能力和团队协作能力。

第四，关注学生的生成和及时反馈。通过小组课余活动、课堂提问，让学生展示其成果，并通过教师点评、研究报告评价量表、课后练习及扩展阅读文献四种方式的共同使用，拓展学生的学术体验。

教学建议

第一，将课堂活动和课余活动有机结合。教师可以把一些学生能自行推进的任务作为课余活动让学生分组开展，并在下次课以提问的方式进行点评。

第二，创设适切的"问题串"启发学生思考和创造，关注思想方法的引领。教师不应直接告知学生模型建构的方案，而应通过"问题串"实现策略引导，帮助学生继续数学建模实践。好的"问题串"具有启发学生思考、传递思想方法、推进问题解决的作用。

第三，重视学生生成，提供展示平台和及时反馈。教师应当为学生分享其成果提供平台，对学生生成的解决方案予以点评，并指出进一步改进的方向，激励学生继续完善现有的研究成果。

拓展阅读：面向高中数学建模的教师关键能力及关键行动

拓展阅读：高中数学建模教学的素材选取与组织形式

5-4 如何开发数学探究活动？

问题的提出

实验版课程标准在课程基本理念中就曾指出：高中数学课程设立"数学探究""数学建模"等学习活动，为学生形成积极主动的、多样的学习方式进一步创造有利的条件，以激发学生的数学学习兴趣，鼓励学生在学习过程中，养成独立思考、积极探索的习惯。高中数学课程应力求通过各种不同形式的自主学习、探究活动，让学生体验数学发现和创造的历程，发展他们的创新意识。可以看到，当时是将数学探究作为改变和丰富学生学习方式，调动学习主动性，突出学习活动过程的参与和体验，发展创新意识的重要载体来倡导的。

新版课程标准把数学建模活动和数学探究活动作为一个主题提出，指出：数学建模活动与数学探究活动是综合提升数学学科核心素养的载体。在"教学建议"部分提出：教师应整体设计、分步实施数学建模活动与数学探究活动，引导学生从类比模仿到自主创新、从局部实施到整体构想，经历"选题、开题、做题、结题"的活动过程，积累发现和提出问题、分析和解决问题的经验，养成独立思考与合作交流的习惯。与实验版课程标准相比，新版课程标准更加突出了数学探究活动的研究活动属性，明确指出需经历"选题、开题、做题、结题"的完整研究过程，这是与将其作为综合提升数学学科核心素养的载体的定位相适应的。

一方面，在课程改革中，数学探究活动在教育活动中的价值和地位得到进一步的肯定和重视；另一方面，在教育实践层面，数学探究的教与学是一个相对较新的数学课程领域，基本上没有专门的教辅和教参可以利用，也缺乏丰富可供选择使用的数学探究活动资源。此外，在教学实践中，数学探究活动必须与学生的探究能力水平相适应，难度过小会导致没有挑战性，难度过大会导致学生的探究活动无法进行，已有的数学探究活动也不是拿来就可以使用的，需要教师基于学生学情进行二次开发设计，这就需要教师掌握一定的数学探究活动的开发策略与方法。

问题的分析

一、数学探究活动的内涵及其意义

《美国国家科学教育标准》对"探究"给出了一个操作性定义：探究是一种多层面的活动：需要进行观察；需要提出问题；需要查阅书刊和其他信息资源；需要设计调研方案；需要运用各种手段来搜集、分析和解读数据；需要提出答案、解释和预测；需要对所作的解释加以检验；需要把自己的看法和意思传达给别人。

《普通高中数学课程标准（实验）》对数学探究有如下描述：数学探究即数学探究性课题学习，是指学生围绕某个数学问题，自主探究、学习的过程。这个过程包括：

观察分析数学事实，提出有意义的数学问题，猜测、探求适当的数学结论或规律，给出解释或证明。数学探究是高中数学课程中引入的一种新的学习方式，有助于学生初步了解数学概念和结论产生的过程，初步理解直观和严谨的关系，初步尝试数学研究的过程，体验创造的激情，建立严谨的科学态度和不怕困难的科学精神；有助于培养学生勇于质疑和善于反思的习惯，培养学生发现、提出、解决数学问题的能力；有助于发展学生的创新意识和实践能力。

《普通高中数学课程标准（2017年版2020年修订）》在"数学建模活动与数学探究活动"的内容标准中对数学探究有如下阐述：数学探究活动是围绕某个具体的数学问题，开展自主探究、合作研究并最终解决问题的过程。具体表现为：发现和提出有意义的数学问题，猜测合理的数学结论，提出解决问题的思路和方案，通过自主探索、合作研究论证数学结论。数学探究活动是运用数学知识解决数学问题的一类综合实践活动，是高中阶段数学课程的重要内容。

新版课程标准在"教材编写建议"部分，针对数学建模与数学探究主线明确指出：这条主线不仅能够帮助学生更好地掌握知识技能，更能帮助学生学会数学地思考和实践，是学生形成和发展数学学科核心素养的有效载体。教材的编写要重视这条主线的设计，按照内容标准的要求通盘考虑、分步实施。基于这条主线的多样性和灵活性，应当在教师教学用书中提出比较详细的教学建议，使这条主线的活动能够收到实效。

从上述对数学探究的描述，我们可以看到，数学探究有三个要素：有一个要解决的问题（学生发现提出或教师给出），引导着活动的进程；有一个要学生全程参与的、解决问题的过程；有一个需要交互评价、可以交流分享的结果。[①] 数学探究性教学的核心价值在于能真正重视学生的自主性和能动性，聚焦的是经历数学活动的过程，以便从中获得重要的数学活动的策略与经验，注重培养学生思维的发散性、灵活性和创造性；能使学生充分地体验数学思维的过程，切实地培养学生发现问题、提出问题、分析问题、探究解决问题的探索性思维方式；能极大地保护和发展学生的创新意识、独立精神和敢于质疑、勇于创新的思维品质。

二、数学探究活动资源开发的现状分析

数学探究资源的开发，一种是具有原创性的资源开发，主要是结合对数学课程内容或数学问题的深入研究过程中获得的新发现，创设适合学生能力的数学研究活动；另一种是基于现有的资源和学情进行改编设计，其特点在于突出探究活动难易度与学生学习能力的更好匹配，发挥探究活动的学习价值。对广大教师而言，后者有更大的实践价值。在数学探究活动资源的开发过程中，要避免一些误区。

误区1：仅有数学探究之表而无探究之魂。

探究原本是人们在遇到感兴趣的现象、问题时所产生的一种想获知其背后规律或答案的欲望，从而激发出一系列深入的内在思维动作和外在的研究行为。探究学习的

[①] 史宁中，王尚志. 普通高中数学课程标准（2017年版2020年修订）解读［M］. 北京：高等教育出版社，2020：187.

实质在思维层面,即个体在面临问题或困惑时,能积极主动地对问题进行反复的思考和探索。学生头脑中有问题或困惑存在,能积极主动地投入注意力进行思考,教师要促成或保护放大学生产生探究动机,并给予帮助,支持学生完成探究,就构成了探究学习的最核心要素。因此,探究学习不是一种外在的活动或程序,而是一种内在的精神品质。

但是,从大量课堂调研情况来看,教师设计的探究学习活动往往有形无实。这种"假探究"表现出以下几个特征。

(1) 数学探究活动是一系列操作性指令,学生缺乏主动思考的空间。教师把一个数学活动的过程,通过精心设计改造成一系列"铺垫"性问题,引导学生探究相关的数学规律。这样的设计是出于给学生提供探究的支架,这本来无可厚非,但存在两方面问题:一方面,学生并不明白每一步"铺垫"的作用及其来源,实际上仍被教师"牵着鼻子走",没有内需动机而只是在教师的指令下执行"探究",缺少对探究问题的整体认识和把握,对感悟数学思想和精神、形成数学活动的策略与经验没有什么贡献;另一方面,思维没有开放度,学生在这样的"探究支架"下没有自主面对问题的机会,不能对问题的整体进行分析与思考,也就难以经历分析、评价、决策等高水平的认知活动,看不到问题解决的思维全貌,而是陷入问题解决的具体细节中,学生所能获得的只是知识和技能,不可能在数学的思想和数学活动经验上有所得。

(2) 数学探究活动的难度不当。这表现在两方面:探究任务的难度要么过小,缺乏挑战性;要么难度过大,超出了学生的认知水平,而难以展开探究。这需要教师对学生的学习情况有充分的了解,探究活动的设计需要和学情相匹配;还需要教师基于学生情况,在思维的策略与方向上给予指导,比如引导学生去反思和关联可类比的已有数学活动经验,但要注意这绝不是给出探索研究的操作步骤。

(3) 技术使用不当。现代信息技术无疑是学生进行探究活动的强有力工具,我们也积极倡导教师指导学生使用技术手段来开展数学探究活动,例如,用绘图软件探究曲线或函数的性质,利用数据分析软件去分析处理数据等。但是在学习活动中不能盲目使用技术,应根据探究学习的需要,合理综合利用各种信息技术手段,发挥各种信息技术在探究活动中的工具性价值,而不是替代或削弱数学思维活动,这样才能取得好的数学探究教学效果。

误区2:将数学探究活动异化为解题探究。

解题无疑是数学学习的突出特点,也是数学学习过程中一类重要的学习活动,但将数学探究学习归结为数学解题层面上的探究、局限于解题策略和方法的探索,就极大窄化了数学探究活动的内涵。处于形成发展中的数学是由一系列猜想构成的,作为事实结论中的数学知识是由逻辑证明构成的。学生学习数学的过程,需要经历数学知识形成发展的过程,即由对研究对象的模糊感知到清晰界定、由对研究对象所具有属性和规律的猜想到逻辑确认后的数学结论。北京大学数学系丘维声教授曾经这样描述什么是数学的思维方式:观察客观现象,从中抓住主要特征,抽象出概念或建立模型;然后进行探索,探索时常用的是直觉判断、归纳、类比和联想;探索后可以做出某种猜想,但是需要证明,这要进行深入分析、逻辑推理和计算,往往要付出艰辛的劳动;

之后才可以揭示出事物的内在规律。从以上对数学思维过程的描述来看，数学的概念、定理本身就是数学探究的结果，因此，对一些重要的数学概念和定理内容，同样是可以采取数学探究活动的学习方式，但是这需要教师创设适当的情境，来促进学生从中感知、发现问题，并提出和界定问题，分析解决问题。

误区3：把问题设计作为数学探究活动设计的逻辑起点。

问题有数学的心脏之称，数学发展的真正动力在于数学问题，数学探究的实质在于问题探究。以问题为中心，开发一个能激活学生原有知识经验、利于新知识建构的学习环境，是数学探究活动的重要因素，但问题设计能否作为探究教学设计的逻辑起点呢？尤其是当我们站在倡导数学探究的教育背景下来看，把数学问题作为数学探究的逻辑起点，容易异化对数学探究活动的理解。例如在教学实践中的表现：只关心问题答案，追求问题的解决而忽视问题解决过程对数学思维发展的价值，这往往导致学习只有活动之表而无活动之魂。因此，数学探究活动的真正逻辑起点应该是数学学习目标，是提升学生数学思维品质和关键能力，是养成数学科学态度和数学科学精神等，从而促进学生的全面成长。数学问题只是数学探究活动得以展开的必要载体。

误区4：数学探究活动设计没有跳出单课时教学的固有观念。

数学探究活动仍被局限在单课时教学观念之下，主要表现在两个方面：一方面，数学探究活动的设计仅考虑到课堂时间，而缺少将课前、课堂与课后的时间统筹起来进行系统化考虑和设计，这也是教学实践中，数学探究活动在课堂上显得非常局促、放不开手脚的一个重要原因，学生没有充足的自主探究空间；另一方面，数学探究活动缺少从高中整体数学课程层面做整体性思考和规划，目前学生的表现是缺乏数学探究活动的策略和经验，如果一下就放手让学生自主进行数学探究，根本开展不下去。教师必须认识到，学生对数学探究活动从缺乏经验到具有丰富的活动经验，是一个连续发展的成长过程，这需要教师从高中数学学习的整体过程来考虑如何渐进地开展数学探究活动。数学探究活动从探究的内容来看是独立的，但是在数学探究活动的内在策略和经验方面却是连续进阶发展的。缺乏上述认识，就容易导致探究活动始终在零散的、局部的、微观的层面上展开，对探究活动的整体性、开放性、延伸性关注不够或规划设计不科学，难以形成社会化、民主化、个性化的探究学习环境，也就不能真正使数学探究活动获得有效开展。

问题的解决

一、加工改造策略

这个策略很容易理解，就是针对已有的数学探究活动或者教学资源中的数学问题进行加工改造。在加工改造中，要注意研究课题应有助于学生对数学的理解，有助于学生体验数学研究的过程，有助于学生形成发现、探究问题的意识，有助于鼓励学生发挥自己的想象力和创造性；课题应具有一定的开放性，课题的预备知识最好不超出学生现有的知识范围；要跳出传统的"双基"视域，进入新版课程标准所倡导的发展数学素养的"四基",关注点要扩大到基本思想和基本数学活动经验的感悟和积累上来。

【案例】

把练习题变为数学探究

教材中有一道练习题:"已知点 $P(x_0, y_0)$ 是圆 $C: x^2+y^2+Dx+Ey+F=0$ 外一点,经过点 P 作圆的切线,记一个切点为 A,求证:$|PA|=\sqrt{x_0^2+y_0^2+Dx_0+Ey_0+F}$。"

可将其改造为:"已知圆 $C: x^2+y^2+Dx+Ey+F=0$,若点 $P(x_0, y_0)$ 在圆上,则其坐标满足方程;若点 P 不在圆上,则其坐标不满足方程,即 $x_0^2+y_0^2+Dx_0+Ey_0+F \neq 0$。我们知道,解析几何蕴含的核心思想是数形结合,也就是突出代数对象的直观解释、形的代数表达,那么,对于 $x_0^2+y_0^2+Dx_0+Ey_0+F$ 的数值属性,你能给出怎样的几何解释呢?"

案例分析

这个数学探究问题,是将确定性的练习题,通过挖掘其背后的深层意义,改造成开放性的问题,特点是化封闭为开放。这个问题难度低,学生容易上手获得初步结果——数值的正负对应点 P 和圆的位置关系,实际上还可以进一步深入探讨:这个数值的绝对值是否可以解释为长度?如果可以,它是哪条线段的长度?

二、纵拓横联策略

数学探究的课题可以是多样化的,既可以是某些数学结果的推广和深入,也可以是不同数学内容之间的联系和类比,关键是在活动中促进学生发现和探索对自己来说是新的数学结果。从上述角度来说,可以基于高中数学课程内容在横、纵两个方向上进行数学探究活动的开发,这类数学探究活动有助于学生对数学课程内容建立结构性的理解,有助于学生学会学习,主要存在以下两个基本类型。

1. 在所学内容的基础上纵向推广延伸

例如,引导学生回顾梳理初中所学的三角形知识,发现和提出有待进一步研究的问题,并展开研究和探索获得结论。

【案例】

三角形的再研究活动片段(发现提出问题)

前置任务:梳理初中所学的三角形相关知识(可以按三角形的构成要素来梳理三角形及其性质),并思考:对于三角形,还有哪些待解决的问题?

案例分析

这是在课堂教学之前的任务设计,为学生学习新知做认知基础准备,替换了以往教学回顾旧知的引入环节,目的在于引导学生自主完成有关三角形主题知识的回顾梳理,为新知学习奠定基础,并引导学生温故知新,从中发现三角形主题知识体系中还缺少的一部分——一般三角形的边、角关系,提出待研究的问题。任务结构可以概括为:梳理知识创设"空穴"情境,促进学生发现并提出问题。在具体教学实践中,教师可以根据学情考虑是否提供学生回顾梳理的框架,是否提供更具有启发性的导语来引导学生提出问题。例如,对直角三角形的边和角的数量关系,我们已经研究得很清楚了,已知两条边可以确定其余要素,已知一个角、一条边也可以确定其余要素。那么对一般的三角形，它的边、角是否也存在着某种关系呢？你能提出具体的研究问题吗？

2. 将所学内容建立横向联系

例如，设计数学探究活动，引导学生将圆与椭圆的相关性质建立横向联系。

【案例】

圆与椭圆（活动设计）

（一）问题背景

教材中有一道例题：如图 5-4-1，点 P 是圆 $O:x^2+y^2=4$ 上的动点，作 $PH\perp x$ 轴于点 H，求线段 PH 的中点 M 的轨迹方程，并指出轨迹是什么图形。

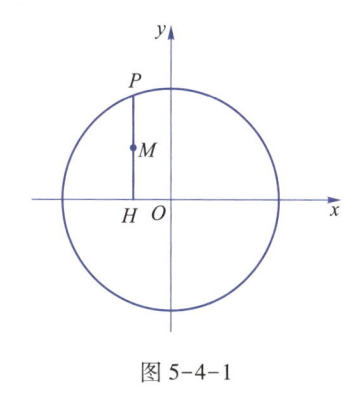

图 5-4-1

（二）问题与思考

1. 若点 M 的横坐标与点 P 相同，纵坐标是点 P 纵坐标的 λ（$\lambda>0$ 且 $\lambda\neq 1$）倍，则点 M 的轨迹是什么样的图形？

2. 若点 M 的纵坐标与点 P 相同，横坐标是点 P 横坐标的 λ（$\lambda>0$ 且 $\lambda\neq 1$）倍，则点 M 的轨迹是什么样的图形？

3. 你认为椭圆与圆存在怎样的关系？对于一个一般的椭圆 $\dfrac{x^2}{a^2}+\dfrac{y^2}{b^2}=1(a>b>0)$，可否从单位圆 $x^2+y^2=1$ 得到？圆与椭圆的这种关系，在前面学习中，是否存在与之类似的内容？例如函数的图象变换，能否举例解释？

（三）探索与研究

既然圆与椭圆存在如此密切的关系，那么，它们在性质上是否也会有一些类似之处呢？由圆的性质，你能类比地猜想椭圆可能存在哪些性质吗？论证你的猜想是否成立。

（四）探究小贴士

1. 可以成立研究小组（不超过 3 人），讨论本小组的研究过程、分工，确定思路。

2. 在猜想之前可以先将圆与椭圆的基本元素进行类比，然后列出所知的圆的性质清单（可参照如下结构进行梳理：圆上点的特性、圆中弦的特性、圆中角的特性等）。

3. 在猜想出结论后，可以借助图形软件进行验证，但是最终需要从逻辑上对猜想进行确认，并总结论证的方法是否有规律可循。

（五）探究学习报告

研究小组完成"圆与椭圆"探究学习报告（表5-4-1）。

表 5-4-1 "圆与椭圆"探究学习报告

班　级		完 成 时 间	
1. 课题组成员、分工、贡献			
成 员 姓 名		分工与主要工作或贡献	
2. 研究圆与椭圆基本元素的类比			
3. 猜想的结论及证明这些结论			
4.（选做）归纳、总结、类比、猜想的常规思路以及论证猜想的一般方法			
5. 描述在研究过程中的感受			

案例分析

本探究性学习课题是由教材中的例题经过深入分析与发展而来的，属于将所学的圆和椭圆这两类曲线在横向上建立联系，在二者之间存在的伸缩变换联系的基础上，从熟知的圆去探索和发现较陌生的椭圆的相关性质。该课题还涉及函数图象伸缩变换的经验，有助于学生体验和感悟数学知识之间存在广泛的联系。从学生熟悉的圆的性质入手，类比联想椭圆的性质，可操作性强，能给学生提供一种动态、开放、多元的学习环境，使学生处于问题探索研究状态之中。研究的内容具有开放性、真实性、探索性特点，整个教学过程体现了研究性学习的思想，不但丰富了学生的学习方式，还起到了培养学生实践能力和创新精神的作用。

教师将该探究性学习具体运用到自己的教学活动中时，还可以根据具体学情进行以下调整。

（1）在探究学习活动的具体设计上，可以根据学情做适当细化或修改，如统筹课前、课堂和课下的活动时间，可以布置课前任务——完成课本例题和之后的"思考与问题"，尤其是落实前三个问题，第四个问题可以只要求学生进行类比猜想，对学有余力的学生可以布置类比猜想并判断猜想是否正确。在课堂上集中对类比猜想进行扩展和展开论证。课后可以要求学生对课堂上的探索进行梳理和进一步探索研究。

（2）在学生都完成探究学习报告后，可以设计并组织一到两次交流总结活动，如果分段布置任务就分段交流总结。建议依照以下顺序：坐标伸缩变换；圆与椭圆基本元素的类比；由圆的性质类比猜想椭圆的性质；论证猜想是否成立。在讨论交流过程中，根据具体情况还可以借助表格对学生进行引导，如表 5-4-2 和表 5-4-3。

表 5-4-2　圆与椭圆基本元素的类比

圆	椭　圆
圆心	椭圆中心
	椭圆焦点
圆的半径	椭圆上一点与中心的连线段
	焦半径
圆的直径	过中心的弦
	长轴、短轴

表 5-4-3　由圆的性质类比猜想椭圆的性质

	圆的性质	椭圆的性质
1	圆上点的特征：到圆心的距离恒定不变，即圆的半径相等	
2	直径所对的圆周角是直角	
3	平分弦的直径垂直于弦	
4	切线垂直于过切点的半径	

有些猜想，学生很容易得到；而有的猜想，教师可以根据学生的具体情况进行适当引导，如表 5-4-3 中第 2 条"直径所对的圆周角是直角"，教师就可以给学生一些引导，如表 5-4-4。

表 5-4-4

	圆	椭 圆
几何性质	直径所对的圆周角=90°	长轴或短轴所对的椭圆周角=？
数量关系	斜率乘积为-1	斜率乘积为定值？

（3）活动的设计始终要关注数学探究活动经验的形成，良好数学思维习惯和意识的培养能促进学生形成科学的思维方法和恰当的研究策略。例如，教学中经常向学生讲要大胆猜想，但是其实重点并不在于猜想，而在于促进学生学会做出合理的猜想。在该数学探究的活动中，教师可以指导学生进行以下类比猜想：

① 先对圆与椭圆的基本元素进行类比。

② 逐一由圆的性质类比猜想椭圆中可能成立的结论。

③ 逐一证明猜想（寻求逻辑上的确认）。

④ 反思回顾结论性质相同的多个猜想的证明，探寻证明中是否存在一致性的证明方法——都用到了伸缩变换，引导学生发现蕴含其背后的一致性：用变换的眼光解决问题，即把椭圆变换成圆，用圆中的结论解决问题后，再"还原"成椭圆中的结论。

（4）鼓励学生思考圆中是否还有其他结论没有利用，这些结论能类比猜想椭圆中的什么结论，激励他们进行更深入和广泛的拓展研究，将自己的发现写成数学小论文。从以往教学实践来看，有的学生可以发现更多的椭圆的性质。例如，由圆的性质"圆心到切线的距离等于半径"，类比猜想"椭圆的两个焦点到切线的距离之和等于长轴长"。

（5）在条件允许的情况下，教师还可以让学生借助软件直观地观察图形，圆和椭圆经过压缩或拉伸可以互相转化，当椭圆的两个焦点越靠近时，椭圆就越趋于圆；当两焦点重合时，椭圆就变成圆了。并提示学生在观察的基础上注意什么变了、什么没变，从而形成对椭圆中相关结论的猜想。

三、催疑挖惑策略

催疑挖惑策略，即教师要善于发现和提取学生在学习过程中产生的学习困惑或提出的发展性问题，将其改造成数学探究活动，这是设计数学探究活动的一个非常重要的途径。这条策略实际上就是将数学探究活动的资源引向学生的学习，突出对学生在学习过程中的困惑与疑问这一学习资源的关注。优秀教师的一个重要经验就是注意在教学中收集积累历届学生在学习中产生的疑问、提出的问题，这是来自于学生自身学习中的问题，相比教师所找的材料，更容易激发学生探究的兴趣与欲望。例如，学生在求解两个圆的相交弦所在直线方程时发现，其结果就是两个圆的方程做差所得的二元一次方程。教师就可将之改造成一次数学探究活动。

【案例】

对两个圆的方程做差得到的是什么？

任务 1：已知圆 $C_1: x^2+y^2+2x+3y-3=0$ 与圆 $C_2: x^2+y^2-x-3y=0$ 相交于 A, B 两点，求直线 AB 的方程。

任务 2：某同学在完成任务 1 时，发现了一个现象——求得的公共弦 AB（即两个圆相交时，两个交点的连线）所在直线的方程恰好与两个圆的方程相减消掉二次项 x^2，

y^2 后所得的方程一样。由此，他提出了一个猜想——对于两个圆 $C_1: x^2+y^2+D_1x+E_1y+F_1=0$ 与 $C_2: x^2+y^2+D_2x+E_2y+F_2=0$，直线 $(D_1-D_2)x+(E_1-E_2)y+(F_1-F_2)=0$ 就是两个圆的公共弦所在直线的方程。你认为他的猜想对吗？请说明理由。

案例分析

本问题是基于学生在解答习题过程中提出的疑问而设计的探索活动，从学生日常学习的自然质疑，到深刻理解与运用解析几何主题的核心思想。根据学生的学情基础，还可以提出任务3：如果两个圆不相交，将两个圆的方程对照做差运算，消掉二次项后仍会得到一个二元一次方程，此时的二元一次方程在直角坐标系中表示一条直线，那么这条直线与两个圆有怎样的位置关系呢？

四、整体开发设计策略

数学探究活动的设计，要突破仅在课堂之中设计的束缚，实际上也不必拘泥于单课时的限制，可以从整体角度进行规划设计，将课前、课中和课后统筹安排，对于较大的数学探究课题，要注意探究学习活动的整体规划，分阶段实施。

新版课程标准指出：数学探究活动是综合提升数学学科核心素养的载体。教师应整体设计、分步实施数学建模活动与数学探究活动，引导学生从类比模仿到自主创新、从局部实施到整体构想，经历"选题、开题、做题、结题"的活动过程，积累发现和提出问题、分析和解决问题的经验，养成独立思考与合作交流的习惯。这给出了数学探究活动设计的指导性原则，引导学生从数学探究的"小白"到"高手"，需要从高中阶段的整体视角进行规划设计，需要一个有层次的进阶过程。教师在日常教学中，可以将数学探究学习方式的精神内核渗透进去，起初提出一些"思考与问题"作为示范，引导学生打开思维、获得必要的探究经验，之后给出比较明确的、具有一定开放性的探究任务，最后给出一个数学现象或情境，让学生自己独立发现和提出问题，经历"选题、开题、做题、结题"的完整研究过程。

【案例】

平面向量基本定理（课外探究活动设计）

（一）平面向量基本定理的数学分析与学习分析

平面向量基本定理在向量知识体系中具有核心地位。一方面，平面向量基本定理是平面向量正交分解及坐标表示的基础，坐标表示使平面中的向量与它的坐标建立起了一一对应的关系，这为通过"数"的运算处理"形"的问题搭起了桥梁；另一方面，平面向量基本定理是共线向量基本定理由一维到二维的推广，揭示了共面向量集合的至简结构特征（反映了平面的本质属性），将来还可以推广为空间向量基本定理乃至大学的 n 维线性空间。因此，平面向量基本定理在向量知识体系中起着承上启下的重要作用。

以前面所学向量线性运算知识和共线向量基本定理为基础，来理解平面向量基本定理。同时，共线向量基本定理也是平面向量基本定理在一维时的特殊情形，可以作为平面向量基本定理的发现与抽象的经验认知基础，既有抽象的向量线性运算关系的形式表达，也有向量关系的几何直观表达。共线向量基本定理的本质就是两点确定一条直线，平面向量基本定理的本质就是不共线的三点确定一个平面。学生真正理解平面向量基本定理的本质，并将基本定理所反映出的基本思想内化为自己的思维观念，是非常困难的任务，这显然是仅凭通过阅读文本或听教师讲授所不可能实现的，学生需要经历一系列深刻的学习认知活动才可能实现。

（二）指向新知学习的探究活动设计

平面向量基本定理作为新知学习，需要渐进地认识向量线性运算的形式表达与直观表达的内在联系，这需要通过一系列直观感知及操作确认的学习活动来实现。

1. 同桌互动游戏

准备工作：给每个学生发一张 A4 纸。

第一步：每个学生在展平的 A4 纸上随便画出两个不共线的向量 a,b 来表示方向，然后在纸上随便画两个不同的点 P,M。

第二步：同桌互换 A4 纸，并在 A4 纸上画出一条满足下列条件的由点 P 到点 M 的路径。

① 最多由两条有向线段构成。

② 有向线段的方向必须和 A4 纸上的向量 a,b 之一的方向相同或相反。

③ 路径不能超出 A4 纸区域。

每一局胜负规则：正确完成且用时少者胜出；如果双方都画不出，则为平局。

采取三局两胜制，比比谁能获胜。

2. 问题与思考

（1）该游戏有不输的策略吗？如果存在，请给出你的策略；如果不存在，说明理由。

（2）如果路径不受 A4 纸的区域限制，对任意给出的两个不共线的向量 a,b，路径总是存在的吗？有几条？请对你的结论给出解释。

（3）游戏中存在两个"任意"，第一，任意画出两个向量；第二，任意画两个点，即任意画一个向量。在路径不受 A4 纸的区域限制时，路径总是存在，这说明了一个怎样的事实？

（4）用向量语言来描述，该游戏中涉及三个向量：起初给出的向量 a 和 b，后来给出的两点 P 和 M，因为是由点 P 到 M，所以实际上是向量 $\overrightarrow{PM}$，寻找路径就是寻找三个向量之间的关系，能否用向量语言表达这种关系？

（5）你认为向量的数乘和加、减运算在改变向量的大小和方向两个属性上各自发挥了怎样的作用？

3. 探索与研究

我们已经知道，在直线上只要选一个非零向量 a，则对该直线上的任何一个向量 b，都可以找到唯一的实数 λ，用 λa 来表示向量 b，这实现了直线上向量的至简表达，它体现了直线上点的本质属性，与两点确定一条直线具有异曲同工之妙。

我们知道，不共线三点确定一个平面，这是平面的本质属性。类似的，对于平面上的向量而言，结合这个游戏的经验，你能否给一个平面内的向量建立一个秩序，清晰简洁地描述这个集合中的向量呢？

（三）指向复习提升的探究活动设计

平面向量基本定理是向量线性运算的核心内容，围绕它可以更好地组织起向量的线性运算的知识群。向量线性运算是描述平面内点的位置的变化规律的重要语言和工具。

1. 问题背景

已知点 $A(1,-1)$，$B(3,0)$，$C(2,1)$，若平面区域 D 由所有满足 $\overrightarrow{AP}=\lambda\overrightarrow{AB}+\mu\overrightarrow{AC}$ $(1\leq\lambda\leq 2,0\leq\mu\leq 1)$ 的点 P 组成，求 D 的面积。

2. 思考与问题

(1) 当 $\lambda=1$ 时，令 μ 分别等于 $0,\dfrac{1}{3},\dfrac{2}{3},1$，在纸上画出对应的点 P，并观察这些点 P 具有怎样的位置特征。

(2) 当 $\lambda=1$，$0\leq\mu\leq 1$ 时，满足 $\overrightarrow{AP}=\lambda\overrightarrow{AB}+\mu\overrightarrow{AC}$ 点 P 的集合是什么图形？

(3) 当 $\lambda\in\mathbf{R}$，$\mu=1$ 时，满足 $\overrightarrow{AP}=\lambda\overrightarrow{AB}+\mu\overrightarrow{AC}$ 点 P 的集合是什么图形？

(4) 本题中的点 P 的集合是什么图形？

3. 探索与研究

试题中的 A,B,C 是已知的三点，相对位置关系确定，理解本题的核心关键在于对向量表达式 $\overrightarrow{AP}=\lambda\overrightarrow{AB}+\mu\overrightarrow{AC}(1\leq\lambda\leq 2,0\leq\mu\leq 1)$ 的理解。通过上述的"思考与问题"，请解释：$\overrightarrow{AP}=\lambda\overrightarrow{AB}+\mu\overrightarrow{AC}$ 为何可以确定点 P 的位置？它是如何确定点 P 的位置的？

我们知道，在平面直角坐标系中，数对 (x,y) 可以确定点的位置，在此基础上，点的位置特征会与数对 (x,y) 满足的数量关系存在对应关系，例如，关于 x,y 的二元一次方程表示直线上的点集。在 $\overrightarrow{AP}=\lambda\overrightarrow{AB}+\mu\overrightarrow{AC}$ 中，点 P 相对已知三点 A,B,C 的位置与参数 λ,μ 存在着怎样的互动关系？请你在"思考与问题"的经验基础上继续探索，还可以提出哪些问题？从中可以发现哪些有意思的结论？

案例分析

平面向量基本定理是高中数学平面向量中的核心重点内容，分别在新知学习和复习提升两种学习场景下的探究活动设计，展现了基于不同学情和学习目标的数学探究活动设计的差别。

新版课程标准将数学建模活动和数学探究活动作为一个主题，单独安排了课时，但是探究性学习作为一种重要的学习方式，在促进学生实现深度学习上具有独特价值，不应局限于安排课时内的教学，它作为一种学习方式更应落实到平时的新知学习和复习学习等常规课堂中。建议教师针对课程中的核心概念或定理设计探究性学习活动，帮助学生积累数学探究的一些必要经验，这样在数学探究活动教学中学生就可以更加自主地完成探究活动任务了。

教学建议

第一，数学探究活动具有整体性，需要做整体规划设计。这里的整体规划有两层含义：一方面，数学探究活动需要在各章内容中有意去渗透，从高一到高三，一个个数学探究活动在内容上可以是不相关的，但是在发展学生的数学学科素养上有其内在的联系，体现目标达成的进阶过程，它们由简单到复杂，构成一个以数学探究活动为主题的课程；另一方面，对于具体的数学探究活动，教师需要统筹课前、课堂和课下的活动时间，可以布置课前任务——阅读情境材料或梳理总结，或实验操作等，并从中发现和提出问题；在课堂上分析、讨论、交流评价问题研究的思路，确定解决方案；课后对课堂上的探索进行梳理或进一步探索研究。

第二，数学探究活动的开发要与学生的能力基础相适应，既要有一定的挑战性，又要使学生通过努力可以胜任。数学探究活动的设计要有一定的弹性，即同一个探究活动最好入手比较容易，但是后续延伸空间很大，这样就能满足多种能力水平的学生。

第三，数学探究活动的设计要有指导性，教师在活动中要有明确的指导行为与方式，绝不能缺位。教师的指导始终要关注学生数学探究活动经验的形成，良好数学思维习惯和意识的培养，促进学生形成科学的思维方法和恰当的研究策略。

第四，重视数学探究活动的动态生成性，主要包括两个方面：一方面，教师要注意在教学中收集、积累学生在学习中产生的疑问、提出的问题，这些来自学生的问题，相比教师所找的材料而言，更容易激发学生探究的兴趣与欲望；另一方面，教师要勤于数学探究实践，挖掘教材、教辅及其相关资源，发现和提出问题、分析解决问题，将其改造成适合学生开展的数学探究活动。

第五，在条件允许的情况下，教师还可以将相关的软件等作为探究工具纳入数学探究活动的设计之中。

5-5　如何开展数学探究活动？

🔧 问题的提出

新版课程标准将数学建模活动与数学探究活动作为主题之一，贯穿在必修和选择性必修课程中，并给出了专门的课时要求；要求数学建模活动与数学探究活动以课题研究的形式开展，且学生在必修课程中完成其中一个课题研究。因而，各版本的新教材也根据课程标准的要求进行了相应的设计，均强调了学生学习的主体性，探究活动的过程性和完整性，以及探究形式的多样性。

尽管数学探究活动已经成为数学课程与教学的重要组成部分，但关于数学探究活动的已有研究与实践主要侧重课堂教学方式，而课堂教学中数学探究活动的时间有限，对每个学生的思维促进作用也很有限，同时仍存在诸多问题，还不能很好地体现数学探究活动所承载的教育价值。所以，教师对数学探究活动的开展还需要给予更多关注，应该结合"探究"本身的内涵，去关注每个学生的主动发现和创造，关注探究的全过程，注重学生的亲历体验。此外，数学探究活动的开展不应局限于课堂教学方面，还要着眼于课堂之外，指导学生能够自主地开展数学探究活动，提升数学探究能力。

在教学实践中，数学探究活动的具体开展还会受到学校的教育观念、教师的数学素养、教学的安排、学生的态度与学习能力等众多现实因素的影响。因此，如何按照新版课程标准的要求开展数学探究活动，是摆在广大教师面前需要讨论的研究课题。

🔧 问题的分析

一、学生在数学学习中的现状及分析

现状1：缺少必要的数学探究活动经验。

总体而言，经历过完整的自主的数学探究活动的学生比例还是较少的，尤其是基础薄弱学校的学生普遍缺乏数学探究活动经验，面对具有挑战性和一定开放性的数学探究课题时，学生常感到无从下手。

现状2：缺乏问题意识，难以发现和提出问题。

从课堂的学习表现来看，学生缺乏问题意识，自己难以发现和提出问题，其背后的原因是学生习惯接受获得的信息，缺少质疑精神，对学习内容缺乏深入的独立思考。从对学生的访谈来看，这还与缺乏数学思考的经验有关，有些学生确实不知道如何展开思考；这也与学生原有学习的经历有关，如果学生长期缺乏提出问题的意识，自然也就难以掌握提出问题的策略、积累发现与提出问题的经验。

现状3：缺乏主动探索精神，偏好接受教师解释。

在课堂教学实践中，不适应数学探究教学的不仅仅是教师，实际上，有些学生养成了不爱动脑思考的习惯，对了解问题的来龙去脉没有兴趣，只满足于答案和结论的

获得，遇到问题时，习惯求助他人，更愿意让别人告诉自己或者给自己解释清楚。这些学生普遍缺少通过自己的探索消除困惑、解答疑难的成功经历，缺少探索的快乐体验和成就感。这往往与学生缺少过程性评价，只重视结果性评价的经历有关。

现状4：缺乏回顾反思探究过程的习惯。

宁连华等在研究中发现，学生一旦将问题解决出来，基本上不再对自己的探究过程进行反思、回顾。[1] 这个问题具有相当的普遍性，极大地制约了学生从数学探究活动中深化知识理解、感悟思想方法、积累数学探究经验的效果。

二、教师在数学探究教学中的现状及分析

现状1：重预设、轻生成，学生学习的主体地位不强。

重预设、轻生成的最大问题在于教师本质上还是更关注自己的教，而不够重视学生的朴实或不成熟的思考，教师仅凭自己所想来预设封闭的"探究"路径，按照自己头脑中故有的方式思考，而非基于学生的关注点和经验来思考，所以学生在课堂中的学习行为往往沦为只有操作而无探究的实质。

现状2：重指导、轻陪伴，学生的参与度低。

教师在数学探究活动的实施过程中，往往只重视将自己的数学探究经验给予学生，而忽视了陪伴学生一起进行数学探究。实际上，依据认知心理学的相关研究，数学探究的策略与经验的形成需要经历、体验、复现确认、反思抽象等一系列认知动作，因此，教师期待通过直接告知学生来实现学生"高效"地获得是不现实的，这也是学生对教师苦口婆心的教导充耳不闻或缺乏专注力的原因。教师作为学生进行数学探究的陪伴者，要在学生有需求时，才将自己成熟的数学探究策略与经验展现出来，引导学生从中获得更好的学习效果。

现状3：重解决问题，轻发现和提出问题。

数学探究的核心特点之一是数学学习活动的全过程性，即包括发现问题、提出问题、分析问题和解决问题的数学活动的全部过程。但是，教师在数学探究的教学实践中，往往比较关注探究课题的预设及探究结果的获得，而忽视了促进学生发现和提出问题的必要情境的设计以及相应的任务要求与评价设计。

现状4：交流中注重分享成果，忽视过程性评价。

在交流分享阶段，教师往往让获得成功的学生去分享自己的成果，而对有困难的学生在探索问题的过程中遇到的困惑与心理状态的分析不够，也就无从给予这些学生（最需要帮助的）鼓励和帮助其克服探究中的困惑，使其增长必要的策略与经验。这样的状况缺少对学生探究过程性的评价引导，就会造成分享阶段没有真正的交流，只是成功者的秀场，反倒使需要帮助的学生成为观众。实际上，好的交流分享应兼顾所有学生，让他们各得其所、各有成长，交流分享的根本价值便在于此。实际上，探究获得成功的学生更应该分享的是探究过程而不是结果，他们也遇到过困难，只不过他们成功克服了困难，而克服困难的心路历程和思维过程才是最值得分享的。而有困难的学生遇到的障碍或心中的困惑未必没有价值，有可能恰好是其他人所忽视的认知盲区，

---

[1] 宁连华，王作鹏，李桂强．数学探究学习过程中的自我监控活动研究 [J]．数学教育学报，2004（2）：37-38．

此外，这也能促使成功解决问题的学生关注到自己"偶然"获得成功的背后的深层次经验，使其由隐性转为显性，成为有价值的学习资源。只有让交流分享成为一种多向多层的互动对话，才能发挥出班级进行数学探究学习共同体的价值。

问题的解决

一、从课程标准的研读中寻找解决之道

新版课程标准指出：数学探究活动是围绕某个具体的数学问题，开展自主探究、合作研究并最终解决问题的过程。具体表现为：发现和提出有意义的数学问题，猜测合理的数学结论，提出解决问题的思路和方案，通过自主探索、合作研究论证数学结论。

数学探究的表现给出了数学探究活动的组织与实施需要关注的重要活动环节，对数学探究活动的组织与实施具有重要指导意义，教学的重点就在于帮助、引导和促进学生学习在这些环节上提高行动的能力。概括起来，在数学探究活动实施过程中，教师要关注以下几点：

（1）要对学生进行必要的探究技能的指导，同时也要结合具体探究课题设计查询资料、收集信息、阅读文献的任务。

（2）要关注学生在学习习惯、学习态度、科学精神以及"四能"方面的培养与发展。

（3）使学生经历数学探究活动的全过程，体验综合或创造性地解决问题是关键因素。

二、数学探究活动的组织与实施要坚持一些基本原则

基于对新版课程标准中关于数学探究的内容阐述的解读，我们提出，在数学探究活动的组织与实施中要坚持一些基本原则。

1. 以学习为中心的原则

数学探究活动应始终坚持以学生的学习活动为中心，关注学生的学情基础，随时观察和掌握学生的数学探究活动进展和状况，包括对学生的学习基础、习惯、认知水平、情绪与心态等全方位信息的获取，在此基础上支持和帮助学生开展数学探究活动，并使其从中获得成长。

教师只有真正坚持以学习为中心的原则，才不会将学生束缚在课前预设的探究活动实施程序上，而是随时关注学生的学习状态，从学生所犯的错误中诊断和发现学生认知上的问题，给予支持和帮助；才能有意识地保护学生的好奇心和求知欲；才能不惧怕而是鼓励学生勇敢提出质疑和问题，即使面对超出了自己课前预设的问题，也能和学生一起去探索和研究。

2. 数学探究活动实施的陪伴原则

在数学探究活动过程中，教师需要承担多种角色，如数学探究活动的组织者、指导者、探索伙伴、建议者、欣赏者等，教师不应总扮演高高在上的指导者或裁判员的角色，要陪伴学生一起去探索。

教师作为学生进行数学探究活动的组织者、指导者，要为学生提供较为丰富的数

学探究课题的案例和背景材料；引导而不是代替学生发现和提出探究课题，特别应该鼓励学生自主发现和提出问题；组织学生合作解决问题；指导学生养成查阅参考书籍和资料、在网络上查找和引证资料的习惯；鼓励学生独立思考，帮助学生建立克服困难的毅力和勇气，指导学生在独立思考的基础上运用多种方式寻求帮助。

在此，尤其要突出教师在数学探究活动实施过程中的陪伴者角色，一方面，这的确是当下教学实践中普遍欠缺的，和学生一起去探索一个未知的问题，教师往往担心自己做不出来会很尴尬。另一方面，学生从一个成熟的数学探究陪伴者身上更容易获得成长的营养，而且是全方位、多要素的成长，不仅有数学探究活动的策略与经验，还有数学探究的积极情感体验和信心，面对困难时的态度、勇气与精神。所以，教师应成为学生平等的合作者，要有勇气和学生一起进行探究。学生在真实的数学探究实践行为中，和成熟的数学探究陪伴者共同探索，可以自然地实现观察、模仿、经历、体验，更容易产生共情体验，被教师的勇气、态度和坚持不懈的探索精神所感染，并享受数学探究活动带来的乐趣。

3. 立足于"做"而非讲的原则

数学探究能力的提升，主要途径是学生自身多参与、多思考和多实践数学探究。因此，教师在数学探究活动的教学中，不应仅追求获得正确的解答，而应给学生提供充分"做"的空间和机会，充分彰显学生的主体性，在问题的发现、明确、探索与解决的深度和方式等方面，鼓励学生自主控制，允许学生发展、验证自己的猜想和结论。实际上，抽象的知识要被学生内化为自身的知识，需要学生以自己的具体经验为基础，也就是需要将抽象的知识还原为知识形成之初的具体现象和对象；而深刻理解知识需要另一个过程，那就是由具体到一般的抽象过程，正所谓认识一个事物"不还原就不是其本来面貌，不抽象就难以形成深刻理解"。

教师的作用，一方面体现在创设好的问题情境或者问题上，以及在课前的数学探究活动素材的选取与设计上，由此激发学生自主解决问题的兴趣、积极性和创造性。另一方面体现在数学探究活动的组织和实施上，教师可以参与其中，在合适的时机扮演适当的角色，帮助学生克服困难、发现努力方向，引导学生自我觉察、反省和评价自我探索研究的过程，并从中获得更深刻的体验，感悟数学思想方法，形成有价值的数学活动经验。

4. 正向反馈原则

教师普遍认同学习情感与态度对学习的意义，但是在教学实践中，有意识地从活动设计与组织实施上去关注学生的学习情感与态度方面，还是显得非常不足。学生学习的积极情感，往往建立在微小的正向反馈上，微小正向反馈的累积效果是非常惊人的。在学校调研中，经常会发现两种明显不同的课堂学习氛围，一种是比较沉闷压抑的，几乎没有学生主动回应教师，学生之间也不愿意交流自己的想法；另一种则是学生参与度很高，愿意表达自己的不成熟想法，甚至会将自己的困惑或质疑积极地反馈给老师。这实际上与教师长期的评价反馈行为是正向的还是负向的有关。这里的评价泛指教师对学生学习行为的反馈，不一定是语言，可能仅仅是一个眼神、一个表情或一个手势。

数学探究性教学的核心价值在于能重视学生的自主性，挖掘学生的能动性，培养学生思维的发散性和灵活性，培育勇于创新的精神。心理学家罗杰斯认为，"心理的安全"与"心理的自由"是创造的两个条件。因此，教师要为学生创设一种自由、民主的课堂学习氛围，鼓励学生自由地思维，享受数学思考的快乐。在数学探究活动的组织与实施过程中，教师要做到：保护学生的好奇心、尝试与探究行为；鼓励学生不断思考、实践，肯定学生的大胆猜想，引导并鼓励学生进行合理的猜测；对学生的错误有很大的包容度，以积极的态度发现并肯定其中的合理成分，消除学生的恐惧心理，营造安全、自由的学习氛围。

5. 交流分享的过程性原则

数学探究活动中，在学生独立思考和探究的基础上组织学生进行交流分享，是一个重要的环节，在丰富学生的认知策略、思维经验、情感态度方面具有重要的价值。但是要真正体现出上述价值，教师还需要关注交流分享的内容的过程性，也就是要分享探索的思维过程和决策过程以及伴随其中的心态与情绪，不能仅仅是思考的最终成果。此外，教师还要注意，交流分享者不仅包括成功完成探索任务的学生，还包括未完成探究任务的学生，让他们有机会去分享自己遇到的困难与困惑。教师最好也参与其中，分享自己最初真实的思考经历，展现自己遇到了什么困难，是如何应对困难的。这样既可以迅速拉近与学生的距离，还可以帮助学生正确认识数学探究的属性。

【案例】

发现椭圆的本质属性

环节一：引入探究课题

教师：通过前面几何内容的学习，我们不仅了解了一些柱、锥、球等常见空间几何体的特征，也学习了一些由线段构成的平面图形，如三角形、四边形，还学习了一些平面曲线，如圆。接下来，我们要学习一些新的曲线——圆锥曲线，今天我们就来学习圆锥曲线之一的椭圆。

任务：请同学们先写一写对"椭圆"这一图形的认识，并列举几个"椭圆"形状的物件，然后以"椭圆"为关键词在网上搜索一下图形，看看有哪些事物是椭圆形的？它们和自己认为的椭圆一致吗？

说明：可以利用下面的问题1和学生进行互动，交流对椭圆的原有认识。

问题1 同学们知道椭圆是怎样的形状吗？你在哪里见到过？你是依据什么来认定它就是椭圆呢？

说明：教师可以结合学生所说的椭圆形状的物品展示一些图片（图5-5-1），如椭圆形的餐具、盒子等；还有在自然界中看到的一些椭圆形状，如竹竿的斜切面（图5-5-2）、篮球在斜射阳光下投在地板上的影子（图5-5-3）等。

图 5-5-1

图 5-5-2　　　　　　　　　　图 5-5-3

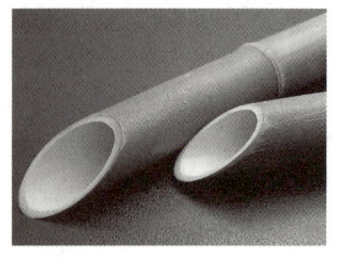

【设计意图】一是了解学生对椭圆的认知基础，二是从学生说不清认定椭圆的依据是什么，自然地引导学生产生弄清楚椭圆曲线的本质属性，去定义椭圆的学习需求。

教师：看来，我们对椭圆既熟悉又陌生，说熟悉是因为大家好像都知道椭圆的大致形状特征（如有些同学所说的扁圆形等），说陌生是因为我们还不能像认识圆那样清楚地认识椭圆，还不能超越对椭圆形状直观感知而获得足以做出准确严谨的数学描述。历史上，古希腊几何学家对几何做出过杰出贡献，圆锥曲线的发现就是其贡献之一（教材的章首语有介绍），他们还发现用平面斜截圆柱面也可以得到椭圆。项武义在其《基础几何学》中谈道：大体上，这就是当年古希腊几何学家运用圆柱和球面的简朴特性所得出的"圆柱斜截线"的几何特性及其证明，这的确是令人鼓舞的杰作！后来又发现上述简洁精辟的证明其实可以稍加推广，即把圆柱面换成圆锥面依然成立。

下面我们就从篮球在阳光下的影子来研究一下椭圆上的点究竟具有怎样的特征？

环节二：探究椭圆上点的本质属性

问题 2　请用数学的眼光观察图 5-5-3，你能否用数学语言来描述一下该图中的图形？

说明：教师可以运用下列辅助性的问题进行引导。

问题 2.1：用几何术语可以将篮球、地板分别描述为什么？

问题 2.2：看不见的阳光可以描述为什么？

问题 2.3：实际上我们只关心形成影子的那一束光线，这束光线的形状具有什么特征？可以描述为什么几何图形？

问题 2.4：怎样用几何语言来描述影子的边沿线——椭圆的形成？

教师用上述一系列问题引导同学完成对图 5-5-3 中出现的图形的几何描述：把篮球抽象成数学的研究对象——球，把地面抽象成数学对象——平面，把照射在球上的光线抽象成数学研究对象——平行直线，通过对照射在球上的这些光线的几何特征进行分析，又进一步抽象为圆柱，地上的影子抽象为数学对象——平面与圆柱的截面，影子的轮廓就被抽象成数学对象——椭圆。

【设计意图】再现了历史上发现椭圆定义的一种可能过程，由于其展现了完整的数学化过程，是一种数学的再创造活动，有助于学生领悟数学研究的思维特点与精神，有助于学生数学学科素养的形成。

问题 3　观察图 5-5-4，你能发现椭圆上的点具有怎样的特征吗？

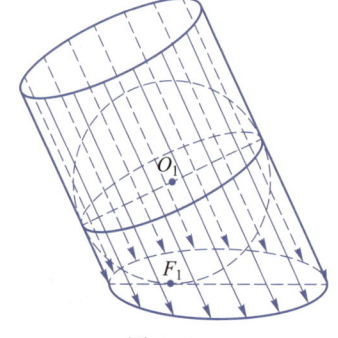

图 5-5-4

说明：这是一个难点！需要追加以下问题引导学生发现椭圆上点的规律。

问题3.1：想象一下，当光线与地板面的角度发生变化时，地面的影子边沿线会发生怎样的变化？

问题3.2：当影子边沿线是圆时，此时圆O_1和切点F_1有何关系？圆上点和切点F_1具有怎样的特征？能证明吗？

问题3.3：观察模型示意图，当光线与地板面由垂直发生偏斜时，影子边沿线就是椭圆了，此时，切点在椭圆中的位置是偏离中心的，椭圆上的点到切点的距离为定值的规律还成立吗？到一个定点为定值的规律已经不成立了，那么有无其他的定值规律呢？

问题3.4：特殊位置的圆上的点到切点距离之所以都相等，是因为这些距离等同于两个平行的平面截圆柱面所得圆柱的母线长。若考虑把图 5-5-4 所示的圆柱面延展出去，是否仍可以找到两平行平面截得的圆柱图形呢？

问题3.5：观察图 5-5-5，你能发现椭圆上的点 P 与两个切点 F_1, F_2 的距离之和有何规律吗？

【设计意图】问题 3.1 启发学生从特殊情况（熟悉的圆）入手去寻找突破；问题 3.2 中证明切点即圆心，启发学生把"圆上点和切点"与"圆柱面和球相切"建立关联，为发现椭圆上点和切点的关系进行铺垫；问题 3.3 把关注点聚焦到"椭圆上点到一个切点的距离不存在定值规律"这个矛盾上；问题 3.4 引导学生思考可否通过转化消除矛盾；问题 3.5 引导学生发现规律，直接聚焦到椭圆上点到两切点的距离之和。

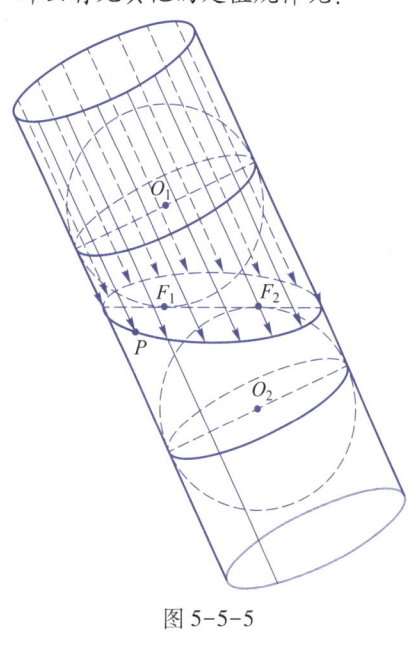

图 5-5-5

环节三：探索绘制椭圆的方法，精细化认识椭圆属性

问题 4 我们已经知道用一根细绳和一支笔就可以画出圆，那么，根据刚才发现的椭圆上点所满足的规律，你可否仍然使用这些简单工具画出椭圆呢？

【设计意图】通过追问学生画图的具体方案及其需要满足的条件，来实现对椭圆概念的精细化认识。

环节四：类比圆定义给椭圆下定义

任务：请同学们类比圆的定义，给椭圆下定义。

> 我们把平面内到两个定点 F_1, F_2 的距离之和等于常数（大于$|F_1F_2|$）的点的集合称为**椭圆**。
>
> 这两个定点 F_1, F_2 称为**椭圆的焦点**，两个焦点间的距离称为**椭圆的焦距**。

案例分析

1. 椭圆概念内容的教学的问题分析

实际上，任何知识都是人类创造的，它必然是在人类需要时（在一定的价值取向驱动下）创造的，而每一个创造都产生于特定的方法及概念和原理，每一个创造在本质上都蕴含着一定的价值取向、方法、概念和原理的事实。数学知识就是源于人类对现实世界中的数量关系与空间形式所蕴含规律的探索与发现，也就是对人类所得经验性材料的数学抽象与组织，以逻辑方式组织数学材料所得数学结构的符号运算、形式推理、一般结论等，来理解和表达现实世界中事物的本质、关系与规律。

基于上述思想来看目前常见的用细绳画椭圆活动来定义椭圆的教学，从表面上看，这样的教学内容处理，确实展现了一个数学知识的发生发展过程：学生在画椭圆的活动中，既有体验又有直观感知，在画图中发现所画图形是椭圆（学生基于从生活中获得的对椭圆的直观形状的认识经验），通过分析椭圆上的点满足的几何特征，并由此抽象出椭圆的定义。但不足的是，这样的定义过程也往往会给学生带来困惑：这种画椭圆的方法是来源于哪里？学生不免会想，这不是需要先知道了椭圆定义才可以想到的椭圆画法吗？从逻辑上有些说不通，若从历史来源看，椭圆是由圆柱面和圆锥面截出的一类图形，由此学生又会产生如下的疑问，所画的图形就是圆锥截面得到的椭圆吗？难道就是因为看着像？这显然与数学的理性精神不符，这样的知识发生发展过程显得既不自然也不符合数学研究的特点。从一线的教学反馈来看，在教学实践中，越是学优生产生这种质疑就越强烈。实际上，不止学生如此，一些教师也是如此，对如何发现椭圆的焦点性质也是深感困惑的。这都源于画椭圆的活动出现在椭圆定义之前，使学生在学习中感觉很不自然！也就是说，这种方式并没有展现出数学知识发生发展的自然过程。

2. 将知识获得改造成知识的探究发现

基于以上考虑，本教学案例采取从学生对"椭圆"的前概念水平——"既熟悉又陌生"的认识状态出发，引导学生认识到与"圆"相比自己对"椭圆"认知的模糊性，产生弄清楚椭圆上点所满足的特性与规律的探索需求，以学生所熟悉的生活中的自然现象——阳光照射下篮球在地板上的影子为研究对象，对其进行数学抽象，运用几何语言描述这个现象所反映的几何模型，从而基于古希腊几何学家的发现——圆柱斜截面是椭圆，来确定篮球在地板上的影子边沿线就是椭圆曲线，进一步通过对几何模型中几何图形的关系与规律的研究来发现椭圆上点所满足的特性，初步形成对椭圆的定义。运用类比方法，由"用细绳画圆"来探索"用细绳画椭圆"的动手操作活动，实现对椭圆定义的精细化理解。

这样的设计体现了数学探究的思维内涵，既有学生经历发现的活动属性，也有通过教师讲解获得理解的解释属性，即使在学生不能靠自身努力发现的环节，教师必要的讲解也并不影响学生对这种"用数学的眼光看世界"的思维特征的理解与领悟。

3. 该案例中的探究活动开展的实施建议

该案例曾在北京市海淀区教师进修学校附属实验学校实施过，从具体实施的效果来看，课堂上师生互动的时间比较紧张。在第二个环节，将篮球在阳光下的投影呈现出椭圆形状的现象进行数学化后，去探索发现椭圆上点的本质属性难度很大，学生难以独立完成探索，需要教师给予必要的引导和启发。此外，用细绳画椭圆的活动需要比较长的时间，但是这个画椭圆的环节，对学生精细化理解椭圆的本质属性、感知椭圆的焦距与定长两个数量之间的关系，都发挥着重要的经验支撑作用。所以在具体实施这个数学探究活动时教师要关注以下几点。

（1）组织学生一起聊一聊大家对"椭圆"的认识，不要忽视这一环节。该环节看似意义不大，但从学生的学习情感和学习认知一个新概念的思维过程来看，实际意义重大，其原因有三：第一，教师可以了解椭圆在学生头脑中的前概念是怎样的，这有助于教师做出合理的教学行为；第二，让学生了解自己对椭圆的认识是怎样的，大家的认识是存在差异的，这些差异自然会产生"究竟谁的认识是对的？"的疑问，从而激发探索任务的愿望；第三，因为学生对自己的前概念有了清晰的认识，更能有意识地与真概念比较，从而认识概念的真面貌。

（2）对篮球影子的数学化环节，难度不大，可以给学生更大的自主探索空间，先让学生自己独立完成，然后通过分享交流来完善。这个环节的活动经历和体验非常有意义，这实际上就是数学建模的过程，是用几何学中的图形和概念来描述这一现象，有助于学生认识到几何学的本质——空间结构，所学的几何图形就是一个个简单的空间结构模型。

（3）从抽象出几何模型的过程中探索椭圆上点的本质属性，对学生而言很具有挑战性，学生一般很难独立发现，需要教师的启发和指导。教师应给学生提供可以进行类比的材料（这些材料是学生已经熟知的），就如上述一系列问题的设计那样，也可以根据学情再做调整，但是要避免包办代替。

（4）该课例的实施，可以统筹课前、课堂与课后的时间进行活动规划。将第一个环节作为课前任务来完成，课堂上集中精力解决最难的探索任务，给学生探索椭圆的本质属性、绘制椭圆的任务和分享交流等环节预留出更充足的时间。课后可以布置查阅资料的任务。

（5）在每个环节之后，建议增加反思交流活动，促使学生及时强化体验，提升经验认识。

以上案例的设计与实施都要基于学生学情来调整使用。例如，有的学生对数学有浓厚兴趣、见闻广博，对椭圆的相关历史和椭圆的定义已经比较了解，那么本探究活动就可以直接进入环节2，探索篮球投影形状是否为椭圆，此时的研究逻辑就是依据已知的椭圆定义进行分析判断。而有的学生基础比较薄弱，就需要更多的探索经验与思维基础的准备，如球面外一点的切线性质、球与圆柱面相切的关系以及切点轨迹等。同时，活动重心也需要做适当调整，将探索任务侧重在数学化的环节和探索用细绳画椭圆的活动上，学生会有更大的收获。对于发现椭圆上的点的本质属性的环节，要尽可能细化，使学生弄清楚。也就是说，在实际教学过程中要注意适度原则和教育价值最大化原则，教育价值的大小是相对学生可获得的成长而言的。

教学建议

第一，在数学探究活动的实施过程中，教师要坚持以学生的学习为中心。学生是探究活动的主体，教师要避免将学生束缚在自己课前预设的探究活动实施程序上，而应随时关注学生的学习状态，从学生所犯的错误中诊断和发现学生认知上的问题，并给予适当的支持和帮助。

第二，教师要敢于和学生一起去探索未知的问题，要敢于向学生展现自己面对全新问题的思维活动与过程，它具有更大的教育价值。

第三，教师要引导和促进学生自主探究，提升探究能力的主要途径是学生自身多参与、多思考和多实践数学探究。

第四，教师要关注学生在数学探究过程中的情感体验，要给学生充分的试错空间，以积极的态度发现并肯定其中的合理成分，消除学生的恐惧心理，营造安全、自由的学习氛围。

第五，教师要特别关注数学探究活动中的反思与评价，引导学生去分享自己最初真实的思考经历，展现遇到了什么困难，是如何应对困难的，这有利于学生形成和积累数学探究活动的经验。

单元 6　素养导向下的学习评价策略

6-1 如何利用多样化的评价方式激发学生学习的积极性？

🔧 问题的提出

新版课程标准明确指出，高中数学学习评价关注学生知识技能的掌握，更关注数学学科核心素养的形成和发展。评价既要关注学生学习的结果，更要重视学生学习的过程。要建立目标多元、方式多样、重视过程的评价体系。通过评价，提高学生学习兴趣，帮助学生认识自我，建立自信；帮助教师改进教学，提高质量。

🔑 问题的分析

一、对教学评价的理解

教学评价以课程目标和内容标准为依据，体现数学课程的基本理念，通过一定的标准和手段，对教学活动及其结果给予价值上的判断，即对教学活动及其结果进行测量、分析和评定的过程。教学评价是数学教学活动的重要组成部分，评价的主要目的是全面了解学生数学学习的过程和结果，激励学生学习和改进教师教学。

教学评价的理论基础有多元智能理论、建构主义理论和发展性评价理论等。根据实施功能的不同，教学评价可分为：（1）诊断性评价，即在某项教学活动开始之前，为使教学计划更有效地实施而进行的评价；（2）形成性评价，即在教学进行过程中，为引导教学前进或使教学更为完善而进行的对学生学习结果的评价；（3）终结性评价，即在教学活动告一段落时为把握最终的活动成果而进行的评价。现代教学中强调教学与评价是促进学生有效学习的"双通道"，教师可以通过即时的反馈来校正自己的教学行为。

二、数学教学评价中存在的问题

（一）评价意识薄弱，评价主体相对单一

许多教师的评价意识相对薄弱，评价观念相对落后，对于如何在数学课堂中正确运用评价更是知之甚少，对新版课程标准的认识较为片面或表面，不能及时、有效地反馈评价结果，影响了教学评价的有效发挥。例如，在教学中预设大量缺少价值的问题，认为课堂热闹就是发挥了主体作用，过多使用多媒体设备，对使用现代教学手段的认识有误区，等等。

日常教学中，评价大多数是教师对学生的评价，评价主体与客体单一。教学本来是教师与学生双主体的多边活动，教学过程的展开要以教师和学生的共同活动为载体。评价主体与客体单一会导致对学生的评价具有局限性。新课程理念下的教学评价逐步转向多元主体，要求增加师生之间的互动，开展师生互评、生生互评等。在实际教学过程中，虽然也增加了小组之间、学生之间的相互评价，但是由于课时、教学任务的限制，还未真正做到评价主体的多元化。

（二）忽视过程评价，评价目标与内容相对单一

数学学习评价是指根据课程目标的要求，按一定计划采取特定的方式收集和获取学生数学学习的信息，并对学生数学学习的状况做出结论的过程。过去，对学生的学习评价过分强调甄别的功能，学业成绩成为学生排名的主要工具。不注重过程评价，评价目标和内容单一，限制了教师对学生认知能力以外的其他发展的关注。现在，我们希望学习评价从"甄别"走向"发展"。教育部印发的《关于全面深化课程改革 落实立德树人根本任务的意见》指出，要加强发展性评价，发挥评价促进学生成长、教师发展和改进教学实践的功能；要根据核心素养体系，明确学生完成不同学段、不同年级、不同学科学习内容后应该达到的程度要求，指导教师准确把握教学的深度和广度，使考试评价更加准确地反映人才培养要求。

（三）评价工具有待改进，评价方式相对单一

传统的教学评价强调评价学生的学习成果，即以学习成绩作为评价学生的主要参考依据。尤其是数学学科教学，更是以学生的学习成绩作为考评的主要手段。数学学业质量是学生在完成普通高中数学课程相应阶段学习之后，对数学学科核心素养表现的总体描述。它是数学学科核心素养水平与课程内容的有机结合。学业质量是学生自主学习与评价、教师教学活动与评价、教科书编写的指导性标准，也是相应考试命题的依据。我国以往的普通高中数学教学大纲或课程标准通常只包含内容标准，缺少必要的评价工具（如学业质量标准），致使课程教学目标、数学能力发展与数学知识学习的达成度之间的关联性不够清晰，不能很好地理清数学课程目标中的数学素养、数学课程内容及认知水平之间的关系。此外，单一的评价方式导致认知偏差，在教学过程中不能发挥学生的主体地位，重视学生对知识的掌握情况，忽视学生的学习过程和知识运用能力。

📖 问题的解决

如何使评价更好地促进学生数学学科核心素养发展，成为促进学生数学学科核心素养发展的有效方式和手段，是我们必须面对的重要问题。我们建议采用多样性的评价方式，以激发学生学习的积极性，促进学生素养目标的达成。

一、增强评价意识，评价主体多元化

在教学评价中，教师作为参与评价的重要主体，教师对待教学评价的态度和观念是教学评价功能得以有效发挥的前提。在日常教学过程中，教师要摒弃以学生的考试成绩作为评价的唯一标准，树立正确的课堂教学评价观念。在数学课堂中，不能只关注学生的解题能力，要从解题到解决问题，关注学生对数学的学习热情和学习态度，在学习过程中表现出来的探究能力、合作能力、创新意识等。教学评价的功能是为了促进学生更好地学和教师更好地教，是为了促进学生和教师的共同发展。科学合理地

运用多种评价方式，从只关注结果转变为结果与过程相结合，才能做到教学相长。

由主体单一的静态评价向主体多元的动态评价转化。一直以来，很多学生为了适应主体评价标准，不断迎合评价主体的需求，而失去了自身的个性发展，导致评价发生异化，违背了评价的目的和教育的初衷。教师应将促进学生发展的教学评价作为课堂教学的有机组成部分，特别注重教师和学生的积极参与，其运作机制绝不是学生被动地回答教师提出的问题的过程。只有教师和学生都重视评价、参与评价，才能使学生在教学活动中分享应有的权利，有意识、有兴趣、有责任地参与教学活动，收获成功的经验，也会有信心和力量继续前进，在合作和分享中找到学习的真正乐趣。教师可以借助多种渠道获取学情信息，及时准确掌握学生的学习状况，以便适时调整教学策略，保证教学效果。

评价也是学习，评价的实施可以有效地督促学生对学习评价的反馈，有利于帮助学生做出改进。评价主体的多元化还强调，评价主体除了教师之外，还包括同学、家长甚至学生本人等。这是为了从不同角度获取学生发展过程中的信息，特别是日常生活中关键能力、思维品质和学习态度的信息，最终给出公正客观的评价。合理利用这样的评价，可以有针对性地、有效地指导学生进一步发展。在多元评价的过程中，要重视教师与学生之间的、教师与家长之间的、学生与学生之间的沟通交流，努力营造良好的学习氛围。

二、注重评价目标与内容多维度、多层次

数学学科核心素养是数学课程目标的集中体现，是具有数学基本特征的思维品质、关键能力以及情感、态度与价值观的综合体现。"目标多元"是希望改变过去过于关注数学"双基"及应考技能的狭隘的评价观，立足于学生数学学科核心素养的发展，结合具体的评价内容，形成多角度、多层次、多维度的评价点，通过评价全面反映学生的学习情况，对学生全面而有个性的发展产生积极导向作用。一方面要考查学生对数学基本知识、技能的掌握状况，另一方面要考查学生在数学活动中的经历、感受、体验、探索等过程性目标的达成状况。不同的学生在学习时会有不同的学习状态，结合多元的目标和内容，教师能发现学生学习的不同层次，如"虚假学习""浅表学习""深度学习"。在日常教学中，有时候"浅表学习"是不容易发现的，如果我们用单一的目标和内容进行评价时，就会使学生走向"浅表学习"，就会阻碍学生的发展，甚至使学生失去求知欲和探究精神。评价内容的多元化，如学生的解题思路是否合理，学生对数学思想方法的掌握水平，作业是否书写规范，作业是否整洁、美观，作业完成时长等。合作探究类作业，要兼顾对学生的团队合作精神、探究精神的评价。开放性作业，要重视对学生的发散性思维、逻辑推理能力等综合素养的评价。丰富的评价内容可以营造民主和谐的学习氛围，引导不同的学生在不同方面获得积极的体验。

现行教学内容多是结构良好问题，对学生的创新能力发展十分不利。建构主义教学观主张教学中要注意给学生呈现适当的结构不良问题，从而促进学生的探索和创造。国外有关研究表明，对学生开展结构不良问题解决的训练，有助于学生创新思维和辩证思维的发展。根据特殊的学习任务，对结构不良问题，可以设置灵活的评价目标。它不是根据教学目标进行评价，而是根据学习需求，设计评价指标，确定教学目标。比如，在日常教学中给学生一个函数图象，让学生根据图象写出可以获得的信息。在

这些教学过程中，可以采用学生自学、小组合作、组间竞争等多种学习方式，设置多样化的任务，丰富评价目标，从而激发学生的参与度与学习热情。

三、改进评价工具，开发多样化的评价方式

在评价的具体操作层面，新版课程标准指出："评价既要关注学生学习的结果，更要重视学生学习的过程。""开发合理的评价工具，将知识技能的掌握与数学学科核心素养的达成有机结合，建立目标多元、方式多样、重视过程的评价体系。"这里的"方式多样"是希望改变过去仅凭试卷考试的单一评价方式，针对多样化的学习方式与学习需求而采用多种多样的评价类型和方式。例如，在课程改革实践中，一些教师采用数学档案袋、数学反思日记、数学作文、数学口试、数学调查报告、观察记录、数学建模报告、数学课题结题总结等，都是值得提倡的学习评价方式。从重点关注知识与技能的获得，转变为关注数学学科核心素养的形成和发展，根据学业质量，促进学生在不同学习阶段数学学科核心素养水平的达成，是深化高中课程改革应树立的评价理念。

为了明确数学课程目标中的数学素养、数学"四基"课程内容及认知水平之间的关系，新版课程标准特别增加了"学业质量"部分，目的是对数学教学与评价有一个综合的、阶段性的指导。新版课程标准指出："高中数学学习评价关注学生知识技能的掌握，更关注数学学科核心素养的形成和发展，制定科学合理的学业质量要求，促进学生在不同学习阶段数学学科核心素养水平的达成。"通过制定学业质量要求，科学描述核心素养形成、发展的水平进阶，是基础教育课程改革中的新尝试，其在学习评价上体现出的质量标准性、水平达成性，不但表明学习评价正在走上更为科学的轨道，而且会带来教育评价观念新的发展变化。它预示着在今后的教学中，质量意识、标准意识、水平意识将会是主导数学教学、评价的必备意识。确定数学学业质量标准主要有三个依据：① 数学课程目标中的"四基""四能"与课程内容要求；② 数学学科核心素养的水平划分；③ 体现数学学科核心素养的四个方面（情境与问题、知识与技能、思维与表达、交流与反思）以及情感、态度与价值观方面的表述。这三个依据也是刻画学业质量的三个维度。新版课程标准基于这三个维度分三个水平来描述学业质量水平。其中，水平一是高中毕业应达到的要求，水平二是高考要求，水平三是拓展性要求，可以作为高校自主招生的参考。需要注意的是，第三个维度体现了数学活动的四个基本环节：情境与问题、知识与技能、思维与表达、交流与反思。其中，"情境与问题"所说的"问题"要具有一定的挑战性、障碍性和开放性，与一般的练习题不同，通常没有标准化的解题程序，需要学生独立思考或者合作探究才能解决。"情境"的界定可以从几个角度考虑：一是采用经济合作与发展组织（OECD）的观点，依据情境与学生经验的距离划分为与学生个人生活相关的情境、与社会公共常识有关的情境、与各种职业相关的情境、与科学知识或活动相关的情境；二是依据情境的复杂程度划分为简单或单一的情境、复杂或综合的情境；三是依据学生对情境是否熟悉划分为熟悉的情境、陌生的情境。新版课程标准特别说明了"数学情境"也是一种有意义的情境。

数学问题大体上可以分成两类，一类是封闭性问题，即已知和结论都要有确定要求的问题；一类是开放性问题，到目前为止，国内外的专家学者对开放性问题的界定还尚无定论。本书中的数学开放性问题是指条件和结论不完备或不确定、解题策略多样、能反映解答者能力差异的数学问题，它一般需要学生通过观察、分析、对比、猜想、归纳、判断、推理等一系列探究活动，多方面、多角度、多层次地探索数学问题，使之完备或确定。数学学科核心素养包含着数学的思维品质，在设计评价工具时，要便于考查学生的思维过程和思维深度，设计好的开放题目是行之有效的方法。高层次的问题对形成性评价具有重要作用，它可以帮助教师收集学生学习的证据，了解学生学习进展与学习目标之间的差距、学生的问题以及需要加强的地方，从而促进学生对数学的理解。

【案例】

三角函数（情境创设）

在①$\triangle ABC$的面积$S_{\triangle ABC}=2$，②$\angle ADC=\dfrac{\pi}{6}$这两个条件中任选一个，补充在下面问题中，求$AC$。

如图6-1-1，在平面四边形$ABCD$中，$\angle ABC=\dfrac{3\pi}{4}$，$\angle BAC=\angle CAD$，_____，$CD=2AB=4$，求$AC$。

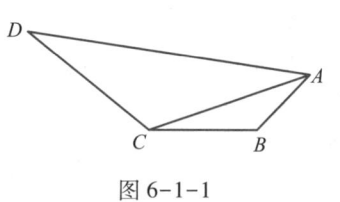

图6-1-1

（注：如果选择多个条件分别解答，按第一个解答计分。）

解 选择条件①。$S_{\triangle ABC}=\dfrac{1}{2}AB\cdot BC\cdot\sin\angle ABC=\dfrac{1}{2}\times 2\cdot BC\cdot\sin\dfrac{3\pi}{4}=2$，所以$BC=2\sqrt{2}$。由余弦定理可得

$$AC^2=AB^2+BC^2-2AB\cdot BC\cdot\cos\angle ABC$$

$$=4+8-2\times 2\times 2\sqrt{2}\times\left(-\dfrac{\sqrt{2}}{2}\right)=20$$

所以
$$AC=2\sqrt{5}$$

选择条件②。设$\angle BAC=\angle CAD=\theta$，则$0<\theta<\dfrac{\pi}{4}$，$\angle BCA=\dfrac{\pi}{4}-\theta$，在$\triangle ABC$中，

$$\dfrac{AC}{\sin\angle ABC}=\dfrac{AB}{\sin\angle BCA}$$

即
$$\dfrac{AC}{\sin\dfrac{3\pi}{4}}=\dfrac{2}{\sin\left(\dfrac{\pi}{4}-\theta\right)}$$

所以
$$AC=\dfrac{\sqrt{2}}{\sin\left(\dfrac{\pi}{4}-\theta\right)}$$

在$\triangle ACD$中，$\dfrac{AC}{\sin\angle ADC}=\dfrac{CD}{\sin\angle CAD}$，即

$$\dfrac{AC}{\sin\dfrac{\pi}{6}}=\dfrac{4}{\sin\theta}$$

所以 $AC = \dfrac{2}{\sin\theta}$

故 $\dfrac{2}{\sin\theta} = \dfrac{\sqrt{2}}{\sin\left(\dfrac{\pi}{4}-\theta\right)}$，解得 $2\sin\theta = \cos\theta$。

又因为 $0 < \theta < \dfrac{\pi}{4}$，所以 $\sin\theta = \dfrac{\sqrt{5}}{5}$，得 $AC = \dfrac{2}{\sin\theta} = 2\sqrt{5}$。

案例分析

本题考查的是三角函数知识，属于条件开放问题。围绕条件或结论进行开放性设计，可以分为条件开放题、结论开放题、条件和结论开放题三类。它们的特征分别是：条件开放题缺少确定的条件，问题所需补充的条件不是必要条件；结论开放题缺少确定的结论，而且所给条件不是结论的充分条件；条件和结论开放题缺少确定的条件和结论，所给条件往往是学生完成解答所要遵循的明确要求。

基于素养导向下的开放性问题（又称结构不良问题），具有非完备性、不确定性、发散性、探究性、发展性等特点。学生理解题意的过程不是一味地套用已有知识和解题技巧，而是深入情境中，应用已有的知识基础或高阶认知过程识别出问题的数学本质。从模糊的、不确定的或者杂乱的问题情境转化为清晰、具体、准确的数学问题的过程，体现了学生在特定情境中合理选择和运用已有知识解读新信息的能力。本题不仅可以考查学生分析问题的思维过程，也可以通过对不同备选条件的选择、获取思路与计算表达的难易程度，考查学生思维的深度、广度和灵活度。

四、过程性评价与终结性评价相结合

终结性评价是在某一相对完整的教学阶段结束后，对整个教学目标实现程度做出的评价，以预先设定的学习目标为基准，考查学生目标达成度，与过程性评价相呼应，形成完整的评价过程。近年来，许多国内外学者提出日常教学中的过程性评价。过程性评价中的"过程"是相对"结果"而言的，反映学生的发展变化，体现学生的成长历程。学生通过过程性评价可以及时了解自己现阶段的学习情况，有意识地强化自身优势，纠正学习过程中存在的问题，体会数学学习的乐趣。同时，教师可以充分全面地了解学生，发现学生的闪光点并及时给予鼓励，增强学生学习数学的信心，提高克服困难的勇气，有针对性地解决学生面临的问题，及时调整教学。在学生日常学习过程中，包括课堂、作业及改错等环节，每个环节评价内容不同，发挥的功能也不同，但彼此相互作用形成有机的整体。在本质上，过程性评价是与教学过程融为一体的。在教学过程中，教师获取整体学生和个别学生学习进展的信息，通过评价反思调整教学活动，提高教学质量。基于数学学科核心素养的过程性教学评价中，教师不仅要关注学生对知识技能掌握的程度，更要关注学生的思维过程，判断学生是否会用数学的眼光观察世界，是否会用数学的思维思考世界，是否会用数学的语言描述世界。这种判断是困难的，对教师也是一种考验。过程性评价与终结性评价的区别如表6-1-1所示，过程性评价的要素如表6-1-2所示。

表 6-1-1　过程性评价与终结性评价的区别

过程性评价（为了教学的评价）	终结性评价（对教学的评价）
目的：改进教学与成就	目的：测量或审查教学成果
时刻伴随着学与教的过程	选择一些时间点考查学生情况
聚焦学生的学习过程与进程	聚焦学生的学习结果
作为教学过程的有机组成	作为一个学习周期后的独立活动
师生合作：明确教学目标，了解学习需求，指导和适应目标或学习需求	教师主导：教师依据所布置的任务考查学生的表现
弹性：依据学生需求和教师反馈的动态过程	刻板：测量学生学习成果的固定程序
师生都是有意义的学习者	教师发出指令，学生实施任务
师生利用评价证据持续改进教学	教师依据评价结果给学生贴标签

表 6-1-2　过程性评价的要素

教师要寻找什么？	学生要寻找什么？
达成目标的程序及合适的途径	理解和解释做得好的原因及后继做法
改进教法，促进学生理解，清除错误学习	明白自己什么时候在学习，什么时候不在
设计问题帮助学生聚焦重要的概念，明确满意表现的标准	利用表现标准和检查单监控自己的学习质量
通过教学特殊的元认知策略，最大可能地提高学生的学习成效	确定和监控自己的学习目标和进程
为学生的学习提供清晰的、任务驱动的反馈，明白现状与目标的差距	能够依据标准评价自己的工作和表现
积极热情地应对学生的问题	为自己构建阶段性的、可行的目标，明确达成目标的有效策路
示范如何合理利用各种技能进行自我评价的方式	善于提出各种有助于澄清概念、完成任务和推理过程的问题
通过问题激发学生的主动反馈	更加自信、投入和主动地学习

　　过程性评价通常更关注数学建模和数学探究这类综合性的数学活动。其教学过程包括：对给出的问题情境，经历发现数学关联、提出数学问题、构建数学模型或者得到数学结论、说明结论意义的全过程，当然也包括根据情境的现实，反复修改模型或者结论，最终提交研究报告或者小论文。无论是研究报告还是小论文，都要阐明提出问题的依据，解决问题的思路，得到结论的意义。可以召开小型报告会，除了教师和学生之外，可以邀请家长、有关专家，对研究报告或者小论文做出评价。可以把学生完成的研究报告或小论文，以及各方评价存入学生个人档案，为大学招生提供参考。

　　总之，日常评价不仅要关注学生当前的数学学科核心素养水平，更要关注学生成长和发展的过程；不仅要关注学生的学习结果，更要关注学生在学习过程中的发展和变化。学生的知识掌握、数学理解、学习自信、独立思考等是随着学习过程深入而发展的。教师只有通过观察学生的学习和思维过程，才能发现学生思维活动的特征及教学中的问题，及时调整学与教的行为，改进学生的思维习惯。此外，教师还要注意记录、保留和分析学生在不同时期的学习表现和学业成就，跟踪学生的学习进程，通过过程评价使学生感受成长的快乐，激发数学学习的积极性。评价由重结果逐渐向重过程与结果相结合的方式转化。评价不再以最后一两次考试作为主要标尺，而是关注整个过程；不再只看考试分数，还要关注数学情感与态度等方面的描述。数学情感与态度往往比考试的分数更重要。数学学科核心素养的达成是循序渐进的，基于主线的数学内容的理解与把握也是日积月累的，因此，应把教学评价的总目标合理分解到日常教学评价的各个阶段，关注评价的阶段性，既要关注数学知识技能的达成，更要关注数学学科核心素养的提升，还应依据必修和选修课程内容标准的主线和主题，整体把握学业质量中的数学学科核心素养水平。基于数学学科的特点，日常的数学课堂教学仍然应该把"四基"作为基本的教学与评价目标，同时也要把数学学科核心素养的教学与评价作为一个显性的任务，或者说作为一条显性的主线来指导和贯穿数学教学过程。我们特别鼓励基于数学学科核心素养的单元教学设计，这在一定程度上可以改变目前普遍存在的知识碎片化、解题技巧化的现象。

【案例】

函数的零点（教学片段）

环节一：概念的形成与辨析

问题 1-1 已知 $y=x^2-x-2$，求 $y<0$ 时，x 的取值范围。

从数的角度，求 $y<0$ 时 x 的取值范围，需先知 $y=0$ 时 x 的取值。

从形的角度，求 $y<0$ 时，x 的取值范围，即寻找在 x 轴下侧的函数图象上的点的横坐标的取值范围，一般需要先考查其边界，即函数图象与 x 轴的公共点的横坐标；至于如何求出这个横坐标，我们可以借助方程来解决，因为它正好是方程 $x^2-x-2=0$ 的根。

【设计意图】引导学生体会引入函数零点的必要性，由一般到特殊，揭示研究函数零点在研究函数性质中的作用，使学生能借助具体实例从三种角度理解零点的意义。

> **分级评价要点**
> A 级：学生能否联想已有知识与方法；
> B 级：学生能否从形式到方法建立不等式与函数之间的内在联系。

问题 1-2 概念辨析：① 函数的角度，② 方程的角度，③ 图象的角度。

从三种角度理解零点概念，如图 6-1-2 所示。

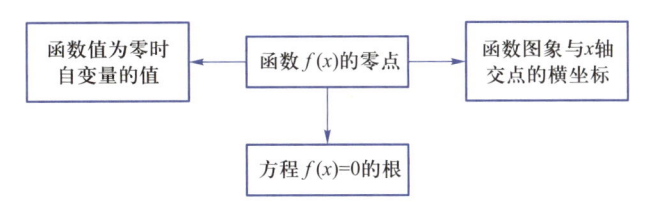

```
函数值为零时         函数 f(x) 的零点         函数图象与 x 轴
自变量的值      ←                    →      交点的横坐标
                         ↓
                   方程 f(x)=0 的根
```

图 6-1-2　对零点概念的理解

【设计意图】从多种角度理解零点这一概念，这是理解零点的研究方法与应用方向的多样性的基础。

> 分级评价要点
> A 级：学生能否用函数语言描述自己对零点概念的理解；
> B 级：学生能否从不同视角描述自己对零点概念的理解。

环节二：零点性质的归纳与验证

问题 2-1 填表 6-1-3，根据零点和解析式确定各区间上函数值的符号，画出函数的大致图象，并尝试由特殊到一般，归纳出连续函数零点与函数符号分布之间的联系。

表 6-1-3

x	$(-\infty, -1)$	-1	$(-1, 2)$	2	$(2, +\infty)$
$y=x^2-x-2$					
x	$(-\infty, 1)$		1		$(1, +\infty)$
$y=x^2-2x+1$					
x	$(-\infty, 2)$		2		$(2, +\infty)$
$y=x-2$					

根据零点和解析式分别作出三个函数的大致图象（图 6-1-3）。

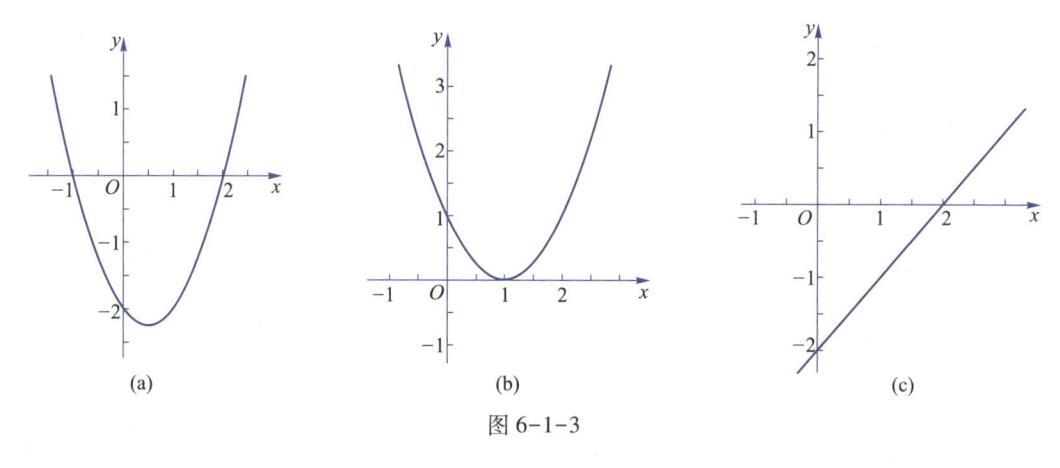

(a)　　(b)　　(c)

图 6-1-3

【设计意图】通过上述练习加深对零点概念的理解，掌握零点的求法，并尝试由特殊到一般归纳出连续函数零点的性质。

(1) 连续函数的零点把定义域分成几个区间，在每个区间上函数值保持同号。
(2) 当连续函数的图象通过零点且穿过 x 轴时，函数值变号。

> 分级评价要点
> A 级：学生能否正确填写表格，画出图象；
> B 级：学生能否结合表格与图象，由特殊到一般，归纳出连续函数零点的性质。

问题 2-2 求函数 $y=3(x-1)(x+1)(x+2)$ 的零点，填表 6-1-4 并画出该函数的大致图象。

表 6-1-4

x	$(-\infty,-2)$	-2	$(-2,-1)$	-1	$(-1,1)$	1	$(1,+\infty)$
$y=3(x-1)(x+1)(x+2)$							

学生先类比上述方式，分析函数解析式，填表（略），再画出草图（图 6-1-4）。

【设计意图】通过这个不熟悉的函数引导学生掌握求零点的基本方法，并感悟零点的性质。

期望学生能够有效借助运算方法解决实际问题；能够通过运算促进数学思维发展，养成程序化思考问题的习惯，形成一丝不苟、严谨求实的科学精神，从而进一步提升学生的数学运算素养。

问题 2-3 你能任意画出一个函数图象并验证我们归纳出来的结论吗？

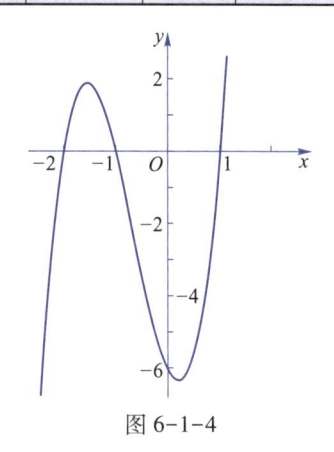

图 6-1-4

【设计意图】利用不同学生画出的函数图象的多样性，对利用合情推理归纳出的结论加以一般性验证，同时培养学生直观想象能力。

> 分级评价要点
> A级：学生能否根据解析式正确填写表格，画出示意图；
> B级：学生能否归纳整合不同学生画出的图象，验证性描述函数的零点与函数符号之间的内在关系。

练习 已知函数 $f(x)=ax-3$，$g(x)=x^2-2x-3$，若 $x>0$ 时 $f(x)\cdot g(x)\geq 0$ 恒成立，则 $a=$ _____

教师鼓励学生首先独立思考，勇于尝试；然后在小组内合作交流，互相启发，并由组长做好记录；接着由小组推选本组发言人交流讨论成果；最后用几何画板加以验证。

预案 1：从数的角度。
预案 2：从形的角度。

【设计意图】学生再次感受零点在处理不等式、函数问题中的重要作用，能从数与形两个角度出发进行自主尝试，教师引导学生在具体的数学情境中，能够通过图形直观体会数学问题；能够用图形描述和表达数学问题，启迪解决问题的思路，体会数形结合的思想。

> 分级评价要点
> A级：学生能否参与小组讨论，或能否提出初步的解决方案；
> B级：学生能否代表小组在全班讲解本小组讨论的成果，或能否补充有新意的问题解决思路。

环节三：零点存在定理的探索

问题 3-1 借助零点可以帮助我们研究函数值的符号，那么反过来，借助函数值的符号能否判断函数 $y=f(x)$ 在某个区间 $[a,b]$ 上是否存在零点呢？

若部分学生感到有困难,教师可以再给出启发性问题,引导学生采用数形结合的方式进行思考。

启发性问题 如图 6-1-5 所示,已知 A, B 都是函数 $y=f(x)$ 图象上的点,而且图象是连接 A, B 两点的连续不断的曲线,画出 $y=f(x)$ 三种可能的图象。

判断 $y=f(x)$ 是否一定存在零点,总结出一般规律。

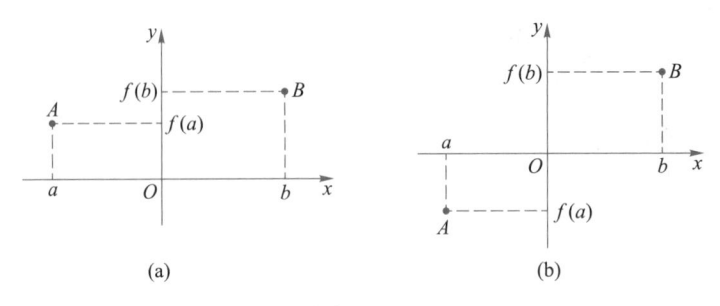

图 6-1-5

【设计意图】限于学生的知识和能力现状,虽然不能严谨证明,但教师可以引导学生从一系列特殊函数图象中归纳出连续函数零点存在的充分条件,培养学生合情推理、直观想象、抽象概括的能力。

> **分级评价要点**
> A 级:学生能否结合图象归纳出函数零点存在的充分条件;
> B 级:学生能否在教师提出启发性问题之前归纳出函数零点存在的充分条件。

零点存在定理 如果函数 $y=f(x)$ 在区间 $[a,b]$ 上的图象是一条连续不断的曲线,并且在它的两个端点处函数值异号,则这个函数在这个区间上至少有一个零点。

问题 3-2 定理辨析:

(1) 如果函数 $y=f(x)$ 在区间 $[a,b]$ 上的图象不连续,结论还成立吗?

(2) 如果函数 $y=f(x)$ 在区间 $[a,b]$ 上的图象连续且 $f(a)f(b)<0$,还需要什么条件可使函数在区间 $[a,b]$ 上恰有一个零点?(函数的零点与该函数单调性的关系)

【设计意图】引导学生借助上述问题探索连续函数存在的条件,零点存在定理只为零点的存在提供充分非必要条件,所以定理的逆命题、否命题都不成立,在还未学习函数连续性的情况下,学生对定理的理解常常不够深入。这就要求教师引导学生体验各种成立与不成立的情况,从不同的角度审视定理的条件与适用范围。

> **分级评价要点**
> A 级:能否给出正确结论;
> B 级:能否结合实例说明自己分析问题、解决问题的思维过程。

问题 3-3 已知函数 $f(x)=x^3+2x-2$。

(1) 判断函数 $f(x)$ 在区间 $[0,1]$ 上是否存在零点?若存在,有几个零点?

(2) 函数 $f(x)$ 在 **R** 上有几个零点?

预案:结合连续函数零点存在定理、函数的单调性,以及函数值符号的分布规律。

【设计意图】巩固应用,引导学生关注到应用零点存在定理解决零点的存在性,但零点的个数还需结合函数的其他性质,如单调性、函数值的符号分布规律。

> **分级评价要点**
> A级:能否给出正确结论;
> B级:能否结合连续函数零点存在定理、函数的单调性,以及函数值符号的分布规律,说明自己分析问题、解决问题的思维过程。

说明:为了让评价更客观,在教学中可以尝试引入多主体评价,如表6-1-5所示。为了激发学生学习的积极性,评价既要关注结果,更要关注过程;既要关注精彩的创意、优秀的表达,也要关注那些不完善的解释、不完美的想法。

表6-1-5

自我评价	小组同伴评价	小组长评价	任课教师评价

(案例提供:米大毅,中国农业大学附属中学)

案例分析

在课堂教学中,教师可以通过对核心任务的合理分解,设计不同层次的系列问题,实现对学生学习的过程性评价。本节课中,教师在不同环节设置了不同的分级评价要点。不仅关注学生的学习结果,更关注学生在学习过程中的发展和变化。学生的知识掌握、数学理解、学习自信、思维品质等是随着学习过程深入而发展的。只有通过观察学生的学习和思维过程,才能发现学生思维活动特征及教学问题,及时调整学与教的行为,帮助学生养成良好的思维习惯。

分级评价要点

教师记录、保留和分析学生在不同阶段的学习表现和学业成就,跟踪学生的学习进程,通过过程性评价使学生感受成长的快乐,激发数学学习的积极性。评价不再以几道课堂练习题作为主要标尺,而是关注整个学习过程;也不再只看学生对知识的掌握程度,而是关注学生学科核心素养的发展。

教学建议

第一,关注学生的学习态度。良好的学习态度是学生形成和发展数学学科核心素养的必要条件,也是最终形成科学精神的必要条件。在日常评价中,教师应把学生的学习态度作为教学评价的重要目标,关注学生主动学习、认真思考、善于交流、集中精力等。此外,教师如何提出合适的要求,以及如何进行恰当的引导与鼓励,对帮助学生形成良好的学习态度非常重要。

第二,重视过程评价。日常评价不仅要关注学生当前的数学学科核心素养水平,更要关注学生成长和发展的过程;不仅要关注学生的学习结果,更要关注学生在学习过程中的发展和变化。此外,基于核心素养的教学要创设合适的教学情境或者提出合适的数学问题。在设计教学评价工具时,教师还要重视对情境的设计和问题的设计。

第三,重视评价的整体性与阶段性。数学学科核心素养的达成是循序渐进的,理解与把握基于主线的数学内容是日积月累的过程，因此，教师应当把教学评价的总目标合理分解到日常教学评价的各个阶段，关注评价的阶段性。教师既要关注数学知识技能的达成，更要关注学生数学学科核心素养的提升，还要依据必修和选修课程内容标准的主线和主题，整体把握学业质量中的数学学科核心素养水平划分。

　　第四，进一步改进评价工具和方式。基于数学学科核心素养的教学评价，建立一个科学的评价体系是必要的，学校可以组织教师与有关人员，进行专门的研讨，积累经验，特别是积累通过阶段性评价不断改进教学活动的经验，最终建立适应本学校的科学评价体系。此外，促进评价主体的多元化、评价方式的多样化，是教学改革的重要任务。合理利用这样的评价，才能全面反映学生数学学科核心素养的达成状况，有利于教师有针对性地、有效地指导学生进一步发展。

6-2 如何进行素养导向的作业设计与实施？

🔧 问题的提出

新版课程标准指出，数学学科核心素养是数学课程目标的集中体现，是具有数学基本特征的思维品质、关键能力以及情感、态度与价值观的综合体现，是在数学学习和应用过程中逐步形成和发展的。在日常教学中，除了课堂教学充分落实学生核心素养的培养目标外，作业也是培养学生核心素养的重要途径，作业作为课堂的重要补充和内在延伸，是拓展核心素养的有力载体，设计突出核心素养的作业是推动落实核心素养的关键点。

🔑 问题的分析

一、对素养导向的作业设计的理解

国外著名的教育家、心理学家、课程论及教学论专家都对作业进行过相关论述。如夸美纽斯、赫尔巴特和凯洛夫都从教学论视角来阐述作业，把作业视为对教学知识的巩固而服务于教学，同时把作业作为管理课堂教学的一种手段。杜威、克伯屈则从课程论角度解释作业，把作业视为达成课程目标的一种"学习活动"，强调作业设计的情境性，认为学习活动要以主题或项目进行设计，以及考虑作业设计要从儿童兴趣出发，体现育人价值等。这些理论对开展作业设计具有很好的借鉴意义，特别是杜威的理论，为我们开展素养导向的单元作业设计提供了理论支撑。

近几年，国内对作业的研究热度上升。在众多的研究中，王月芬博士提出的观点对当下作业设计影响较大。她阐释了作业和作业设计的内涵，指出作业是一个完整的系统，包含设计、布置、批改、讲评等环节，还提出了单元作业的概念和设计框架。

通过对国内众多作业研究发现，对素养导向的作业设计的理解集中在三个核心词上：单元作业、作业设计和作业实施。

（一）单元作业

作业是指学校教师依据一定的目的布置给学生，并且利用非教学时间完成的任务。单元作业是以单元为基本单位，在单元主题统领下，为完成单元学习目标和任务而设置的有关联性、递进性和系统性的学习任务群。

（二）作业设计

作业设计是依据一定的目的，选择重组、改编完善或自主开发等多种形式形成作业的过程，需要综合考虑作业情境、任务、目标、功能、时间、类型、难度、评价等多种要素。

(三) 作业实施

作业实施是作业系统的重要组成部分，主要包括作业布置与完成、作业指导、作业批改、作业统计分析、讲评辅导、优化改进教学等。

二、作业设计中存在的问题

目前，作业设计中存在的问题主要有：（1）作业缺乏目标意识，功能单一；（2）作业难度不适，缺少思维含量；（3）作业形式单一，缺失分层；（4）作业落实不到位，实践性、开放性和系统性不足等。这些问题已经明显影响了学生核心素养的达成。

🖨 问题的解决

作业作为诊断与评价学生的一个重要方面，对培养学生数学学科核心素养有重要的功能。依据课程内容的学习目标，恰当设计作业，使"教—学—评"活动有机结合形成合力，能有效促进学生数学学科核心素养的形成与发展。体现数学学科核心素养的四个方面分别有：情境与问题、知识与技能、思维与表达、交流与反思。这四个方面与核心素养之间的相互关系如图 6-2-1 所示。依照此框架，在实际作业设计过程中，紧扣课程标准，采用"自上而下"的作业设计思路，如图 6-2-2 所示。下面初步探索以数学学科核心素养为导向的作业设计策略。

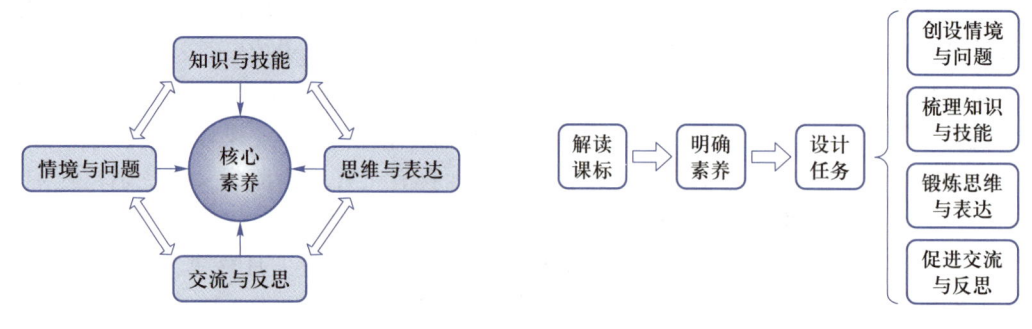

图 6-2-1　体现数学学科核心素养的四个方面

图 6-2-2　作业设计思路

一、科学设计，夯实基础

数学作为一门基础学科，对学生的后续学习非常重要，数学基础知识、基本技能、基本思想及基本活动经验是学生进一步学习以及未来发展所必须获得的。对这些基础知识的学习，是学生发展学科核心素养的必要条件，只有基础打牢了，才能更好地运用数学知识去发现问题、提出问题、分析问题和解决问题。

当教师设计作业内容时，一定要有整体规划和侧重，例如，针对课堂知识的落实，作业中应蕴含对基础知识的运用，突出课堂内容的重点，精选最核心、最典型的题目，让每一位学生都能巩固基础知识。教师不能总是一味地追求拔高训练或是综合训练。在布置基础巩固型数学作业时，尽量少采用题海战术，一定要精挑细选，重点巩固典型题和代表题，重复的练习只会降低学生的学习兴趣，也起不到很好的巩固作用。数学是思维体操，精心的作业设计能让学生高效利用时间，也能更好地自主规划，安排好复习、预习、总结等各环节。

数学基本知识学习与数学高阶思维发展是互相补充、互相促进的。在学生熟练掌握基本知识技能的前提下，在巩固知识的基础上适当布置拓展型和综合型作业，更有利于激发学生的学习兴趣，培养学生积极探索、独立思考的综合素养，提升学生数学学习能力。对于提高类作业，要给学生充分的时间去思考和完成，在设计时还要遵循学生的认知发展规律，注重思维上的引导，促进学生思考"为什么这么做"。

【案例】

概率初步（同步作业设计）

(一) 设计思路

本作业是根据新版课程标准要求和学生实际需要的原创作业设计。

1. 通过创设实际情境——随机摸球游戏，帮助学生通过活动经验理解独立事件、互斥事件和对立事件，深度理解知识概念，发展数学建模、数学运算和逻辑推理等素养。

(1) 通过实际问题的解决，运用古典概型、条件概率、独立事件等分析和解决问题。

(2) 通过观察简单事件（取一球，一属性）进一步体会事件之间的关系：互斥、对立、独立。

(3) 通过分析和解决复杂问题（取两球，两属性）体会独立事件和互斥（对立）事件在问题解决中的应用，分析可以解决的事件类型，提出不同的解决方法，提升问题解决的基本能力，发展数学抽象、数学建模、数学抽象等素养。

2. 通过介绍问题产生来源和提出半开放式问题等方式，帮助学生学会用数学的眼光观察世界，用数学的思维分析世界，用数学的语言表达世界，帮助学生站在更高的位置认识数学知识，能在实际情境中发现、分析、解决和提出新问题，从而发展数学学科核心素养。

(二) 具体内容

假设下列小球除颜色、号码外均同质。

情境1　从3个红色球（编号1，2，3）和3个黄色球（编号1，2，3）共6个球中，随机抽取一个球。

(1) 事件A：抽取到的球是红色球。求A发生的概率。

(2) 事件B：抽取到的球是1号球。求B发生的概率。

(3) 事件C：在抽取到的球是红色球的条件下，抽取到1号球。求C发生的概率。

(4) 事件D：抽取到红色1号球。求D发生的概率。

(5) 这些事件之间有什么关系？这些事件的概率之间又有什么关系？

(6) 你能描述一些其他的事件并求出它们的概率吗？这些事件之间有什么关系？

情境2　若从3个红色球（编号1，2，3）和2个黄色球（编号1，2）共5个球中，随机抽取一个球。

情境1所述事件A、B、C、D之间的关系会发生改变吗？为什么会发生上述变化？

情境3　若从3个红色球（编号1，2，3）和2个黄色球（编号1，2）共5个球中，随机抽取两个球，设计不同的试验（不同的抽取方式），完成表6-2-1。

表 6-2-1

事件发生的概率	有放回地抽取	逐个不放回地抽取	同时（一次）抽取
$P(A)$			
$P(B)$			
$P(AB)$			
$P(C)$			
$P(D)$			
$P(CD)$			
$P(E)$			

其中事件

A：抽取到的两个球都是红色球；

B：抽取到的两个球都是1号球；

AB：＿＿＿＿＿＿＿＿＿＿＿＿＿＿；

C：抽取到的两个球中有红色球；

D：抽取到的两个球中有1号球；

CD：＿＿＿＿＿＿＿＿＿＿＿＿＿＿；

E：抽取到的两个球有红色1号球。

你还能提出哪些问题？总结一下你对这部分内容的理解和感受。

参考答案：

情境1　(1) $\dfrac{1}{2}$；(2) $\dfrac{1}{3}$；(3) $\dfrac{1}{3}$；(4) $\dfrac{1}{6}$；(5) 主要是能判断事件 B、C 独立；(6) 根据学生提出的问题给予评价。

情境2　(1) $\dfrac{3}{5}$；(2) $\dfrac{2}{5}$；(3) $\dfrac{1}{3}$；(4) $\dfrac{1}{5}$；(5) 主要是能判断事件 B、C 不独立，原因是两种颜色的球数从相等到不等的变化，使得独立的两个事件变成了不独立的两个事件。

情境3　经过不同的抽取方式，各事件发生的概率如表6-2-2所示。

表 6-2-2

事件发生的概率	有放回地抽取	逐个不放回抽取	同时（一次）抽取
$P(A)$	$\dfrac{9}{25}$	$\dfrac{3}{10}$	$\dfrac{3}{10}$
$P(B)$	$\dfrac{4}{25}$	$\dfrac{1}{10}$	$\dfrac{1}{10}$
$P(AB)$	$\dfrac{1}{25}$	0	0
$P(C)$	$\dfrac{21}{25}$	$\dfrac{9}{10}$	$\dfrac{9}{10}$

续表

事件发生的概率	有放回地抽取	逐个不放回抽取	同时（一次）抽取
$P(D)$	$\dfrac{16}{25}$	$\dfrac{7}{10}$	$\dfrac{7}{10}$
$P(CD)$	$\dfrac{13}{25}$	$\dfrac{3}{5}$	$\dfrac{3}{5}$
$P(E)$	$\dfrac{9}{25}$	$\dfrac{2}{5}$	$\dfrac{2}{5}$

其中事件

AB：抽到的两个球都是红色1号球；

CD：抽到的两个球中有红色球且有1号球。

上述问题学生都可以通过列举的方法准确得到答案，但是希望学生通过对立事件、互斥事件、独立事件的关系再次解决这些问题；进而深刻理解条件概率和事件的独立性；认识和区分有放回和无放回抽取方式带来的影响，为后续独立重复试验做好铺垫；认识到同时抽取和无放回抽取方式的同质关系。

（三）使用建议

独立完成（30分钟）⇨ 群内交流（30分钟）⇨ 课上讲解交流（40分钟）⇨ 个人总结反思（20分钟）⇨ 展示交流

根据群内交流情况，就难点问题进行讲解，对学生的个人总结反思进行批改，并展示交流。

（案例提供：丛小睿，北京航空航天大学实验学校中学部）

案例分析

"概率初步"这部分概念较多，除了落实基本知识和方法外，进一步厘清这些概念的差异与联系十分重要。同时，概率的素材多来源于生活实际，可以更好地帮助学生认识到"数学源于生活，应用于生活"。本单元设计就是基于这样的需求编写的，突破了以往的作业形式，在一个问题情境中提出不同的问题，题目数量不多，题目之间相互关联，帮助学生巩固落实基础的同时，体会和总结知识之间的关联和发展，体现了作业设计的实践性、开放性和系统性。

作业中几个问题的设计从简单到复杂，从设问到开放，从解决问题到提出问题，使得不同层次的学生都有信心完成，达到了落实基础的目的，并实现了分层作业的目的。题目既不会因为太难而使学生无从下手，也不会因为太简单而使能力水平较高的学生没有收获，既兼顾基础的落实，又帮助学生站在更高的位置来认识数学，在更自由的情境中发现、分析、解决和提出新问题，获得数学学科核心素养的发展。

二、明确目标，形式多样

作业兼具学习和评价的功能。在布置作业时，教师不仅要关注当天的练习巩固任务，还应当注重复习任务、改错任务和预习任务，需要阶段性地设计提高任务等。作业是学生学习中的一环，利用作业可以引导学生有效地进行预习、复习、反思等，帮助学生养成良好的学习习惯。比如在完成每章节教学内容学习后，让学生复习教材知识，进行章节重难点的归纳，完成章节思维导图。学生通过系统总结所学知识内容，更能掌握知识点之间的联系，将知识点融会贯通，构建自己的"知识体系"，为进一步学习提供良好的保障。

数学作业常以书面作业为主，作业形式内容单一，实践类作业很少，学生很少阅读与数学文化相关的图书，也很少接触数学建模，学生很难感受到数学与实际生活的联系，也很难感受到数学的美好。事实上，数学是与学生生活息息相关、对学生终身学习都有帮助的学科。数学作业的单一不利于学生的全面发展和数学素养的提升，设计多元的数学作业，如实践类、结构不良的问题等，以开放性的状态激发学生充分发挥主观能动性，更容易引起学生的兴趣，也能让学生更好地体会过程与情感的升华。开放性数学作业形式可采用材料搜集、调查分析和专题研究等方式，与学生的实际生活相结合。对于开放性作业，可以让学生小组合作完成，作业形式可以多样，比如写读后感、研究报告、数学小论文、分享演示文稿（PPT），甚至可以推荐视频等，给学生耳目一新的感觉。学生在开放性作业的引导下，真正对实际生活蕴含的数学知识进行探索，主动阅读数学书籍，从而体会到数学的魅力。因此，在保证掌握基本知识的前提下，调动学生解决数学问题的愿望，开放性作业往往能刺激学生发挥主动性，让他们在问题的引导下，在寻找问题解决方案的过程中，获得积极的情感体验，提高探究问题的能力和思维水平。

【案例】

解析几何一模试卷讲评（同步作业设计）

（一）作业内容分析

解析几何是高中数学的重要内容之一，其中直线与椭圆的位置关系又是高三数学研究解析几何的一个重要载体，对学生的数学思维、数学思想方法的提高，以及数学学科核心素养的培养有重要作用，也是高考重点考查内容之一。

1. 课标分析

（1）掌握椭圆的定义、标准方程及简单几何性质。

（2）通过圆锥曲线与方程的学习，进一步体会数形结合的思想。

2. 学业要求

通过学习，学生能够掌握平面解析几何解决问题的基本过程：根据具体问题情境的特点，建立平面直角坐标系；根据几何问题和图形的特点，用代数语言把几何问题转化为代数问题；根据对几何问题（图形）的分析，探索解决问题的思路；运用代数方法得到结论；给出代数结论的合理几何解释，解决几何问题。

3. 试题分析

（1）从历年高考解答题的题型来看，涉及的几何量、几何关系与几何度量有斜率、弦长、面积、角度、垂直、中点；涉及的问题有存在性探究问题、（函数）最值问题、定点定值问题、三点共线问题、平面图形的形状研究等。

（2）高考数学北京卷解析几何试题考查的落脚点是能力，注重考查学生的"探索实践、猜想证明和化归转化"的基本思想方法和能力问题。

解析几何的本质是用代数的方法研究几何问题。基于上述分析，本单元作业要使学生通过对题目的分析，从图形和题目的数量关系中抽象出数学问题，并用恰当的语言予以表达；使学生能建立形与数的联系，利用几何图形描述问题，提升数形结合的能力；使学生通过对条件与结论的分析，把握问题之间的联系及其发展脉络，学会有逻辑地思考问题；通过对代数运算方法的合理选择及问题的解决，使学生在具体的问题中感悟解析几何的本质。所以，本单元作业能很好地培养学生数学抽象、逻辑推理、直观想象、数学运算等素养。

（二）作业目标

1. 巩固复习椭圆定义、标准方程，椭圆的简单几何性质，直线的斜率，两直线的位置关系，直线与椭圆的位置关系。

2. 体会解析几何中数形结合的练习，养成从问题出发，逐渐分析出题目各元素及元素间关系的习惯；在分析清楚的基础上，树立优化意识，即对问题的内在逻辑进行分析，优化解法。

3. 通过作业练习，学生熟悉解决各种典型问题的通性通法，回顾和归纳解析几何解答题的各种类型问题（线段长、面积、弦中点、三点共线、直线与圆锥曲线解题步骤，定点定值问题先猜后证等），学会分析，学会如何在这些问题中进行合理的转化与化归。

4. 通过作业练习，学生能有意识地将几何条件坐标化，恰当聚焦目标，逐步领会函数思想（求最值）、方程思想（求解变量）、数形结合思想（利用几何关系简化计算）、分类讨论思想（斜率是否存在、焦点在哪个轴上）、化归思想（韦达定理）等数学思想方法，发展数学抽象、逻辑推理、直观想象、数学运算等素养。

（三）学情分析

1. 经过一轮、二轮全面复习，学生已初步掌握直线与椭圆位置关系的一些基础知识，能解决多数简单问题（涉及知识点较少，解题思路较单一，运算步骤较短）和常规问题（求弦长、面积，简单转化等）。

2. 目前存在的主要问题：学生不太会主动运用思想方法，不太会分析问题，套用解题模式的情况较多；处理稍复杂的代数问题有困难，运算能力有待加强。

3. 我校学生数学基础相对薄弱，对数学问题的分析、运算能力不足，处理综合问题的信心还有待加强。

（四）作业设计思路

由于解析几何问题分析难度高、运算量大，并且学生一般在考试做到此题时剩下的时间已经不多，所以对普通学校的学生来说很有挑战性。

在高三一模考试之后进行解析几何一模试卷讲评，本单元作业设计应促进学生的学、做、说；让学生动起来、有思考；使学生的综合能力有所提高，使不同学生都能通过作业练习增强解题信心，使他们以后在考场上的有限的时间里也能正确解答。

本单元作业基于下面四课时规划设计（图6-2-3），其中上课例题来源于2019年北京市各区一模数学（文科）试卷。

这四节课的单元作业整体规划思路如图6-2-4所示。

（五）作业内容的具体设计

【第一课时】

任务1：独自整理课上研究过的海淀区试卷第20题，想明白，算正确；第二天小

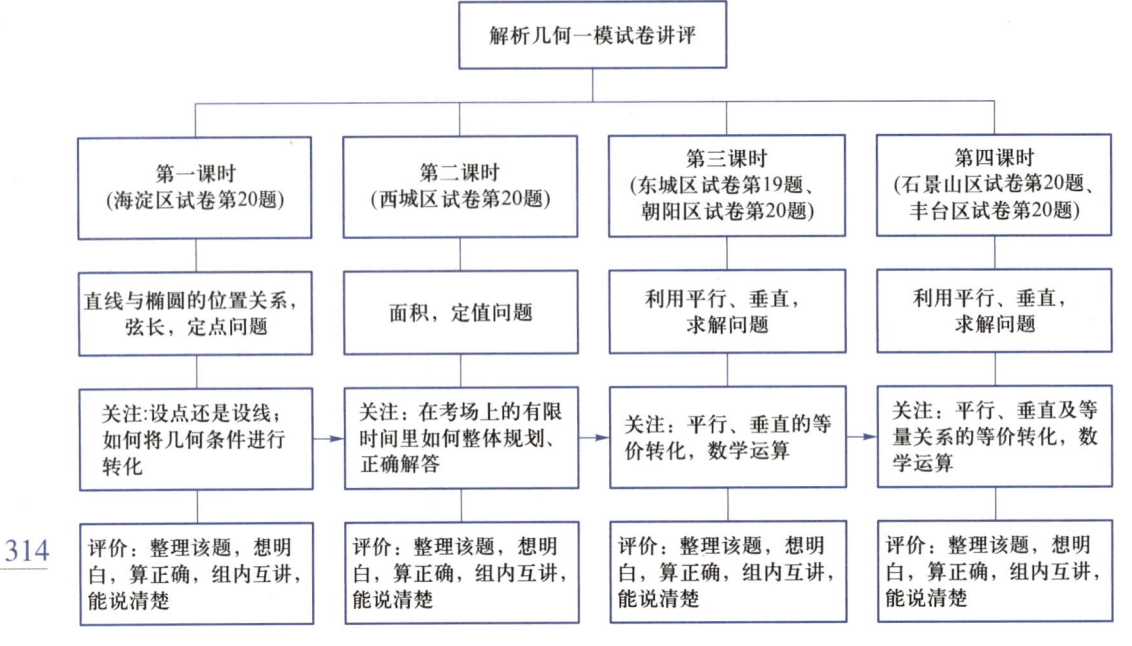

图 6-2-3　解析几何一模试卷讲评单元教学课时安排

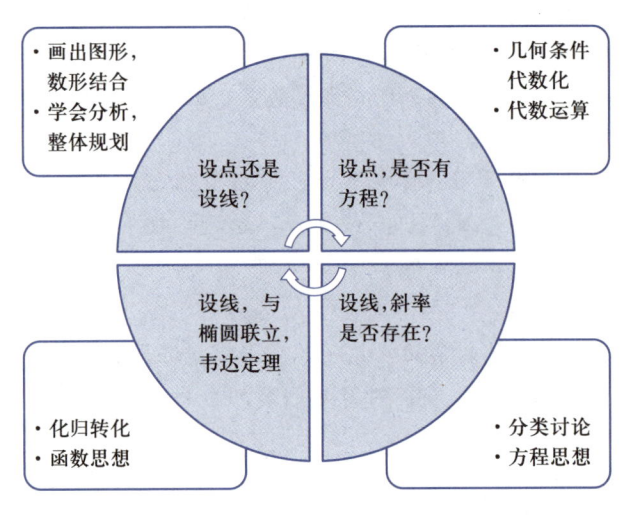

图 6-2-4　单元作业整体规划思路

组内互讲，能说清楚。

任务2：完成下题。

已知椭圆 $\dfrac{x^2}{a^2}+\dfrac{y^2}{b^2}=1(a>b>0)$ 的左、右焦点分别为 F_1，F_2，短轴两个端点为 A、B，且四边形 F_1AF_2B 是边长为2的正方形。

（1）求椭圆的方程。

（2）若 C、D 分别是椭圆长轴的左、右端点，动点 M 满足 $MD\perp CD$，连接 CM，交椭圆于点 P。证明：$\overrightarrow{OP}\cdot\overrightarrow{OM}$ 为定值。

（3）在（2）的条件下，试问 x 轴上是否存在异于点 C 的定点 Q，使得以 MP 为直

径的圆过直线 DP、MQ 的交点，若存在，求出点 Q 的坐标；若不存在，说明理由。

解：(1) 由题意 $b=c$，$b^2+c^2=4$，又 $a^2=b^2+c^2$，所以 $a=2$，$b=\sqrt{2}$，所求椭圆方程为 $\dfrac{x^2}{4}+\dfrac{y^2}{2}=1$。

方法 1　设点

(2) $C(-2,0)$，$D(2,0)$，设 $P(x_0,y_0)$，$M(2,m)$。

因为点 P 在椭圆 $\dfrac{x^2}{4}+\dfrac{y^2}{2}=1$ 上，所以 $\dfrac{x_0^2}{4}+\dfrac{y_0^2}{2}=1$，即 $x_0^2+2y_0^2=4$。

因为 C、P、M 三点共线，所以 $k_{CP}=k_{CM}$，即 $\dfrac{y_0}{x_0+2}=\dfrac{m}{4}$，得 $m=\dfrac{4y_0}{x_0+2}$，即 $M\left(2,\dfrac{4y_0}{x_0+2}\right)$，

则有
$$\vec{OP}\cdot\vec{OM}=2x_0+\dfrac{4y_0^2}{x_0+2}=\dfrac{2x_0^2+4x_0+4y_0^2}{x_0+2}$$

因为 $x_0^2+2y_0^2=4$，所以
$$\vec{OP}\cdot\vec{OM}=\dfrac{8+4x_0}{x_0+2}=4,\quad 即\vec{OP}\cdot\vec{OM}=4$$

(3) 分析：x 轴上是否存在异于点 C 的定点 Q，使得以 MP 为直径的圆过直线 DP、MQ 的交点 $\Leftrightarrow$ x 轴上是否存在异于点 C 的定点 Q，使 $DP\perp MQ$。

解：设 x 轴上存在异于点 C 的定点 $Q(t,0)$，使得以 MP 为直径的圆恒过直线 DP、MQ 的交点，则 $DP\perp MQ$，即 $\vec{DP}\cdot\vec{MQ}=0$。

由 (2) $\vec{DP}=(x_0-2,y_0)$，$\vec{MQ}=\left(t-2,\dfrac{-4y_0}{x_0+2}\right)$，有

$$\vec{DP}\cdot\vec{QM}=(x_0-2)(t-2)-\dfrac{4y_0^2}{x_0+2}=0$$
$$(x_0^2-4)(t-2)-4y_0^2=0$$

所以
$$(x_0^2-4)(t-2)-2(4-x_0^2)=0$$

得
$$t(x_0^2-4)=0$$

因为点 Q 异于点 C，所以 $x_0\neq-2$，只能是 $t=0$。即 x 轴上存在异于点 C 的定点 $Q(0,0)$，使得以 MP 为直径的圆恒过直线 DP、MQ 的交点。

方法 2　设线

(2) 由题意可知直线 CP 的斜率存在，设直线 CP 方程为 $y=k(x+2)$ $(k\neq 0)$，$P(x_0,y_0)$，令 $x=2$，得 $y=4k$，即 $M(2,4k)$。

由 $\begin{cases} y=k(x+2) \\ \dfrac{x^2}{4}+\dfrac{y^2}{2}=1 \end{cases}$ 消去 y，整理得

$$(1+2k^2)x^2+8k^2x+8k^2-4=0$$

则 $\Delta=(8k^2)^2-4(1+2k^2)(8k^2-4)=16>0$，$-2x_0=\dfrac{8k^2-4}{1+2k^2}$。所以

$$x_0=\dfrac{2-4k^2}{1+2k^2},\quad y_0=k(x_0+2)=\dfrac{4k}{1+2k^2}$$

则 $P\left(\dfrac{2-4k^2}{1+2k^2}, \dfrac{4k}{1+2k^2}\right)$，又 $M(2,4k)$，所以

$$\vec{OP} \cdot \vec{OM} = \dfrac{4-8k^2}{1+2k^2} + \dfrac{16k^2}{1+2k^2} = \dfrac{4+8k^2}{1+2k^2} = 4$$

$$\vec{OP} \cdot \vec{OM} = 4$$

（3）设 x 轴上存在异于点 C 的定点 $Q(t,0)$，使得以 MP 为直径的圆恒过直线 DP、MQ 的交点，则 $DP \perp MQ$，即 $\vec{DP} \cdot \vec{MQ} = 0$，

又 $D(2,0)$，$P\left(\dfrac{2-4k^2}{1+2k^2}, \dfrac{4k}{1+2k^2}\right)$，则

$$\vec{DP} = \left(\dfrac{2-4k^2}{1+2k^2} - 2, \dfrac{4k}{1+2k^2}\right), \quad \vec{MQ} = (t-2, -4k)$$

$$\vec{DP} \cdot \vec{MQ} = \dfrac{-8k^2}{1+2k^2}(t-2) - \dfrac{16k^2}{1+2k^2} = 0$$

$$\dfrac{-8k^2}{1+2k^2} \cdot t = 0$$

因为 $k \neq 0$，所以 $t = 0$。即 x 轴上存在异于点 C 的定点 $Q(0,0)$，使得以 MP 为直径的圆恒过直线 DP、MQ 的交点。

【第二课时】

任务1：独自整理上课研究过的西城区试卷第20题，想明白，算正确；第二天小组内互讲，能说清楚。

任务2：完成下面两题。

1. 已知椭圆 G：$\dfrac{x^2}{4} + y^2 = 1$，过点 $(m,0)$ 作圆 $x^2 + y^2 = 1$ 的切线 l 交椭圆 G 于 A，B 两点。

（1）求椭圆 G 的焦点坐标和离心率。

（2）将 $|AB|$ 表示为 m 的函数，并求 $|AB|$ 的最大值。

解：（1）由已知得 $a = 2$，$b = 1$，所以 $c = \sqrt{a^2 - b^2} = \sqrt{3}$，椭圆 G 的两焦点坐标分别为 $(-\sqrt{3}, 0)$，$(\sqrt{3}, 0)$，离心率为 $e = \dfrac{c}{a} = \dfrac{\sqrt{3}}{2}$。

（2）由题意知，$|m| \geq 1$。

① 当 $m = 1$ 时，切线 l 的方程 $x = 1$，点 A、B 的坐标分别为 $A\left(1, \dfrac{\sqrt{3}}{2}\right)$，$B\left(1, -\dfrac{\sqrt{3}}{2}\right)$，此时 $|AB| = \sqrt{3}$。当 $m = -1$ 时，同理可得 $|AB| = \sqrt{3}$。

② 当 $|m| > 1$ 时，设切线 l 的方程为 $y = k(x-m)$，由 $\begin{cases} y = k(x-m) \\ \dfrac{x^2}{4} + y^2 = 1 \end{cases}$ 得

$$(1+4k^2)x^2 - 8k^2 m x + 4k^2 m^2 - 4 = 0$$

设 $A(x_1, y_1)$，$B(x_2, y_2)$，则

$$x_1 + x_2 = \dfrac{8k^2 m}{1+4k^2}, \quad x_1 x_2 = \dfrac{4k^2 m^2 - 4}{1+4k^2}$$

又由 l 与圆 $x^2+y^2=1$ 相切，得 $\dfrac{|km|}{\sqrt{k^2+1}}=1$，即 $m^2k^2=k^2+1$，所以

$$|AB|=\sqrt{(x_2-x_1)^2+(y_2-y_1)^2}$$
$$=\sqrt{(1+k^2)\left[\dfrac{64k^4m^2}{(1+4k^2)^2}-\dfrac{4(4k^2m^2-4)}{1+4k^2}\right]}$$
$$=\dfrac{4\sqrt{3}\,|m|}{m^2+3}$$

当 $m=\pm 3$ 时，$|AB|=\sqrt{3}$，所以

$$|AB|=\dfrac{4\sqrt{3}\,|m|}{m^2+3},\quad m\in(-\infty,-1]\cup[1,+\infty)$$

因为 $|AB|=\dfrac{4\sqrt{3}\,|m|}{m^2+3}=\dfrac{4\sqrt{3}}{|m|+\dfrac{3}{|m|}}\leq 2$，且当 $m=\pm\sqrt{3}$ 时，$|AB|=2$，所以 $|AB|$ 的最大值为 2。

2. 已知椭圆 $C:x^2+\dfrac{y^2}{4}=1$，过点 $M(0,1)$ 的直线 l 与椭圆 C 相交于两点 A、B。

(1) 若 l 与 x 轴相交于点 P，且 P 为 AM 的中点，求直线 l 的方程；

(2) 设点 $N\left(0,\dfrac{1}{2}\right)$，求 $|\overrightarrow{NA}+\overrightarrow{NB}|$ 的最大值。

解：(1) 设 $A(x_1,y_1)$，因为 P 为 AM 的中点，且 P 的纵坐标为 0，M 的纵坐标为 1，所以 $\dfrac{y_1+1}{2}=0$，解得 $y_1=-1$。

又因为点 $A(x_1,y_1)$ 在椭圆 C 上，所以 $x_1^2+\dfrac{y_1^2}{4}=1$，即 $x_1^2+\dfrac{1}{4}=1$，解得 $x_1=\pm\dfrac{\sqrt{3}}{2}$，则点 A 的坐标为 $\left(\dfrac{\sqrt{3}}{2},-1\right)$ 或 $\left(-\dfrac{\sqrt{3}}{2},-1\right)$。

所以，直线 l 的方程为 $4\sqrt{3}x-3y+3=0$ 或 $4\sqrt{3}x+3y-3=0$。

(2) 设 $A(x_1,y_1)$，$B(x_2,y_2)$，则

$$\overrightarrow{NA}=\left(x_1,y_1-\dfrac{1}{2}\right),\quad \overrightarrow{NB}=\left(x_2,y_2-\dfrac{1}{2}\right)$$

所以

$$\overrightarrow{NA}+\overrightarrow{NB}=(x_1+x_2,y_1+y_2-1)$$

则

$$|\overrightarrow{NA}+\overrightarrow{NB}|=\sqrt{(x_1+x_2)^2+(y_1+y_2-1)^2}$$

当直线 AB 的斜率不存在时，其方程为 $x=0$，$A(0,2)$，$B(0,-2)$，此时

$$|\overrightarrow{NA}+\overrightarrow{NB}|=1$$

当直线 AB 的斜率存在时，设其方程为 $y=kx+1$。

由 $\begin{cases}y=kx+1,\\ x^2+\dfrac{y^2}{4}=1,\end{cases}$ 消去 y 得

$$(4+k^2)x^2+2kx-3=0$$

有 $\Delta=(2k)^2+12(4+k^2)=16k^2+48>0$，则

$$x_1+x_2=\frac{-2k}{4+k^2}, \quad y_1+y_2=(kx_1+1)+(kx_2+1)=\frac{8}{4+k^2}$$

所以 $|\overrightarrow{NA}+\overrightarrow{NB}|^2=\left(\frac{-2k}{4+k^2}\right)^2+\left(\frac{8}{4+k^2}-1\right)^2=\frac{-12k^2}{(4+k^2)^2}+1\leqslant 1$

当 $k=0$ 时，等号成立，即此时 $|\overrightarrow{NA}+\overrightarrow{NB}|$ 取得最大值 1。

综上，当直线 AB 的方程为 $x=0$ 或 $y=1$ 时，$|\overrightarrow{NA}+\overrightarrow{NB}|$ 有最大值 1。

【第三课时】

任务1：独自整理上课研究过的东城区试卷第19题、朝阳区试卷第20题，想明白，算正确；第二天小组内互讲，能说清楚。

任务2：完成下题。

已知椭圆 C：$x^2+3y^2=3$，过点 $D(1,0)$ 且不过点 $E(2,1)$ 的直线与椭圆 C 交于 A，B 两点，直线 AE 与直线 $x=3$ 交于点 M。

(1) 求椭圆 C 的离心率。

(2) 若 AB 垂直于 x 轴，求直线 BM 斜率。

(3) 试判断直线 BM 与直线 DE 的位置关系，并说明理由。

解：(1) 椭圆 C 标准方程为 $\frac{x^2}{3}+y^2=1$，所以 $a=\sqrt{3}$，$b=1$，$c=\sqrt{a^2-b^2}=\sqrt{2}$，所以椭圆 C 的离心率为 $e=\frac{c}{a}=\frac{\sqrt{2}}{\sqrt{3}}=\frac{\sqrt{6}}{3}$。

(2) 因为 AB 过点 $D(1,0)$，垂直于 x 轴，所以 AB 的方程为 $x=1$。

不妨设 $A(1,y_0)$，$B(1,-y_0)$，则 AE 方程为

$$y-1=(1-y_0)(x-2)$$

令 $x=3$，得 $M(3,2-y_0)$，所以直线 BM 的斜率为

$$k_{BM}=\frac{2-y_0+y_0}{3-1}=1$$

(3) 直线 BM 与直线 DE 平行，证明如下。

当直线 AB 的斜率不存在时，由（2）可知 $k_{BM}=1$。又因为直线 DE 的斜率 $k_{DE}=\frac{1-0}{2-1}=1$，所以 $BM//DE$。

当直线 AB 的斜率存在时，设其方程为 $y=k(x-1)$（$k\neq 1$）。设 $A(x_1,y_1)$，$B(x_2,y_2)$，则直线 AE 的方程为

$$y-1=\frac{y_1-1}{x_1-2}(x-2)$$

令 $x=3$，得点 $M\left(3,\frac{y_1+x_1-3}{x_1-2}\right)$。

由 $\begin{cases} x^2+3y^2=3 \\ y=k(x-1) \end{cases}$，得 $(1+3k^2)x^2-6k^2x+3k^2-3=0$，显然 $\Delta>0$，且

$$x_1+x_2=\frac{6k^2}{1+3k^2}, \quad x_1x_2=\frac{3k^2-3}{1+3k^2}$$

直线 BM 的斜率
$$k_{BM}=\frac{\frac{y_1+x_1-3}{x_1-2}-y_2}{3-x_2}$$

因为
$$k_{BM}-1=\frac{k(x_1-1)+x_1-3-k(x_2-1)(x_1-2)-(3-x_2)(x_1-2)}{(3-x_2)(x_1-2)}$$
$$=\frac{(k-1)[-x_1x_2+2(x_1+x_2)-3]}{(3-x_2)(x_1-2)}$$
$$=\frac{(k-1)\left[\frac{-3k^2+3}{1+3k^2}+\frac{12k^2}{1+3k^2}-3\right]}{(3-x_2)(x_1-2)}=0$$

所以 $k_{BM}=1=k_{DE}$，即 $BM//DE$。

综上可知，直线 BM 与直线 DE 平行。

【第四课时】

任务1：独自整理上课研究过的石景山区试卷第20题、丰台区试卷第20题，想明白，算正确；第二天小组内互讲，能说清楚。

任务2：完成下题。

已知椭圆 $M:\frac{x^2}{a^2}+\frac{y^2}{b^2}=1(a>b>0)$ 的离心率为 $\frac{\sqrt{6}}{3}$，焦距为 $2\sqrt{2}$，斜率为 k 的直线 l 与椭圆 M 有两个不同的交点 A、B。

(1) 求椭圆 M 的方程。

(2) 若 $k=1$，求 $|AB|$ 的最大值。

(3) 设 $P(-2,0)$，直线 PA 与椭圆 M 的另一个交点为 C，直线 PB 与椭圆 M 的另一个交点为 D。若 C,D 和点 $Q\left(-\frac{7}{4},\frac{1}{4}\right)$ 共线，求 k。

解：(1) 由题意得 $2c=2\sqrt{2}$，所以 $c=\sqrt{2}$。

又 $e=\frac{c}{a}=\frac{\sqrt{6}}{3}$，所以 $a=\sqrt{3}$，$b^2=a^2-c^2=1$，故椭圆 M 的标准方程为 $\frac{x^2}{3}+y^2=1$。

(2) 设直线 AB 的方程为 $y=x+m$。

由 $\begin{cases} y=x+m \\ \frac{x^2}{3}+y^2=1 \end{cases}$ 消去 y，可得

$$4x^2+6mx+3m^2-3=0$$

则 $\Delta=36m^2-4\times 4(3m^2-3)=48-12m^2>0$，即 $m^2<4$。

设 $A(x_1,y_1)$，$B(x_2,y_2)$，则

$$x_1+x_2=-\frac{3m}{2}, \quad x_1x_2=\frac{3m^2-3}{4}$$

所以
$$|AB| = \sqrt{1+k^2}\,|x_1-x_2|$$
$$= \sqrt{1+k^2}\cdot\sqrt{(x_1+x_2)^2-4x_1x_2}$$
$$= \frac{\sqrt{6}\times\sqrt{4-m^2}}{2}$$

当 $m^2=0$ 时，$|AB|_{\max}=\sqrt{6}$，故 $|AB|$ 的最大值为 $\sqrt{6}$。

(3) 设 $A(x_1,y_1)$，$B(x_2,y_2)$，$C(x_3,y_3)$，$D(x_4,y_4)$，则
$$x_1^2+3y_1^2=3 \qquad ①$$
$$x_2^2+3y_2^2=3 \qquad ②$$

又 $P(-2,0)$，可设 $k_1=k_{PA}=\dfrac{y_1}{x_1+2}$，直线 PA 的方程为 $y=k_1(x+2)$。

由 $\begin{cases} y=k_1(x+2) \\ \dfrac{x^2}{3}+y^2=1 \end{cases}$ 消去 y，可得

$$(1+3k_1^2)x^2+12k_1^2x+12k_1^2-3=0$$

则 $x_1+x_3=-\dfrac{12k_1^2}{1+3k_1^2}$，即 $x_3=-\dfrac{12k_1^2}{1+3k_1^2}-x_1$

又 $k_1=\dfrac{y_1}{x_1+2}$，代入①式可得

$$x_3=\frac{-7x_1-12}{4x_1+7},\qquad y_3=\frac{y_1}{4x_1+7}$$

得 $C\left(\dfrac{-7x_1-12}{4x_1+7},\dfrac{y_1}{4x_1+7}\right)$。同理可得 $D\left(\dfrac{-7x_2-12}{4x_2+7},\dfrac{y_2}{4x_2+7}\right)$。

$$\overrightarrow{QC}=\left(x_3+\frac{7}{4},y_3-\frac{1}{4}\right),\qquad \overrightarrow{QD}=\left(x_4+\frac{7}{4},y_4-\frac{1}{4}\right)$$

因为 Q、C、D 三点共线，所以

$$\left(x_3+\frac{7}{4}\right)\left(y_4-\frac{1}{4}\right)-\left(x_4+\frac{7}{4}\right)\left(y_3-\frac{1}{4}\right)=0$$

将点 C、D 的坐标代入化简可得 $\dfrac{y_1-y_2}{x_1-x_2}=1$，即 $k=1$。

(六) 作业使用建议

本单元每课时的作业主要分为两个部分。

一是课后用 20 分钟时间独自整理课上研究过的问题，想明白，算正确；第二天发挥同伴互助的作用，组内互讲或者讲给教师，要求能说清楚方法和思路。分层要求：程度较好的同学独自整理，并给组内程度中等的同学讲；程度中等的同学根据教师上课的分析，整理课上例题，并给程度较低的同学讲；程度较低的学生分析题目、分析方法，可以模仿教师的解题并进行思考，第二天给教师叙述自己对问题的分析理解。如果一个学生能讲清问题的发展脉络，能算准确、说明白，那么这个学生就掌握了课上研究过的问题所涉及的基础知识和思想方法。对学生整理的问题，教师按评分标准

进行打分；小组内完成讲题后需要到教师那里打卡。

二是学生用20分钟独自完成一个相关的解答练习，上交后，由教师批改并按评分标准给分。依据学生的能力，分层要求：程度较好的学生得10分以上，程度中等的学生得8~10分，程度较差的学生至少得6分。每个学生在教师讲完作业后均需要改错。通过当面批改，教师对学生学习中的问题进行有针对性的指导，使学生较快获得提高。

（案例提供：何晚秋，北京师范大学第三附属中学）

案例分析

本案例符合高三一模考试后学生这一阶段的复习要求，作业目标明确，难度合适，要求合理。

首先，科学设计，夯实基础。高三一模考试后学生时间紧、压力大，解析几何试题知识点比较综合，对学生的能力要求较高，所以这个阶段教师要做好复习方案，确立作业目标，合理设计基于学情难度适中的作业。考虑到高三这一阶段的特殊性，本案例通过课标分析、学业要求及试题分析，进行选题优化，科学设计作业。对学生的具体要求是：(1) 整理课上问题，落实方法；(2) 每日一两个典型的、与例题相关的题目，规范完成；(3) 落实解决解析几何问题的通性通法，循序渐进，由易到难；(4) 要求运算的准确性。将作业重点放在掌握例题涵盖的知识点及数学思想方法上，避免了通过大量、重复的习题训练来巩固核心概念的落实，而是通过对关键问题的思考，夯实基础、提升素养。

其次，明确目标，形式多样。这一阶段的教学中，教师应明确复习目标，注重选择背景新颖灵活的题型，可以参考近几年的高考试题、高三模拟试题等，多层次、多角度地布置作业，使学生在学习过程中积极主动地构建知识框架，体会其中蕴含的数学思想方法，形成解决问题的通性通法，从而提高数学思维水平。

1. 明确目标，落实"四基"

第一课时作业，运用韦达定理及弦长公式，对定点定值问题采用先猜后证的解题策略，关注设点还是设线以及如何将几何条件进行转化；第二课时作业，将最值问题转化为函数最值问题；第三课时作业，利用平行、垂直，求解问题；第四课时作业，将三点共线问题转化为向量关系解决问题。

本单元作业还有一个共同的目标，就是帮助学生学会分析、转化，学会在考场上、在有限的时间里整体规划进行解答，积累经验。

2. 设计多样化的作业

(1) 设计口头表述型作业。口头表述型作业侧重学生思维过程和表达能力的培养，要求学生运用正确的思想方法，思路清晰，表达有条理。本单元作业其中一项要求梳理课上研究过的例题。事实上，如果课上的例题学生能够全部会做且能高效地完成，那么对基本知识和基本思想方法就能掌握。如何衡量这项作业完成的有效性，一个可行的方案是第二天在小组内互讲，讲题目、说思路方法、说解题框架，能说清楚、讲明白，独立算准确，那么课上的内容基本就掌握了。

(2) 设计书面巩固型作业。书面巩固型作业可以检查学生对所学知识的掌握情况。本单元作业来源于北京市高考试题和各区模拟试题，具有典型性，作业内容与授课内容紧密相关，较好地落实了课上内容，同时还反映出学生的思维与表达过程。通过书面巩固型作业可以帮助学生继续学习如何进行合理转化与化归，逐步提高学生解题的准确性和速度。

本单元作业的设计与合理安排，对学生数学思维拓展和成绩提高起到了积极的作用，通过多种方法提高了学生数学学科核心素养。

三、分层设计，优化落实

学生作为学习的主体，是独立的个体，每个学生的智力水平及具体情况都是不一样的。教师要尊重学生的个体差异，正视不同学生的差异，将理解学生落到实处，设计出丰富多彩、不拘一格、分层要求的个性化作业。分层布置作业，既能让学习成绩高、学习基础强的学生得到提升，也能让学习成绩较低、基础较弱的学生得到提升。因此，教师应根据不同学生的知识掌握情况和思维发展水平，设计有差异的作业，即进行作业分层设计。首先，分层设计不是指给每个学生设计不同的作业，而是可以在重难点之外，针对学生的薄弱点进行设计。其次，针对学生理解水平及学习能力的不同，对每个学生完成作业的要求也可以不同，可以对作业内容进行梯度设计。学生从同样的作业中选择适合自己的层次，以期待达到自己满意的标准，同时，还可以挑战略高于自己的水平，挑战成功有助于增强学习自信心，有利于培养学生对数学学科的兴趣，为今后的数学学习奠定坚实的基础，形成良性的学习闭环。

教师在设计作业之前，应对数学知识和当前章节的结构有整体的把握，除了设计作业、优选题、精选题之外，还要根据学生的情况进行适当调整，促进学生的交流，保证作业的有效性。另外，作业落实是作业设计中的一个重要环节，如果没有提前预设作业落实的方法，学生不重视作业的完成，很容易导致精心设计的作业失效。比如，在寒暑假期间，教师布置了自学任务，可以采用中期检查、开学诊断等方法检查作业的完成效果，从而给予及时的反馈和调整。学校的各科教师也要增进交流，优化学校作业管理机制。

教师通过对学生提交的数学作业的批改，可以获知学生对教学内容的掌握程度，但由于学生人数较多，只能简单地为学生批改，采用这样传统的作业批改方式，反馈的作业信息单一。在适当的阶段，教师可以让学生参与作业评价过程，让学生自查、互查，教师选择性查看。共同批改作业，可以充分发挥学生的主体作用，提高作业的批改效率。比如，在寒暑假期间，邀请部分学生加入"答案组"，给其他同学定期下发答案，答案如有问题，学生可以在学习群里开展讨论。自查和互查的方式更适合学生进行反思、验证和求证，更能吸引学生的兴趣和注意力，鼓励学生大胆质疑和积极思考。与此同时，作业批改量减少，教师可以用恰当的数学评语对学生加以启发和引导，促进学生拓宽解题思路，提高学生发散思维。

在实际教学过程中，根据所学内容，结合课程标准，以数学学科核心素养为导向的作业设计，有助于学生在探究过程中有体验、有思考、有想象、有推理，经历数据处理、数学建模、模型求解的过程，引发学生对所学问题的深入思考、持久理解及迁移应用，凸显出核心素养导向下作业的诊断与评价功能。

【案例】
余弦定理（课后同步作业）

（一）设计思路

通过基础练习和提升练习，巩固余弦定理推导的方法，使学生初步能够根据条件运用余弦定理求解三角形中的边角。通过对实际问题的研究，发现三角形中存在新的边角之间的数量关系，培养学生数学抽象、数学建模、逻辑推理和数学运算素养。通过对三角形余弦定理的探究推导，初步体会知识间相互转化的辩证关系，培养学生探索精神和创新意识。通过拓展探究作业，满足一部分学生的个性化发展需求，培养学生勇于挑战、敢于创新的精神。

（二）具体内容

1. 基础练习

（1）自选一个角度推导余弦定理。

（2）在 $\triangle ABC$ 中，若 $a=\sqrt{13}$，$b=3$，$\angle A=60°$，求边 c 的长。

（3）在 $\triangle ABC$ 中，若 $a^2+b^2=c^2$，则 $\angle C$ 是直角。若 $a^2+b^2>c^2$ 呢？$a^2+b^2<c^2$ 呢？

（4）证明余弦定理的另一种形式：

$a=b\cos\angle C+c\cos\angle B$，$b=a\cos\angle C+c\cos\angle A$，$c=a\cos\angle B+b\cos\angle A$

（5）在 $\triangle ABC$ 中，已知 $a:b:c=3:4:5$，判断 $\triangle ABC$ 的形状。

（6）在 $\triangle ABC$ 中，$\angle A$，$\angle B$，$\angle C$ 的对边分别为 a，b，c。若 $(a^2+c^2-b^2)\tan\angle B=\sqrt{3}ac$，求 $\angle B$。

2. 提升练习

（1）设 $x,x+1,x+2$ 是钝角三角形的三边长，求实数 x 的取值范围。

（2）在 $\triangle ABC$ 中，$\angle A=60°$，$a=1$，$b+c=2$，判断 $\triangle ABC$ 的形状。

（3）如图6-2-5，在 $\triangle ABC$ 中，已知点 D 在 BC 边上，$AD\perp AC$，$\sin\angle BAC=\dfrac{2\sqrt{2}}{3}$，$AB=3\sqrt{2}$，$AD=3$，求 BD 的长。

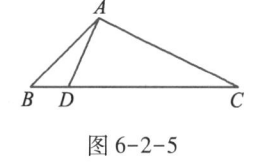

图6-2-5

（4）在 $\triangle ABC$ 中，若 $AB=4$，$AC=7$，BC 边的中线 $AD=\dfrac{7}{2}$，求边 BC 的长。

3. 拓展探究

（1）正弦定理和余弦定理等价吗？说明理由。

（2）如何用余弦定理证明两角差的余弦公式 $\cos(\alpha-\beta)=\cos\alpha\cos\beta+\sin\alpha\sin\beta$？

（3）运用余弦定理解决一个生活中的实际测量问题，并写成小论文。

（三）使用建议

基础练习为必做题；提升练习可根据基础练习掌握情况和时间充裕程度选做；拓展探究为长时作业（一周后提交），至少选一个完成，可以用论文形式撰写，可以两人合作撰写。

（四）评价建议

每道题不仅关注结果，还关注解答过程，同时关注不同层次的学生得到不同的发展。下面以提升练习第（4）题为例进行分析。

解法 1 设 $BC=2m$，因为 AD 是 BC 边上的中线，所以 $CD=m$。

在 $\triangle ACD$ 中，由余弦定理得

$$\cos \angle C = \frac{CD^2+CA^2-AD^2}{2CD \cdot CA} = \frac{m^2+49-\frac{49}{4}}{14m}$$

在 $\triangle ABC$ 中，由余弦定理得

$$\cos \angle C = \frac{CB^2+CA^2-AB^2}{2CB \cdot CA} = \frac{4m^2+49-16}{28m}$$

则 $\dfrac{m^2+49-\frac{49}{4}}{14m} = \dfrac{4m^2+49-16}{28m}$，解得 $m=\dfrac{9}{2}$，所以 $BC=9$。

解法 2 设 $BD=m$，因为 AD 是 BC 边上的中线，所以 $CD=m$。

在 $\triangle ABD$ 中，由余弦定理得

$$\cos \angle ADB = \frac{AD^2+BD^2-AB^2}{2AD \cdot BD} = \frac{m^2+\frac{49}{4}-16}{7m}$$

在 $\triangle ACD$ 中，由余弦定理得

$$\cos \angle ADC = \frac{AD^2+CD^2-AC^2}{2AD \cdot CD} = \frac{m^2+\frac{49}{4}-49}{7m}$$

因为 $\angle ADB + \angle ADC = \pi$，所以 $\cos \angle ADB + \cos \angle ADC = 0$，所以

$$\frac{m^2+\frac{49}{4}-16}{7m} + \frac{m^2+\frac{49}{4}-49}{7m} = 0$$

解得 $m=\dfrac{9}{2}$，所以 $BC=9$。

解法 3 如图 6-2-6 所示，延长 AD 到 E，使 $DE=AD$，连接 BE，EC。

因为 AD 是 BC 边上的中线，所以 AE 与 BC 互相平分，则四边形 $ACEB$ 是平行四边形，有 $BE=AC=7$。

又 $AB=4$，$AE=2AD=7$，所以在 $\triangle ABE$ 中，由余弦定理得

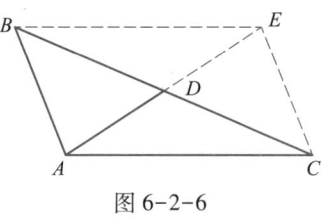

$$AE^2 = 49 = AB^2+BE^2-2AB \cdot BE \cdot \cos \angle ABE$$
$$= AB^2+AC^2-2AB \cdot AC \cdot \cos \angle ABE$$

在 $\triangle ABC$ 中，由余弦定理得

$$BC^2 = AB^2+AC^2-2AB \cdot AC \cdot \cos(\pi-\angle ABE)$$

所以 $49+BC^2 = 2(AB^2+AC^2) = 2(16+49)$，得 $BC^2=81$，即 $BC=9$。

本题评价标准如表 6-2-3 所示。

图 6-2-6

表 6-2-3

		解法 1 主要特征	解法 2 主要特征	解法 3 主要特征
不同水平学生作答预估	水平1	能写出 $\cos \angle C = \dfrac{CD^2+CA^2-AD^2}{2CD \cdot CA}$ 或 $\cos \angle C = \dfrac{CB^2+CA^2-AB^2}{2CB \cdot CA}$	能写出 $\cos \angle ADB = \dfrac{AD^2+BD^2-AB^2}{2AD \cdot BD}$ 或 $\cos \angle ADC = \dfrac{AD^2+CD^2-AC^2}{2AD \cdot CD}$	能正确作辅助线，在 $\triangle ABE$ 中能正确运用余弦定理
	水平2	能同时写出 $\cos \angle C = \dfrac{CD^2+CA^2-AD^2}{2CD \cdot CA}$ 和 $\cos \angle C = \dfrac{CB^2+CA^2-AB^2}{2CB \cdot CA}$，列出方程	能同时写出 $\cos \angle ADB = \dfrac{AD^2+BD^2-AB^2}{2AD \cdot BD}$ 和 $\cos \angle ADC = \dfrac{AD^2+CD^2-AC^2}{2AD \cdot CD}$，但诱导公式运用有误，不能得到 $\cos \angle ADB + \cos \angle ADC = 0$	能正确作辅助线，在 $\triangle ABE$ 与 $\triangle ABC$ 中均能正确运用余弦定理
	水平3	能同时写出 $\cos \angle C = \dfrac{CD^2+CA^2-AD^2}{2CD \cdot CA}$ 和 $\cos \angle C = \dfrac{CB^2+CA^2-AB^2}{2CB \cdot CA}$，列出方程，并正确解出方程	能同时写出 $\cos \angle ADB = \dfrac{AD^2+BD^2-AB^2}{2AD \cdot BD}$ 和 $\cos \angle ADC = \dfrac{AD^2+CD^2-AC^2}{2AD \cdot CD}$，能得到 $\cos \angle ADB + \cos \angle ADC = 0$，列出方程，并正确解出方程	能正确作辅助线，在 $\triangle ABE$ 与 $\triangle ABC$ 中均能正确运用余弦定理，并能列出方程，正确解出方程

本题其他解法可类比上述评价标准。

（案例提供：米大毅，中国农业大学附属中学）

案例分析

在本案例中，教师针对不同学生的知识掌握情况和思维发展水平，对作业进行分层设计，包括：基础练习（知识与方法的直接应用，知识点1～2个），提升练习（知识与方法的综合应用，知识点3～4个），拓展探究（数学能力与学科素养的提升，知识点4～6个）。针对学生理解水平及学习能力的不同，对每个学生完成作业的要求也不同。学生可以从同样的作业中选择适合自己的层次，每个学生的总作业量变少了，但是知识点的覆盖没有变少，每个学生的学习过程与知识框架的构建是完备的。分层作业其实就是教师给学生搭建的适当高度的"脚手架"，既能避免基础好的学生做重复的作业，又能避免基础较弱的学生因为作业太难完成而放弃。

新版课程标准指出："评价既要关注学生学习的结果，更要重视学生学习的过程。"本案例中，教师对作业完成效果的评价没有只看结果的对与错，而是关注学生的个体差异，关注学生分析与解决问题的思维过程，尊重问题的个性化解决。作为学习的主体，也作为独立的个体，每个学生的学习水平及具体情况都不一样。教师可以结合具体的评价内容，形成多角度、多层次、多维度的评价要点，通过评价尽可能全面地反映学生的学习情况，并使评价充分发挥有利于学生素养提升与个性发展的积极导向作用。

当然，在设计分层作业时，作业内容、难度、分层的尺度把握，评价标准的制定，以及作业批改，作业的落实反馈，会给教师带来不小的挑战，只要备课组分工合作、齐心协力，使分层作业真正有效实施就没有那么困难了。

教学建议

第一，确定研究思路。遵循"基于真实问题解决"的研究思路，即首先从发现现实作业设计中的真实问题和已有研究基础开始，逐步尝试构建作业设计与实施的理论、框架和评价工具，进而指导实践，解决作业中存在的真实问题。围绕"如何进行素养导向的作业设计与实施"这一核心问题，着重研究三个基本问题：一是素养导向下的作业观是什么，解决理念问题；二是素养导向的作业设计与实施的基本策略与方法有哪些，解决操作问题；三是如何评价素养导向的作业设计与实施，解决标准问题，从而实现科学设计作业的目标。

第二，构建素养导向的作业设计框架。作业设计是整个作业的起点与前提保障。只有高质量的作业设计，才有可能保障实施的水平。教师在教学过程中依据学科核心素养的达成路径和测评模型，整体考虑单元作业目标、情境、类型、结构、功能等作业设计核心要素；在充分分析单元作业典型案例的基础上，力图构建素养导向的单元作业设计框架，探索单元作业设计的路径和方法；在明确作业目标的前提下，达成形式多样、分层设计的目的。

第三，开展作业评价研究，研发用以指导作业设计与实施的评价工具。确定了单元作业设计与实施框架，设计了单元作业，但设计得怎么样、好不好，有哪些改进空间，还需要配套的作业设计与实施的评价工具，开展作业设计与实施的自我诊断。研发作业设计与实施的评价标准和工具，既可以用来评判作业质量高低，也可以用来进一步指导作业设计与实施。

6-3　如何进行素养导向的考试命题？

🔧 问题的提出

数学学科核心素养是数学课程目标的集中体现，是具有数学基本特征的思维品质、关键能力以及情感、态度、价值观的综合体现，是在数学学习和应用过程中逐步形成和发展的。除了课堂教学充分体现核心素养的培养外，考试是评价学生学业质量及核心素养水平的重要手段，通过基于核心素养的数学命题，使学生意识到学习过程中的积极思考对解决问题的价值，构建适应未来社会发展的思维品质和关键能力。设计突出核心素养的考试命题是推动落实核心素养的关键点。

🔑 问题的分析

高中数学命题应以落实核心素养为目标，检测数学教学是否回归本来的面目。考试命题工作会对基础教育中数学教学的评价产生全面影响，包括命题原则、命题要素、试题形式、试题情境、评分标准等。同时，也会促进数学教学方式和学习方式的变革，因为对核心素养的评价，不仅仅是终结性评价，更多体现在日常教学和学习之中。

目前高中阶段考试命题存在的主要问题有：（1）命题过于指向知识与技能考查；（2）缺乏过程性和层次性考查；（3）命题难度控制不到位；（4）命题缺乏创新性，还不能做到真正意义上的素养导向。

🖨 问题的解决

新版课程标准指出，命题应依据学业质量标准和课程内容，注重对学生数学学科核心素养的考查，处理好数学学科核心素养与知识技能的关系，要充分考虑对教学的积极引导作用。以核心素养为导向的考试命题，不仅要重视对学生的知识考核，还要突出对学生思维过程、实践能力、创新意识等方面的考查。基于此，我们对核心素养导向的考试命题策略做了一些初步探索。

一、情境与开放设计策略

1. 情境性问题设计

在命题中，选择合适的问题情境是考查数学学科核心素养的重要载体。情境包括现实情境、数学情境、科学情境。每种情境可以分为熟悉的、关联的、综合的。问题是指情境中的问题，从学生认识的角度分为简单的问题、较为复杂的问题、复杂的问题。这些层次是构成数学学科核心素养水平划分的基础，也是数学学科核心素养评价等级划分的基础。

寻找命题中的情境，可采用逆向思维设计。如果希望确定学生学到了什么，就应该关心他们运用所学知识的那些情境。美国教学进展评估（NAEP）研究发现，基于真实材料的情境对学生有很大的吸引力，能够提升学生的作答动机和参与作答的水平，现实情境和科学情境应该来源于真实背景，并尽量保证情境真实合理。基于真实材料的情境为学生创设了积极思考的环境，使学生在主动思考、探索、解答问题的过程中，自然地表现出其具备的能力和数学学科素养。

【案例】

数列与函数

（一）命题意图

本题希望通过新知识、新方法的学习和应用，考查学生数学阅读理解能力、分析和解决新问题的综合能力。设问层层递进，考虑不同层次的学生情况：

第（1）问主要是对新知识新方法的学习理解和简单应用，适合大部分学生。

第（2）问是在学习理解和简单应用基础上的进一步拓展研究，即不满足题目条件时的调整策略，考查学生的创新能力，对学生有一定的挑战性。

第（3）问则是对知识迁移能力的考查。从数列到函数方程的求解，方法迁移是学生真正理解知识和方法的体现，适合具有较高数学素养的学生。

（二）测查目标

	学科核心知识	关键能力
题干	数列概念、递推关系、方程的解、简易逻辑	阅读理解能力
第（1）问	数列概念、递推关系、方程的解、简易逻辑	简单应用数学知识解决问题的能力、数学运算和求解能力
第（2）问	数列概念、递推关系、方程的解、简易逻辑	创新能力、分析和解决问题的能力
第（3）问	函数、导数、方程	迁移能力、分析和解决问题的能力

（三）试题内容设计

已知 $h_0, h_1, h_2, \cdots, h_n, \cdots$ 是一个数列，若存在实数 $a_1, a_2, \cdots, a_k (a_k \neq 0)$，使得
$$h_n = a_1 h_{n-1} + a_2 h_{n-2} + \cdots + a_k h_{n-k}$$
则称这个数列满足 k 阶线性齐次递推关系。

$h_n = q^n$ 是常系数线性齐次递推关系 $h_n - a_1 h_{n-1} - a_2 h_{n-2} - \cdots - a_k h_{n-k} = 0$ 的解，当且仅当 q 是其特征方程 $x^k - a_1 x^{k-1} - a_2 x^{k-2} - \cdots - a_k = 0$ 的根。

如果特征方程有 k 个不同的特征根 $q_1, q_2, \cdots, q_k$，则 $h_n = c_1 q_1^n + c_2 q_2^n + \cdots + c_k q_k^n$ 在下述意义之下是通解：对于任给的初始值 $h_0, h_1, h_2, \cdots, h_{k-1}$，都存在常数 $c_1, c_2, \cdots, c_k$，使之是满足递推关系和初始条件的唯一数列。

（1）1202 年，意大利数学家斐波那契在《珠算原理》中提到了一个神奇的自然数列 1，1，2，3，5，8，13，21，…，这个数列被称为斐波那契数列。在自然界中，斐波那契数列广泛存在，如兔子的繁殖、树木的生长、种子的排序、花瓣的数目等都和斐波那契数列有关；在投资中，斐波那契数列也有重要作用。

已知斐波那契数列的递推关系为
$$\begin{cases} f(1) = f(2) = 1 \\ f(n) = f(n-1) + f(n-2) \quad (n \geq 3, n \in \mathbf{N}^*) \end{cases}$$

请运用题干中的方法寻找斐波那契数列的通项公式。

（2）若数列满足下列递推公式：
$$\begin{cases} h_n = 4h_{n-1} - 4h_{n-2} \\ h_1 = 8, h_2 = 20 \end{cases}$$

请猜想数列的通项公式（只要求写出结果）。

（3）若定义在 **R** 上的连续可导函数 $f(x)$，$f(0)=1$，$f'(0)=5$，且满足方程 $[f'(x)]' - 5f'(x) + 6f(x) = 0$，试寻找 $f(x)$ 可能的解析式。

分数设置：满分14分，第（1）问5分，第（2）问3分，第（3）问6分。

备注：第（1）问可根据学生水平降低难度，具体如下。

（1）已知数列的递推关系为
$$\begin{cases} f(1) = f(2) = 1 \\ f(n) = f(n-1) + 2f(n-2) \quad (n \geq 3, n \in \mathbf{N}^*) \end{cases}$$

请根据上述方法寻找此数列的通项公式。

（四）试题评分标准

（1）已知斐波那契数列的递推关系为
$$\begin{cases} f(1) = f(2) = 1 \\ f(n) = f(n-1) + f(n-2) \quad (n \geq 3, n \in \mathbf{N}^*) \end{cases}$$

请运用题干中方法寻找斐波那契数列的通项公式。

解：斐波那契数列满足2阶线性齐次递推关系。 ……1分

根据上述方法 $f(n) = q^n$ 是常系数线性齐次递推关系 $f(n) - f(n-1) - f(n-2) = 0$ 的解，当且仅当 q 是其特征方程 $x^2 - x - 1 = 0$ 的根。 ……2分

所以 $q^2 - q - 1 = 0$，得
$$q_1 = \frac{1+\sqrt{5}}{2}, \quad q_2 = \frac{1-\sqrt{5}}{2}$$ ……3分

设 $f(n) = c_1 \left(\dfrac{1+\sqrt{5}}{2}\right)^n + c_2 \left(\dfrac{1+\sqrt{5}}{2}\right)^n$，则

$$\begin{cases} f(1) = c_1 \times \dfrac{1+\sqrt{5}}{2} + c_2 \times \dfrac{1-\sqrt{5}}{2} = 1 \\ f(2) = c_1 \times \left(\dfrac{1+\sqrt{5}}{2}\right)^2 + c_2 \times \left(\dfrac{1-\sqrt{5}}{2}\right)^2 = 1 \end{cases}$$

得
$$\begin{cases} c_1 = \dfrac{1}{\sqrt{5}} \\ c_2 = -\dfrac{1}{\sqrt{5}} \end{cases}$$ ……4分

所以 $f(n) = \dfrac{1}{\sqrt{5}} \left(\dfrac{1+\sqrt{5}}{2}\right)^n - \dfrac{1}{\sqrt{5}} \left(\dfrac{1-\sqrt{5}}{2}\right)^n \quad (n \geq 3, n \in \mathbf{N}^*)$ ……5分

（2）若数列满足下列递推公式 $\begin{cases} h_n = 4h_{n-1} - 4h_{n-2} \\ h_1 = 8, h_2 = 20 \end{cases}$，请猜想数列的通项公式（只要求

写出结果)。
$$h_n = 3\times 2^n + n\times 2^n \quad (n\geqslant 3, n\in \mathbf{N}^*)$$
……8分

(3) 若定义在 **R** 上的连续可导函数 $f(x)$, $f(0)=1$, $f'(0)=5$, 且满足方程 $[f'(x)]'-5f'(x)+6f(x)=0$, 试寻找 $f(x)$ 可能的解析式。

若 $g(x)=e^{ax}$ 满足 $[g'(x)]'-5g'(x)+6g(x)=0$, 则 ……9分
$$g'(x)=ae^{ax},\ [g'(x)]'=a^2 e^{ax}$$
……10分

所以
$$a^2 e^{ax} - 5a e^{ax} + 6e^{ax} = 0$$
$$a^2 - 5a + 6 = 0$$
$$a_1 = 2,\quad a_2 = 3$$
……11分

有 $g(x) = e^{2x}$ 或 $g(x) = e^{3x}$ ……12分

所以 $f(x) = c_1 e^{2x} + c_2 e^{3x}$ ……13分

$$\begin{cases} f(0) = c_1 + c_2 = 1 \\ f'(0) = 2c_1 + 3c_2 = 5 \end{cases}$$

得
$$\begin{cases} c_1 = -2 \\ c_2 = 3 \end{cases}$$

即 $f(x) = -2e^{2x} + 3e^{3x}$ ……14分

说明：第（1）问备用评分标准如下。

(1) 解：数列满足 2 阶线性齐次递推关系。 ……1分

根据上述方法，$f(n)=q^n$ 是常系数线性齐次递推关系 $f(n)-f(n-1)-2f(n-2)=0$ 的解，当且仅当 q 是其特征方程 $x^2-x-2=0$ 的根。 ……2分

所以 $q^2-q-2=0$, 得
$$q_1=2,\quad q_2=-1$$
……3分

设 $f(n)=c_1 2^n + c_2(-1)^n$, 则 $\begin{cases} f(1)=2c_1-c_2=1 \\ f(2)=4c_1+c_2=1 \end{cases}$, 得 $\begin{cases} c_1=\dfrac{1}{3} \\ c_2=-\dfrac{1}{3} \end{cases}$ ……4分

所以
$$f(n)=\frac{2^n}{3}-\frac{(-1)^n}{3}\quad (n\geqslant 3, n\in \mathbf{N}^*)$$
……5分

(案例提供：丛小睿，北京航空航天大学实验学校中学部)

案例分析

本试题通过新知识、新方法的介绍，在不同的情境中有层次地提出问题，从简单到复杂，从熟悉到综合，分层考查了学生数学阅读理解能力、分析和解决新问题的能力，体现了知识学习的渐进过程。其中引用的斐波那契数列属于科学情境问题。本题考查的知识内容丰富，涉及新知识学习，以及数列递推关系、函数与方程的关系、函数导数等多个重要知识点，打破了以往试题知识考查内容相对单一的形式，具有一定的创新性，也在一定意义上实现了命题的素养导向。

【案例】

解三角形的应用

(一) 命题意图

测量高度是传统的数学应用问题，这样的问题贴近学生的生活，有助于培养学生分析解决实际问题的能力。由评价同学甲测量山高的方案入手，学生能更好地体会测量值之间的关系，理解题意，体会数学的应用价值。

(二) 测查目标

以解三角形为知识载体，以测量塔高为数学任务，借助明确运算对象、探索运算思路、设计运算程序、实施运算等一系列数学思维活动，说明数学运算的水平一和水平二的表现。

(三) 试题内容

如图6-3-1所示，在观测点 P 测得山顶 B 和塔顶 C 的仰角分别为 α, β，在观测点 Q 测得山顶 B 和塔顶 C 的仰角分别为 γ, θ，观测点 P 和 Q 之间的距离为 m。设塔 CB 垂直于地面，且 A, P, Q 三点在同一条水平线上。(注：$\alpha = \angle APB, \beta = \angle APC, \gamma = \angle AQB, \theta = \angle AQC$)

(1) 以下是同学甲测量山高 BA 的方案。

在 $\triangle BPQ$ 中，

$$\frac{BP}{\sin \gamma} = \frac{m}{\sin(\alpha - \gamma)}$$

$$BP = \frac{m \sin \gamma}{\sin(\alpha - \gamma)}$$

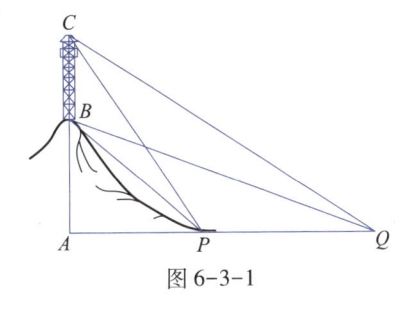

在 Rt$\triangle BAP$ 中，

$$BA = BP \sin \alpha = \frac{m \sin \alpha \sin \gamma}{\sin(\alpha - \gamma)}$$

图 6-3-1

判断同学甲的测量方案是否正确，并选取已知测量值，设计测量塔高 CB 的方案。

(2) 求证：$\dfrac{\sin \alpha \sin \gamma}{\sin(\alpha - \gamma)} = \dfrac{\tan \alpha \tan \gamma}{\tan \alpha - \tan \gamma}$。

(四) 试题评分标准

(1) 同学甲的测量方案正确。 ……1分

测量 CB 的方案一：

在 $\triangle CPQ$ 中，

$$\frac{CP}{\sin \theta} = \frac{m}{\sin(\beta - \theta)}$$

$$CP = \frac{m \sin \theta}{\sin(\beta - \theta)} \qquad \text{……3分}$$

在 Rt$\triangle CAP$ 中，

$$CA = CP \sin \beta = \frac{m \sin \beta \sin \theta}{\sin(\beta - \theta)} \qquad \text{……4分}$$

$$CB = CA - BA = \frac{m \sin \beta \sin \theta}{\sin(\beta - \theta)} - \frac{m \sin \alpha \sin \gamma}{\sin(\alpha - \gamma)} \qquad \text{……5分}$$

测量 CB 的方案二：

在 $\triangle CPQ$ 中，

$$\frac{CP}{\sin\theta}=\frac{m}{\sin(\beta-\theta)}$$

$$CP=\frac{m\sin\theta}{\sin(\beta-\theta)} \qquad \cdots\cdots 3\text{分}$$

在 $\triangle CBP$ 中，

$$\frac{CB}{\sin(\beta-\alpha)}=\frac{CP}{\sin\left(\alpha+\dfrac{\pi}{2}\right)}$$

$$CB=\frac{CP\sin(\beta-\alpha)}{\sin\left(\alpha+\dfrac{\pi}{2}\right)}=\frac{m\sin\theta}{\sin(\beta-\theta)}\frac{\sin(\beta-\alpha)}{\sin\left(\alpha+\dfrac{\pi}{2}\right)}$$

$$=\frac{m\sin\theta\sin(\beta-\alpha)}{\cos\alpha\sin(\beta-\theta)} \qquad \cdots\cdots 5\text{分}$$

测量 CB 的方案三：

在 $\triangle CPQ$ 中，

$$\frac{CQ}{\sin(\pi-\beta)}=\frac{m}{\sin(\beta-\theta)}$$

$$CQ=\frac{m\sin\beta}{\sin(\beta-\theta)} \qquad \cdots\cdots 3\text{分}$$

在 $Rt\triangle CAQ$ 中，

$$CA=CQ\sin\theta=\frac{m\sin\beta\sin\theta}{\sin(\beta-\theta)} \qquad \cdots\cdots 4\text{分}$$

$$CB=CA-BA=\frac{m\sin\beta\sin\theta}{\sin(\beta-\theta)}-\frac{m\sin\alpha\sin\gamma}{\sin(\alpha-\gamma)} \qquad \cdots\cdots 5\text{分}$$

测量 CB 的方案四：

在 $\triangle CPQ$ 中，

$$\frac{CQ}{\sin(\pi-\beta)}=\frac{m}{\sin(\beta-\theta)}$$

$$CQ=\frac{m\sin\beta}{\sin(\beta-\theta)} \qquad \cdots\cdots 3\text{分}$$

在 $\triangle CBQ$ 中，

$$\frac{CB}{\sin(\theta-\gamma)}=\frac{CQ}{\sin\left(\gamma+\dfrac{\pi}{2}\right)}$$

$$CB=\frac{CQ\sin(\theta-\gamma)}{\sin\left(\gamma+\dfrac{\pi}{2}\right)}=\frac{m\sin\beta}{\sin(\beta-\theta)}\frac{\sin(\theta-\gamma)}{\sin\left(\gamma+\dfrac{\pi}{2}\right)}$$

$$=\frac{m\sin\beta\sin(\theta-\gamma)}{\cos\gamma\sin(\beta-\theta)} \qquad \cdots\cdots 5\text{分}$$

(2) 证明：$\dfrac{\sin\alpha\sin\gamma}{\sin(\alpha-\gamma)} = \dfrac{\sin\alpha\sin\gamma}{\sin\alpha\cos\gamma-\cos\alpha\sin\gamma}$ ……7分

$= \dfrac{\dfrac{\sin\alpha\sin\gamma}{\cos\alpha\cos\gamma}}{\dfrac{\sin\alpha\cos\gamma-\cos\alpha\sin\gamma}{\cos\alpha\cos\gamma}}$ ……9分

$= \dfrac{\tan\alpha\tan\gamma}{\tan\alpha-\tan\gamma}$ ……10分

（案例提供：于龙，北京市中关村中学知春分校）

案例分析

本题属于情境性问题设计，实际问题的提出使学生感受到数学的实用性，考查了学生数学阅读理解能力、分析和解决新问题的能力。学生在评价同学甲的测量山高的方案同时，进行自主学习，进而类比测量方案，再选取已知测量值设计测量塔高的方案。测量高度的方法选取具有一定的开放性，鼓励学生展现个性，尝试创新。命题符合学生的认知规律，难度控制合理，具有一定的创新性，实现了命题的素养导向。

对情境材料的基本要求：首先，情境材料应该客观公正地反映现实世界的相关内容，主题积极向上，对学生产生正向的引导；其次，由于纸笔测试条件的限制等原因，有些材料无法完全真实再现，需要进行一定程度的加工处理。由于现实世界的复杂性远高于学生的认知基础，若情境完全呈现真实材料，则会让学生望而却步。若只为学生快速理解情境，人为编制背景信息，甚至出现生搬硬套的现象，当学生面对这样的情境时，不仅无法激发研究的兴趣，而且会质疑数学的广泛应用性。真实合理的情境不仅是针对现实世界而言的，也是针对学生的认知基础而言的。因此最终呈现的情境需要合情合理，既保留原材料中体现的数学本质问题，又具有利用纸笔演算解题的可操作性。命题时可以参考PISA（2015）科学素养测评情境（表6-3-1）。

表6-3-1　PISA（2015）科学素养测评情境

背景	个人的	社会的/当地的/国家的	全球的
健康	保持健康，处理意外事件，营养	疾病控制与社会传播、食品选择，社区健康	流行性传染病及其扩散
自然资源	物质和能源的个人消费	人类的繁衍，生活质量，安全，食品的生产和分配，能源供应	可再生和不可再生的自然系统，人口增长，物种的可持续利用
环境	环保行为，材料的使用和处理	人口分布，垃圾处理，环境影响，当地气候	生物多样性，生态环境可持续性，人口控制，土壤的养护与流失
危险	自然的和人为的，有关住房方面的决定	快速的变化（如地震、恶劣天气），缓慢和渐进的变化（如海岸侵蚀、沉积），风险评估	大气变化，现代战争的影响
科学与技术前沿	对自然现象的科学解释方面的兴趣，科学方面的爱好，个人技术	新材料，设备和流程，基因改造，交通	物种灭绝，空间探索，宇宙的起源与结构

孔子把情境教学的陶冶功能总结为"无言以教"。《文心雕龙》中写道:"隐也者,文外之重旨者也。"情境问题的设计有利于激发学习热情,让学生乐学善学。我国有一则民间谚语"风因得竹若殊遇,水不在山无激流",也体现出情境教学的启迪功能。情境问题的设计有利于学生勇于创新,达成体验目标。

2. 开放性问题设计

数学学科核心素养的评价需要在评价工具与方式上有所创新。数学学科核心素养蕴含着数学的思维品质。评价工具的设计要有利于考查学生的思维过程和思维深度。高层次的问题对形成性评价有重要作用,它可以帮助教师收集学生学习的证据,了解学生的进展与学习目标之间的差距、学生的问题以及需要加强的地方,从而促进学生的数学理解。

数学问题大体可以分成两类:一类是封闭性问题,即已知和结论都要有确定要求的问题;一类是开放性问题(又称结构不良问题)。到目前为止,国内外的专家学者对开放性问题的界定尚无定论。数学开放性问题指条件和结论不完备或不确定、解题策略多样、能反映解答者能力差异的数学问题,它一般需要学生通过观察、分析、对比、猜想、归纳、判断、推理等一系列探究活动,多方面、多角度、多层次地探索数学问题,使之完备或确定。

开放性问题的主要特征是:界定不明确,问题的构成存在未知或某种程度的不可知部分,目标界定含糊不清,缺少限定;具有多种解决方法、途径或根本不存在解决方法,即通常没有唯一的标准答案,具有多种评价解决方法的标准;可操控的参数、变量很多,没有原型的案例可供参考;因为案例中各重要因素在不同的情境具有显著差异,又因为这些因素是相互影响的,不能确定哪些概念、规则和原理对形成解决方案来说是必需的,又应如何将它们组织起来;概念、规则和原理三者之间的关系在案例间的应用不一致,对描述或预知大多数案例没有一般性的规则或原理;在确定恰当的行动方面,没有明确的方法,需要学习者表达个人对问题的观点。

结构良好与结构不良问题的区别见表6-3-2。

表 6-3-2 结构良好与结构不良问题的区别

比较维度	结构良好	结构不良
问题条件、数据	全部呈现	部分呈现或冗余
答案	标准的、唯一的、确定的	多样的、开放的或者根本没有答案
解决方案	唯一的、规定的	多种答案
目标界定	清晰的、确定的	模糊的、不清晰的
解决方法	熟悉的、确定的、唯一的	不熟悉的、多样化的

面对素养导向的开放性问题,学生理解题意的过程不是一味地套用已有的知识和解题技巧,而是要深入情境之中,应用已有的知识或高水平的认知过程,识别出问题的数学本质,识别的过程需要进行语言的转换,识别的结果需要用恰当的数学语言表达出来。从模糊的、不确定的或杂乱的问题情境转化为清晰、具体、准确的数学问题的过程,体现了学生在特定情境中合理选择和运用已有知识解读新信息的能力,也充分体现了学生发现问题、提出问题的能力。开放性问题具有非完备性、不确定性、发

散性、探究性、发展性等特点，不仅可以考查学生的思维过程，还可以考查学生思维的深度、广度和灵活度。

【案例】

三 角 函 数

在以下三个条件中任选一个，补充在后面的问题中，并解答问题。

① $\sqrt{3}(b\cos C - a) = c\sin B$；② $2a + c = 2b\cos C$；③ $b\sin A = \sqrt{3} a\sin\dfrac{A+C}{2}$

在 △ABC 中，内角 A，B，C 的对边分别为 a，b，c，且满足_____，$b = 2\sqrt{3}$，$a + c = 4$，求 △ABC 的面积。（注：如果选择多个条件分别解答，按第一个解答计分。）

解：若选择条件①，由正弦定理可得

$$\sqrt{3}(\sin B\cos C - \sin A) = \sin C\sin B$$

由 $\sin A = \sin(B+C) = \sin B\cos C + \cos B\sin C$，得

$$-\sqrt{3}\cos B\sin C = \sin C\sin B$$

因为 $0 < C < \pi$，则 $\sin C \neq 0$，所以 $-\sqrt{3}\cos B = \sin B$。

（若 $\cos B = 0$，则 $\sin B = 0$，$\sin^2 B + \cos^2 B = 0$，这与 $\sin^2 B + \cos^2 B = 1$ 矛盾。）

因为 $\cos B \neq 0$，所以 $\tan B = -\sqrt{3}$。又因为 $0 < B < \pi$，所以 $B = \dfrac{2\pi}{3}$。

由余弦定理及 $b = 2\sqrt{3}$，得

$$(2\sqrt{3})^2 = a^2 + c^2 - 2ac\cos\dfrac{2\pi}{3}$$

即 $12 = (a+c)^2 - ac$，将 $a+c = 4$ 代入，解得 $ac = 4$。所以

$$S_{\triangle ABC} = \dfrac{1}{2}ac\sin B = \dfrac{1}{2} \times 4 \times \dfrac{\sqrt{3}}{2} = \sqrt{3}$$

若选择条件②，由正弦定理，得

$$2\sin A + \sin C = 2\sin B\cos C$$

又 $\sin A = \sin(B+C) = \sin B\cos C + \cos B\sin C$，所以

$$2\cos B\sin C + \sin C = 0$$

因为 $C \in (0, \pi)$，则 $\sin C \neq 0$，所以 $\cos B = -\dfrac{1}{2}$。又因为 $B \in (0, \pi)$，所以 $B = \dfrac{2\pi}{3}$。

由余弦定理及 $b = 2\sqrt{3}$，得

$$(2\sqrt{3})^2 = a^2 + c^2 - 2ac\cos\dfrac{2\pi}{3}$$

即 $12 = (a+c)^2 - ac$，将 $a+c = 4$ 代入，解得 $ac = 4$。所以

$$S_{\triangle ABC} = \dfrac{1}{2}ac\sin B = \dfrac{1}{2} \times 4 \times \dfrac{\sqrt{3}}{2} = \sqrt{3}$$

若选择条件③，由正弦定理，得

$$\sin B\sin A = \sqrt{3}\sin A\sin\dfrac{\pi - B}{2}$$

因为 $0 < A < \pi$，则 $\sin A \neq 0$，所以 $\sin B = \sqrt{3}\cos\dfrac{B}{2}$，由二倍角公式，得

$$2\sin\frac{B}{2}\cos\frac{B}{2}=\sqrt{3}\cos\frac{B}{2}$$

因为 $0<\frac{B}{2}<\frac{\pi}{2}$，则 $\cos\frac{B}{2}\neq 0$，所以 $\sin\frac{B}{2}=\frac{\sqrt{3}}{2}$，则 $\frac{B}{2}=\frac{\pi}{3}$，即 $B=\frac{2\pi}{3}$。

由余弦定理及 $b=2\sqrt{3}$，得

$$(2\sqrt{3})^2=a^2+c^2-2ac\cos\frac{2\pi}{3}$$

即 $12=(a+c)^2-ac$，将 $a+c=4$ 代入，解得 $ac=4$。所以

$$S_{\triangle ABC}=\frac{1}{2}ac\sin B=\frac{1}{2}\times 4\times\frac{\sqrt{3}}{2}=\sqrt{3}$$

（案例提供：米大毅，中国农业大学附属中学）

案例分析

本案例中的试题是素养导向的开放性问题（又称结构不良问题），具有非完备性、不确定性、探究性等特点。试题面向每个学生的个性发展，尊重每个学生发展的特殊需求，关注学生在学习活动过程中所产生的丰富多彩的学习体验和个性化的创造性表现。试题答案评价标准关注学生问题解决的多元性、过程性。试题将传统的内容推陈出新，设计新颖别致，考查学生在特定情境中合理选择和运用已有知识解读新信息的能力，也考查学生分析问题的思维过程，还可以通过在不同备选条件下形成思路与计算的难易程度考查学生思维的深度、广度和灵活度。

二、交流与反思设计策略

思维与表达主要是指数学活动过程中反映的思维品质、表述的严谨性和准确性。有学者认为，数学思维品质指的是个体的数学思维活动对客观事物、数学关系的理解和掌握的程度或水平，包括数学思维的深刻性、广阔性、敏捷性、灵活性、批判性、独创性和严谨性，彼此相互联系、相互补充，且各具特点。对学生思维品质的考查可以从下列七个方面入手。

（1）深刻性测试题设计，以概念理解程度、空间想象力、推理能力为指标，其中可通过概念辨析题考查学生对概念的理解程度，空间想象能力通过语言叙述与图形的相互转化，几何体的面积体积计算，图形的判断等来考查，推理能力的测试以归纳推广、演绎推理、类比推理为考查内容。

（2）广阔性测试题设计，以一题多解或一法多用为指标，学生可找出题目中不同的切入点和突破口，利用不同的方法进行求解。

（3）敏捷性测试题设计，以解题速度和正确率为指标，通过限制时间观察正确率来考查学生思维的敏捷程度。

（4）灵活性测试题设计，以一题多解、一题多变、一题多想为指标，希望学生通过观察特征，寻找最佳解题路径和解题方法。

（5）批判性测试题设计，采用日常积累的学生典型错解和易混淆的知识点为测试指标。

（6）独创性测试题设计，运用开放性问题进行测试，以具有新颖独特的解题方法

和具有质的不同的结论为指标，培养学生创新精神和创造力，在发散思维中寻找新颖性。

（7）严谨性测试题设计，以对结论叙述的准确性及论述过程的严格、周密作为指标，根据学生的认知水平，可设计多解取舍题、证明题作为检验题型。

交流与反思主要指能够用数学语言直观地解释和交流数学的概念、结论、应用和思想方法，并能进行评价、总结和展望。为了促进学生反思能力的提升，教师可从学生是否对数学知识本质的理解方面入手。例如，辨析题：已知点 $A(-1,0),B(1,0)$，若点 P 满足 $|PA|+|PB|=2$，那么点 P 的轨迹是什么？学生可能会做出错误的判断：椭圆。教师要引导学生反思答案是否有误或有疏漏之处，并总结应该注意的方面：答案是否与题中隐含条件相抵触？是否有其他可能情况？是否掉入了命题者所设置的"陷阱"？

【案例】

路灯下的影子

如图6-3-2，广场上有一盏路灯挂在高10m的电线杆顶上，记电线杆的底部为 A。把路灯看作是一个点光源，身高1.5m的女孩站在离 A 点5m的 B 处。回答下面的问题：

（1）若女孩以5m为半径绕着电线杆走一个圆圈，人影扫过的是什么图形，并求这个图形的面积；

（2）若女孩向点 A 前行4米到达 D 点，然后从 D 点出发，沿着以 BD 为对角线的正方形走一圈，画出女孩走一圈时头顶影子的轨迹，说明轨迹的形状。

图6-3-2

案例分析

此题选自新版课程标准附录中的案例30，命题涉及的是一类自然现象（问题与情境），情境简单也容易理解，解题的关键是学生看清楚现象背后的数学关系（知识与技能）。而要理解这个关系，一个有效的途径就是先画出相应的图形，然后利用图形得到定值问题（只与女孩的身高及路灯的高度有关），再利用位似图形（其位似比即为上述定值），从而解决相关的问题（思维与表达）。需要指出的是，在解答此题时，日常的视觉经验实际上是起干扰作用的（反思与交流）。

此题有很好的拓展性，在同样的情境下，可以生成不同水平的问题。此外，此题有一定的现实意义，如博物馆中涉及障碍物的监控问题就与此题有一定的联系。

三、评分机制设计策略

史宁中教授认为，通过开放题来考查学生的思维过程，开放题应当采用加分原则。不能仅仅通过结果判断学生答案的对和错，重要的是判断学生的思维过程是否有道理，是否合乎逻辑；只要学生的思维过程与得到的结论是一致的就应该满意，这就是"满意原则"，如果答得更好或者更有深度就可以再加分。由于开放题的答案是不确定的，这就对教师提出了更高的要求，教师不仅要能出题，还要有判断思维是否合乎逻辑的能力。因此，教师在日常教学中要教会学生思考问题，让学生在掌握所学知识技能的同时，积累思维和实践的经验，形成数学学科核心素养。

对于每道试题，除了给出传统评分标准外，还要给出反映相关数学学科核心素养的行为指标和划分水平等级的依据。在学业水平考试中，对学生核心素养有基本的要求，学生达到这个要求即可；在高考中，除了所有学生都必须达到的基本要求外，还应该使学生有机会充分展示自己的数学学科核心素养，学生的数学学科核心素养水平可以为大学自主招生提供参考。

关于数学素养测试卷的评分可以采取计分制（如100分或各种标准分），也可以用等级制。如果采用计分的方法，则必须能够反映学生数学学科核心素养水平和特征，以及问题解决的思考过程。因此，通常采用的是多重计分制（如表6-3-3所示的匈菲尔德所采用的评分标准）；采用等级制评分的依据是新版课程标准的学业质量中的各数学学科核心素养的行为表现及其水平指标，并需要在此基础上制订各个等级的赋值标准。

表6-3-3　匈菲尔德的多重计分制

因素		表现	得分
思路		学生是否明确表达了某条思路（如"我打算用数学归纳法"）或者画出了某个图形？	1
实施		学生是否具体实施了某条思路？（要求学生解题时记录所有的思路和实施过程）	1
进展	极少	没有任何进展或只有一点暗示	0～5
	有些	实施过程虽然合理，但没有迹象可以由此得出结论	6～10
	接近目标	虽然没有完成或者有小的错误，但已经接近解题目标	11～15
	完整	按照这条思路给出了完整解答	16～20

关于数学学科核心素养的评价，特别是相关的各种考试，其命题、评分及分数的使用等都处于起始阶段，需要各种研究的支持。考虑到测评结果对修改完善学段学业质量要求的实际需要，建议基于核心素养出题时，以"10～12年级核心素养学段要求"作为"基本标准"（以下简称"标准"），在此基础上命制体现三个水平的题目，即略高于"标准"（水平三），达到"标准"（水平二），略低于"标准"（水平一）。这里设置三个水平是为了基于测评的结果，通过这三个水平学生的分布，帮助确定学业质量要求中预设的达到"标准"水平的描述和要求是否合适，以及如何调整。其中，评分标准可以参照表6-3-4设计。

表6-3-4　评分标准设计示例

学生作答预估	第1小题		第2小题		第3小题	
	主要特征	样例	主要特征	样例	主要特征	样例
水平一的学生作答						
水平二的学生作答						
水平三的学生作答						

说明：水平一指略低于"标准"，水平二指达到"标准"，水平三指略高于"标准"。

综上所述，在考试命题过程中，以核心素养为命题宗旨，以真实情境为测试载体，以实际问题为测试任务，以数学知识为解决问题的工具，启发学生独立思考，掌握知识技能，理解数学本质，促进交流与反思，感悟数学基本思想，充分发挥考试的诊断和反馈作用，同时发展学生的数学学科核心素养。

在每道题目的命制过程中，需要注意如下环节：

（1）确定题目要指向的学科核心素养及其具体内涵。

（2）思考、收集或选择可能引发学科核心素养表现的真实情境。

（3）分析该情境中学科核心素养得以表现所依托的学科内容、情境特征等。

（4）基于预想的答题过程，改变或调整情境特征，设计试题。

（5）基于学科核心素养预设的不同水平答题过程或表现特征，设计评分标准。

（6）学科命题人员应综合运用讨论、认知任务分析、访谈等方式，反复修改打磨试题，完善试题评分标准。

【案例】

三角函数图象和性质综合应用

（一）命题意图

问题情境：学生非常熟悉的、相关联的、开放的。

考查内容：函数周期性的定义及证明，函数周期性抽象符号的理解和应用，数学语言理解和表达能力。

评价重点：数学抽象、逻辑推理素养的达成情况。

原题进阶（2）和变式体现了命题情境是开放性的、多元的，考查读图获取信息的能力；考查根据三角函数图象分析其性质，如周期性、单调性、对称性、最值等；考查用待定系数法求函数解析式；考查知识结构清晰程度，灵活运用性质解决函数零点相关问题；考查数形结合、转化化归等基本思想方法分析问题、解决问题的能力。评价重点是直观想象、逻辑推理、数学运算素养的达成情况。

（二）测查目标

对相应学科核心知识、关键能力考查的具体目标如表6-3-5所示。

表6-3-5　测查目标

	学科核心知识	关 键 能 力
题干	函数周期性、最小正周期 三角函数的图象和性质	阅读理解能力 语言表达能力
第（1）问	函数周期性定义与证明	逻辑论证能力 数学运算能力
第（2）问	待定系数法求函数解析式 正弦型函数解析式中三个系数 A, ω, φ 的几何意义 三角函数单调性、对称性	迁移转化能力 逻辑论证能力 数学运算能力
第（3）问	三角函数单调性与最值，函数零点 函数、方程、不等式关系 余弦定理和两角和的公式	迁移转化能力 逻辑论证能力 数学运算能力 分析和解决问题能力

(三)试题内容(呈现试题的具体内容及分数设置)

考查的核心素养:数学抽象、直观想象、数学运算和逻辑推理。

【原题】已知定义在 **R** 上的函数 $f(x) = A\sin(\omega x + \varphi)\left(\omega > 0, |\varphi| < \dfrac{\pi}{2}, A\text{ 是正常数}\right)$,对任意的 $x \in \mathbf{R}$,恒有 $f\left(x + \dfrac{\pi}{2}\right) = -f(x)$。

(1)(水平一)求证函数 $f(x)$ 是周期函数,并求它的一个最小正周期;

(2)(水平一)若函数 $f(x)$ 的部分图象如图 6-3-3 所示,且满足(1)的周期是最小正周期,求出函数 $f(x)$ 的解析式,并写出它的单调递减区间、对称轴和对称中心(三个性质选一);

(3)(水平一)求 $f(x)$ 在区间 $\left[\dfrac{\pi}{6}, \dfrac{2\pi}{3}\right]$ 的值域;

(水平二)若函数 $y = f(x) - m$ 在区间 $\left[\dfrac{\pi}{6}, \dfrac{2\pi}{3}\right]$ 有零点,求实数 m 的取值范围。

【变式】

已知函数 $f(x) = A\sin(\omega x + \varphi)\left(\omega > 0, |\varphi| < \dfrac{\pi}{2}, A\text{ 是正常数}\right)$ 的部分图象如图 6-3-4 所示。

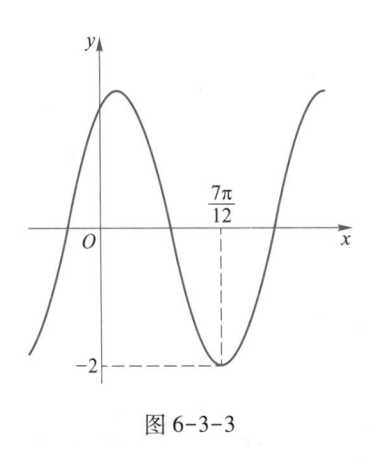

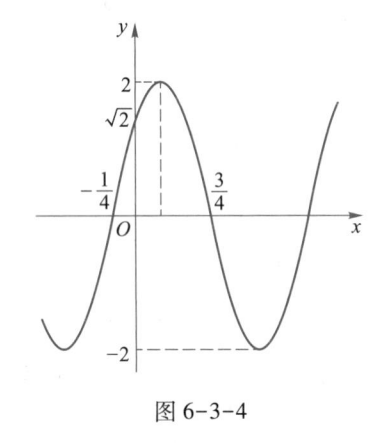

图 6-3-3

图 6-3-4

(1)写出 $f\left(\dfrac{1}{2}\right)\left(\text{或}f\left(-\dfrac{1}{2}\right)\right)$ 值和函数 $f(x)$ 的最小正周期;

(2)求 $f(x)$ 的解析式及其单调递减区间;

(3)(水平一)求 $f(x)$ 在区间 $\left[\dfrac{1}{4}, \dfrac{3}{2}\right]$ 的值域;

(水平二)若函数 $y = f(x) - m$ 在区间 $\left[\dfrac{1}{4}, \dfrac{3}{2}\right]$ 有零点,求实数 m 的取值范围。

(四)试题评分标准

分数设置:本题共 13 分,其中(1)2 分;(2)6 分;(3)5 分。

试题从多维度、开放全面地评价学生。

第(1)问两个维度的评价量表如表 6-3-6 和表 6-3-7 所示。

表 6-3-6　维度 1：按照"标准"水平评价

学生作答预估	主要特征	第（1）问 样例
水平一的学生作答	知道函数周期性定义	情况 1：仅知道函数周期性定义中的符号语言 $f(x+T)=f(x)$，但是对其本质含义不清楚，不会迁移应用。 情况 2：知道函数周期性定义，知道题干中符号语言 $f\left(x+\dfrac{\pi}{2}\right)=-f(x)$ 的含义，会识别及简单迁移应用，但是完整性不够，无结论。 $$f(x+\pi)=f\left(x+\dfrac{\pi}{2}+\dfrac{\pi}{2}\right)=-f\left(x+\dfrac{\pi}{2}\right)=f(x)$$
水平二的学生作答	理解并会用函数周期定义	证明：因为 $f(x+\pi)=f\left(x+\dfrac{\pi}{2}+\dfrac{\pi}{2}\right)=-f\left(x+\dfrac{\pi}{2}\right)=f(x)$ 所以 $f(x)$ 是周期函数，周期为 π。 按照标准答案给出书写过程
水平三的学生作答	能将函数周期性定义与图象直观相互转化，并能灵活应用	证明：因为 $f(x+\pi)=f\left(x+\dfrac{\pi}{2}+\dfrac{\pi}{2}\right)=-f\left(x+\dfrac{\pi}{2}\right)=f(x)$ 所以 $f(x)$ 是周期函数，最小正周期为 π。 除了会用定义证明函数周期性外，还能通过三角函数图象中对称轴、零点、函数值之间的关系判断周期，能灵活应用周期解决相关问题

说明：水平一指略低于"标准"，水平二指达到"标准"，水平三指略高于"标准"。

表 6-3-7　维度 2：匈菲尔德的多重计分制评价

因素		表现	第（1）问得分
思路		$f(x+\pi)=f(x)$	1
实施		$f(x+\pi)=f\left(x+\dfrac{\pi}{2}+\dfrac{\pi}{2}\right)$	1
进展	极少	没写	0
	有些	合理，但无关联	6
		体现函数周期性定义 $f(x+T)=f(x)$	10
	接近目标	$f(x+\pi)=f\left(x+\dfrac{\pi}{2}+\dfrac{\pi}{2}\right)=-f\left(x+\dfrac{\pi}{2}\right)$	12
		$f(x+\pi)=f\left(x+\dfrac{\pi}{2}+\dfrac{\pi}{2}\right)=-f\left(x+\dfrac{\pi}{2}\right)=f(x)$ 但没写结论	15

续表

因　素		表　现	第（1）问得分
进展	完整	$f(x+\pi)=f\left(x+\dfrac{\pi}{2}+\dfrac{\pi}{2}\right)$ $=-f\left(x+\dfrac{\pi}{2}\right)=f(x)$ 所以 $f(x)$ 是周期函数	16
		标准答案形式： 因为　　$f\left(x+\dfrac{\pi}{2}\right)=-f(x)$ 则　　$f(x+\pi)=f\left(x+\dfrac{\pi}{2}+\dfrac{\pi}{2}\right)$ $=-f\left(x+\dfrac{\pi}{2}\right)=f(x)$ 所以 $f(x)$ 是周期函数，最小正周期为 π	20

第（2）问两个维度的评价量表如表 6-3-8 和表 6-3-9 所示。

表 6-3-8　维度 1：按照"标准"水平评价

学生作答 水平预估	第（2）问	
	主要特征	样　例
水平一的 学生作答	知道三角函数解析式 $f(x)=A\sin(\omega x+\varphi)$ $\left(\omega>0, \|\varphi\|<\dfrac{\pi}{2}, A\text{ 是正常数}\right)$ 中 A，ω，φ 的几何意义及其对图象的影响。但不会求，或者求不全，或者算不对	情况 1：只求出 $T=\dfrac{2\pi}{\|\omega\|}=\pi$，即 $\omega=2$。 情况 2：只求出 A，ω。根据函数图象看到振幅得出 A，同时根据 $T=\dfrac{2\pi}{\|\omega\|}=\pi$，求出 $\omega=2$。 情况 3：求出 A，ω，φ，但是由 $2\sin\left(2\cdot\dfrac{7\pi}{12}+\varphi\right)=-2$ 求 φ 时出现计算错误，或者忽略了周期性和角的范围
水平二的 学生作答	理解三角函数解析式 $f(x)=A\sin(\omega x+\varphi)$ $\left(\omega>0, \|\varphi\|<\dfrac{\pi}{2}, A\text{ 是正常数}\right)$ 中 A，ω，φ 的几何意义，会根据图象求解	因为函数 $f(x)$ 的最小正周期是 π，且 $T=\dfrac{2\pi}{\|\omega\|}$，所以 $T=\dfrac{2\pi}{\|\omega\|}=\pi$，即 $\omega=2$。 由图知，函数图象过点 $\left(\dfrac{7\pi}{12},-2\right)$，有 　　　　$f\left(\dfrac{7\pi}{12}\right)=f_{\min}(x)=-2$ 所以　　　　$A=2$ 且　　　　$2\sin\left(2\cdot\dfrac{7\pi}{12}+\varphi\right)=-2$ 所以　　　　$\varphi=\dfrac{\pi}{3}+2k\pi$，$k\in\mathbf{Z}$ 因为 $\|\varphi\|<\dfrac{\pi}{2}$，所以当 $k=0$ 时，$\varphi=\dfrac{\pi}{3}$，即 　　　　$f(x)=2\sin\left(2x+\dfrac{\pi}{3}\right)$ 计算准确，书写规范

续表

学生作答水平预估	第（2）问	
	主要特征	样例
水平三的学生作答	求出三角函数解析式$f(x)=A\sin(\omega x+\varphi)$ $\left(\omega>0, |\varphi|<\dfrac{\pi}{2}, A\text{ 是正常数}\right)$，并能根据函数图象写出函数其他性质，如单调性、对称性等	根据三角函数解析式和三角函数图象正确写出单调递减区间： $\left[\dfrac{\pi}{12}+k\pi, \dfrac{7\pi}{12}+k\pi\right]$, $k\in\mathbf{Z}$ 对称轴： $x=\dfrac{7\pi}{12}+\dfrac{k\pi}{2}$, $k\in\mathbf{Z}$ 对称中心： $\left(\dfrac{5\pi}{6}+\dfrac{k\pi}{2}, 0\right)$, $k\in\mathbf{Z}$ 会利用图象发现函数性质，求函数解析式；会利用函数解析式求函数性质

说明：水平一指略低于"标准"，水平二指达到"标准"，水平三指略高于"标准"。

表 6-3-9　维度 2：匈菲尔德的多重计分制评价

因　素		表　现	第（2）问得分
思路		周期 T 跟 ω 有关，振幅 A 跟最值有关，初相 φ 跟平移量有关	1
实施		有核心公式 $T=\dfrac{2\pi}{|\omega|}=\pi$，振幅为 $A=2$，$2\sin\left(2\cdot\dfrac{7\pi}{12}+\varphi\right)=-2$	1
进展	极少	没写	0
	有些	合理，但无关联	6
		体现三角函数待定系数 A，ω，φ 的几何意义及核心公式： $T=\dfrac{2\pi}{|\omega|}=\pi$，振幅为 $A=2$	10
	接近目标	根据 $T=\dfrac{2\pi}{|\omega|}=\pi$，求出 $\omega=2$。 根据函数图象过点 $\left(\dfrac{7\pi}{12}, -2\right)$，有 $f\left(\dfrac{7\pi}{12}\right)=f_{\min}(x)=-2$ $A=2$ 得　　$2\sin\left(2\cdot\dfrac{7\pi}{12}+\varphi\right)=-2$	15
		$2\sin\left(2\cdot\dfrac{7\pi}{12}+\varphi\right)=-2$ 所以　　　　$\varphi=\dfrac{\pi}{3}+2k\pi$, $k\in\mathbf{Z}$ 因为 $|\varphi|<\dfrac{\pi}{2}$，所以当 $k=0$ 时，$\varphi=\dfrac{\pi}{3}$	18

因素		表现	第（2）问得分
进展	完整	根据 $T=\dfrac{2\pi}{|\omega|}=\pi$，求出 $\omega=2$。 根据函数图象过点 $\left(\dfrac{7\pi}{12},-2\right)$，有 $$f\left(\dfrac{7\pi}{12}\right)=f_{\min}(x)=-2$$ $A=2$ 且 $2\sin\left(2\cdot\dfrac{7\pi}{12}+\varphi\right)=-2$ 所以 $\varphi=\dfrac{\pi}{3}+2k\pi,\ k\in\mathbf{Z}$ 因为 $|\varphi|<\dfrac{\pi}{2}$，所以当 $k=0$ 时，$\varphi=\dfrac{\pi}{3}$，即 $$f(x)=2\sin\left(2x+\dfrac{\pi}{3}\right)$$ 计算准确，书写规范	20

第（3）问两个维度的评价量表如表 6-3-10 和表 6-3-11 所示。

表 6-3-10　维度 1：按照"标准"水平评价

学生作答预估	第（3）问	
	主要特征	样例
水平一的学生作答	求正弦型函数值域的思路与求正弦型函数单调性思路分不清楚，换元法理解不透	情况 1：$\dfrac{\pi}{6}\leqslant 2x+\dfrac{\pi}{3}\leqslant\dfrac{2\pi}{3}$ （对换元的思想没有理解到位）
	函数最值跟单调性关系分不清	情况 2：因为 $\dfrac{\pi}{6}\leqslant x\leqslant\dfrac{2\pi}{3}$ 所以 $\dfrac{2\pi}{3}\leqslant 2x+\dfrac{\pi}{3}\leqslant\dfrac{5\pi}{3}$ $-\dfrac{\sqrt{3}}{2}\leqslant\sin\left(2x+\dfrac{\pi}{3}\right)\leqslant\dfrac{\sqrt{3}}{2}$ （认为最值在区间端点处取，没有考虑单调性）
	知道求正弦型函数值域一般思路，但是出现计算错误	情况 3：因为 $\dfrac{\pi}{6}\leqslant x\leqslant\dfrac{2\pi}{3}$ 所以 $\dfrac{2\pi}{3}\leqslant 2x+\dfrac{\pi}{3}\leqslant\dfrac{5\pi}{3}$ $-1\leqslant\sin\left(2x+\dfrac{\pi}{3}\right)\leqslant\dfrac{1}{2}$ （某一个最值的特殊角的正弦值求错）
水平二的学生作答	知道求正弦型函数值域的一般思路，能准确求出函数给定区间内的最值	因为 $\dfrac{\pi}{6}\leqslant x\leqslant\dfrac{2\pi}{3}$ 所以 $\dfrac{2\pi}{3}\leqslant 2x+\dfrac{\pi}{3}\leqslant\dfrac{5\pi}{3}$ $-1\leqslant\sin\left(2x+\dfrac{\pi}{3}\right)\leqslant\dfrac{\sqrt{3}}{2}$ $-2\leqslant 2\sin\left(2x+\dfrac{\pi}{3}\right)\leqslant\sqrt{3}$ 即 $-2\leqslant f(x)\leqslant\sqrt{3}$，值域 $[-2,\sqrt{3}]$ （标准答案）

续表

学生作答预估	第（3）问	
	主 要 特 征	样 例
水平三的学生作答	首先，将函数零点、方程的实根、两个函数图象交点横坐标三者之间等价转化； 其次，转化后求正弦型函数在给定区间内的值域问题	首先，因为函数 $y=f(x)-m$ 在区间 $\left[\dfrac{\pi}{6},\dfrac{2\pi}{3}\right]$ 有零点，所以函数 $y=f(x)$ 与 $y=m$ 图象有交点； 其次，函数 $y=f(x)$ 在 $\left[\dfrac{\pi}{6},\dfrac{2\pi}{3}\right]$ 上的值域问题，转化到水平二，标准解答如上，通过数形结合求出变量 m 的范围

说明：水平一指略低于"标准"，水平二指达到"标准"，水平三指略高于"标准"。

表 6-3-11 维度2：匈菲尔德的多重计分制评价

因 素			表 现	第（3）问得分
思路			$x\to 2x+\dfrac{\pi}{3}\to \sin\left(2x+\dfrac{\pi}{3}\right)\to f(x)$	1
实施			思路对的情况下，出现错误	1
进展	极少		没写	0
	有些	合理，但无关联	$\dfrac{\pi}{6}\leqslant 2x+\dfrac{\pi}{3}\leqslant \dfrac{2\pi}{3}$ （对换元的思想没有理解到位）	6
		因为 $\dfrac{\pi}{6}\leqslant x\leqslant \dfrac{2\pi}{3}$ $\dfrac{2\pi}{3}\leqslant 2x+\dfrac{\pi}{3}\leqslant \dfrac{5\pi}{3}$ 所以 $-\dfrac{\sqrt{3}}{2}\leqslant \sin\left(2x+\dfrac{\pi}{3}\right)\leqslant \dfrac{\sqrt{3}}{2}$ （认为最值在区间端点处取，没有考虑单调性）	12
	接近目标	因为 $\dfrac{\pi}{6}\leqslant x\leqslant \dfrac{2\pi}{3}$ $\dfrac{2\pi}{3}\leqslant 2x+\dfrac{\pi}{3}\leqslant \dfrac{5\pi}{3}$ 所以 $-1\leqslant \sin\left(2x+\dfrac{\pi}{3}\right)\leqslant \dfrac{1}{2}$ （某一个最值的特殊角的正弦值求错）	15

续表

因素		表现	第（3）问得分
进展	完整	第（1）小题： 因为 $\dfrac{\pi}{6} \leq x \leq \dfrac{2\pi}{3}$ $\dfrac{2\pi}{3} \leq 2x+\dfrac{\pi}{3} \leq \dfrac{5\pi}{3}$ 所以 $-1 \leq \sin\left(2x+\dfrac{\pi}{3}\right) \leq \dfrac{\sqrt{3}}{2}$ $-2 \leq 2\sin\left(2x+\dfrac{\pi}{3}\right) \leq \sqrt{3}$ 即 $-2 \leq f(x) \leq \sqrt{3}$，值域 $[-2,\sqrt{3}]$ （标准答案） 第（2）小题： 函数 $y=f(x)-m$ 在区间 $\left[\dfrac{\pi}{6},\dfrac{2\pi}{3}\right]$ 有零点，因此函数 $y=f(x)$ 与 $y=m$ 图象有交点，转化到第（1）小题的求解	20

案例分析

本问题情境是学生熟悉的三角函数图象与性质应用的问题。以直观想象、逻辑推理、数学抽象、数学运算等素养为导向，以开放的问题情境，或根据三角函数图象探究性质，或根据三角函数性质分析图象，数与形结合分析、解决问题。落实基础知识、基本技能、基本思想方法，体会熟悉的基本活动，体验结构化知识和能力迁移，灵活分析、解决问题，提升核心素养。

问题评价上采用丰富的多维评价形式，评价学生的核心知识和关键能力。

评价维度1：依托素养评价标准，预估学生作答情况，给出三个水平的具体样例和特征，体现认知和素养水平。

评价维度2：根据匈菲尔德的多重计分制进行评价，等级制评价注重评价过程，除了诊断学习情况，更多地突出激励、促进可持续发展的作用。

命题的问题情境具有开放性、情境性、层次性、结构性，充分发挥评价的作用，可以诊断、激励、促进学生发展。

（案例提供：王肖华，北京市第十九中学）

教学建议

第一，进一步明确素养导向的考试命题的主要目标，探索指向数学学科核心素养的测试方法。通过命题和测试的开展，研究探索如何针对数学学科核心素养，而不是针对传统意义上的学科内容开展测评。结合学生在相应测试题目上表现出的实际情况，探索数学命题所面临的关键问题及其解决策略。

第二，在日常教学测试中，考查内容应围绕数学内容主线，聚焦学生对重要概念、定理、方法、思想的理解和应用；注重数学本质及通性通法，淡化解题技巧，不故意设置"陷阱"。在测试中，要有一定数量的应用问题，特别是有关数学建模的问题。情境的设计要自然、真实、合理，问题的提出要有数学的或实际的应用，解答的过程要有利于反映学生的数学思考，解答的结果具有一定的实际应用或进一步推广的价值。日常教学测试最好能设置开放性问题，重点考查学生的创新意识和思维过程，通过开放性问题反映学生不同的能力水平与个性特征，使学生各尽其能；也可以考虑设置一定比例的选做题，使学生能依据自己的兴趣和长处有选择性地答题。

第三，逐步完善数学学科核心素养的评分机制。对每道试题，除了给出传统评分标准外，还要给出反映相关数学学科核心素养的行为指标和划分水平等级的依据。在命题要求与评分标准中，能展示学生的思考过程，其中包括可能出现的错误、障碍，以及创造性的解题思路。开放题的评分应遵循满意原则和加分原则，达到测试的基本要求则视为满意，有所拓展或者创新则可根据实际情况加分。

郑重声明

高等教育出版社依法对本书享有专有出版权。任何未经许可的复制、销售行为均违反《中华人民共和国著作权法》，其行为人将承担相应的民事责任和行政责任；构成犯罪的，将被依法追究刑事责任。为了维护市场秩序，保护读者的合法权益，避免读者误用盗版书造成不良后果，我社将配合行政执法部门和司法机关对违法犯罪的单位和个人进行严厉打击。社会各界人士如发现上述侵权行为，希望及时举报，我社将奖励举报有功人员。

反盗版举报电话　（010）58581999　58582371
反盗版举报邮箱　dd@hep.com.cn
通信地址　北京市西城区德外大街4号　高等教育出版社知识产权与法律事务部
邮政编码　100120

读者意见反馈

为收集对教材的意见建议，进一步完善教材编写并做好服务工作，读者可将对本教材的意见建议通过如下渠道反馈至我社。

咨询电话　400-810-0598
反馈邮箱　gjdzfwb@pub.hep.cn
通信地址　北京市朝阳区惠新东街4号富盛大厦1座　高等教育出版社总编辑办公室
邮政编码　100029